智慧让生活更美好

智慧经济

王辉　徐理虹　付强　李雪灵　于洋　编著

ZHEJIANG UNIVERSITY PRESS
浙江大学出版社

图书在版编目（CIP）数据

智慧经济 / 王辉等编著. —杭州:浙江大学出版
社，2017.1
　ISBN 978-7-308-16623-2

　Ⅰ.①智… Ⅱ.①王… Ⅲ.①社会经济形态－研究
Ⅳ.①F014.1

　中国版本图书馆 CIP 数据核字(2016)第 323898 号

智慧经济

王辉　徐理虹　付强　李雪灵　于洋 编著

责任编辑	陈佩钰(yukin_chen@zju.edu.cn)
责任校对	高士吟　马一萍
封面设计	项梦怡
出版发行	浙江大学出版社
	（杭州市天目山路 148 号　邮政编码 310007）
	（网址:http://www.zjupress.com）
排　　版	杭州中大图文设计有限公司
印　　刷	临安市曙光印务有限公司
开　　本	710mm×1000mm　1/16
印　　张	26.25
字　　数	430 千
版 印 次	2017 年 1 月第 1 版　2017 年 1 月第 1 次印刷
书　　号	ISBN 978-7-308-16623-2
定　　价	68.00 元

《智慧经济》编著委员会名单

主　编　王　辉

副主编　徐理虹　付　强　李雪灵　于　洋

编　委（按姓氏笔画顺序排名）

王瑞慷　王　韵　王春凤　王学蕾　水克荣

包宏明　阮晴炜　孙世国　花少富　严思恩

杨　雪　杨思鸣　吴　越　吴启宇　吴妙英

何　平　何　东　汪卫东　沈晓莉　沈　伟

宋慧慧　陆　晓　陈志斌　林　玮　金振江

周雅芬　钱小鸿　凌　佩　黄　佳　常婷婷

章建强　韩　潇　温晓岳　潘东晓　潘　斌

序

　　加快创新发展是我国经济社会发展转型的根本动力,是破解当前全球经济困局的有效途径。国家已明确创新驱动发展战略,"十三五"规划也确定了创新驱动的战略重点与创新型国家建设。在全球经济低谜和经济形势错综复杂变化的环境下,加快创新发展需要智慧和勇气。发展智慧经济,对增强我国的创新发展能力,加快推进供给侧结构性改革,引领世界经济走出困局具有非常重要的战略意义。

　　智慧经济是继农业经济、工业经济、信息经济之后的新型经济发展形态,是基于云计算、大数据、物联网、移动互联网等信息技术,以人力资本、研发资本、技术资本和大数据为核心生产要素,以智慧产业化和产业智慧化为重点,实现企业、市场、政府、产业之间创新互动发展,实现人与自然环境良性互动发展的一种现代经济发展形态。智慧经济与其它经济形态的根本区别在于:智慧经济通过云计算、大数据、物联网、移动互联网增强信息对称性,实行供给与需求之间快速有效的信息传递,借助大数据提升产品和服务的精准性,快速满足人们的个性化消费和不同品质需求,有效提升政府、企业和金融机构等各部门的工作效率,促进全要素生产率的提高。智慧经济是创新型、学习型、知识型、共享型、开放型、联动型、超越型的新型经济发展模式。

　　发展智慧经济需要专业的理论指导。王辉教授等专业团队近年来在智慧产业方面取得了显著成效,在智慧产业实践的基础上与吉林大学李雪灵教授等学术专家共同出版了《智慧经济》一书,从宏观、中观和微观三个部分对智慧经济进行系统阐述,内容比较全面,深入浅出,对智慧经济理论进行了有益的探索。本书对人们理解和发展智慧经济、智慧城市、智慧交通、智慧医疗、智慧产品和服务的智慧产业化和产业智慧化将发挥积极作用。我读了《智慧经济》这本书稿受益匪浅,所以很高兴能够为本书写序。我衷心祝愿本书能够受到广大读者的欢迎,并希望更多有识之士投身中国智慧经济建设!

程惠芳

随着科学技术的持续进步,人类社会迎来了新一轮的技术革命,这一技术革命是随着信息技术的发展,以物联网、云计算、大数据等新一代信息技术为核心,加上新材料、新能源、先进交通运输,以及基因和干细胞生物等前沿技术,逐步形成了新的主流技术体系,推动了经济形态的变革。这一新经济形态的核心内涵是通过信息采集、存储、传输、加工处理技术的发明和应用,用信息技术的逻辑计算力代替人类的脑力,把人类从处理海量信息的逻辑分析和计算能力的困境中解放出来,实现了脑力的扩张、智能的飞跃。在力量更大、速度更快的基础上,这一新经济形态使人类变得更加聪明,工作更加精准化,并实现了工作的自动化、智能化和远程控制化,使人类社会进入一种全新的智慧经济时代。

在这样一个智慧经济的时代,物联网将实现人与人的沟通、物与物的沟通,使得人类与周围世界的相处更为和谐、更为智慧。它不仅能提高人类的工作效率,改造生产方式,还将带来生活方式的根本变革,智慧交通、智慧家居、智慧城市、智慧医疗、智慧运动、智慧艺术等,都将成为未来社会生活的名词,人们的生活将变得更加智能与便利,更加健康与舒适,更加富有生命力,更加体现人之为人的价值。

在这样一个智慧经济的时代,借助云计算,人们可以不再拥有使用信息技术所需的基础设施,而仅仅是租用并访问云服务供应商所提供的服务,借助科学模型,广泛采用数据挖掘等知识发现技术,整合和深入分析收集到的海量数据,以更加新颖、系统、全面的观点和方法来看待和解决特定问题,使人类能更加智慧地与周围世界相处,带来资源配置方式与生产组织方式的深刻变革。

在这样一个智慧经济的时代,借助大数据分析,生产者将更多地以人为中心,更加清晰地了解用户的需求,主动迎合用户需求,深入挖掘用户的行为习惯和喜好,对产品和服务进行针对性地调整和优化,更加凸显对人本身价值的契合和追求。同样借助大数据分析,国家将更清楚地了解整个社会的总需求,为社会总供给提供指导,稀缺的社会资源将得到更有效的利用。生产什么、如何生产、为谁生产,这个经济活动中的核心主题,将有一个更富效率、更有价值、更有意义的全新表达。

在这样一个智慧经济的时代,通过智能化,生产系统的烦恼将不复存在,"工厂"的概念将不再是"工人＋流水线＋批量生产",工作将不再是"单调、枯燥、异化"。人们将更加专注于更具创造性的工作、专注于更有意义的工作、专注于更为体现个人价值的工作,脑体差别将成为历史。通过智能化,生活将更加便利与舒适,人们想要什么、工厂就生产什么,人们想干什么、社会就供给什么。一切以人为本,一切皆智慧。

在这样一个智慧经济的时代,人们的生产与生活的方方面面都将体现出"智慧",物联网、云计算、大数据、智能化将全面向经济社会生活渗透,以前所未有的广度和深度,推动资源配置方式、生产方式、组织方式、经济发展模式的深刻变革,使"世界正在进入以信息产业为主导的经济发展时期",这就是"智慧经济形态"。

◇ 初识智慧经济

作为第一生产力的科学技术,历来是推动经济社会形态变迁的原动力。以互联网、云计算、大数据为代表的新一代信息技术,加上新材料、新能源、基因技术等前沿技术所形成的新技术体系,正逐步将人类社会推进到一个崭新的时代。对于这样一个新时代的经济形态,本书称之为"智慧经济"。所谓"智慧经济",是以云计算、大数据、物联网、工业 4.0 等新兴技术为基础,以智慧产业化和产业智慧化为重点,实现人与自然、人与人之间和谐相处,以人为本、智能互动的现代经济发展形态。

智慧经济是一种创新驱动型经济,创意、创新、创业将主导经济发展。智慧经济的增长方式是知识驱动,智慧经济的经营模式是数据驱动,智慧经济的发展模式是创新驱动,智慧经济的发展目标是人与自然、人与社会的和谐与社会可持续发展。

随着智慧经济的到来,知识、数据、创意成为重要的核心资源,对经济社会各领域产生了越来越重要的影响,形成了一系列以智慧要素为核心的新兴产业,即智慧产业化。首先,区别于自然资源和人力资源的大数据,将广泛渗透到经济、政治、教育、安全和社会管理等众多领域,不断地创造需求,实现大数据产业化。其次,物联网将全面渗透到社会的各个方面,监控食品安全、实现家居智能化与可监测化、管理城市交通、控制车辆的有序运行等等,逐步实现物联网产业化。而作为智慧经济的驱动力量,知识将主导生产,形成"知识型产业",即知识产业化。

随着智慧经济的到来,物联网、云计算、大数据等技术将在各行各业得到深入推广,实现产品智能化以提高产品的附加价值;通过产业智慧化,实现对传统产业的转型升级。在这一进程中,农业将充分应用新型技术成果,集成应用计算机与网络技术、物联网技术、音视频技术、传感器技术、无线通信技术及专家智慧与知识平台,实现农业可视化远程诊断、远程控制、灾变预警等智能管理,实现对农业生产环境的远程精准监测和控制,提高农业设施建设管理水平,为农业生产带来革命性的变革。而工业将以"互联网+"和"工业4.0"等技术为基石,实现智能化生产,建立"互联网+机器人+自动化+个性化+3D打印+智能制造"的高效率生产模式,实现工业生产方式向定制化、合理化、分散化、融合化转变。同样在这个过程中,借助智慧经济,城市成为"智慧生活"的载体,一种以智慧技术、智慧产业、智慧人文、智慧服务、智慧管理和智慧生活为特征的城市模式,将展现在人们面前。

随着智慧经济的到来,"互联网+"将深入扩展,创业的方式将日新月异,智慧创业将应运而生。智慧性机会识别、智慧性资源利用和智慧性商业模式,将会持续演化。而当无数新生企业诞生之际,传统企业再也无法"闭门造车"。越来越多的传统企业开始期待通过互联网的力量,借力使力达到转型的目的。无论是选择"互联网+",还是"+互联网",传统企业都将"智慧化"作为赋予企业生命的最重要元素,实现研发智慧化、生产智慧化、采供智慧化和营销智慧化,最终达到企业全面的智慧化。

随着智慧经济的到来,产品与服务都将呈现智慧化的趋势。新型的智慧产品将具有环境感知、自身识别、信息接收和行为决策等各种智慧特征,表现形式也不再局限于单一的实体产品、软件产品或者互联网产品,而都将集成为系统性的智慧产品。小的方面包括与人们生活息息相关和最贴近人们生活的智慧穿戴、智慧家居、智慧校园、智慧医疗、智慧旅游、智慧交通等等,大的方面包括智慧金融、智慧城市、智慧体育、智慧艺术、智慧地球等等。

总之,智慧经济,借助新一代技术,以知识为动力来实现创新驱动,以云计算和物联网为推手,借助大数据带来的变革力量,推动生产系统和生活方式的智能化,持续地创造出智慧产业化和产业智慧化,使我们的生活日新月异,从而进一步实现人与自然、人与社会的和谐共处,以及由此带来经济与社会的可持续发展。

◇**本书编排**

本书试图对智慧经济进行全方位阐述,分为宏观、中观、微观三个部分,具体安排如下。

第一篇　宏观部分

本部分立足从宏观角度阐释智慧经济的背景、含义与形态,形成了前三章的主要内容。"第1章 智慧经济的产生背景",从技术革命、经济形态、商业模式的变革背景中,提出智慧经济形成的必然性与意义。"第2章 智慧经济的内涵",全面系统地阐述智慧经济的概念、特征和要素,明确何为智慧经济。"第3章 智慧经济的形态",分别从宏观经济、产业经济、企业经济三个方面,论述智慧经济的形态。

第二篇　中观部分

本部分从产业角度入手,阐释智慧产业化与产业智慧化的发展路径。其中"第4章 智慧产业化",主要研究"智慧"要素的产业化路径,包括数据产业化、创意产业化、知识产业化,试图全面阐释主导智慧经济持续成长的增长点。"第5章 产业智慧化",则立足于对传统产业实施智慧化转型升级的路径探索。

第三篇　微观部分

本部分从智慧经济的微观领域着眼,探寻创业企业、传统企业、产品三个方面的智慧化。其中,"第6章 新生企业智慧创业之路",从智慧性机会识别、智慧性资源利用、智慧性商业模式创新三个方面出发,阐释智慧型创业的路径。"第7章 传统企业智慧转型之路",则从传统企业的核心流程入手,系统阐释传统企业如何实现智慧化。"第8章 智慧产品与服务",则系统地展示智慧穿戴、智慧交通、智慧医疗、智慧城市、智慧体育、智慧艺术等未来的图景,描绘出人类智慧经济的前景。

◇**致　谢**

书稿终告段落,掩卷思量,饮水思源,在此谨表达自身的殷切期许与拳拳谢意。本书终于能够付诸出版,感触良多的不仅是因为一项工作的终结或者是结果,更多的是对涉足智慧经济领域的经验和知识积累的全过程。特别是在智慧经济发展的过程中,分析与分享智慧经济时代的新思想、新业态与新格局,更是一项庞大内容结构与实践导向的工程。与所有创新成果一样,这要求著者具有较强的学科功底与整合能力,更何况本书是一本创新思想下的产物!在著书过程中,作者深刻感觉"学无止境"与"力有不逮"的压力,应该说没有各位领导、亲朋的帮助,本书不可能付梓,现一并致谢。

首先,本书的编著指导思想来源于智慧产业的应用实践,实践过程中得益于国务院副总理马凯、江苏省委书记李强、国家科技部资源配置与管理司司长张晓原、国家发改委高新技术产业司副司长任志武、浙江省人大常委会副主任毛光烈、杭州市市长张鸿铭、浙江省科技厅厅长周国辉等各级领导的指导和关心。

其次,我们还多次与美国 Intel 公司、Teachstars 公司、美国波士顿 MC 加速器、北欧斯堪的纳维亚清洁技术联盟、韩国 VR 领域研究院等国际知名 IT 企业高层进行探讨与交流。在撰写过程中,我们还参考了众多特色鲜活的市场案例,在此特别感谢银江集团的大力支持。银江集团作为中国智慧经济的领头羊,本书所用之案例多来自于银江集团所服务企业的案例积累,这凝聚着银江人的智慧与创新精华。

最后,感谢为本书撰写序言的中国著名经济学家、国家级教学名师、万人计划领军人才程惠芳教授。程教授对于智慧经济的细致分析和对本书的中肯评价给予我们莫大的鼓励。本书在筹划、编辑和出版过程中,离不开所有学者和相关友好人士的支持与帮助,谢谢你们!

作者团队

目录

第三篇　微观部分

第一篇

宏观部分

第1章

智慧经济的产生背景

需求是科技发展的原动力,人们对知识的渴求和对解放生产力的要求,推动着技术革命的发展。如今,知识革命由于 3D 打印、纳米技术、虚拟技术和网络技术的兴起而蓬勃发展,人类基因工程、人工生命工程、能源换代工程和生存空间工程等方面存在显著突破。技术革命与科技革命相辅相成,进一步引发产业革命,社会的经济形态也随着生产力的解放和上层建筑的变化而发生转变。人类先后经历了原始狩猎经济形态、传统农业经济形态、工业经济形态、信息经济形态、智慧经济形态五种经济形态,并显示出智慧化和网络化的特征。在智慧经济形态下,大数据、云计算等给商业模式带来了新的特征,商业模式不再可以被简单地复制和模仿,企业要想获得竞争优势,就需要依托网络技术和大数据等构建自己独特的商业模式。

1.1 技术的革命

1.1.1 技术革命的内涵

1. 技术、技术革新与技术革命

技术一般是指在科学理论指导下人们在适应自然、改造自然的劳动过程中所掌握的各种活动方式、手段和方法的总称。一般的小的技术的改进可以称为技术革新,而在技术上具有根本性的、有广泛影响的大的变化,叫做技术革命。中国社会科学院哲学研究所查汝强研究员认为:"技术革命指的是人类在改造自然界的手段和方法方面的重大发明和突破,是全社会范围内技术的根本变革。"[1]

2.科学革命、技术革命与产业革命

科学革命、技术革命与产业革命是在广义上使用"革命"这个概念,与用于表述社会变革、政治变革的"革命"在涵义上有所不同。长期以来,人们对于科学革命、技术革命、产业革命这三个概念,各有各的解释,众说纷纭。

科学革命,是指新的科学发现和科学理论所引起的科学理论体系的根本变革。科学发现、科学理论,一般认为是不受地域限制、没有国界的。因此,科学革命从来不属于某个国家,它只能是世界范围的。科学革命,或者是始于新发现所促成的一门学科的革命,或者是始于新学科的诞生所引起的局部学科体系的革命。科学革命是观念形态的革命,是人们认识客观世界的巨大飞跃,其结果将导致科学的世界图景的彻底改观。形成科学革命的原因,一方面是科学自身的逻辑发展和内在矛盾运动(如新事实同旧理论的矛盾等),另一方面是各种社会因素对科学的影响和作用。

技术革命,是指新技术原理及其物化形态所引起的技术体系的根本变革。它首先产生于一个国家的某一个产业部门,而后波及到其他产业部门,从而形成一个国家范围内的技术革命。后进国家可以效法已经涌起技术革命浪潮的国家,有意识、有目标地发动技术革命,即所谓"大搞技术革命"。技术革命是人们改造客观世界的巨大飞跃,是在技术体系中起着核心作用的主导技术或主导技术群的转换过程。一般说来,某些生产技术、管理技术只能造成局部领域的技术革新、技术进步,即引起技术体系的渐进变化,能够直接促成技术革命的新技术尚属少数。形成技术革命的原因,首先是社会的生产和非生产需要,其次是在科学革命中出现的突破性科学理论在实践中得到了卓有成效的应用。

产业革命,是指由于新技术的广泛运用而引起的产业体系的根本变革。产业革命是一个国家范围内的技术革命的必然结果,它也是首先从一个国家开始的,产业革命是生产方式的巨大飞跃。在这个意义上,产业革命必然包含技术革命,技术革命的起点可以近似地看作是产业革命的起点。但是,技术革命的完成并不标志着产业革命的结束,因为产业革命还包含着比技术革命更为丰富的内容,如产业的结构成分、产业的组织方式和管理方式等方面的重大变革。

科学革命、技术革命、产业革命是相互联系的。科学革命是技术革命的先导,为技术革命提供理论贮备。科学革命不仅通过技术革命转化为推动社会生产的强大物质力量,而且具有其他社会意识形态所不可替代的精神文化功能。因此,对每一次科学革命历史意义的评价,不能仅仅分析它与技术革命的关系及它对物质生产的促进作用,更为重要的是,还要分析它对人们的精神世界、哲学思想、文化教育以及社会变革的巨大影响。

技术革命作为科学革命与产业革命之间的中介环节,它对产业革命有着直接的诱发作用,在一定意义上可把它视为产业革命的首要成分。每一次技术革命,都为社会生产创造新的劳动资料,亦即从根本上改革了生产工具,并且极大地扩展了劳动对象的范围。马克思指出:"各种经济时代的区别,不在于生产什么,而在于怎样生产,用什么劳动资料生产。劳动资料不仅是人类劳动力发展的测量器,而且是劳动借以进行的社会关系的指示器。"导致经济发展时期更替演进的产业革命,是以引起劳动资料变革的技术革命的存在为必要前提的。因此,我们判断历史上曾经发生过几次技术革命和产业革命,可以而且必须利用两者的依存关系:发生了技术革命,必然引发产业革命;发生了产业革命,则必定前期发生过相应的技术革命。[2]

1.1.2 技术革命发展史

俄罗斯学者阿·伊·拉吉托夫认为,人类历史上已发生过六次技术革命[3],分别为工具制造革命、农业革命、工业革命、电气革命、信息革命和知识革命。每一次技术革命都在推动整个社会向前进步,对当代智慧经济的形成和发展奠定了坚实的基础,提供了宝贵的知识财富。

1. 工具制造革命

工具制造革命产生了多种技术:狩猎技术、采集技术、建筑技术、器皿加工技术以及权力技术(对原始氏族的管理)。这一段时期大约开始于公元前 8000 年,一直持续到 1750 年,绵延将近一万年。

工具制造革命的特征如下:

(1)以人的体能为能源;

(2)以原始的石器、骨器及之后的木器为工具;

(3)操作活动的程序千代百代相传,一直没有大的变化;

(4)信息、知识的更新极度缓慢;

(5)社会技术活动的管理由部族领袖等遵照传统风俗、神话的规定执行;

(6)对周围环境的影响极为有限,人尚不具有自觉疏离自然的意识。[4]

虽然工具制造革命经历了漫长的岁月,但它仍然是技术革命的开端。由此,社会开始并加速进行技术更迭,尽管此时人尚不具有疏离自然的意识,但是从考古发现和各类史学资料中可以看出,人的创造力是无限的。如今,社会已经迎来智慧经济时代,其实从远古时期人们的智慧创造就能够窥见得到。

2. 农业革命

农业革命的来临并不是飞跃式的,而是信息、知识积累的结果。这次技术革命的特征是能源的应用,除人力外,还有风力、水力和火力,而更加重要的是畜力。[4]

在这次革命中,人们随着知识和经验的长期积累,学会利用更多的工具来减轻自身的劳力负担。从技术的变革来看,技术的发展历程就是技术逐步解放劳动力的过程。在这个阶段,人们从利用自然向改造自然迈进,拓宽了资源利用的视野,为工业革命的发生奠定了基础。

3. 工业革命

工业革命始于18世纪中期至19世纪中期(即1750—1850年),发源地在英国,之后扩展到法国、美国和德国。这次技术革命以牛顿建立的经典力学为背景,以纺织机械的革新为起点,蒸汽机的发明为标志,蒸汽机的广泛应用为契机,最终实现了生产方式从手工作坊到机械化大生产的改变,人类社会也由农业经济时代进入工业经济时代。[5]

以蒸汽机的发明和改进为标志的第三次技术革命,不仅提高了人类对自然资源的开发和利用程度,而且使技术本身成为一种资源,一种比自然资源更为稀缺和重要的资源。生产组织从手工工场到机器工厂的变迁与工业革命也是有着直接的因果关系的。技术进步使分工进一步细化、协作进一步深化,这为生产经营规模的扩大和社会劳动生产率的大幅度提高创造了新的空间。而原有的由一个个局部工人使用简单工具进行手工操作的手工工场已经无法适应社会化大生产的客观要求。在这样的背景下,科学的人机生产组织——机器工厂逐步取代了手工工场,成为当时主要的生产组织形式。工厂制度的建立使生产和交换得以在较大规模的层次上进行,社会劳动生产率得到很大的提高。与采用分散型小生产方式因而易造成创新利润扩散的手工工场相比,工厂组织较好地对创新利润和潜在利润进行了控制和挖掘,在提高创新收益的同时保证了对科技活动投入的增加,促使新的科技革命早日到来。[5]

工业革命以纺织—蒸汽动力技术为主体,以轻工业生产的机械化为目标,解放了人的劳动力,延长到了人的劳动器官。[2]这次工业革命充分体现了其在科学革命和产业革命之间的中介作用,工业革命出现在 16—17 世纪,基于牛顿力学等科学成果,推动了交通运输业、机械制造业、钢铁行业、化学工业等行业的蓬勃发展。而在这一阶段所产生和应用的科学以及行业技术在如今的智慧经济时代依然发挥着不可或缺的奠基作用,并且当代很多新技术也只是在工业革命的基础上所进行的改进,第三次工业革命的重要作用也被学术界无数次地强调,由此可见,工业革命对于当今技术和未来新技术的发展具有重大意义。

4. 电气革命

电气革命的发生基于电能和石油能源的利用。19 世纪 70 年代电磁学的发展引起了第四次技术革命,它起源于欧洲,完成在美国。电的发明和使用是 19 世纪末 20 世纪初的高新技术代表,它引起了产业结构的巨大变化,不仅使原来的煤炭业、冶金业、机械制造业得到了改造和提高,还带动了电机、汽车、飞机、石油化工等一系列新产业的产生和发展,使重工业在产业结构中的比重增大,成为支柱产业。这次技术革命不仅完善了欧洲的钢铁、化工、电力"三大技术",而且创造了汽车、飞机、无线电"三大文明",使社会更加进步,人类就此进入"电气化世纪"。进入 19 世纪晚期以后,以"铁路革命"为标志的交通运输业空前发展,汽车和飞机的出现大大改善了交通条件;无线电的发明和应用,把偏僻的边远地区和中心城市联结起来,这就为扩大公司规模创造了物质技术条件。[5]

电气革命,以电气动力—电气通讯技术为主体,以轻工业、重工业生产和社会生活某些方面的电气化为目标,不仅在更大范围上解放了人的生产力,而且延长到了人的感觉器官。[2]本次技术革命最大的贡献在于电的应用,它得益于电磁理论的科学指导,推动了电力工业的发展,同时深化了制造工业、冶金工业等很多行业的改革,促进了半导体硒的发现,实现半导体技术的产生与发展,控制电力的技术得以形成,自动化技术崭露头角,本次革命实现了从机器化到电气化、自动化的转变。电动机和发电机的发明无疑也同时推动了通信技术的发明,实现信息的远距离传递,为信息革命埋下了伏笔。此时,整个社会的现代化程度已经达到很高的水平,人们通过技术变革,感知到的社会范围也在逐步扩大,人们逐渐见证了很多不可能产生的事物在成为可能,人们更加积极地投身于科学研发和技术创造中,电气革命的技术基础,让经济形态转变更迅速、更智慧化。

5. 信息革命

信息革命的起止时间是从 20 世纪 40 年代到 70 年代,由美国、日本和欧洲的一些国家领导。这一时期的技术创新集中在电子、通信、核能等领域。集成电路的深远影响完全可以和第三次技术革命中的蒸汽机和第四次技术革命中的电力相媲美。主要的产品包括大型客机、机械化武器装备、合成材料、石油化工产品等。在生产效率方面,连续工艺、装配线、标准零部件、大量的低成本能源等极大地提高了规模经济的效益。由于飞机和空中交通的发达,产业重新定位,城市化发展迅速。[5]

其中,尤其是电子计算机技术对知识革命的网络物联、云计算和大数据等技术有着直接的奠基意义,智慧经济时代的主要技术体系大多依托计算机技术得以形成和发展,第五次信息革命的作用也因电子计算机技术的发展而凸显。

(1)计算机的发展概况

一般认为,世界上第一台通用电子数字计算机是 1946 年在美国宾夕法尼亚大学问世的 ENIAC(Electronic Numerical Integrator and Computer,电子数字积分计算机),这台计算机虽耗费巨大又不完善,但是它仍是科学史上一次划时代的创新,奠定了现代电子数字计算机的基础。

而后,电子计算机技术先后经历了几次重大的飞跃,大致经过了 5 代的变化(见表1-1):

表 1-1　电子计算机技术的变迁

代别	起止年份	硬件特征	软件发展状况	典型应用
第一代	1946—1957 年	电子管	机器语言和汇编语言	数据处理机
第二代	1958—1964 年	晶体管	高级语言(编译程序)管理、简单的操作系统	工业控制机
第三代	1965—1970 年	集成电路	功能较强的操作系统,高级语言,结构化、模块化程序设计	小型计算机

续表

代别	起止年份	硬件特征	软件发展状况	典型应用
第四代	1971—1985 年	大规模、超大规模集成电路	操作系统进一步完善,数据库系统、网络软件得到发展,软件工程标准化	微型计算机
第五代	1986 年至今	更大规模集成电路	执行速度达到几亿至上百亿,软件应用显示智能化	单片计算机

(2)计算机的应用领域

计算机之所以得到迅速发展,其主要原因在于它的广泛应用。计算机的应用范围几乎涉及人类社会的所有领域,从国民经济各部门到个人家庭生活,从军事部门到民用部门,从科学教育到文化艺术,从生产领域到消费娱乐,无一不是计算机应用的天下。

①科学计算。科学研究和工程技术计算领域,是计算机应用最早的领域,也是应用较为广泛的领域,包括数学、化学、原子能、天文学、生物学等基础科学研究,以及航天飞行、桥梁设计、水力发电、天气预报等方面的大量计算。

②自动控制。自动控制是涉及面极广的一门学科,应用于工业、农业、科学技术等方面。有了体积小、价廉、可靠的微型机和单片机作为工具,自动控制进入了以计算机为主要控制设备的新的发展阶段。

③测量测试。计算机在测量和测试领域中所占的比例也相当大,约占 20% 左右。在这个领域中,计算机主要发挥两个作用:第一,对测量和测试设备本身进行控制;第二,采集数据并进行处理。

④信息处理。计算机在发展初期仅仅用于数值计算。此后,计算机的应用范围逐渐发展到非数值计算领域,可用来处理文字、表格、图像、声音等各类信息。因此,确切地讲,一台计算机实际上就是一台信息处理机。

⑤教育卫生。创立学校、应用书面语言、发明印刷术,被称为教育史上的三次革命。目前,计算机广泛应用于教育,被誉为"教育史上的第四次革命"。除了目前应用较为普遍的"计算机辅助教学(Computer-Aided Instruction,CAI)"之外,基于网络的现代远程教学(Distance Learning,或 e-Learning)也是近几年迅速发展起来的一种典型的教育应用。

计算机的问世,同样为人类健康长寿带来了福音。一方面,使用计算机的各种医疗设备应运而生,CT 图像处理设备、心脑电图分析仪、血液分析仪等先进的设备和仪器为及早发现疾病提供了强有力的手段。另一方面,利用计算机建成了集专家经验之大成的各种各样的专家系统,如中医专家诊疗系统、各种疾病的电子诊疗系统等等,事实表明,这些专家系统行之有效,为诊治疾病发挥了很大作用。

⑥电子电器。目前,不仅各种类型的个人计算机早已进入家庭,而且洗衣机、家用空调、电子玩具、游戏机等电子电器产品也广泛应用了各种嵌入式计算机。除了可单独使用的独立电器之外,许多家用电器还可以通过各种有线或无线的网络连接(如Internet、红外线、蓝牙等),完成自身程序的自动更新、远程控制等复杂任务。

⑦人工智能。人工智能,简而言之就是使计算机模仿人的高级思维活动,像人类那样直接利用各种自然形式的信息,如文字、图像、颜色、自然景物、声音语言等。目前,在文字识别、图形识别、景物分析、语音识别、语音合成以及语言理解等方面,人工智能已经取得了不少的成就。

(3)计算机在智慧经济时代的发展趋势

①生物计算机。生物计算机是运用蛋白质分子作为原材料而制作成计算机芯片。与电子计算机所使用的硅芯片相比,生物芯片要小很多,相当于硅芯片的几十亿分之一,且生物芯片具备硅芯片所不具备的立体化结构。生物计算机是在酶的催化作用下发生化学反应而进行运算,具有并行处理的功能,而且运行效率非常之高,可以同时完成几十亿的运算。其消耗能量之低,是普通计算机的十亿分之一,其运行速度却是普通计算机的 10 万倍之多。事实上早在 20 世纪 90 年代,就有美国科学家运用 DNA 解答简单的数学题,并运用 DNA 储存信息,对信息数据进行处理。随着计算机科技的发展,人类逐渐将电子计算机的研究向高端领域研究发展,并开展了跨学科、跨领域尝试,生物计算机成为电子计算机在智慧经济这个新时代下的重点发展方向。仿生学被应用于计算机研究领域中,可以从生物组织体特性的角度制作计算机元件。生物组织体的主要成分是细胞。这些由蛋白质、水、核酸以及盐所构成的有机物,具有"开"与"关"的功能。人类可以对这种细胞进行仿制,发挥其中蛋白质的功能,制作计算机元件,这种运用遗传工程技术的计算机被称为生物计算机。

②纳米计算机。纳米技术的快速发展,为电子计算机的研发开拓了新的思路。将

纳米技术融入计算机科技研发过程中,可以研制出在高端科技领域中得以应用的新型计算机。计算机正朝着微型化方向发展,纳米元件以其体积小、质量可靠而占有优势。纳米技术渗入于计算机科技研究中,主要是将计算机的组件,诸如中央处理器、传感器以及电动机等制作成纳米元件,集中于一张芯片以构成整体化信息处理系统。

③智能化计算机。网络技术依赖于计算机系统,同时也推动计算机功能的多元化发展。目前计算机的主要特性是完成网络服务,只要上网,就可以查找到自己所需要的信息。人们的知识量得以增加、视野随之扩大。计算机智能化服务已经有所实现,但是依然处于初步阶段。人类各个领域所能够享受的计算机智能化服务主要是人与机器之间的交互,而没有完全摆脱人工操作。计算机智能化技术的深化发展,是对于目前智能化技术的延续,不仅需要实现其智能工具化,还要发展其人文化技术。[6]

第五次信息革命所涉及的领域,不论是电子技术还是空间技术都属于高新技术。[5]第五次技术革命,以通讯与控制技术为主体,以各种产业和社会生活的自动化为目标,既延长到了人的感觉器官,又解放了人的智力。[2]信息革命的发展对于知识革命而言,在科学技术上所取得的成就将极大促使科技朝着智能化迈进。

6. 知识革命

第六次技术革命(1978 年至今)以移动互联、云计算、大数据等新一代信息通信技术为核心,加上新材料、新能源、先进交通运输以及基因和干细胞生物等前沿技术所形成的新技术体系,正逐步成为新的主流技术体系,并催生新一轮技术革命。[7]其核心内涵是通过信息采集、存储、传输、加工处理技术的发明和应用,用信息技术的逻辑计算力代替人类的脑力,把人类从处理海量信息的逻辑分析和计算能力的困境中解放出来,实现了脑力的扩张、智能的飞跃。在力量更大、速度更快的基础上,使人类变得更加聪明,工作更加精准化,并实现了工作的自动化、智能化和远程控制化。[8]如大数据、云计算、物联网、智能化制造(3D 打印)和绿色能源等技术正在对世界经济产生影响,人类社会将进入智慧经济时代。[9]

新一轮技术革命在某种意义上可以看作是继电子计算机、芯片、个人电脑出现后的第二次信息技术革命。以芯片、PC、软件为代表的第一次信息革命,使人类在数据信息处理方面的能力实现了跨越式的提升;而在以新一代信息通信技术为核心的技术体系下,信息的收集、存储、处理、传播、展示等则发生了全方位的革命性变化。移动互联、传感器＋RFID＋物联网、云存储、大数据分析等技术使得数据信息的生成和处理成本极大降低。以支付宝为例,2014年支付宝完成一笔支付业务的成本已降到两分钱,并且呈继续下降趋势。新技术体系所带来的零边际成本效应,使得数据信息成为新的关键要素。围绕数据信息这一新的关键要素,新的技术—经济范式正在形成。"互联网＋"现代农业、工业4.0、互联网金融、能源互联网等等,都是基于新一代信息通信技术而衍生出的新型产业模式,其核心支撑就在于网络平台和低成本的数据信息收集处理。[7]

以移动互联网、云计算、大数据、物联网等为标志的新一代信息技术对经济社会生活的渗透率越来越高,正以前所未有的广度和深度,加快推进资源配置方式、生产方式、组织方式、经济发展模式的深刻变革,使"世界正在进入以信息产业为主导的经济发展时期"。[9]

1.1.3 新时代的新技术

1.3D打印

"3D打印"不同于我们今天经常使用的文字打印方式,它是一种新技术,可能会导致一种新的高智能制造装备产业的形成,它代表的是一种新的生产方式、一种新的制造模式。例如我们今天生产一个不锈钢杯子,或利用模具整体浇注而成,或剪切钢板后延压而成。"3D打印机"也可以生产杯子,但它是在微电脑控制下从平面一层层地"打印",把材料堆积起来形成一个杯子,这里面有材料的创新、有粘合技术的创新和打印技术的创新,它是一种创新的生产模式。这样一种制造模式的意义在于,所谓的"打印"总是被一个电脑所控制的,于是人们可以用各种程序来规定打印的具体方式和步骤。模具制造模式是生产大规模标准化产品,而"3D打印"和传统的用模具制造的模式不同,它可以在一定约束下随意生产制作个性化的产品,这个制造生产模式可以称之为大规模定制模式。

从3D打印来看,大规模定制模式的好处至少有这么几点:第一,可以完全适应消费者个性化需求。因为"3D打印"可以根据每个人的不同需求随时在电脑上进行操作,打印出来的产品完全符合这个人的需求,所以它适应了消费者个性化需求偏好,可以使消费者生活得更满意,幸福指数更高。第二,可以促进成本与原料等的节约。

"3D 打印"没有铸造、裁剪等边角料的浪费，而且没有产品库存，可以更节能，可以减少碳排放和原材料消耗，同时又不降低生产效率。第三，"3D 打印"的运用还会使交易方式发生改变。从前消费者是在店里挑选已经生产好的商品进行购买，现在是根据自己的需求，很可能自己画一个出来，在"打印店"定制，边打印生产边体验过程，满意则购买，随时可以获得自己喜好的产品，即所谓真正的"体验式消费"。

21 世纪人类已经进入到个性化消费时代，人们的收入不断提高，消费者不仅希望根据自己的爱好进行消费，而且有能力消费个性化的消费品。这样的条件下，社会需要今天的制造业提供一种新的生产方式，它既能大规模生产，同时又能定制，生产出个性化产品，一改过去的大规模大批量标准化生产方式。"3D 打印"案例实质上说明，在以需求为导向的创新条件下，随着互联网时代的数字、信息和计算机革命，传统制造业的生产方式和制造模式正在发生重大改变。[10]

如今，3D 打印已经应用到海军舰艇、航天科技、医学、房屋建筑、汽车制造、电子等领域。2014 年 7 月 1 日，美国海军试验了利用 3D 打印等先进制造技术快速制造舰艇零件，希望借此提升执行任务速度并降低成本。2016 年 4 月 19 日，中科院重庆绿色智能技术研究院 3D 打印技术研究中心对外宣布，经过该院和中科院空间应用中心两年多的努力，并在法国波尔多完成抛物线失重飞行试验，国内首台空间在轨 3D 打印机宣告研制成功。它可以帮助宇航员在失重环境下自制所需的零件，大幅提高空间站实验的灵活性，减少空间站备品备件的种类与数量和运营成本，降低空间站对地面补给的依赖性。医学领域的使用更加多样化，出现了 3D 打印肝脏模型、打印头盖骨、打印脊椎植入人体、打印手掌治疗残疾、打印心脏救活 2 周大的先心病婴儿、打印制药、打印胸腔、打印血管等多个成功案例。2015 年 7 月 17 日上午，由 3D 打印的模块新材料别墅现身西安，建造方三个小时完成了别墅的搭建。据建造方介绍，这座三个小时建成的精装别墅，只要摆上家具就能拎包入住。2015 年 7 月，美国旧金山的 Divergent Microfactories（DM）公司推出了世界上首款 3D 打印超级跑车"刀锋（Blade）"。2014 年 11 月 10 日，全世界首款 3D 打印的笔记本电脑已开始预售了，它允许任何人在自己的客厅里打印自己的设备，价格仅为传统产品的一半。由此可见，3D 打印已经广泛地应用于人们的生活。

2. 纳米技术

人类运用扫描隧道显微镜（以及在此基础上改进而制成的原子力显微镜，即

AFM），第一次实现了观测、操纵单个原子，意味着人类开始在纳米尺度（一般指 0.1 纳米到 100 纳米之间）上认识、变革自然，"纳米技术"的真正含义正在于此。扫描隧道显微镜及原子力显微镜所依据的原理是量子力学规律中的隧道效应。因而，纳米技术的出现，正是 20 世纪物理学革命迟来的重大技术效果——在沉寂半个多世纪之后，终于推出一场可与 20 世纪信息技术革命相媲美的、新的技术革命，即纳米技术革命。之所以说纳米技术作为 21 世纪技术革命的核心技术中最具有新时代特征的首要代表，是因为纳米技术正在从纳米尺度向信息的沉重载体发起一场气势空前的革命，使物质、能量载体缩减到微小世界之中，这正是纳米技术革命的实质。

21 世纪即将全面展开的纳米技术革命存在 4 个主要分支领域——纳米机械技术、纳米电子技术、纳米生物技术、纳米材料技术，其中的纳米机械技术，或者说纳米机器人技术，领导着整个纳米技术革命潮流的主力。也正是近年来从微机械技术向纳米机械技术迅速进展的实际，展示着纳米技术作为一次新的技术革命的辉煌前景。

如果说扫描隧道显微镜是人类伸向纳米世界的第一只"手"，那么纳米机械技术，就是在纳米世界完成着类似人类在宏观世界从劳动的手向手工工具、机器、自动化生产线、机器人的漫长转变过程，它正是为技术的各领域提供工具、方法的技术。

美国迈特公司微机械专家詹姆斯·C.埃伦博根预言：纳米技术将创造出比灰尘还要小，雾滴般的、具有万能工作功能并可自复制的超微机器人，它们可以通过移动、排列一个一个原子，无所不能地完成人所需要的任何工作。[11]拥有如此神奇技术的时代堪称人类一切梦想成真的时代，也只有具有如此水平技术的时代才有资格被称为"纳米时代"。

随着技术革命所推进的工具超微化，其消耗能量越来越小，其他传统产业将真正成为夕阳产业而逐步退出经济舞台，超微、万能、自复制机器人则终将成为生产中的唯一工具形式，这一切正是纳米技术革命所实现的"肇体革命"成果的表现。就连人类自身以及与人相关的人工自然设施，也将有可能在纳米技术的推动下走上小型化、微型化的演化发展道路。在最大限度缩减物质、能量载体的同时，信息量密度及信息的作用将提高到今天难以想象的程度。与信息技术革命紧随着信息时代的到来不同，从纳米技术的兴起，到进入未来的纳米时代，还要经历相当遥远的路程。然而，向着纳米时代这一目标的远征毕竟已经开始。

3. 网络技术

计算机互联网的主要成就首先并不在于技术本身,而在于技术与社会的相互融合、相互改造[12]。因此,计算机互联网技术的最主要成果是网络社会的出现、演化、发展。21 世纪科学技术革命的网络技术,正在经历着从最初的技术性网络到网络社会化、社会网络化的重大转变。

自 20 世纪 80 年代开始出现的计算机互联网,最初只是作为计算机软件、硬件、信息资料相互备用的纯技术手段和通信的辅助技术方式。从 20 世纪末到 21 世纪初,计算机互联网所引起的技术与社会相互作用的深刻变革,是人们始料未及的。网络目前正在成为信息资料交流、通信、经济活动、文化、教育、医疗、人与人之间的社会交往、政府对社会进行控制管理等的重要工具;而网络社会作为众多计算机与人相互融合而形成的技术社会系统已初具雏形。不过,目前的网络社会还无法取代传统社会的许多功能,如物质的交流和能量的作用。

21 世纪的网络技术正在向着完全形态的网络社会进化,完全的网络社会将是由众多计算机、处理物质能量的执行机构、网络连接信道、人组成的系统。完全形态的网络社会将表现为完全形态的网络市场、网络产业、网络学校、网络医院、网络文化、网络政治、网络安全系统乃至网络战场等,它们的特征都是通过网络将处理物质能量的工具、设备纳入其系统之中,如网络市场系统包括遥控验货机器人与自动送货管道等处理物质的设备;网络医院包括遥控检测设备、遥控手术机器人等供网上医师对病人身体实施诊断、治疗、手术的工具;网络学校则包括遥控实验装置,以供教师指导学生进行有关的实验;网络产业则包括由网络调度控制的生产、仓储设备;网络安全系统也配备有各种强有力的执行机械等。

在完全形态的网络社会中,处理人与自然、人与人、人与技术装置之间关系的各种联系都将以网络为纽带,网络关系将成为社会关系的主要形式。网络被改造为充满人性与情感的系统,社会将被网络改造为充满技术、知识与理性的社会。如果说电子元器件凭借着集成电路、技术组织实现了技术系统走向信息时代的飞跃,那么众多计算机、人、工具凭借着计算机互联网组织促成了技术社会系统走向网络时代的又一次飞跃。将网络社会称为"数字化社会"是不确切的,因为数字信号仅仅是载体,网络社会的本质是信息化社会,是信息时代走向完全形态的又一重要标志。

4. 虚拟技术

虚拟现实技术,就是以人工信息系统中的信息取代人从外部客观世界获取的感知信息,使人获得与生活在某一客观世界中一样感受的技术;或者说,是一种以虚拟的信息世界取代客观世界中的客体,并给予人与实际存在的某一客体等效的感觉、知觉的技术。

随着人们实现的虚拟技术对虚拟世界全息程度的提高,自 20 世纪 80 年代至 90 年代,开始出现了密封舱、带头套连手脚紧身衣一类的虚拟技术设施。密封舱虚拟技术除了以屏幕、扬声器提供"外界"景象声音信息外,还可以提供舱体的各种运动、振动信息并将人的操作信息经过计算机反馈为舱体运动的变化(可以虚拟驾驶飞机、飞船、潜水艇等);紧身衣虚拟技术则将视、听、触、闻等各类信息通过紧身衣各部位的信息传感器作用于人的各个感觉器官,使人获得全息的感知,并将人的动作信息经过信息传感器接收器、计算机、信息传感器发生器反馈为外界对人体运动的反作用信息(可虚拟在太空飘浮、在海底游泳等)。

"遥在"虚拟技术,则将虚拟世界中人的动作信息,通过计算机和执行机械作用于异地真实世界中的客体,再将该真实客体所发生的变化,通过计算机反馈为对人的动作的反作用信息(它被应用于以虚拟操作实现真实效果的实践活动)。

VR 技术(虚拟现实技术)是一种可以创建和体验虚拟世界的计算机仿真系统,它利用计算机生成一种模拟环境,是一种多源信息融合的交互式的三维动态视景和实体行为的系统仿真,促使用户沉浸到该环境中。虚拟现实技术(VR)主要包括模拟环境、感知、自然技能和传感设备等方面。模拟环境是由计算机生成的、实时动态的三维立体逼真图像。感知是指理想的 VR 应该具有一切人所具有的感知。除计算机图形技术所生成的视觉感知外,还有听觉、触觉、力觉、运动等感知,甚至还包括嗅觉和味觉等,也称为多感知。自然技能是指人的头部转动,眼睛、手势、或其他人体行为动作,由计算机来处理与参与者的动作相适应的数据,并对用户的输入做出实时响应,并分别反馈到用户的五官。传感设备是指三维交互设备。VR 技术已经广泛应用在医学、娱乐、军事航天、室内设计、房产开发、工业仿真、应急推演、文物古迹、游戏、道路桥梁、地理和教育等多个领域,展现着强大的虚拟现实功能。

虚拟技术的基本特征是将计算机及其他处理传送信息的设备、人脑("遥在"虚拟技术还要加上作用于真实世界的执行机构)联结为信息系统,以这一信息系统中的信息关系代替人与真实世界客体的关系。虚拟技术的充分发展将为人提供一个与现实世界等效的虚拟世界生活空间,把人类改造为既可生活在真实世界,也可以生活在虚拟世界的新型生命形式。对于以信息为本质的人来说,所谓真实世界、虚拟世界只不过是不同载体载有相同信息的系统,它们不仅在信息上是等效的,而且全都是客观世界存在的不同形式。这就是虚拟技术所造成的人本身、人的观念的深刻变革。

虚拟技术的本质是实现不同载体上的自然信息、技术信息、意识信息超越人的感觉、运动器官直接贯通与融合;它的成熟同样是信息时代高度发展的重要标志。

5. 21 世纪技术革命的 4 项重点工程

(1)人类基因工程

基因技术虽然可以视为信息时代中生物领域的信息技术,但在 20 世纪它的进展远远落在计算机信息技术之后,它的实际效果远小于人们对它过高的期望——通过设计、改变人的基因,治疗一切疾病,按照人的愿望控制人的生命;于是,21 世纪成为人类着手实现这一期望的时代。

自 1990 年启动的人类基因组工程,就是新世纪全面认识、运用人类基因技术的开端。这一工程并不是 21 世纪科学技术革命的新技术项目,但却是综合运用 20 世纪、21 世纪各项技术实现自身目标的系统性开发工作。通过这一工程,信息技术将真正深入最复杂、最难以认识的人的生命领域。

(2)人工生命工程

人工生命工程,是运用与人类基因工程不同的载体实现相同目标的技术开发工程。20 世纪生物医学工程、人工智能工程虽然并未能创造出人们所期望出现的种种奇迹,例如像更换机器零件一样方便地用人造器官取代人体任何不健康的器官,与人一样聪明的、具有组织与学习能力和自我复制能力,甚至具有人类感情的智能机器人,能够测量、记载、贮存人脑全部意识信息的电脑,能够如电脑信息转录一样将信息直接录入人脑等,因此 21 世纪同样成为人类努力使这些奇迹成为现实的时代。

虽然人工生命的概念是美国科学家克里斯·兰顿首次提出,然而将生命的本质看作信息、生命可以有不同载体的思想,却是控制论创始人维纳早在 1950 年提出的,与人工生命观念相对应的技术基础如生物医学工程、人工智能技术也是 20 世纪后半期的成果。因此,人工生命科学技术实际上是 20 世纪兴起发展的,21 世纪的人工生命工程则是将其已有的技术基础,纳入人工生命这一科学思想,并综合运用 21 世纪技术成果,向着期望目标继续开发。

尽管对于人工生命算不算真正的生命,人工生命是否有可能成为人类生命信息的新的载体形式还存在着争论;然而,人工生命工程正在逐步开辟一条以人工载体取代天然载体,使人类自身以技术手段进化的道路却是毫无疑义的。如果说,未来人类将进化为摆脱现有人类种种痛苦的"超人",那必定是凭借着人类高度发展的人工生命工程的技术成果。

(3)能源换代工程

人类在 21 世纪面对的重大现实困难之一,便是矿物能源紧缺的危机,尤其是地球石油资源在半个世纪内即将枯竭的危机。石油枯竭引起的与石油有关的产业,如汽车运输业、航空业、汽车飞机及其配件材料制造业等的终结,将导致全球经济发生系统崩溃型的破坏。因而,以有效可行的新能源取代矿物能源,尤其是石油能源,即能源换代工程,成为 21 世纪全球面临的重大技术任务。

廉价高效的太阳能发电技术,地热能发电与综合利用技术,核能技术的改进、特别是可控核聚变技术,二次能源中的氢能技术及氢能存贮技术,高能量密度的电池技术,以及各种提高能源使用效率的技术(如超导的技术应用)等都将成为这一工程中的重要项目,综合运用 21 世纪的各项技术则是实施这一工程的基本手段。

能源换代工程还包括现有交通运输方式的革命,如电动交通工具和磁悬浮高速列车的普及,管道交通工具的兴起,超导电磁船的广泛应用,以液氢液氧航空航天飞机、空中机场、太阳能氦气飞艇取代 20 世纪的飞机航空业,都将是这一革命中的重要内容。

能源换代工程的基本构想及其许多技术基础基本上属于 20 世纪后半期;但它的全面实施,则是 21 世纪的工作。

(4)生存空间工程

有限的生存空间与不断增长的人口、需求之间的矛盾是人与自然关系(指物质能量关系)的基本矛盾,自然资源的紧缺,归根结底也是因为生存空间有限。

历史上人类为了开拓新的生存空间而展开的"开发新大陆"的运动,又重现于从

20 世纪到 21 世纪困扰于地球大陆目前有限生存空间的人类。在 20 世纪,开拓新的生存空间基本上还只是一种理论上的构想。从 20 世纪末到 21 世纪初,人类已在将这一构想转变为着手实施的工程——生存空间工程。

这一工程大致包括以下内容:海洋城市工程——在海面或海底建立以海洋资源为原料、物质能量自给自足的人类生存空间;地下城市工程——运用先进的地下作业手段及人工通风、采光技术多层次利用地壳中人类可以生存的空间;太空城工程——在宇宙空间中建立依靠太阳能、物质封闭循环的、可供人类生活和进行生产的人造天体;星际移民工程——它又分为在地外天体(如月亮)上建立仿太空城的密闭生存空间和将某个天体(如火星)的环境改造为适合人类生存两个步骤。事实上,将月球、火星开拓为人类新的生存空间的工程,已经开始启动。

除了开拓新的人类生存空间外,21 世纪的人类生存工程还应包括彻底改善现有生存空间环境的环境工程和大幅度提高生存空间利用效率的技术(如工厂化无土栽培农业技术、工厂化养殖技术)。

人类生存空间同样是 21 世纪付诸行动的上一世纪的“梦想”,它的实施同样需综合运用 21 世纪发展的各类技术。

正如历史上开发新大陆给人类的回报远远超过当时航海的可观费用一样,人类生存空间工程对人类的回报,也将远远超过今天所花费的巨额投资。[13]

总之,从工具制造革命、农业革命的解放生产力,到工业革命、电力革命的解放劳动力,到如今的信息革命、知识革命的解放脑力,如今的技术革命已经能够提供更多满足精神生活的技术条件。智慧穿戴、智慧家居以及智慧城市得以实现,依托计算机技术发展的 3D 打印、纳米技术、网络技术和虚拟技术正在指导着智慧经济时代的发展,维护生态和谐的技术仍在被创造和利用,并朝着下一个时代迈进。

新技术革命的出现,要求必须建立适应生产力发展和科技进步的合理经济结构。在新技术革命的条件下,建立合理的经济结构至关重要。因此,每一次技术革命都会有与之对应的经济结构,也就是经济形态,经济形态随着技术向前发展也同时展现着不同的特征。

1.2　经济形态的变迁

第六次技术革命(知识革命)始于 20 世纪中叶,以移动互联、云计算、大数据等新一代信息通信技术的广泛应用为主要标志,其影响力广泛而深远。马克思的社会经济形态理论也受到新技术革命的巨大冲击,在学术界出现许多有待进一步探讨的新课题。[14]

1.2.1　经济形态的内涵

"形态"从字面上讲是指事物的形状、表现,而作为科学研究对象的"形态",则是指事物的外在形式、内在构造和变化规律。[15]人们经常会听到"社会形态""社会经济形态"和"经济形态"这三个概念,这些概念既有一定的差别,又有一定的联系。[16]

经济形态是指由技术方式所决定的并且反映技术方式的生产方式的外在表现形式,它所表现的是以此为主要生产方式的整个经济系统或经济结构的本质特征。因此,经济形态是抛开社会经济制度,单纯从生产方式的技术基础和技术差异出发,即从生产的技术方式的质的差异造成的经济体系或经济结构的差别的角度来揭示经济体系的质的规定性和发展特征。无论是资本主义经济制度还是社会主义经济制度,都可以在生产方式演变历史的某一时期呈现出某一相同的经济形态。由于经济形态是以一定生产技术方式下的资源配置方式和内容为标准划分的社会经济发展形态,是以某种生产技术方式发展成为社会主导的生产技术方式后相应的经济体系与经济结构的确立为前提的,因此,只有某一种生产技术方式占据社会经济发展的主导地位并成为社会经济发展的主体生产方式,并且以此为基础建立相应的经济系统和经济结构之后,才可以称某一种经济形态实现了形成和发展。[16]

社会经济形态则指人类社会发展一定阶段占主要地位的生产关系的表现形态,是建立在某一生产技术方式所决定的生产力基础上的各种生产关系的总和。社会经济形态通常表现为社会结构形式、经济关系形式等。社会经济形态的内涵是区分人类社会的发展阶段或区分国家的社会制度的依据。[16]

社会形态指同生产力发展的一定阶段相适应的经济基础和上层建筑的统一体,即一定社会的经济形态、政治形态和思想意识形态的具体的历史的统一。经济形态是其他形态形成和发展的基础,因此当某种经济形态在各种经济形态中占主导地位时,我们习惯以这种经济形态命名这种社会。比如当信息经济形态占主导地位时,我们相应地把这种社会形态叫做"信息社会"。

从上述概念的界定我们可以这样理解三者的关系:某种社会形态总是表现为以其占主导地位的经济形态为基础的特征,并且在由技术方式决定的经济形态状态下形成以某种经济关系为特征的社会经济形态。比如当经济形态表现为"私有资本＋机器大工业"这样的技术方式所决定的经济形态占主导地位时,由于资本的增值本性及其私有权属必然形成对劳动力的绝对雇佣要求以及机器大工业对劳动力的相对排斥和竞争要求,这种要求会集中表现为资本和劳动的矛盾,并随之形成资本家占有资本和被雇佣工人出卖劳动力之间对抗性的生产关系,这样的生产关系一旦在社会取得另外支配地位,就表现为资本主义的社会经济形态。[16]

1.2.2　经济形态发展史

人类历史上共产生了五种经济形态:原始狩猎经济形态、传统农业经济形态、工业经济形态、信息经济形态、智慧经济形态。每种经济形态都有其特征:

(1)原始狩猎经济形态的根本特征是劳动力和石器(简陋工具);

(2)传统农业经济形态的根本特征是畜力和农具;

(3)工业经济形态的根本特征是私有资本和机器大工业;

(4)信息经济形态的根本特征是信息化和网络数字化;

(5)智慧经济形态的主要特征是网络化和智慧化。

经济形态的形成基本由技术革命引发,技术的向前发展使得越来越多新技术从单纯地解决生产力、人力问题向处理更高层次的人类的精神需求演化,随之,经济形态由更高端的技术所主导,社会经济形态表现得越来越智慧化,达到如今智慧经济的形态。

1. 原始狩猎经济形态

以原始狩猎经济形态为主的阶段通常称为原始狩猎社会。这一经济形态大约出现于公元前 200 万年至公元前 1 万年的时间区间,是人类进化和社会发展的特殊时期。

在这一阶段,人类的生产方式是简单的体力,所依靠的唯一的劳动资料是马克思所谓的"劳动者身上的器官"。尽管后来出现了一些简单意义上的工具,但人类基本上是靠自然生长的动物、植物及其果实以及自身的器官和体力进行生存和生产活动。因此,真正意义上的生产活动和生产方式是不存在的,在那个漫长的阶段里,生产即生存,所以也只存在标准意义上的技术方式,即"体力+体力"。

虽然这个阶段的经济形态是最低级的,但是作为人类经济形态的起源,为以后经济形态的演进奠定了基础。有学者称至少"在人类脱离其他动物后的一百多万年里,他们在大地上漫游着,从事狩猎和采集植物的活动"。[16]

2. 传统农业经济形态

随着人类的不断进化和生产力的不断发展,人类的劳动经验逐渐丰富,劳动技能日益进步,逐渐学会了制造和使用简单的石器和木器,并有意识地饲养动物和种植植物,原始的农业和畜牧业开始诞生,除了体力,土地开始成为人类所依靠的最主要的劳动资料。后来这种依靠土地和体力从事的养殖和种植行为逐渐固定下来,人类社会进入传统农业经济形态,大约公元前 4000 年至前 2500 年,伴随着青铜器和铁制工具的出现,人类逐步进入了以依靠土地和劳力(体力区别于劳力,劳力包含了智力)的传统农业经济形态为特征的农业社会。

传统农业经济形态的技术方式表现为"土地+劳力",其中劳力的发展和完善是一个历史过程,所以主要依靠土地的农业经济形态必然要经历一个较长的时期。传统的农业经济形态随着技术方式的不断进步也会向更高的形态发展,目前出现的现代智慧农业就是农业技术方式不断发展的结果。[16]

3. 工业经济形态

人类历史上出现的第三种经济形态是工业经济形态,以工业经济形态为基础的社会称为"工业社会"。18 世纪中叶,英国等一些资本主义国家由于蒸汽机的发明和广泛使用,最早实现了农业劳动力的工业转移,步入工业经济形态。

工业经济形态是人类经济形态演进过程中一次质的飞跃,使社会生产力得到了空前的发展,正如马克思和恩格斯在《共产党宣言》中所描述的"资产阶级在它的不到一百年的阶级统治中所创造的生产力,比过去一切时代创造的全部生产力还要多,还要大"。工业经济形态下,劳动资料中除了土地外,还加入了资本,并且较农业经济形态来说,对劳动力的要求更高。这种要求不仅表现在劳动力构成中脑力劳动的比例提高了,而且劳动力发挥作用的过程中机器对劳动的熟练程度也有了特别的要求。在这一经济形态下,尽管劳动力仍然是创造生产力的能动因素,但资本的作用已经凌驾于劳动力之上,劳动力的资本化使得资本在工业经济形态下成为外在的第一生产要素。

在工业经济形态下,技术方式表现为"资本＋劳动力"的特征。在这样的方式中,如果劳动力占有的比重超过了资本就表现为劳动密集型工业经济形态,反之则表现为资本密集型工业经济形态。也有的学者认为工业经济形态的技术方式表现为"资本＋劳动力＋技术",其实技术并不能单独构成生产力的一个因素,它作为一个渗透性的因素,只能包含在资本和劳动力之中以及两者的结合方式之中,表现为资本利用效率的改进和劳动力质量的提高,以及先进的管理方式等,所以使用"资本＋劳动力"就足可以概括工业经济形态的技术方式基础。

工业经济形态虽然创造了原始狩猎经济形态和农业经济形态都无法比拟的物质财富和物质文明,但是工业增长的同时带来了严重的环境污染等生态问题。所以,对许多正处于这一阶段但无法跨越的发展中国家来说,它们都把发展可持续型工业作为未来工业经济的发展目标,我们国家更是提出了走新型工业化道路的战略构想并付诸构建和谐社会的实践。[24]目前生物技术和能源工程技术蓬勃发展,人们越来越注重生活的品质,对于工业经济形态遗留下来的环境问题,也是当今智慧经济的重中之重。

4. 信息经济形态

进入 20 世纪后期,人类历史也步入信息经济形态。信息经济形态是以信息技术为主要技术方式的经济形态,其产生的标志是 20 世纪 60 年代大型计算机的普及和 1971 年微处理器的发明。

信息经济的出现,对整个经济生活和社会生产活动产生了革命性的影响。信息作为知识的一种表现形态,通过网络等信息高速公路提高物质生产部门的自动化程度并带动了信息服务产业的发展。据统计,许多发达国家信息产业的产值已占 GDP 的 50％到 70％。有学者认为,工业社会是以科学技术代替和减轻人类的体力劳动,而信息经济社会则是以信息技术代替和加强了人类的脑力劳动。所以信息经济形态的技术方式表现为"信息化＋资本",显然劳动力的因素被更高级的人工智能所隐性化了。[16]

5. 智慧经济形态

关于第五种经济形态的称谓,专家学者持有各自的看法,如新经济、知识经济、数字经济、网络经济、因特网经济、智能经济、精神经济、眼球经济、注意力经济、直接经济、信心经济、透明经济(裸体经济)、生物经济等数十种之多,可谓见仁见智[17]。本书综合以上学者所使用的称谓,总结第五种经济形态,是以大数据、云计算、物联网等信息技术为基础,大力发展生物技术和网络技术,直接依据知识和信息的生产、分配和使用,从而进一步使当代社会接近智慧化。可以看出,在如今的时代,由多种技术体系主导,各种技术体系共同发展使得社会的智慧化趋势显著,因此,这里不再沿用主要技术体系命名经济形态的方式,而是使用经济形态的结果作为标准,将第五种经济形态称之为智慧经济。

智慧经济是创新性知识占主导、创意产业,使用数字化网络化的技术,完成知识创新和生物科学等的经济形态变革,是完整的、真正意义上的经济形态。智慧经济形态由国民创新体系与国民创业体系组成,国民创新体系与国民创业体系使创新驱动由增长方式上升为经济形态。时间大致是从 20 世纪末开始,技术创新借助于思维的机器,人类追求内在的智力开发,随着智能网络的发展,机器思维的能力不断提高,人与技术之间的关系是和谐的。

但是,有两点必须指出:第一,智慧经济与其他经济形态的产业并不是割裂的,例如工业经济中仍有农业产业,关键是工业经济占主导地位;并且农业产业所使用的科技发生了质的变化。第二,越是新的经济形态,越是突出其对旧的经济形态产业的渗透性和改造性。例如网络技术脱离传统产业必将产生泡沫,而任何新的高科技若离开制造业,则不能实现其真正的价值,更谈不上产业化。

1.2.3 新时代的新经济形态

作为当前以及未来发展的新经济形态,是多种经济类型共存的经济形态,即包括知识经济、数字经济、网络经济、眼球经济和生物经济。因此,对智慧经济的认识,必须基于这五种经济类型。

1. 知识经济

知识经济(knowledge economy、knowledge based economy),是以知识为基础的

经济,与农业经济、工业经济相对应的一个概念,是一种新型的富有生命力的经济形态。工业化、信息化和知识化是现代化发展的三个阶段。创新是知识经济发展的动力,教育、文化和研究开发是知识经济的先导产业,教育和研究开发是知识经济时代最主要的部门,知识和高素质的人力资源是最为重要的资源。

知识经济曾经不是一个严格的经济学概念,它的缘起大约与新经济增长理论有关。在世界经济增长主要依赖于知识的生产、扩散和应用的背景下,美国经济学家罗默和卢卡斯提出了新经济增长理论。罗默把知识积累看作经济增长的一个内生的独立因素,认为知识可以提高投资效益,知识积累是现代经济增长的源泉。卢卡斯的新经济增长理论则将技术进步和知识积累重点地投射到人力资本上。他认为,特殊的、专业化的、表现为劳动者技能的人力资本者才是经济增长的真正源泉。

这些研究,使人们对知识与经济的关系产生了全新的认识。1996 年,经济合作与发展组织发表了题为《以知识为基础的经济》的报告。该报告将知识经济定义为建立在知识的生产、分配和使用(消费)之上的经济。其中所述的知识,包括人类迄今为止所创造的一切知识,最重要的部分是科学技术、管理及行为科学知识。从某种角度来讲,这份报告是人类面向 21 世纪的发展宣言——人类的发展将更加倚重自己的知识和智能、知识经济将取代工业经济成为时代的主流。

(1)知识经济的影响

知识经济的兴起将对投资模式、产业结构、增长方式和教育的职能与形式产生深刻的影响。在投资模式方面,信息、教育、通信等知识密集型高科技产业的巨大产出和展现出的骤然增长的就业前景,将导致对无形资产的大规模投资。在产业结构方面,一方面,电子贸易、网络经济、在线经济等新型产业将大规模兴起;另一方面,农业等传统产业将越来越知识化;再者,产业结构的变化和调整将以知识的学习积累和创新为前提,在变化的速度和跨度上将显现出跳跃式发展的特征。在增长方式方面,知识可以低成本地不断复制并实现报酬递增,使经济增长方式可能走出依赖资源的模式。这不仅使长期经济增长成为可能,还使经济活动伴随着学习,教育将融于经济活动的所有环节。同时,知识更新的加快使终身学习成为必要,受教育和学习成为人一生中最重要的事。

（2）知识经济的标志和特征

①资源利用智力化。从资源配置来划分，人类社会经济的发展可以分为劳力资源经济、自然资源经济、智力资源经济。知识经济是以人才和知识等智力资源为资源配置第一要素的经济，节约并更合理地利用已开发的现有自然资源，通过智力资源去开发富有的、尚待利用的自然资源。

②资产投入无形化。知识经济是以知识、信息等智力成果为基础构成的无形资产投入为主的经济，无形资产成为发展经济的主要资本，企业资产中无形资产所占的比例超过50%。无形资产的核心是知识产权。

③知识利用产业化。知识形成产业化经济，即所谓技术创造了新经济。知识密集型的软产品，即利用知识、信息、智力开发的知识产品所载有的知识财富，将大大超过传统的技术创造的物质财富，成为创造社会物质财富的主要形式。

④高科技产业支柱化。高科技产业成为经济的支柱产业，但并不意味着传统产业彻底消失。

⑤经济发展可持续化。知识经济重视经济发展的环境效益和生态效益，因此采取的是可持续化的、有利于人类长远发展的战略。

⑥世界经济全球化。高新技术的发展，缩小了空间、时间的距离，为世界经济全球化创造物质条件。全球经济的概念不仅指有形商品、资本的流通，更重要的是知识、信息的流通，以知识产权转让、许可为主要形式的无形商品贸易大大发展。各国综合国力的竞争在很大程度上转化为人才、知识、信息的竞争，集中表现为知识产权的竞争。全球化的经济与知权产权保护连为一体。

⑦企业发展虚拟化。知识经济时代，企业发展主要是靠关键技术、品牌和销售渠道，通过许可、转让方式，把生产委托给关联企业或合作企业，充分利用已有的厂房、设备和职工来实现的。

⑧人均收入差距扩大。这是针对发达国家与发展中国家、发达地区与落后地区而言，是知识经济带来的负面效应之一。这也是在知识经济时代，必须掌握一流知识和信息，占领经济制高点的重要性、紧迫性所在。

2. 数字经济

数字经济指一个经济系统，在这个系统中，数字技术被广泛使用并由此带来了整个经济环境和经济活动的根本变化。数字经济也是一个信息和商务活动数字化的全新的社会政治和经济系统。企业、消费者和政府之间通过网络进行的交易数量迅速增长。数字经济主要研究生产、分销和销售依赖数字技术的商品和服务。数字经济的商业模式本身运转良好,因为它创建了一个企业和消费者双赢的环境。

数字经济的发展给包括竞争战略、组织结构和文化在内的管理实践带来了巨大的冲击。随着先进的网络技术被应用于实践,原来关于时间和空间的观念受到了真正的挑战。企业组织正在努力想办法在数据、信息系统、工作流程和工作实务等方面整合与顾客、供应商、合作伙伴的业务,而它们又都有各自不同的标准、协议、传统、需要、激励和工作流程。数字经济的基本特征如下:

(1)快捷性

首先,互联网突破了传统的国家、地区界限,将它们连为一体,使整个世界紧密联系起来,把地球变成为一个"村落"。其次,突破了时间的约束,使人们的信息传输、经济往来可以在更小的时间跨度上进行。再次,数字经济是一种速度型经济,现代信息网络可用光速传输信息,数字经济以接近于实时的速度收集、处理和应用信息,节奏大大加快。

(2)高渗透性

迅速发展的信息技术、网络技术,具有极高的渗透性功能,使得信息服务业迅速地向第一、第二产业扩张,使三大产业之间的界限模糊,出现了第一、第二和第三产业相互融合的趋势。

(3)自我膨胀性

数字经济的价值等于网络节点数的平方,这说明网络产生和带来的效益将随着网络用户的增加而呈指数形增长。在数字经济中,由于人们的心理反应和行为惯性,在一定条件下,优势或劣势一旦出现并达到一定程度,就会导致不断加剧而自行强化,出现"强者更强,弱者更弱"的"赢家通吃"的垄断局面。

(4)边际效益递增性

主要表现为:一是数字经济边际成本递减;二是数字经济具有累积增值性。

(5)外部经济性

网络的外部性是指,每个用户从使用某产品中得到的效用与用户的总数量有关。

用户人数越多,每个用户得到的效用就越高。

(6)可持续性

数字经济在很大程度上能有效杜绝传统工业生产对有形资源、能源的过度消耗而造成的环境污染、生态恶化等危害,实现了社会经济的可持续发展。

(7)直接性

由于网络的发展,经济组织结构趋向扁平化,处于网络端点的生产者与消费者可直接联系,降低了传统的中间商层次存在的必要性,从而显著降低了交易成本,提高了经济效益。

3. 网络经济

网络经济,一种建立在计算机网络(特别是 Internet)基础之上,以现代信息技术为核心的新的经济形态。它不仅是指以计算机为核心的信息技术产业的兴起和快速增长,也包括以现代计算机技术为基础的整个高新技术产业的崛起和迅猛发展,更包括由于高新技术的推广和运用所引起的传统产业、传统经济部门深刻的革命性变化和飞跃性发展。因此,不能把网络经济理解为一种独立于传统经济之外、与传统经济完全对立的纯粹的"虚拟"经济,经济的虚拟性源于网络的虚拟性。它实际上是一种在传统经济基础上产生的、经过以计算机为核心的现代信息技术提升的高级经济发展形态。

网络经济有着与传统经济迥然不同的特征、原理和规律。在网络经济中,企业必须顺应环境的变化,采取全新的竞争原则和竞争策略,方有可能在激烈的竞争中取胜。在网络经济中,由于外界环境的变化极其迅速,推动公司发展的不再是效率,而是高度的适应性。应该把公司看成是有机体,它可以感受环境、适应环境,甚至改变环境。市场环境则是一种选择机制,它可以判定哪种有机体更适合生存。

4. 眼球经济

眼球经济是依靠吸引公众注意力获取经济收益的一种经济活动,在现代强大的媒体社会的推波助澜下,眼球经济比以往任何一个时候都要活跃。电视需要眼球,只有收视率才能保证电视台的经济利益;杂志需要眼球,只有发行量才是杂志社的经济命根;网站更需要眼球,只有点击率才是网站价值的集中体现。

注意力经济也被形象地称作"眼球经济",是指实现注意力这种有限的主观资源与信息这种相对无限的客观资源的最佳配置的过程。在网络时代,注意力之所以重要,是由于注意力可以优化社会资源配置,也可以使网络商获得巨大利益,注意力已成为一种可以交易的商品,这就是注意力的商品化。注意力作为一个个体资源虽然是有限的,但如果从全社会总体角度看,它又是非常丰富的资源,而且其再生成本几乎可以忽略不计,从而引发的经济效益是具有倍增的乘数作用。这就是为什么网络的点击数(访问量)、网民数往往比利润更受到风险投资者的重视。因为点击率能够帮助我们破译注意力"密码",从而准确地把握市场走向。在这里注意力是第一位的,利润反而居次要地位。在网络时代没有注意力就没有利润,而没有利润的企业最终要失败。

5. 生物经济

生物经济形态是以生命科学与生物技术研究的开发与应用为基础的,建立在生物技术产品和生物产业基础上的经济形态。

早在 1953 年,弗朗西斯·克里克和詹姆斯·沃森鉴定出 DNA 双螺旋结构,揭开了生物经济的序幕,标志着生物经济进入孕育期。其间我国上海生物所科学家王应睐等分别于 1965 年和 20 世纪 80 年代在国际上首次成功地人工合成胰岛素和大蛋白质分子,揭示了生命的起源,处于当时的国际领先水平。人类基因组计划(HGP)于 1990 年正式启动,HGP 序列图已在 2001 年完成。人类基因组计划堪称与阿波罗登月计划相媲美,而 HGP 解码的最终完成则标志着生物经济已度过了孕育期,正向成长期迈进。

(1)生物经济的特征

创新是生物经济的灵魂和本质特征。按照创新理论的奠基人、美籍奥地利著名经济学家约瑟夫·熊彼特的定义,创新就是建立一种新的生产函数,其中,任何要素的改变都会导致生产要素与生产条件的重新组合,从而形成推动经济发展的动力。生物经济是建立在生命科学与生物技术研发与应用基础之上的经济,它的基本要素是知识与技术,知识的生产、技术的进步,首先依赖于创新。创新是生命科学与生物技术从研发到应用的一个过程,即将科学技术成果推向产业化的过程,所以创新是生物经济最本质的特征。生物经济具有划时代的创新性特征,其体现为自 20 世纪 90 年代以来,每年由 *Science* 杂志评选出的"十大科学进展"里生命科学和生物技术领域几乎占总数的一半以上,有关生命科学的文章、专利、产值等增长速度都达 30%。技术创新性说

明生物经济具有技术和需求双重驱动的特征,其主要体现在:

①基础研究和应用研究的边界模糊。生物医药的基础研究和应用研究已经合二为一。

②生物经济技术创新离不开技术平台。这是生物经济与信息经济等其他高技术产业所不同的一点。

③生物经济技术创新离不开仪器设备,大型的研究中心就像一个大企业一样,拥有大量的仪器设备。一个最先进的生物实验室,研究经费的1/3用在购买仪器设备方面。从某种意义上说,生物产业最大的投入并不是智力,而是设备。

④聚集式发展趋势明显。其技术创新的聚集效应集中表现在时间和空间的聚集,在时间上的聚集是生物技术一旦在某个技术方向有所突破,就会产生群体带动效应;在空间上的聚集是生物产业主要集中在科技园区、资金密集区域形成的大经济圈。

⑤各学科交叉融合。对研发人才有特殊要求,分子生物学是一门以实验为基础的学科,现代生物技术领域的研发人才必须具有丰富的实际操作技能和实验室工作经验。

⑥国家创新系统对生物经济创新的作用越来越大。生物制造是用新的生产方式、新的工艺流程、新的生物技术,生产出新的产品,因此产生新的产业制度、新的企业制度、新的管理模式、新的市场运行机制等。生物制造是制造技术的最新发展阶段;是制造技术与现代高新技术结合而产生的完整的前沿技术群。集成制造(CLM)模式和敏捷制造将成为全球经济环境下的主流制造模式。在制造全球化的大趋势下,根据不同需求构建不同形态的产品和服务的生产模式。在生物医药领域,个性化药物的出现,开始对传统制造流程产生冲击。通过跨企业的协同经营生产计划管理、供应链管理、动态联盟项目管理、协同商务管理等模式,实现生物产业的发展。先进制造技术是高技术产业的基础。认识生物制造工程的学科交叉特点,是建立创新制度和创新管理模式的基础。技术创新是从新的思想产生到形成商品的一个全过程,是经济发展的一条新思路,并不是单纯的科技活动。创新是一种新的科学思想的形成,生物经济时代的思想创新是技术和制度创新的前提。

(2)生物经济的要素特性

生物经济是知识、技术、资金三要素密集型的经济,因此,它具有高技术、高投入、高风险、高收益和周期长的特点。

①高技术。高技术即指生物技术产品研究开发的每个步骤技术含量都很高,而且不同产品的研究和生产步骤往往不可相互重复应用,这就需要企业拥有一批基础理论和基本技能都很高的技术人才来从事研究。

②高投入。高投入即指该领域的投资规模巨大。在美国,一种有知识产权的新药从研究开发到上市约需 5 亿—100 亿美元,巨额的资金投入主要用于新产品的研发及基础设施的建造和设备仪器的配置等方面。技术含量高、资金投入大,使生物技术领域的进入壁垒高。其他企业创新产品的研发投入一般占销售收入的 5% 多,而生物技术领域研发投入占销售收入高达 10% 以上。国家层面的研发经费则更是惊人,美国生物产业研发强度高达 33%,远超过美国全部行业 4% 的平均水平。

③高风险。高风险,即指产品的开发风险、市场的竞争风险和知识产权的保护风险等。高收益与高风险相对应,其投资收益是非常惊人的。据有关部门测算,生物产业投资利润率可达到 17.6%,是信息产业 8.1% 的两倍,也远高于 7% 的计算机制造业。一条基因可形成一个产业,一种基因药物可治疗几千种基因病症,一种重组蛋白质药物可创造几百亿甚至上千亿美元的财富。

④周期长。周期长即生物技术产品从开始研制到最终转化为产品上市要经过很长的时间。通常一种生物技术产品的研发至少需要 5 年的时间,而研发成功到上市还需要复杂的审批程序。但生物产品更新速度较慢,由于其产品本身就是针对生物体某个具体需求设计的,生物产业周期更长,这决定了生物产品一旦开发上市成功,其效益是很可观的。

(3)生物经济关联性和渗透性

生物经济是最具战略性的经济部类,其关联度大,产业链长,对其他产业的发展有较强的带动和诱导作用。生物技术通用性强,如基因组技术、克隆技术、干细胞技术等,而且对不同的对象,如动物、植物甚至微生物等方面也有通用性,使生物技术的关联性和渗透性很强。生物技术是一个庞大的知识集合体,它包括众多的分支,各学科交叉融合。其渗透性在不同领域得以体现,如医药、农业、海洋、能源、环保、食品等领域。生物技术对经济和社会各个领域的渗透和扩散,带动了整个传统产业的发展,实现了产业结构的优化升级。关联性和渗透性的特征决定了生物经济具有高增长、高带动、高效益性的特征,具备"领航产业"的条件。

(4)生物经济多样性和广泛性

多样性是指,一是产品多样性强。生物产品的多样性,为资源丰富的发展中国家提供了难得的发展机遇。发达国家仅凭暂时的技术、资金优势就企图把发展中家排挤出生物产业革命大门的做法越来越困难。发展中国家完全没必要为无力参与和领导过去发生过的技术革命失去的机会而灰心,有些生物技术实力并不太强的国家,能够紧紧依靠自己独特资源和技术储备,集中技术力量首先在某一特色领域实现突破,通过小范围的相对优势来对更大范围、更广领域的技术和产业实施以点带面的辐射、拉动和融合,那么最终有可能建立起一个强大的生物产业。二是生物经济包括众多的产业,每个产业又包括众多的细分行业。三是生物产业的显著特征是企业类型的多样性,少数龙头企业和众多小企业并存,龙头企业数量有限,其产品在生物产品市场占有主导地位。真正活跃于生物技术创新领域的还是众多小企业,数量较多的小型生物科技企业,为了生存而苦苦挣扎,只有通过技术创新实现发展,突出特色优势来显示出强大的生命力。在美国,59%的生物技术企业雇员不足 50 人,但美国大公司 90%以上的新产品来自外部小公司,相比之下,中等规模的企业比较难以生存。

广泛性是指生物产业的范围大、边界宽,几乎涉及了国民经济所有的行业,生物产业涵盖了国民经济的第一、第二、第三产业。

(5)生物经济的依赖性

主要可以划分为对政府的依赖性和对资源的依赖性两个方面。

①对政府的依赖性。一是生物产业中知识产权的作用特别突出,而且对政府的审批制度极为敏感。政府较为宽松的审批制度会加快新药上市的速度,国家制定严格的知识产权保护政策法规,会促进投资者的积极性提高,政府的管制在很大程度上决定了生物产业发展的状况。二是生物技术涉及复杂的伦理、法律和现存的社会秩序问题。由于生物技术可能从根本上改变人类本身,因此生物产品多数是"人命攸关"的,为防范对人类的危害就要加强管制;贸易壁垒和技术壁垒问题,目前各国政策不一,部分国家采取了限制转基因农产品贸易政策,未来国际农产品贸易中最重要的技术壁垒是其政策的主要体现,这些都需要政府发挥作用。

②对资源的依赖性。生物经济对资源的依赖性也很强,生物技术产业存在和发展

必须依靠基因遗传资源的支持。由于生物资源是生物体数目有限的基因,这种稀缺性使得抢占基因资源成为左右生物技术产业的一个很重要的因素。人类基因组计划所发展起来的战略与技术使生物资源由原先的群体种质资源转变为序列进而信息化,又使它的保护更为困难。虽然基因本身不能被专利,但使用这些信息的方法可被专利。由于上游技术被专利,下游工作的难度会加大,甚至完全失去参与的权利。所以现在的竞争聚焦在基因上游方法技术的专利化,如果失去资源,将无法分享市场份额。

(6)生物经济的发展特性

①可持续性。由于生物技术是以生物或培养细胞等为原料生产产品的,而细胞是构成生物体最基本的单位,具有无限复制的特性,所以生物技术的原料具有可再生性,它们是取之不尽、用之不竭的资源。同时利用生物系统生产产品产生的污染物很少,对环境的破坏性很小或几乎没有,而且重组微生物甚至还可以消除环境中的污染物,从而使社会生态系统步入良性循环的轨道。

②发展的阶段性。现代生物技术产业化一般要通过较多的发展阶段,对技术产品的安全性和稳定性进行验证。在每个阶段都要严格达到一定的技术指标,比如在现有政府规制下药品和疫苗的临床实验周期要依次经历基因工程细胞、细菌的构建、实验室小量生产、中试生产、临床前安全研究、申请和进行新药临床研究、获得新药证书以及正式生产等多个阶段,其中每个阶段还可以细分为更多阶段。

③生物经济最先渗透的产业。医疗保健、制药、农业、食品制造、防治污染和绿化环境等是最先被生物技术渗透的产业。

生物技术将导致医学革命。从总体上来说,生物技术对新发疾病特别是有威胁的新发传染病的防治将起到关键作用。从个体上来说生物技术将改变现有的医疗保健模式,个性化医疗时代即将到来,任何人都可通过基因检查来确定影响自身健康的主要危险,什么基因型的人用什么药,剂量多少都记录在一张基因卡上。保健模式将从"先病后治"的消极模式转变成"预测预防"的积极模式。

生物技术将大大促进制药业的发展。现已诞生的药物基因组织学是一门基因序列变异及其对药物反应变异影响的科学,已成为发现新颖和高效药物的有效途径,将大幅度节约开发成本和缩短开发周期。一个基因可能成就一个制药企业,甚至带动一个产业,仅人体基因组技术就可给制药业带来无限商机。

　　传统的农业将借助生物技术而脱胎换骨,最终与工业融为一体。生物技术将改良作物和家畜,转基因羊、转基因牛和一株苗在一间房子里长出成千上万个番茄等都已问世,人类将彻底告别靠天靠地吃饭的时代,粮食和蔬菜大部分将来自无土、无污染的工厂化超级农场。

　　食品加工将是生物技术的主要受益者之一,人类的营养结构更科学、更合理,根据不同年龄,不同体质,甚至不同基因的人群制造出来的食品,将更具针对性,也符合市场细分原则。

　　生物技术对于防治污染将发挥提高效率,降低成本的效果,而且对于植树造林、防治水土流失和土地沙漠化还具有不可替代的作用。例如 2000 年东华大学研究成功的"秸杆材料草皮基质",对于中西部黄土、沙漠地区的绿化具有明显的成效,现正处于实验推广之中。

　　总而言之,在经济领域里,将涌现出一批新兴的热门产业,就像在信息经济成长期中半导体和软件业迅速崛起一样(见表 1-2)。[18]

表 1-2　技术革命的时代对比

项目	工具时代	农业时代	工业时代	电气时代	信息时代	知识时代
历史起点	工具制造革命	农业革命	工业革命	电气革命	信息革命	知识革命
重大创新	石器	犁	蒸汽机	电	计算机	物联、生物技术等
主导产业	狩猎和采集	种植和畜牧	工业和服务	能源	信息	知识
关键需求	食物需要	生存需要	物质需要	物质需要	精神需要	精神需要
过程特征	社会化	农业化	工业化	电气化	信息化	智慧化
	狩猎和采集食物	生产食物	非农业化	非农业化	非工业化	非工业化
文明形态	原始文化	农业文明	工业文明	电气文明	信息文明	知识文明
	原始社会	农业社会	工业社会	电气社会	信息社会	知识社会
	原始狩猎经济	农业经济	工业经济	工业经济	信息经济	智慧经济

　　资料来源:何传启:《第六次科技革命的主要方向》,《中国科学基金》,2011(5):275-281

通过对知识经济、数字经济、网络经济、眼球经济和生物经济的概念及特征的阐述,我们可以知道,这些都是实实在在发生的社会经济过程,只是阐述的角度不同。实际上,当今时代的经济形态更加具有复杂性和多样性的特点,每种经济过程都在使这个社会每天发生着翻天覆地的变化。因而,多种技术体系不分伯仲,并驾齐驱,更加能够解释当代的经济形态为何众说纷纭,用主要的技术体系来命名当今的经济形态,实际也是片面和不准确的,这些经济变化的结果作为经济形态命名更加贴合现实。因此,在本书中,我们来谈智慧经济是准确而全面的。

1.3 商业模式的变革

著名管理学大师彼得·德鲁克说:“当今企业之间的竞争,不是产品之间的竞争,而是商业模式之间的竞争。”在经济日益信息化和全球化的今天,商业模式的重要作用已经得到社会各界的高度重视。Chesbrough 和 Rosenbloom(2002)认为商务模式是连接技术开发和经济价值创造的媒介(见图 1-1)。[19]

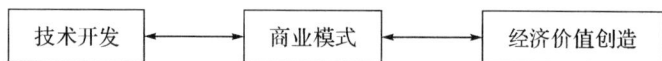

图 1-1 商业模式的作用

1.3.1 商业模式的内涵

商业模式(business model)是创业者创意,商业创意来自于机会的丰富和逻辑化,并有可能最终演变为商业模式。其形成的逻辑是:机会是经由创造性资源组合传递更明确的市场需求的可能性(Schumpeter,1934;Kirzner,1973),是未明确的市场需求或者未被利用的资源或者能力。随着市场需求日益清晰以及资源日益得到准确界定,机会将超脱其基本形式,逐渐演变成为创意(商业概念),包括如何满足市场需求或者如何配置资源等核心计划。

商业模式的历史最早可追溯到 20 世纪 70 年代。Konez(1975)和 Dottore(1977)在数据和流程建模的过程中,最先使用了 business model 的概念。

20 世纪 80 年代,商业模式的概念逐步出现在 IT 领域,以反映行业动态。

20 世纪 90 年代中期,互联网应用开始兴起以构建企业电子商务平台为主流的浪潮,商业模式开始作为业界主流词汇,成为理论界和实业界的关注焦点。

随着商业概念的自身提升,它变得更加复杂,包括产品/服务概念、市场概念、供应链/营销/运作概念(Cardozo,1996),进而这个准确并差异化的创意(商业概念)逐渐成熟,最终演变为完善的商业模式,从而形成一个将市场需求与资源结合起来的系统。

有一个好的 business model,成功就有了一半的保证。商业模式就是公司通过什么途径或方式来赚钱。通俗地说,饮料公司通过卖饮料来赚钱;快递公司通过送快递来赚钱;网络公司通过点击率来赚钱;通信公司通过收话费赚钱;超市通过平台和仓储来赚钱等等。只要有赚钱的地儿,就有商业模式存在。

1.3.2 商业模式的特征

1. 有效性

商业模式的有效性,一方面是指能够较好地识别并满足客户需求,做到客户满意,不断挖掘并提升客户的价值;另一方面,还指通过模式的运行能够提高自身和合作伙伴的价值,创造良好的经济效益。同时,也包含具有超越竞争者的,体现在竞争全过程的竞争优势,即商业模式应能够有效地平衡企业、客户、合作伙伴和竞争者之间的关系,既要关注客户,又要企业盈利,还要比竞争对手更好地满足市场需求。

2. 整体性

好的商业模式至少要满足两个必要条件:第一,商业模式必须是一个整体,有一定结构,而不仅仅是一个单一的组成因素;第二,商业模式的组成部分之间必须有内在联系,这个内在联系把各组成部分有机地关联起来,使它们互相支持,共同作用,形成一个良性的循环。戴尔的直销模式之所以成功,其重要原因之一是戴尔具有低于 4 天的存货周转期,这种高周转率直接带来了低资金占用率和低成本效益,使得戴尔的产品价格低,具有竞争对手不可比拟的优势。戴尔的低库存高周转效率正是来自于其核心生态系统内采购、产品设计、订货和存货管理、制造商及服务支持等一系列生态链中的相关活动的整体联动所产生的协同作用,这是其真正的核心竞争力所在。

3. 差异性

商业模式的差异性是指既具有不同于原有的任何模式的特点,又不容易被竞争对手复制,保持差异,取得竞争优势。这就要求商业模式本身必须具有相对于竞争者而言较为独特的价值取向,以及不易被其他竞争对手在短时间内复制和超越的创新特性。戴尔的直销模式重新定义了顾客对速度及成本价值的衡量方式,创造了阻碍竞争对手模仿的障碍。同样,美国西南航空的商业模式所选择的特定服务航线和目标顾客,也使得对手只能模仿其中的某一个环节而无法模仿全部。差异性的存在使得试图学习戴尔和西南航空的企业,从未有过成功的例子。

4. 适应性

商业模式的适应性,是指其应付变化多端的客户需求、宏观环境变化以及市场竞争环境的能力。商业模式是一个动态的概念,今天适用的模式也许明天被演变成不适用的,甚至成为阻碍企业正常发展的障碍。好的商业模式必须始终保持必要的灵活性和应变能力,具有动态匹配的商业模式的企业才能获得成功。

5. 可持续性

企业的商业模式不仅要能够防止被其他竞争对手在短时间内复制和超越,还应能够保持一定的持续性。商业模式的相对稳定性对维持竞争优势十分重要,频繁调整和更新不仅增加企业成本,还易造成顾客和组织的混乱。这就要求商业模式的设计具备一定的前瞻性,同时还要进行反复矫正。

6. 生命周期特性

任何商业模式都有其适合的环境和前提假设条件,都会有一个诞生、发展、成熟和衰退的周期。商业模式是动态的、周期性的,商业模式不是适用于任何时间和任何情况的,其演进的过程体现出了一定的自然生态学特征。[19]

7. 创新性

商业模式是在不断更新演化的,其创新实际是企业对其整体经营和运行模式的更新和再次创造。不同于一般产品创新和企业流程创新所体现的持续性创新,商业模式的创新一般是破坏性的,它常常要求打破原有的组织障碍,发展新的能力,建立新的技术标准等,因而也能为企业带来更多的发展机会。

1.3.3 新时代的新商业模式

1. 新商业模式的催生动力

几年前《华尔街日报》提出的一个观点还是非常有前瞻性,它们提出大数据、移动互联网和智能制造是三大技术,结合到一起会给我们带来更密切的影响,单一技术还不足以成为原子弹,但是当它们组合好之后所爆发出的能量将足够惊人。

(1)大数据与商业运用

在互联网之前有没有大数据分析?当然有,例如,在20世纪90年代读博士写论文就要拿200家企业20年的数据、20个变量,得出八万个数据点,然后用统计的软件进行分析找寻这些变量之间的关联。但是到现在智慧经济时代,进行这些数据量的分析是难以达到大数据分析的量级。

美国有位教授,他一度觉得机票越早订越便宜,后来偶然发现有时临近再订反而便宜。于是他索性办了一个网站,用户只要给出航班时间和飞行地点,就可以根据过去几亿个数据点的规律,免费建议你是提早2周订,还是提早3周订。用户通过他的系统平均每单节省50美元。这对航空公司不是什么好消息,但是对于消费者是实实在在的价值创造。所以互联网对于大数据最本质的帮助是自动记录,除非你刻意把它删掉,但删除是很难删干净的。

如果企业主知道怎么运用沉淀的数据,效率是非常可观。很多企业单纯运用大数据有0.5到1个点的生产率的提高。大家千万不要小瞧0.5到1个点。因为工业革命到现在,人类生产率平均每年提高2个百分点,而工业革命之前平均每年生产率提高只有0.2个百分点。

(2)移动互联网与商业模式

新技术如果和互联网结合一下,会有不少新的商机出现。有一个公司,他们的业务是在公交车上提供免费的WIFI,一天的成本60元钱。这笔费用来自两个方面:一个是给公交公司的费用,一个是向运营商购买带宽的成本。但每天每辆车给公司带来的收入就不只60元钱,比如乘客在车上用WIFI上腾讯微信,腾讯微信就得给公司钱,否则WIFI就把腾讯微信屏蔽在外;车行进过程中,再结合LBS定位的技术,通过大众点评,告知乘客周边有什么电影院、餐厅、KTV等娱乐场所;乘客在公交车上玩游戏,只要是第一次玩游戏,游戏公司都给公司分钱,因为玩家是最早从他们这个入口进入的。在互联网时代,这个才是所谓的"最后一公里"。

未来,物联网、智能家居都是移动互联网终端。你可以遥控你家里的电器,让电冰箱和电商连在一起,鸡蛋用完了,冰箱自己下订单让电商送鸡蛋。几年前说这个想法,人们一般觉得有点天方夜谭,现在有些领域已经将其实现。远程医疗公司给养老院的老人每人一个手环,成本几百块钱,将老人基本的健康状况,比如血压血糖这些信息都传输出去,子女可以很放心地监控,这些都是按照低成本的方式来做到的,有很多的商业规则正在被突破。

(3)智能制造要和互联网结合

智能制造,要和互联网、大数据结合在一起才更有意义。智能制造带来什么变化呢?比如像 3D 打印技术,可以使原来个性化产品的生产变得更加便宜。以前做个性化的产品是很难的,20 世纪 90 年代只有戴尔这一家公司是做大规模定制的,它的电脑不是采用标准化的形式在店里出售,顾客可以打电话到它的店里选择,要什么型号CPU、什么型号部件,这样生产就比较麻烦,生产的量不大,所以当时没有人模仿戴尔,大家觉得太麻烦。但是现在因为有了智能制造,而且这种柔性化生产的能力比较广泛,有相当多的企业会选择到定制市场,在这儿进行生产。

有这样一个平台,提供定制化的鞋,它让顾客自己完成设计,在平台上自选鞋底材质,是否印明星的签名等等,这双独一无二的鞋,售价 300 到 500 不等,也就是匹克鞋不打折的价格。这样平台深受追求个性的年轻人的欢迎。

2. 新商业模式的类型

(1)O2O 商业模式

随着 Internet 和相关 Web 技术的发展,新的电子商务交易模式悄然兴起。Online To Offline(O2O)模式就是近年来兴起的一种将线下交易与互联网结合在一起的新的商务模式,即网上商城通过打折、提供信息、服务等方式,把线下商店的消息推送给线上用户,用户在获取相关信息之后可以在线完成下单、支付等流程,之后再凭借订单凭证等去线下商家提取商品或享受服务。在电子商务的信息流、资金流、物流和商流中,O2O 只把信息流、资金流放在线上进行,而把物流和商流放在线下。

O2O 商业模式有几个特点:首先是要求一定有实体店存在,消费者最终要到实体店里进行消费。其次是需要通过互联网推送消息,即通过O2O网站发布打折、优惠等信息。最后是需要在线支付的支持,消费者先在网站上进行在线支付,然后到实体店提取产品或享受服务。O2O模式将线下商务的机会与互联网结合在一起,让互联网成为线下交易的前台。这样线下服务就可以用线上来揽客,消费者可以用线上来筛选服务,还有成交可以进行在线结算。最重要的是推广效果可查,每笔交易可跟踪。[20]

O2O的优势在于把网上和网下的优势完美结合。通过网购导购,把互联网与地面店完美对接,实现互联网落地。让消费者在享受线上优惠价格的同时,又可享受线下贴身的服务。同时,O2O模式还可实现不同商家的联盟。

- O2O模式充分利用了互联网跨地域、无边界、海量信息、海量用户的优势,同时充分挖掘线下资源,进而促成线上用户与线下商品和服务的交易,团购就是O2O的典型代表。
- O2O模式可以对商家的营销效果进行直观的统计和追踪评估,规避了传统营销模式推广效果的不可预测性,O2O将线上订单和线下消费结合,所有的消费行为均可以准确统计,进而吸引更多的商家进来,为消费者提供更多的优质产品和服务。
- O2O在服务业中具有优势,价格便宜,购买方便,且折扣信息等能及时获知。
- 将拓宽电子商务的发展方向,由规模化走向多元化。
- O2O模式打通了线上线下的信息和体验环节,让线下消费者避免了因信息不对称而遭受的"价格蒙蔽",同时实现线上消费者"售前体验"。
- O2O模式让线上的流量充分得到利用,从而提高转化率,与客户建立信任等。

最近,万达＋百度＋腾讯合力共同打造的万达电子商务公司,一期投资约50亿元,欲打造中国最大的O2O平台,可见O2O的发展势不可挡,必将是未来电子商务发展的大趋势。

(2)F2C:一种颠覆传统供应链格局的新模式

传统的商品流通路径是:工厂—(广告商)—总代理—各级代理—批发商—零售商—消费者,由于环节太多,层层加价,产品到达消费者手里时往往价格居高不下。通常这个中间环节的销售成本占到 60%～80%。比如一个产品的出厂价为 10 元,经过中间层层加价后,到消费者这里就可能变成 50 元。

而 F2C 模式就是产品从工厂直接到消费者手中,消费者支付出厂价格。这样消费者不但只要承担产品的初始价格,同时消费者还不用担心假冒伪劣产品。所以 F2C 正在为消费者提供最具性价比产品的新模式,为消费者带来了价值最大化!可见,这种模式正在颠覆传统供应链格局。可以说,C2C 代表过去(如淘宝网),B2C 代表现在(京东、天猫商城),F2C 代表未来("疯狂领""人人车"),F2C 将全面颠覆购物生活新模式。

(3)会员制:一种全新的消费型创业模式

会员制就是消费者只需一次性消费,就可以有机会参与到产品流通过程中的利润分配。陈喻教授写的一本书叫《消费资本论》,就是描述在消费的同时消费者有创业的机会,让消费者变成了消费商。同时,这个会员制又运用了"世界第八大奇迹"——倍增学。这个倍增学原理相当于我们斗地主时,1 炸变 2,2 炸变 4,4 炸变 8,8 炸变 16,以此类推。

现实生活中已经出现类似的一些案例,比如超市为锁定客户,购买一定数额的产品即可成为超市的会员,以后再消费时,会给消费者打个 9 折,或达到一定积分后赠送生活用品;现在有些餐厅,你在消费时扫一下二维码就可以给你打个 8 折,如果你再帮餐厅介绍一些朋友来餐厅消费,餐厅就会再给你积分或下次你来消费时再打更低的折扣等等。

其实消费者是最忠诚于自己利益的,哪里有好处就会往哪里消费。

(4)三种结合在一起的模式

这三种模式结合在一起,将会发生什么呢?广东军耀"疯狂领"品牌则有机地将"O2O＋F2C＋会员制"完美结合在一起,在移动互联时代走了一条创新之路。

今天出现的这种"O2O＋F2C＋会员制"完美结合在一起的全新模式又将产生怎样的威力呢?对于消费者、厂家、创业者又有哪些好处与优势呢?

消费者得到什么好处?

- 因为工厂采用 F2C,工厂产品直接到消费者手上,没有了中间环节,所以消费者以出厂价格买到好产品,可以终身享受"超品质、低价位"物美价廉的消费。

- 只是换个地方消费(网上超市或工厂的电子商城)就可以比之前更省钱,能为消费者省下 60%～80% 的费用开支,把中间代理的层层流通成本和利润让利给我们消费者。

- 消费者不会买到假冒伪劣产品,因为是从工厂直接到我们消费者的手中,没有了中间代理的层层流通环节,就不会出现很多掺假的产品。

- 足不出户就可以买到生活必需品,如果你工作生活比较忙,没有太多的时间去逛超市、去美容院美容,那么你只要在家都可以全部做到。

对于厂家有什么好处呢?

- 消费者忠诚度高,因为产品好又便宜,又能省钱,消费者会主动自愿去消费,这是厂家最愿意看到的一种良性消费。

- 由于采用的是会员制,通过口碑相传,传播速度快。正如微信一样,发信息、语音都是免费的,所以仅仅 1～2 年时间就快速增长。

- 销量大,由于采用市场几何倍增学的原理,会员参与到利润分配,会员自身会积极主动、有效地去传播信息,对于厂家来说,会不断地增加消费者,提升了销量。

对消费创业者又有什么好处呢?

- 带来创业机会,只需一次性消费一定额度的产品,即可享受一定比例的折扣,不需再投资一分钱就可以有机会参与厂家的利润分配,通俗来说就是消费的同时就有机会创业,这就是全新的"消费创业"。

- 低门槛、无风险、回报较高的创业机会,消费者只需一次性消费,就可以终身享有创业的机会。

- 针对目前就业难、工作难、生意难的现状,这种低门槛、无风险、较高回报的消费型创业,能给很多青年人提供较好的创业机会和实现自我的平台,也能帮助国家解决不少就业问题,因此这是国家大力支持和鼓励的行业!

未来,移动的世界,让一切想象变成现实!

每天,20% 的人查看 100 次手机;23% 的人,没有手机会心慌;34% 的人,起床第一件事看微信……手机成为人体器官的延伸,成为身体不可分割的一部分。移动互联让媒介、内容、传播和消费变得随时随地,"移动"就是你的生活。据权威网站显示,2014年年底中国网民已占半数以上人口,而移动端用户近年增长数高达 5.27 亿,人数增长并持续刷新。预计 2017 年移动网民数量将超过 PC 网民,成为互联网的第一大用户群体,移动终端将成为网民最主要的上网渠道。

移动终端将成为电商行业的核心,并引领未来!

因此,这种全新模式,必将会产生巨大的威力。目前已经有公司开始采用这种全新的模式,这种新的营销模式,对其他行业是一次巨大的冲击。当很多人每天拿着手机看新闻打游戏聊天的时候,也许根本就没有意识到这种危机已经来临。

3. 新商业模式的案例

(1)Skillshare(见图 1-2)

图 1-2　Skillshare

成立时间:2011 年

公司创始人:Malcolm Ong 和 Michael Karnjanaprakorn

创新视角:一个能学到任何东西的平台。

Skillshare 推出的是一个类似"点餐"式的教育平台,教学专家可以按照任何学科教授一个班级,任何人都能参加这个课程,只需支付 20 美元或 25 美元即可。不过在 2015 年 3 月,Skillshare 转型了,他们推出了一个每月 10 美元的自助式套餐,这种商业模式可以让用户每月只支付 10 美元就可以学习平台上的全部课程。和绝大多数教育初创公司不同,Skillshare 的授课老师不是来自顶尖大学的专业教授,也就是说,如果你想当老师,给大家传授知识,完全没有必要拥有一个博士头衔。而在学生这边,事情就更加简单了,因为学习知识的成本一点儿都不高,而且这个平台可以让你"活到老,学到老"。

启示：依靠拥有专业知识和聪明的普通人，开发出一个可让人人参与的教育平台。

（2）Stitch Fix（见图1-3）

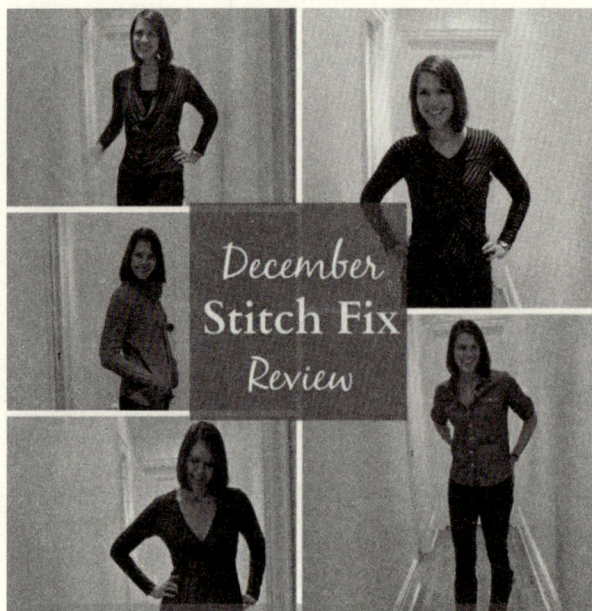

图 1-3　Stitich Fix

成立时间：2011 年

公司创始人：Katrina Lake

创新视角：依靠数据和兼职时尚界人士提供的趋势，提供更智能的个性化造型。

Stitch Fix 公司创始人兼首席执行官 Katrina Lake 表示，公司探索到了零售行业里他人没有发现的一块处女地，即艺术和科学的结合。她的初创公司拥有专门的算法处理新用户时尚造型的调研，然后根据收到的信息提供反馈，帮助 Stitch Fix 在加州和德克萨斯州 300 多位兼职时尚师开发出最适合用户的时尚服饰，他们会给订购用户寄送出装有五件时尚商品的礼盒，而且保证会得到用户的喜爱。Lake 表示，"没有任何一家服务商，可以提供真正个性化的零售体验，而且价格还如此优惠，只有 Stitch Fix 做到了"。

Stitch Fix 最初的用户定位是在 25 岁左右的都市女性白领阶层，因为她们工作非常繁忙，而且没有太多时间去购物，但是她们非常喜欢时尚，希望能把自己打扮得漂漂亮亮。随着公司的发展,Lake 明确地知道,"没有时间打扮自己的女人非常多",不管是待在家里的家庭主妇,还是在职场上的女性高管,都对 Stitch Fix 给予高度评价。"我们可以专注在一件事上,然后为用户提供一次有趣和愉快的零售体验,为她们带来真正的个性化服务。"Lake 说道。

启示:通过智能数据开发产品,给消费者带来惊喜和快乐,而且节省了消费者的时间。

(3)Warby Parker(见图 1-4)

图 1-4　Warby Parker

成立时间:2010 年

公司创始人:David Gilboa,Neil Blumenthal,Andrew Hunt,Jeffrey Raider

创新视角:绕过中介商,特别是那些巨头中介商,将医学设备转型成一个时尚饰件。

Warby Parker 的影响力是不可否认的,现在圈子里的科技记者们都拿 Warby Parker 作例子,一提到某个传统行业,就会说,"要做某某行业的 Warby Parker"。一直以来,眼镜行业都是由 Luxottica 集团所统治,但是 Warby Parker 却从价格这一点上闯出了一片天,他们改变了奢侈的眼镜购物方式,现在反而有些像线上买鞋了。消费者评论说:"嘿,真的,一副眼镜只要 95 美元,那我也来一副蓝色的吧。"Warby Parker 是从电子商务起步的,现在他们也开设了实体店,而且是和 Tiffany 这样的奢侈品店开在了同一位置。Warby Parker 的眼镜款式很多,比如"The Standard"

"Alchemy Works",等等。它不仅去掉了中间环节,还增加了许多很酷的元素和社交功能。超低的价格,时尚的感觉,还有什么能比这两点更吸引消费者呢?

启示:移动电子商务改变了人们看待一个行业的眼光。

(4)Paperless Post(见图 1-5)

图 1-5 Paperless Post

成立时间:2008 年

公司创始人:James Hirschfeld 和 Alexa Hirschfeld

创新视角:彻底改变了信函世界,从线上起步,又回到线下。

Paperless Post 成立于 2008 年,它是美国邮政服务公司的最大竞争对手,该公司鼓励人们通过电子邮件发布通告和邀请,而且他们拥有数百个设计模板。这个网站是免费的,不过,如果用户需要使用高级模板和信封,只需要预付"Coins"。在 2012 年年末,他们又开创了另一个收入模式,推出纸质的 Paperless Post 服务,允许用户在 PaperlessPost. com 网站上面设计一张卡片,然后可以通过电子方式,或是纸质邮政方式发送给对方。Alexa Hirschfeld 向媒体透露,60% 的 Paperless Post 用户希望可以通过纸质邮政寄送卡片。"他们告诉我,他们喜欢 Paperless Post,但是在某些时候,他们也需要用纸张来寄送东西,因为毕竟纸张还有具有质感的,而且还可以保存很久时间。"同时,该公司数字化的创新速度并没有减缓,为了提升美学设计,他们和许多设计师进行了合作,分享收入,这些知名设计师包括 J. Crew、Oscar de la Renta,以及 Kate Spade,他们都负责为 Paperless Post 网站进行模板设计工作。

启示：重视设计美学，创意决定成功。

（5）Zady（见图 1-6）

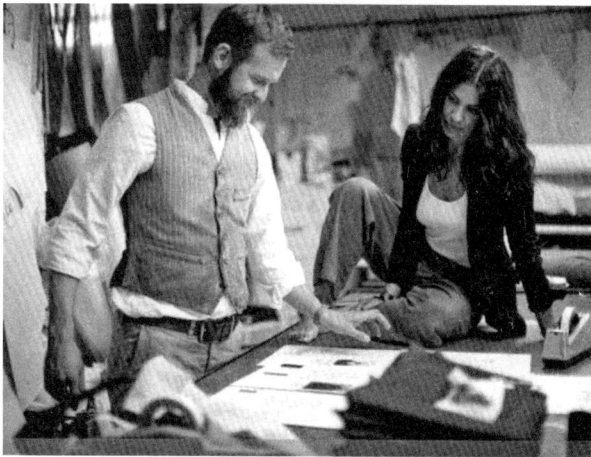

图 1-6　Zady

成立时间：2013 年

公司创始人：Soraya Darabi 和 Maxine Bedat

创新视角：透明化销售，强调告知购买者衣服的制造地以及设计的相关背景信息。

Zady 旨在改变人们看待时尚产品的方式，特别是快消时尚行业。该公司创始人 Soraya Darabi 和 Maxine Bedat 非常专注于提供高品质、纯手工制造的商品，而且这些商品都是在美国本土生产——"Made in America"，并极具环保意识，在他们眼里，少即是多。

启示：讲述产品故事是非常重要的，这也是人们愿意花钱购买产品的一个重要原因。

（6）Handybook（见图 1-7）

成立时间：2012 年

公司创始人：Umang Dua，Oisin Hanrahan，Ignacio Leonhardt，Weina

创新视角：定制化家政服务，比如打扫房间、维修家电，所有服务都可以通过移动 App 轻松搞定。

我们生活在一个定制化的时代，如果我们想要东西，就恨不得马上得到。

图 1-7　Handybook

Handybook 在此时出现了，他们在全美 26 个城市提供服务，最近募集到了 3000 万美元资金，帮助提升团队，特别是公司的移动工程开发团队。Hanrahan 表示，"我们成立 Handybook，就是想帮助你解决家政服务的难题，而且我们可以提供远程服务，管理这些服务"。每周 Handybook 的预定数量都超过 1 万，据该公司透露，他们的增长率保持在 20% 左右。

启示：方便才是关键。

（7）Popsugar（见图 1-8）

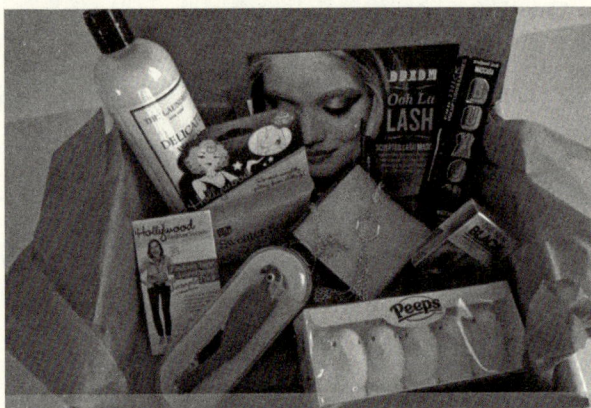

图 1-8　Popsugar

成立时间：2006 年

公司创始人：Brian Sugar，Lisa Sugar，Andy Moss，Jason Rhee，Arthur Cinader，

Krista Moatz

创新视角:多元化共生的收入流,为 Popsugar 用户提供服务。

Popsugar 的服务内容几乎都是人们感兴趣的,娱乐、名人、时装、美容、健身、食品,以及育儿等等,而且以多种形式提供服务,包括线上、App 应用、电视等等。2007年,该公司收购了购物搜索引擎公司 ShopStyle,同时,他们与 Birchbox 公司合作,推出了 Popsugar Must Have,它是一个由 Popsugar 编辑推荐的订购时尚包。Popsugar 现在已经成为了一个全球生活方式品牌,网站每月有 4100 万独立访问量,以及 2.34亿页面访问量。

启示:内容驱动商务,人们都喜欢一站式服务。

(8)NatureBox(见图 1-9)

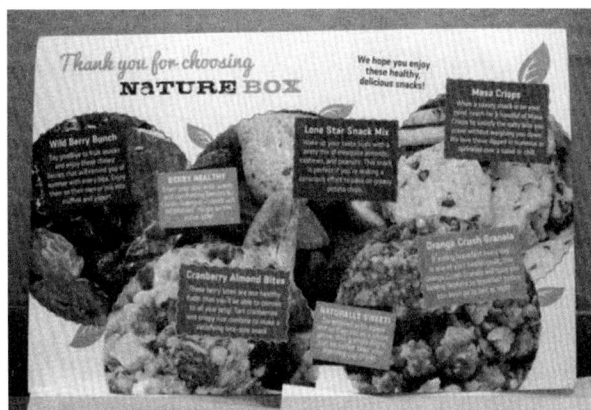

图 1-9　NatureBox

成立时间:2012 年

公司创始人:Gautam Gupta 和 Kenneth Chen

创新视角:一种全新的订购服务,NatureBox 按月订购健康零食。

Naturebox 已经获得了 6400 万美元融资,提供健康的零食,到目前为止,他们已经在控制食品科学和不健康添加剂方面有所建树。而且,Naturebox 已经开发出了120 多种小吃,可以装载 100 万个集装箱。他们一半的订购用户集中在美国中西部地区,在那里有丰富的有机市场,而且 Whole Foods 超市也不多,竞争并不激烈。"我们解决了一个难题,把更好的零食直接送到了人们家门口,"NatureBox 的 Amanda

Natividad 说道,"我们让那些爱吃零食的人感到无比幸福。"2013 年该公司的网站访问量出现了 20 倍的增长,公司网站博客流量也在稳定地增长,这表明越来越多的人开始对健康饮食感兴趣。

启示:让你自己的产品和竞争对手不同,帮助企业获得竞争力。

(9)Hukkster(见图 1-10)

图 1-10　Hukkster

成立时间:2011 年

公司创始人:Erica Bell 和 Katie Finnegan

创新视角:通过库存量跟踪你想要的商品,通过一个类似 Tinder 应用的界面,让你的购物更加愉快。

Hukkster 可以为消费者提供最大限度的折扣信息。这家初创公司开发的 Hukk It Chrome 插件为消费者提供了一键体验,轻松跟踪你想购买的商品优惠打折码(实时),这些商品包括了服装、配件,以及家用器皿(市场上 70% 的打折都是通过优惠打折码来提供的)。Hukkster 跟踪优惠码,然后按照库存量水平进行销售,之后给购物者发送实时提醒。根据该公司创始人 Bell 表示,Hukkster 发送的提醒邮件,阅读率达到了 70%,他认为对买卖双方来说,这都是一种双赢的模式。Hukkster 直接和品牌合作,帮助提高流量和效率;而消费者则可以通过优惠码获得自己感兴趣的商品。"目前,Hukkster 的付费会员可以直接在我们的平台上购物,合作伙伴通过支付更多的佣金,可以发送更好、更具个性化的销售提醒电子邮件,"Bell 说道:"Hukkster 非常兴奋,因为目前我们正在和许多品牌商进行直接洽谈。"Hukkster 通过自己的 App 应用收集数据,这款应用的界面和 Tinder 应用很像,消费者可以向左滑动屏幕选定一个心仪的商品,向右滑动屏幕就忽略掉。

启示:购物者都喜欢省钱,帮助他们实现这一目标,将会实现双赢。

(10)Zola(见图 1-11)

图 1-11　Zola

成立时间:2013 年

公司创始人:Shan-Lyn Ma,Nobu Nakaguchi,Kevin Ryan

创新视角:一家在线选购婚礼礼物的网站,非常个性化的婚礼注册,可以支持群组购买人型礼品和"现金基金"。

该公司创始人 Kevin Ryan 是一个创业老兵,之前在纽约创立 Gilt 公司和其他初创公司,他觉得婚礼注册非常过时,而且缺乏想象力。Zola 是一个包含图片、婚礼建议等内容的网站,里面还包含了婚礼服务意愿礼品清单,希望情侣通过这个网站讲述专属于自己的婚礼故事。根据公司另一位创始人 Ma 透露,公司成立第一年就有 3000 对夫妇使用了他们的服务,而且在刚成立七个月时间里就有 1.6 万对新人注册,Ma 表示 Zola 主要通过口碑相传的。

未婚夫妇通过 Zola 可以创建自己的个性化网站,在这个网站上可以添加照片,也可以罗列希望收到的婚礼礼物,如厨具、食物、家具等。Ma 表示,Zola 上面最畅销的是洛奇铸铁煎锅、华夫饼干和面条盘。未婚夫妇可以自己选择礼物被寄送的时间,这样就避免了礼物到达太早落灰或是太晚没有派上用场的情况。Zola 的目标是发展成一个更大、包含类目更多的 O2O 购物平台。为了这个目标,Zola 也在逐渐增加自己的服务范围,例如,在 Zola 上,你可以发现很多在传统商店根本找不到的商品。

启示:一个漂亮的节目和提供个性化服务的能力,能帮助企业走更长的路,而且重塑了婚礼的传统形式。

(11)Oyster(见图 1-12)

图 1-12　Oyster

成立时间:2013 年

公式创始人:Eric Stromberg,Andrew Brown,Willem Van Lancker

创新视角:电子书,搭配华丽的用户界面。

订购电子书已经成为了一种趋势,但是在过去的几年里,Oyster 已经获得了成功。在 2012 年,这家社交阅读初创公司就获得了 Founders Fund 公司的 300 美元投资,之后他们又获得了 1400 万美元的融资。目前他们已经拥有 50 万份书籍内容,包括新闻发布、纽约时报最佳销量书籍,以及美国国家图书奖的获奖作家作品。其平台上的发行商数量更是达到了 1600 家。Oyster 的每月订购费为 9.95 美元,这个价格比买一本书便宜多了。

启示:要迎合媒体消费习惯这一趋势,再提供一个让人无法拒绝的价格。

(12)Uber

成立时间:2009 年

公司创始人:Travis Kalanick 和 Garrett Camp

创新视角:利用按需服务的驾驶员和动态的价格,颠覆了传统出租车/交通运输生态系统。

尽管面临法律方面的困境,以及定价方面的问题,Uber 还是成为了世界上一些大城市中最受欢迎的打车工具。目前,该公司已经募集了 15 亿美元资金,而且他们也暗示会继续扩张到物流市场,比如提供当日送达的快递服务,或是其他跑腿服务。当你看到街上无数汽车在完成"任务"时,你看到未来是什么样子了吗?

启示:创新是一场艰苦的战斗,但也是一场非常值得的战斗。

(13)Serengetee(见图 1-13)

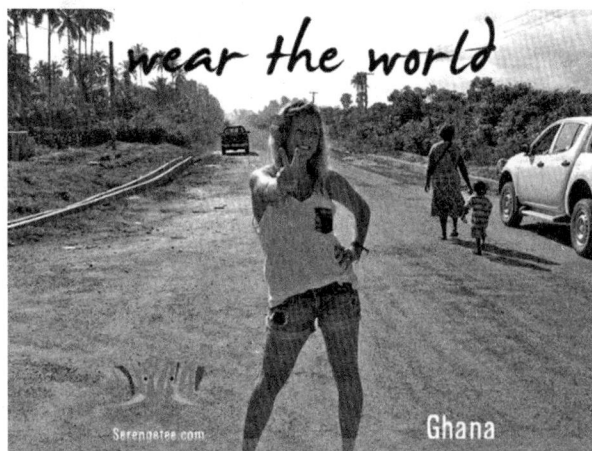

图 1-13　Serengetee

成立时间:2012 年

公司创始人:Jeff Steitz,Ryan Westberg,Nate Holterman

创新视角:自筹资金,动机导向的服装,而且有一批校园销售代表支持。

每个衣服口袋上都有一个 Serengetee 的图案,这源于公司创始人曾经与某一地区的社会事业相联系。客户个性化的衬衫,标准颜色和口袋样式,代表着你正在支持一项事业,而且为解决一些全球性的问题做出了贡献。"我们传递的信息,不是要去挽救世界,但是我们通过可持续性的商业模式,可以改变这个世界。"公司联合创始人 Ryan Westberg 说道。

启示：把自己打造成为一个个性化，并且关注社会的企业，周围人会为你传播"福音"。

（14）StyleSaint（见图1-14）

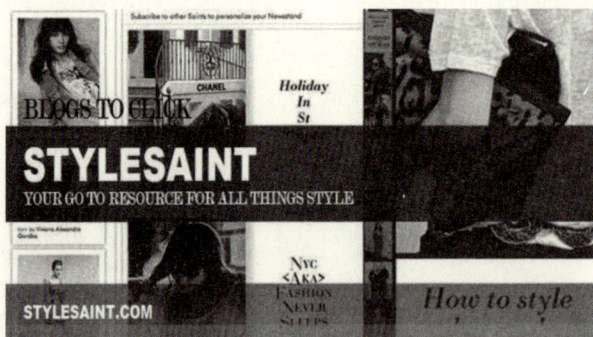

图1-14　StyleSaint

成立时间：2010年

公司创始人：Allison Beal 和 Brian Garrett

创新视角：在一个时尚标签下，时尚与媒体相结合，从客户的兴趣中激发设计灵感。

StyleSaint 公司位于洛杉矶，图片分享网站受到越来越多人的青睐。而 StyleSaint 更是将图片分享与电子商务完美结合，用户可以将自己搜集的图片在线制作成个人"时尚手册"，StyleSaint 会选择其中一部分投入实际生产，销售给用户。公司创始人 Allison Beal 开发了一个社区模型，她自称为"创造者的壁橱"，为此获得了101万美元的风险投资。这种直接与消费者建立联系的方式，有助于减少库存，对快消时尚行业非常有利。

启示：客户是对的，特别是当你提供的服务对上了他们的口味的时候。

（15）Airbnb（见图1-15）

成立时间：2008年

公司创始人：Brian Chesky，Joe Gebbia and Nathan Blecharczyk

创新视角：创造一个分享经济，利用空置房屋、公寓，甚至是自己的家，颠覆了酒店服务行业。

图 1-15　Airbnb

像 Uber、Airbnb 这些公司,都在受到法律问题的困扰,但是,整个市场价值高达100 亿美元,而 Airbnb 已经成为了共享经济的一个典范,当然还有 Rent the Runway、Lyft 等公司。消费者这种行为被称之为"协同消费",该网站帮助了 400 万旅行者预订到了住所。

启示:分享就是关怀,P2P 模式帮助消费者省了一笔钱,也帮业主赚到了钱,为旅行者创造了一个更加真实的本地体验。

(16)Rent the Runway(见图 1-16)

图 1-16　Rent the Runway

成立时间:2009 年

公司创始人:Jennifer Hyman 和 Jenny Fleiss

创新视角:出租高端服装,为他人创造一个"灰姑娘时刻",为女性提供一些尝试体验自己不常穿的服装品牌的机会。

随着 Instagram 和 Facebook 上的照片越来越多,这意味着女人将更喜欢穿不重复的衣服了。Rent the Runway 让用户以名牌服装售价 10％～15％的价格,租赁衣服出席重要场合,从而解决大多数女性一直以来所面临的"满柜子衣服却发现无衣可穿"的难题。

启示:让用户穿上梦寐以求的服装,另外在购买之前先试穿也是一种有效的销售手段。

(17)Birchbox(见图 1-17)

图 1-17　Birchbox

成立时间:2010 年

公司创始人:Katia Beauchamp 和 Hayley Barna

创新视角:订购化妆品盒,满足你内心美容"小恶魔"的欲望。

Birchbox 是一家化妆品初创公司,但是它却震撼了整个行业。Birchbox 为用户带来了专家精选的化妆品,而且经常会给消费者带来惊喜。这家公司销量的增长,已经证明了他的商业模式非常有效果,而且目前也获得了 7190 万美元的融资。"我们仍然觉得自己刚刚起步,但是在这个时刻,却是一个转折点,在我们看来,这个行业充满了竞争力,也很有动力,十分令人兴奋。"该公司创始人 Katia Beauchamp 说道。

启示:在一个充满竞争的行业,通过精选服务走出了属于自己的道路,当然,这条路还很长。

如今,智慧经济时代,商业模式已经不是可以被模仿和复制的了,出色的商业模式总会引来众多的模仿者,但是,所谓"南橘北枳",结的果实看起来很类似,但味道却完全不同,形容人或者事物因环境的变化而发生异化。一个公司的商业模式展示给他人的常常只是这类商业模式的外在表现形式,而商业模式的本质却是企业依据本身的资源、市场环境再结合本身的商业理念所构成的,只看外在表现形式就进行模仿很容易误入歧途。由新时代造就的企业独特的数据资源和科技力量,不但可以促使公司快速发展壮大,更能构筑强大的竞争壁垒,让后来的企业难以在竞争进程中获得优势。上面列举的 17 个智慧经济背景下出现的企业商业模式,都是凭借人的创意和借助一定的智慧经济时代的移动互联、大数据等发展壮大,商业模式立异在智慧经济时代尤为重要,商业模式的变革依靠创意和新的技术发展。

第 2 章

智慧经济的内涵

由技术革命、经济形态变迁和商业模式变革带来的智慧经济到底是什么？为何"智慧"？因何"智慧"？在这个时代中,经济形态有着什么样的新变化？又应如何应对？因此,我们首先必须厘清智慧经济的内涵。云计算、物联网、工业 4.0 和大数据分别作为智慧经济的重要推手、变革力量、生产系统和核心资源组成智慧经济的核心特征。人是智慧经济的内在驱动力,教育力、环境力、制度力、整合力和分配力是智慧经济的外在推动力。知识型劳动力要素、知识要素、信息要素、金融要素、创新能力要素、核心技术要素、制度要素是智慧经济的核心要素,这些要素构成了智慧经济的中坚力量,推动经济进一步发展,并向下一个新时代转型。

2.1 智慧经济的概念

2.1.1 为何"智慧"非"知识"

知识是过去思维、经验的成果,可以进行复制、转载和学习,与此相对,智慧(如灵感、创意)无法复制,是个人创新性思维的结晶和迸发。为明确知识与智慧的区别,本文借助有关权威工具对知识与智慧的定义进行明晰。

1. 何为"知识"

根据《辞海》的解释,"知识"是指人们在社会实践中积累起来的经验。从本质上说,知识属于认识的范畴,其表现形式是人类全部自然科学、社会科学和文学艺术成果的总和。根据《中国大百科全书·教育》的解释,所谓知识,从其反映的内容而言,是客观事物的属性与联系的反映,是客观世界在人脑中的主观映像。从其反映活动形式而言,有时表现为主体对事物的感性知觉或表象,属于感性知识;有时表现为关于事物的概念或规律,属于理性知识。通过上述定义,可以推出,知识主要是人类以往经验或技能的积淀,包含前人的智慧,只要具备相同的前提条件,通过在相同条件下的运用,就可以取得与以往一样正确效果的人类认识。

2. 何为"智慧"

在《辞海》中,智慧是指对事物能认识、辨析、判断处理和发明创造的能力。《新华字典》(2004)中,智慧是指对事物能迅速、灵活、正确地理解和解决的能力。通过上述定义可以知道,智慧强调的是一种能力,也可以说是在已有知识的基础上,对知识进行创见性的加工,独辟蹊径,形成新的解决问题的方式方法,本身是一种全新的创造性思维形式,是知识基础上更高层次的深加工和再运用。它强调解决问题思维过程的创新性结晶,如火花、灵感、创意等。

3. "知识"和"智慧"的区别

从上述概念可以归结出知识与智慧的区别有以下几点:

(1)知识是对以往人类经验和智慧的总结,而智慧是在以往知识更高层次上的运用和加工。知识主要描述人类对以往实践的认识,这种认识是反映一定时期和一定条件下思想和情感的信息,而智慧是根据以前的知识,结合新的情况和环境,进行创造性的运用和思维,形成新的条件下被证明为正确的解决问题的方法和知识。

(2)知识强调可以在相同条件下重复永续运用,而智慧强调短时间的创造性思维。知识是对以前认识的总结,在相同条件下可以永续运用,在时间上具有永存性,而智慧在某种程度上,是人类解决某些问题进行创造性思维中短时间内产生的,在时间上不具备永存性。

(3)知识是智慧生产出来被记录的结果,而智慧强调知识创造的过程。智慧一旦被记录下来,就成为知识,可以与他人以同样的方式拥有和利用该知识,在空间上可以无限复制自己,而智慧很难复制。智慧往往是思维对某一问题的创新性思维的过程,强调专有性,它因环境、对象而转移,可能在此时此地被创造出来的解决问题的方式方法,在彼时彼地无法运用。

(4)知识经济本质上是智慧迸发推动的结果。作为知识经济的主导产业,信息技术、知识产业其实都源于创新性思维,依赖于智慧的迸发。

其一,知识经济强调技术创新,而这种技术创新本身是智慧创造的结晶。知识经济时代里,知识更新周期缩短,对国家和企业来说,进行知识创新具有决定性的意义,而这个过程就是智慧的创造与涌现,是智慧创造速度、质量、数量的全面竞争和比赛。如日本在20世纪80年代初,平均每年引进技术高达2207项,促进了国内经济迅速腾飞。由此可见,已有的技术也就是以前的知识可以复制、重复运用。但后期日本模仿和复制过多,而本身技术创新能力较弱,创新能力不足,结果导致日本经济的竞争力不及美国。

其二,知识经济强调产品创新,而产品创新是思维火花、创意等智慧迸发。知识经济强调产品个性化、特色化生产和设计,其本质上属于智慧的属性。一方面,知识可以复制,并运用同一标准进行生产。而智慧具有专有性,它针对特定的需要和特定的环境而被创造出来,环境变化就会导致失败。另一方面,满足个性化的需求,需要创新性的产品。有学者指出,标准化的产品永远是"旧"产品,容易被市场淘汰,而"个性化"的产品永远是"新"产品,新的产品往往需要创造,而创造更需要智慧。

其三,知识经济强调生产管理方式创新,而这种管理创新往往是智慧的成果。科技产品的创新与运用,需要企业生产活动的组织与管理模式也随之发生根本变化,而这种模式的变革需要进行创新性思维,结合已有的管理科学知识、行为知识,在更高层次上进行再造,创造出更多的管理智慧。

4. 智慧的作用

"智慧的运行速度""智慧的组合和创造"决定企业创造财富的速度和企业的命运。因此,经济增长的重要推动作用是大量技术的创新和运用,而大量技术的新发明就是智慧的发现及运用。将经济的快速发展仅归因于技术和知识的运用是不全面的,毕竟知识是过去认识的总结,如不进行再创新,也就是进行大量智慧劳动,就无法解释创造、技术的新发明大量涌现的根本原因。

智慧的重要表现方面——"创意",在逐步改变和创造生活。创意本身是属于智慧的范畴,并非知识所能全部概括的。英国是全球最早提出和发展"创意产业"的国家,据其定义,"创意产业"是指那些从个人的创造力、技能和天分中,获取发展动力并通过对知识产权的开发,创造潜在财富和就业机会,以促进整体生活环境质量提升的产业。据统计,1997—2001年间英国以文化为主体的创意产业年增长率达到8%,是同期英国总体经济增长率 2.6％的 3 倍多,成为英国发展最快的产业。美国是全球文化创意产业最为发达的国家,从 1996 年开始,文化创意产品超过其他所有传统产业,成为美国最大宗的出口产品。到 2002 年,美国文化创意产业产值达到 5351 亿美元,占 GDP 的比重达到 5.24％。另据有关专家介绍,目前创意经济每天创造 220 亿美元的产值,并以 5％的速度递增。这充分说明,以创意为代表的产业在推动经济发展方面将发挥越来越重要的作用,而创意本身属于智慧的范畴。因此,智慧的创造、消费实际上已经成为推动社会发展的原动力,成为经济快速发展的新的加速器。[21]

2.1.2 何为"智慧经济"

作为新一轮科技革命和产业变革的突破口,智慧经济是以云计算、物联网、工业 4.0、大数据等新兴技术为基础,以智慧产业化和产业智慧化为重点,实现人与自然、人与人之间和谐相处,以人为本、智能互动的现代经济发展形态。

当前,国内外智慧经济风起云涌、发展迅猛。正确认识国内外智慧经济的基本形式,对于更好地推进智慧经济发展,进而抢占智慧经济发展制高点,具有重要的作用。[22]

1. 智慧产业化和产业智慧化

(1)智慧产业化

智慧产业化,首先就是指全面推进智慧基础设施的建设。这个过程需要有强大的智力支撑。要把基础通信网络向下一代高性能互联网转型,搭建好智慧经济的"神经系统",需要有信息通信技术人才来开发应用。要大力发展云计算、大数据产业,让智慧经济拥有超强的"大脑",需要多种计算机专业人才各尽其能。要加快物联网技术发展,强健智慧经济的"筋骨",更是需要网络传输、数据处理和硬件研发等各类专业人才各司其职。因此,从某种意义上讲,智慧产业化过程也是智力产业化的过程,智力资本的应用贯穿于智慧产业化的每个环节。

5G 技术为当前的前沿技术,凝结了许多高科技人才的心血,在中国科技会堂举办的"5G 技术及产业应用"指出了 5G 网络将作为下一代移动通信网络进入人们的视野。和 4G 通信相比,5G 其最高理论传输速度可达每秒数十 Gb,这比现行 4G 网络的传输速度快一百多倍,整部超高画质电影可在 1 秒之内下载完成。随着 5G 技术的应用,智能可穿戴设备、物联网应用、大数据云服务以及真正意义上的智慧城市、智慧家居、智慧工厂、智慧农业等将成为现实。5G 通信网络的建设与应用,基于 5G 的终端产品、平台产品、服务产品,基于 5G 应用而引发的工业、农业、服务业等产业的升级换代都将引发巨大的产业创新,都将带来巨大的创业机会和投资机会。

针对智慧产业化的讨论不止于此,石墨烯技术及产业化前景、生物营养增强技术及高端农产品种植产业应用、3D 打印技术及增材制造产业应用、工业 4.0 及传统制造转型升级、植物工厂技术及产业化应用、储能技术及产业化前景、精准中药与大健康产业应用、土壤修复技术及产业应用、智能机器人技术及产业应用、北斗卫星通信技术及地面应用产业、量子通信技术及产业等各行各业的高新技术正在进行指导技术应用并实现产业化,各行各业正在不断进行换代升级。

(2)产业智慧化

产业智慧化是把物联网、移动互联网、云计算、大数据等先进技术植入到传统产业中,实现企业装备智能化、管理现代化、营销服务网络化,带动传统服务业迈向高端服务业发展,实现产业转型升级。产业智慧化前所未有地突出了人的智力因素在生产和服务过程中的重要作用,将信息化和产业化深度融合,高度体现了知识的力量、人才的力量。

阿里巴巴用了 13 年的时间实现了零售平台 3 万亿元的年销售额,而沃尔玛却花了 54 年,这是 DT(data technology)时代的技术基础设施与 IT 技术支撑的零售信息化的差异。因此,互联网、网络技术的应用对于传统行业来说势在必行。

"大数据+工匠精神"的结合对于制造业的转型升级至关重要。而大数据的实时、感知和预测等特点确实可以为制造企业在降低成本、缩短生产周期、提升效率、细分产品定位、优化流程和决策等方面扮演重要角色(见图 2-1)。海尔较早就部署了相对完善的涵盖主要业务流程的内部信息系统,并且比较前瞻性地将社交数据中获得的客户反馈融入到新产品研发之中,结合了内部和外部数据的能力。

ZARA,一个快时尚品牌,也是利用数据实现智慧供应链的例子。我们看到大量服装企业都面临生存的压力,而 ZARA 母公司销售额在 2015 年依然保持了 15.4% 的增长。其中很重要的原因就是 ZARA 以数据为核心打造的极速供应链系统,实现了新产品的柔性化生产。相对于竞争对手来说,ZARA 可以通过数据的联通和协同更

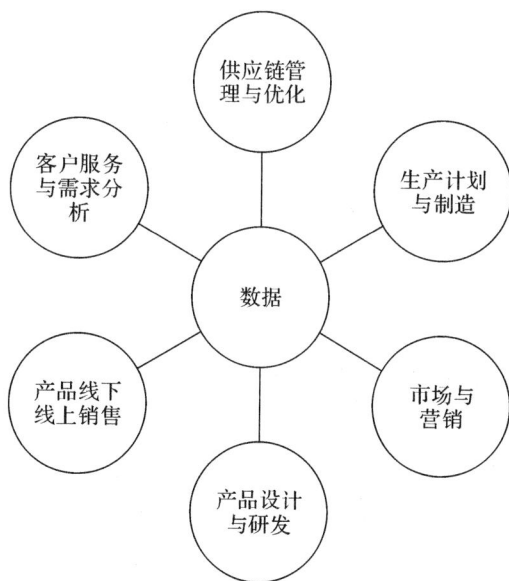

图 2-1　数据带动产业智慧化

快更好地控制市场调研、设计、打版、制作样衣、批量生产、运输和零售整个环节。虽然ZARA 不是互联网企业,但是它对用户需求的响应是完全互联网思维的方式,满足的也是快速翻新、少量、快速响应和生产的,类似于消费者在互联网上的需求特点,比如一般的国际大品牌的前导时间是 120 天左右,而 ZARA 可以实现 15 天的新品供应过程。在整个过程中,它使用线下线上的数据融合,利用电商平台的销售数据以及对用户消费者的线上调研数据,同时还会利用线下每个门店的销售数据实时反馈到公司总部,实现产品的快速迭代,它一年设计的服装款式达到 12000 多款。这种基于数据的协同和流动实现的供应链带动了 ZARA 总体效率的提升和库存的大幅降低。

2. 智慧经济时代的产业类型

借鉴庄一召《关于智慧产业》对智慧的分类并根据其在智慧经济中的不同表现形式,可以把智慧经济时代的产业分为三类:创新性智慧产业、发现性智慧产业和规整性智慧产业。

创新性智慧产业,主要指从无到有地创造或发明新的东西。如策划、广告、软件、影视、艺术等都需要新的创新,可以归属于创新类智慧产业的范畴。

发现性智慧产业,主要指发现本来就存在,但随着时代发展、认识提高或科技进步,被重新认知的东西。一些科学研究,如天文学、物理学、考古学、地理学等可以归属于发现类智慧产业的范畴,另外,新闻由于涉及深加工也可以属于发现类智慧产业的范畴。

规整性智慧产业,主要指可以运用现有的规则如法律、法规、制度、政策、方针、方法等来调整、梳理、矫正、改变已经存在的东西,如司法、会计、教育、培训、出版等都属于规整类智慧产业的范畴。[21]

2.1.3 智慧经济带来怎样的新变化

1. 宽带网络建设掀起热潮

国际金融危机以来,世界各国积极投资信息基础设施建设,加快宽带网络建设。2010 年,美国联邦通信委员会(FCC)推出《国家宽带计划》,计划政府投资 72 亿美元建设和普及宽带网,并在未来 10 年将投资规模提升到 155 亿美元。我国同样重视宽带建设,2013 年 8 月,国务院印发了《"宽带中国"战略及实施方案》,旨在加强战略引导和系统部署,推动我国宽带基础设施快速建设发展。

2. 云计算开始规模应用

云计算是基于信息网络,将信息技术资源以服务方式动态、弹性地提供,用户可按需使用的计算模式和服务模式。通过云计算服务,用户不需要自己构建 IT 系统,而是以较低廉的费用随时随地、按需使用服务器、存储设备、应用程序等资源。IaaS 代替了服务器、存储设备等硬件的采购,PaaS 提供了标准化中间软件集合,SaaS 代替了软件套装的采购和安装。基于云计算的创新产品和服务,涵盖云计算应用,如 APP 开发、数据挖掘、移动互联网、互联网金融、物联网、在线教育、游戏等各个领域,从而形成从开发到服务的完整的云计算产业链。正是这种全新的运作模式,云计算产业在全球风起云涌。2012 年,我国云计算整体产业市场规模大约 600 亿元,市场空间远未拓展。随着云计算业务成熟、服务质量和稳定性提升,各地对推动云计算产业的认知快速提升。

3. 大数据推动智慧产业创新

数据作为一种重要的战略资源,已经广泛渗透到各个行业,面向大数据市场的新技术、新产品、新服务、新业态不断涌现。根据 DC(国际数据公司)监测统计,2011 年全球数据总量已达到 1.8ZB,而这个数值还在以每两年翻一番的速度增长,预计到 2020 年全球将拥有 35ZB 的数据量,增长近 20 倍。我国十分重视大数据的开发和应用,力图抢占发展先机,一些地方相继建立或拟建立大数据管理协调机构。广东省经信委设置"省大数据管理局",其主要职责是组织制定大数据收集、管理、开放、应用等标准规范,推动全社会大数据形成机制的建立和开发应用,承担信息安全等级保护、应急协调和数字认证等相关工作。广州市提出将建立大数据局,统筹推进政府部门的信息采集、整理、共享和应用,建立公共数据开发机制。上海市正在研究是否成立大数据局,希望以此推进政府层面的数据公开和信息共享,通过大数据挖掘更好地发挥政府职能。

4. 移动互联网发展势不可挡

苹果的智能手机终端出现,使诺基亚、摩托罗拉、爱立信等从王冠地位坠落,引发了一场影响未来的移动互联的信息革命。市场研究机构 ABI Research 在其报告中指出,2013 年全球移动互联网服务收入达到 3000 亿美元。作为核心的操作系统,谷歌 android、苹果 iOS 的全球市场占有率分别为 79.3% 和 13.2%。中国互联网络信息中心的统计显示,截至 2013 年年底,我国手机网民达到 5 亿,占网民比例由上年的 69% 升至 81%,PC 时代已走向移动互联网时代。随着移动互联网的发展和智能手机的普及,基于 android、iOS 系统的各类 APP 出现爆炸式增长。

5. 物联网产业发展迅速

美国是物联网应用最广泛的国家,物联网已在军事、电力、工业、农业、环境监测、建筑、医疗、空间和海洋探索等领域投入应用,其 RFID 应用案例占全球 59%。欧盟物联网应用大多围绕 RFID 和 M2M 展开,电力、交通、物流、零售和制药等领域已形成一定规模的应用。我国 2013 年物联网产业规模突破 6000 亿元,在芯片、通信协议、网络管理等领域取得了一系列创新成果,形成了包括芯片和元器件厂商、设备商、系统集成商等在内的较多门类的产业。我国主导制定的全球第一个物联网总体技术标准被国际电信联盟批准通过,交通、物流、环保等领域的试点示范项目推进。

6. 互联网金融异军突起

在 20 世纪 90 年代中期,互联网金融的雏形出现,全球第一家网络银行——安全第一银行(SFNB)于1995年在美国亚特兰开业。继美国之后,欧盟、亚洲地区的互联网金融开始兴起,最近几年更是取得了飞速发展。中国银行业协会发布的《2013年度中国银行业服务改进情况报告》显示,2013年全国银行业平均离柜业务率已达63.23%。这意味着100笔金融业务,只有30多笔通过银行柜面办理,并且这只是全国平均水平,发达地区的互联网金融使用更普及,离柜业务率更高。同时,该报告显示,截至2013年年末,中国银行业网上银行个人客户达到7.53亿户,同比增长28.09%;企业客户达1111500.13万户,同比增长29.92%;网上银行交易总额1066.9775亿元,同比增长21.79%,互联网金融发展巨大潜力可见一斑。

7. 电子商务延续快速增长态势

2013年,全球电子商务产业规模达到33.4万亿美元,较上年增长15.9%。全球网络零售交易额达到1.248万亿美元,较上年增长18.0%,增长的动力主要来自迅速膨胀的在线和移动用户、商业销售的增长、先进的物流和支付手段,以及著名电子商务网站的国际扩张,2014年突破1.5万亿美元。截至2013年年底,中国网购用户达到3.02亿人,同比增长24.7%,网购使用率达到48.9%,同比增长了6个百分点。中国电子商务交易总额5年来翻了两番,2013年全年电子商务交易总额突破10万亿元大关,达到10.28万亿元,相比2012年的8.1万亿元,增长了26.9%。网络零售交易额5年来平均增速为63.3%,2013年全年网络零售交易额达到1.85万亿元,相当于当年社会消费品零售总额的7.8%(美国为5.77%),同比增长41.2%,网络零售额占全球网络零售市场份额的23.9%,中国成为世界上最大的网络零售市场。

8. 信息安全面临严峻挑战

在互联网时代特别是云计算、大数据、物联网模式下,网络和信息安全面临着严峻的挑战。多网融合打破了信息网络之间的隔离,物联网打破了数字世界与物理世界的边界,云计算打破了自给自足的模式,从而大大增加了安全威胁的来源和破坏程度。国内信息系统所需的操作系统、数据库、芯片、服务器、路由器、交换机等关键软硬件大多依赖微软、英特尔、谷歌、苹果、思科、甲骨文等美国厂商,这些产品本身可能有技术上的漏洞,加之有可能被故意预置"后门",因而面临较大安全隐患。以服务器为例,全球13台根服务器中有12台在美国,信息核心节点周转大多在美国,互联网安全受制于人。国内大多数安全防护产品如防火墙、入侵检测、反病毒等都集中在网络层、应用层的防御,缺乏服务器系统层安全防御产品,使得在应对操作系统层面的网络攻击时能力缺失。在云计算产业,微软的云服务 Azure 已正式在中国运营,这不仅分流了我国云计算市场份额,而且加大了安全风险。[22]

2.1.4 智慧经济时代该如何应对

人类社会要从硬件经济时代、软件经济时代进入真正的智慧经济时代,应该做好以下几个方面。

1. 智慧经济应该是一种宏观上"最优规模"的经济

最优规模体现为经济生产不管是数量还是质量都应该符合人类需求的合理性,应与该国、该地区的人口、资源相一致。由于微观行为都是追求个体的最佳规模,而忽略了总体行为是否达到了最佳规模,智慧经济能够适应协调管理资源、资金、劳动力、信息、技术的要求,从整体上弥补了微观经济发展的不足,客观上把握了经济发展的格局,可以达到最佳生产发展规模。因此,要推动社会经济形态从硬件经济、软件经济向智慧经济过渡,更要侧重于通过建立谈判和协商机制来达到消除经济摩擦和贸易争端的目的,实现国家之间、区域之间不同利益群体的和谐发展。

2. 智慧经济应该是一种可持续发展的经济

传统的经济发展模式不但消耗了地球能源,而且一定程度上导致生态破坏和社会畸型发展。而智慧经济即主要考虑生态协调和社会良性发展,考虑人口、资源、环境协调发展。因此,要推动社会经济形态从硬件经济、软件经济向智慧经济过渡,必须逐步改变经济发展方式,改变采取消耗大量资源来发展经济的传统方式,改变牺牲自然法则的工业化方式,建立一种以绿色经济和幸福经济为基础,多种经济形态共存的智慧经济发展模式。

3. 智慧经济应该是一种人性化的经济

智慧经济是人本经济,它不仅以经济、财富、物质来衡量经济行为,更是以发展劳动文化、实现劳动者人生价值为目标。其表现在劳动者收入不仅仅以工资等物质成果来体现,更是以劳动者精神收入,甚至是在一定经济收入基础上以实现精神收入最大化为最高目标。雷尼尔效应表明了智慧经济的特征,指的是华盛顿教授之所以领取美国平均工资水平的 80％ 在该校任教，主要是留恋西雅图的湖光山色，在这里教授们可以观看到美洲著名的雷尼尔山峰，因此，华盛顿大学教授工资的 80％ 是以货币形式支付的，20％ 是由美好的环境来支付，这说明了物质待遇与精神享受的统一性。所以，实现了社会经济形态从硬件经济、软件经济向智慧经济过渡，人们从体力和脑力劳动中解放出来，不但有物质需求，更有精神需求，追求自我价值的提升。

4. 智慧经济应该是一种有预见性的经济

在经济政策制定和经济发展过程中，硬件经济、软件经济体现片面强调经济发展，并可能导致经济发展同时给社会带来负面效应。如人类盲目使用化学产品引起生态链失衡，人类盲目引进物种破坏了原有生物链等，导致社会经济发展不和谐的例子比比皆是，这种没有预见性的人类行为，让人类陷入巨大的困境。实现了社会经济形态从硬件经济、软件经济向智慧经济过渡，就必须同步考虑经济与社会和谐发展，考虑现代化建设与自然环境、生态系统协调发展，不断增加对经济发展可能带来的环境污染、贫困分化等负面效应的预见和防治。[23]

总之，在智慧经济时代，人的智慧引导着知识进化，知识的进化孕育着智慧的大发展，主要资本是智慧资本。与以前的农业、工业、知识等经济形态相比，在智慧经济时代，智慧取代劳动、资金、知识等要素成为创造社会财富的主要要素，相应的智慧资本成为社会的主要资本。在智慧经济中，智慧资本是第一资源，谁拥有智慧资本，谁就是社会财富的主导者。智慧资本发挥作用主要通过品牌资源、概念创新、知识产权、创意发展、智慧的再创新和再消费进行。智慧经济时代，人是智慧的载体，因此智慧精英是智慧经济社会培养的主要目标。

消费对象主要是智慧的消费。智慧经济时代的消费，本质上就是消费智慧、运用智慧的新型消费模式，也就是消费智慧、观念、创意等精神财富的过程。

资源配置的主要对象是智慧的分配。在智慧经济中，智慧成为稀缺资源，智慧主要通过市场机制进行科学、合理、综合、集约的配置，而不像工业文明时代对土地、石油等短缺资源的配置。因此，在智慧经济时代，对智力资源（人才和智慧）的占有比工业经济中对稀缺自然资源（土地和石油）的占有显得更为重要。

主导产业主要是思维、观念等产业（第四产业）。联合国组织把现有知识经济自主产业分为信息科学、生命科学、新能源与可再生能源科学、新材料科学、空间科学、海洋科学、有益于环境的高新技术和管理科学(软科学)技术。在智慧经济时代,主导产业不仅涵盖以往产业中的智慧创新,还涵盖了创意等产业、与智慧生产相关的服务业,以及思维产业、观念产业等(本文称之为第四产业)全新的新型产业态。

竞争主要是培养智慧人才模式的竞争。智慧经济时代教育应该是启迪、开发智慧的教育,其重要环节是建立启迪智慧的教育模式。智慧经济时代要求培养、开发人的智慧,培养一个有智慧的人,让人掌握创造智慧、发现智慧、运用智慧的方法,让每个人的智慧尽可能发挥、展现。与此相适应,在智慧经济时代,国与国之间的竞争是智慧创造能力的竞争,谁在开发人才智慧的培养模式上占据先机,谁就把握了竞争的主动权。[21]

2.2 智慧经济的特征

智慧经济时代依托云计算、物联网、工业 4.0 和大数据而逐步展现出智慧化。如今,云计算、物联网、工业 4.0 和大数据的应用无处不在,作为智慧经济的特征,我们需要对它们有一个全面的认识。

2.2.1 云计算:智慧经济的重要推手

传统的制造商要转型为互联网企业,需要把业务搬到互联网上,假如它有几百万、上千万台电器,如果要全部联接起来,为它提供互联网服务的规模就相当之大,显然传统的制造商没有这个能力,需要强大的云计算平台帮它做好这些东西。

智慧经济是建立在互联网和大数据基础上的,而云计算将成为智慧经济的重要推手。在未来,每家公司都会变成互联网公司。但到今天为止,很多人很难理解这种说法,不少从事传统产业的企业家非常害怕,因为不知道如何让自己的业务互联网化,变得"智慧"起来。

1. 云计算发展史

云计算背后的概念可以追溯到 1960 年,当时计算机科学家 Joho McCarthy 认为,有朝一日计算很有可能会成为一种公共事业。20 世纪 60 年代,在商业应用当中已经用"云"这个词语来指代大型的 ATM 网络。而到了 21 世纪初的时候,尽管"软件即服务"是那个时候的焦点,但"云计算"这个后来日益流行的词语就已经出现。

美国的亚马逊公司(Amazon)在云计算的发展过程中扮演了重要的角色。在互联网泡沫破灭之后,亚马逊公司借助于它们所拥有效用计算(utility computing)的基础,从 2002 年开始通过亚马逊网络服务提供系统接入,从而将它们的网络数据中心模块化,进而它们发现这种新的"云"结构带来了内部效率的显著提升。

2007 年,谷歌(Google)公司、IBM 以及许多大学启动了关于云计算的大型研究项目。从这个时候起,云计算也开始成为主流媒体的热门词汇。

IBM 于 2007 年 8 月高调推出"蓝云"(Blue Cloud)计划。微软公司正在通过 Windows Live 向用户提供云计算服务。微软正在创造这样一种用户体验,即从一般的设备存储转移到任何时间都可以存储的模式。

亚马逊于 2007 年向开发者开放了名为"弹性计算机云"的服务,让小软件公司可以按需购买亚马逊数据中心的处理能力。2007 年 11 月,雅虎也将一个小规模的服务器群,即"云",开放给卡内基—梅隆大学的研究人员。惠普、英特尔和雅虎三家公司联合创立一系列数据中心,目的同样是推广云计算。

进入 2008 年以来,云计算(cloud computing)已不仅是国际业界热炒的概念,而且开始在中国落地生根。2008 年 3 月 17 日,Google 宣布在中国大陆推出"云计算"计划。2008 年初,IBM 与无锡市政府合作建立了无锡软件园云计算中心,开始了云计算在中国的商业应用。2008 年 7 月份瑞星推出了"云安全"计划。

越来越多的 IT 供应商将中国作为云计算业务发展的热点区域,云计算业务在中国市场具有巨大的发展潜力。

2. 云计算的定义

云计算中所指的"云"其实就是一个对于互联网的形象化比喻,这种比喻来源于一种业内的共识,使用云形状的图形来表示网络图。因此,云计算可以说是把"计算"这种资源从本地计算机即用户的计算机转移到互联网上的一种极为形象的描述。

云计算是一种提供与信息技术相关的计算服务的标准化模式。在这种模式之中,信息技术所需的设施、信息和功能等相关方面的服务存在于互联网之中,并由服务提供商以标准化的形式提供给客户,在众多客户之间实现资源和服务的共享。客户依据自身业务的需要,使用终端设备通过互联网协议访问以上的服务,服务提供商选择适合的商业模式保证云计算业务的运营。[24]

3. 云计算的特征

(1)一切即服务

在云计算的模式下,用户基本上不再拥有使用信息技术所需的基础设施,而仅仅是租用并访问云服务供应商所提供的服务。在云计算的体系中,每个层面的组成的部分都可以作为服务提供给具有不同需求的用户。这就是"一切即服务"(X as a Service,XaaS)的概念。它体现了云计算这种模式的重要特征,是用户选择的最终结果。

企业一方面需要通过采用信息技术提高企业的生产效率,而另一方面企业又要通过各种手段来降低控制成本。但是,在信息技术部门和信息产业中,服务的供求模型直接影响了效率。这就不可避免地引起以低预算寻求高效率之间的矛盾,对信息技术的预算带来了巨大的压力。所以,许多企业都将信息系统的维护工作外包给外部的服务提供商和软件即服务(SaaS)的服务提供商,以期降低信息系统的维护成本。但是,仅仅把目光放在外包服务上是不够的,将服务规模化地放到企业内部的"云"平台网络服务中心甚至是公共的网络"云"平台上才是解决问题的关键。

云计算的模型在这方面更具有弹性。用户越少地关注服务的实现细节,供应商就可以更多地关注于服务的提供方面。这样供应商就可以根据用户的需求来调整成本、系统质量,进而实现最为有效的系统模型,这是提供服务的本质。这种模式确立以后,技术服务的供应商就会尽可能地将更多应用以服务的方式提供给用户。最后,一切都有可能发展成为服务。

(2)以互联网为核心

首先,云计算的服务是与操作系统平台无关的。基于云计算的应用存在于互联网上,而用户通过网络终端访问这些应用。互联网具有基于 IP 标准化的协议,例如 HTTP 协议、REST(representational state transfer)协议、SOAP(simple object access protocol)协议等。因此用户可以在任何时间任何地方使用安装有任何符合标准的网络浏览器的电脑,通过互联网访问,而不管这些电脑使用怎样的操作系统。这不像传统的软件应用,往往需要运行在特定的操作系统的环境中,而且只能使用特定的电脑来运行。

其次,云计算的服务是永远可用、安全可靠的。云计算服务是由服务提供商统一运营和管理,而这些提供商通过专业的技术和管理手段,保证它们所提供的服务可以安全可靠地运行。

第三,云计算的服务具有网络化的操作界面或编程接口。互联网上的网站具有友好丰富的人机交互界面,而且随着互联网技术的快速发展,互联网用户界面开始变得形式越来越丰富、功能越来越强大,比如 Facebook 和微软的 Vitual Earth 3D。也有很多云计算服务提供了使用 XML 和 REST 等软件开发标准的编程接口,供用户开发符合自身要求的个性化应用,例如,Flickr 编程接口和 Amazon S3 的编程接口。

(3)规模经济性

云计算把计算这种看不见、摸不着的效能作为服务提供给用户,在多个用户之间共享,这就使得资源的利用率大为提高。由于服务器空闲减少,内存和硬盘等存储空间可以根据所有用户的需求添加,这显著地降低所有用户以及单个用户的成本。

另一方面,应用程序由云计算服务的提供商开发部署,这也大大地提高了开发速度。就像电力公司通过中央电厂为买主输送电力,即取得了在动力生产上的规模经济效应一样,云计算通过互联网为用户提供计算服务,同样是具有规模经济性的。

(4)易伸缩性

易伸缩性(也称为弹性,elasticity)是指云计算的系统可以非常方便地按照意愿自由地调整其规模,满足用户大规模或者小规模的需要。系统是易伸缩的,关键系统可以自由地向上支持数百万的用户,也可以向下支持几个用户甚至只有一个用户,同时这种改变并不会影响系统的经济性。

通常,企业级的系统都是大规模的,需要支持成千上万的用户规模,在这种情况下运营这种系统的单位成本比较低,这是很容易想象的。然而,在某些情况下,系统只需要支持少量的用户(甚至只有一两个用户),这时维护系统的软件硬件所支出的成本均摊于单个用户时,就是非常昂贵的。但是,全球性的服务提供商如谷歌、eBay 和 Zoho 等的运营模式使得单位成本不依赖于硬件设施的支出或软件的购买和维护。服务提供商按用户需求向用户提供服务,并通过按使用付费(Pay-per-Use)或依靠广告支持等方式获取收入。这种机制本质是云计算规模经济性的体现,但同时带来了云计算的易伸缩性,使用户的数量和服务的经济性变得不再相关,用户可以真正做到对所使用服务的关注和按需求调整使用系统的规模。[24]

2.2.2　物联网:智慧经济的变革力量

物联网通过赋予物联一定的网络协议,让其能够实现智能化识别、定位、跟踪、监控和管理等功能。智慧交通、智慧家居、智慧城市等都因为物联网的加入变得更加智能、便利。人们的生活逐渐因为物联网的出现和发展而富有生命力,这是单纯的信息时代所没有的,物联网成为智慧经济的变革力量,在推进和改变着生活方式和生活质量。

1. 物联网发展史

1999 年,在美国召开的移动计算和网络国际会议提出了物联网的概念,当时的翻译还称为"传感网",认为它是下一个世纪人类社会产业发展又一潜在的增长点。

2003 年,美国《技术评论》提出物联网相关技术将是未来改变人们生活的十大技术之首。

2005 年 11 月 17 日,突尼斯举办信息社会世界峰会(WSIS:world summation the information society),国际电信联盟在会议中发布了《ITU 互联网报告 2005:物联网》,正式确定了物联网的概念。

2009 年 1 月 28 日,奥巴马就任美国总统后,对于物联网的发展给予了极大的关注,在其与美国工商业领袖的圆桌会议上,IBM 首席执行官彭明盛首次提出物联网相关的"智慧地球"这一概念,提出将物联网信息化技术应用到人们日常的社区基础设施建设当中,建议新政府投资新一代的智慧型社区类应用基础设施,此概念得到了美国政府和企业的高度关注与认同。此后,美国即开启了一系列物联网建设的投资,以智能电网、数字城市为代表,并将该理念逐渐扩展到全球。

2010 年,物联网的概念开始进入中国,经过一年多的发展,我国物联网正在逐渐走出概念炒作的发展初期阶段,逐步进入市场应用和商业模式的探索期,产业竞争格局正在悄然形成。2010 年我国物联网应用的市场规模为 1933 亿元,增长率达 61.1%,未来几年中国物联网市场增长率都将保持在 30% 以上。

2. 物联网的定义

物联网的定义是通过射频识别技术设备、红外感应器、全球定位系统 GPS、激光扫描器等信息传输设备,通过一定的网络协议,把任何物品与互联网连接起来,进行信息交换和通信,以实现智能化识别、定位、跟踪、监控和管理的一种网络。

这里的"物"要满足以下条件才能够被纳入"物联网"的范围:①有信息的感应器和接收器;②有数据传输的网络;③有数据的存储功能;④要有中央处理器;⑤要有操作系统;⑥要有相关的应用程序;⑦要有信息的发送器;⑧有相关的网络通信协议;⑨有可以被识别的统一编码。

实际上,不存在独立的物联网,物联网不是独立网络,谁也无法独立建立开放的、全球性的物联网络,而是应该将区域性、行业性、领域性的应用网络通过公共网络或专用网络有效协同和连接,组成一个整体性的物联网。和互联网不同,物联网可以构建基础网络,然后实现互联,拓展应用。物联网不是为了单纯实现物物相连,而完全是面向应用的,包括行业的应用、公共领域的应用、家庭的应用。因此,物联网更多表现为区域性、行业性、领域性特征。

当前,业界普遍认为,物联网可以为经济增长提供动力,提高生产效率,促进经济的复苏。而在物联网的应用得到普及之后,用于人体、各类动植物和其他物品的传感器、电子标签、中间件以及配套的网络装置的数量将大大超过当前互联网和移动通信网终端的数量,从而为整个行业及社会创造无限的生产驱动和就业机会。预计到2020年,物联网的业务和当前互联网、通信网的业务比例将达到30:1,将形成一个万亿美元级别的巨型产业。[25]

3. 物联网的特征

(1)全面感知

全面感知也就是利用 RFID、传感器、二维码以及未来可能的其他类型传感器,能够随时采集物体动态,接入对象更为广泛,获取信息更加丰富。当前的信息化,接入对象虽也包括 PC、手机、传感器、仪器仪表、摄像头、各种智能卡等,但主要还是需要人工操作的 PC、手机、智能卡等,所接入的物理世界信息也较为有限。未来的物联网接入对象包含了更丰富的物理世界,不但包括现在的 PC、手机、智能卡,传感器、仪器仪表、摄像头和其他扫描仪也会得到更为普遍的应用,而行业当中获取和处理的信息不仅包括人类社会的信息,也包括更为丰富的物理世界信息,如毒性、长度、压力、温度、湿度、体积、重量、密度等。

（2）安全传递

感知的信息是需要传送出去的，通过网络将感知的各种信息进行实时传送，现在无处不在的无线网络已经覆盖了各个地方，这种情况下，感知信息的传送变得非常现实。网络可获得性更高，互联互通更为广泛。当前的信息化建设当中，虽然网络基础设施已日益完善，但距离物联网的信息接入要求显然还有很长一段的距离，并且，即使是已接入网络的信息系统很多也并未达到互通，信息孤岛现象较为严重。未来的物联网，不仅需要完善的基础设施，更需要随时随地的网络覆盖和接入性，信息共享和互动以及远程操作都要达到较高的水平，同时信息的安全机制和权限管理需要更高层次的监管和技术保障。

（3）智能处理

物联网的智能处理是利用云计算等技术及时对海量信息进行处理，真正达到了人与人的沟通和物与物的沟通。信息处理能力更强大，人类与周围世界的相处更为智慧。由于当前的信息化、数据、计算能力、存储、模型等的限制，大部分信息处理工具和系统还停留在提高效率的数字化阶段，一部分能起到改善人类生产、生活流程的作用，但是能够为人类决策提供有效支持的系统还很少。未来的物联网，不但能提高人类的工作效率，改善工作流程，并且通过云计算，借助科学模型，广泛采用数据挖掘等知识发现技术整合和深入分析收集到的海量数据，以更加新颖、系统且全面的观点和方法来看待和解决特定问题，使人类能更加智慧地与周围世界相处。[25]

4. 物联网应用领域和典型特征

物联网作为智慧经济的变革力量，给人们的生活带来了哪些方面的变化呢？在多个领域，物联网都发挥着重要的作用，这里将从个人市场、家庭市场、行业市场三个维度说明物联网的变革作用和其典型特征。

（1）个人市场

关于物联网在个人市场的应用模式，让我们用一个设想的案例来说明。

设想一下 2020 年，一位来自北京的 23 岁学生小王的一天。小王刚刚经过几个月奋战通过一个非常重要的考试，准备驾驶自己的智能别克车同女友到一处风光秀丽的海滨胜地放松几天。但是他必须先去一趟汽车修理厂，给爱车做一个全面的检修。当他进入最常去的修理厂后，马上有诊断工具应用传感器和无线电系统为他的爱车进行详细检查,后续工作被一个配备有完全自动机器人手的维护终端接手。小王准备趁着等候时去喝杯咖啡,智能饮料售卖机"记得"小王喜欢喝冰咖啡,在小王通过自己的智能手表安全付款之后,他得到了一杯最喜欢的冰咖啡。当小王返回时,爱车已经检修和保养完毕。

机器向导要求小王注意车辆上与隐私相关的选项,由于小王不想任何人打扰自己和女友难得清静的二人世界,所以他选择了隐私保护,以防止未授权人的跟踪。

最后,小王去了附近的商场购物,他需要一款内嵌有媒体播放器以及天气预测装置的旅行背包,他使用了无线网络传感器来检测旅行背包的二维码信息,查到了背包从原材料、生产到制作、运输过程以及品牌故事等一系列相关的产品信息。在去往海滨的路上,汽车已经自动帮他选择好了最佳路径以避开交通、天气等影响路况的因素,设定了何时选择自动驾驶状态。

这时,小王从佩戴的太阳镜上收到了一个视频寻呼,他的女友已经准备好出行,正在等待他会合。于是,他马上与女友会合出发前往美丽的海滨胜地。

从上述案例可以看出,物联网能够融入个人生活的方方面面,涵盖了智能汽车、智能 ATM 机、智能手表、可溯源背包、智能交通、智能太阳镜等等应用形式,将为个人生活带来极大的便利。这些应用归纳起来有如下特点:

①覆盖领域广。这些应用的实现,将要涵盖汽车制造、机器人、零售业、物品溯源、智能交通等多个方面的专业技术。

②市场空间大。一旦实现之后,可以迅速面向个人进行规模推广,市场空间巨大。

③规模效应显著。虽然需要投入的一次性成本巨大,但是该应用具有显著的规模效应,一旦达到规模应用,由个人均摊的人均成本可以很小,具体原理可以参照运营商对于网络基站和网络设备、网络平台的投资。

④应用终端覆盖了个人生活中各种各样的个人物品,如智能汽车、智能手表、太阳镜等。

⑤适合在统一的平台上实现。个人移动信息化应用大多是一些相对来说较为容易实现的物联网应用,可以考虑建设统一的平台,将所有个人应用集中到统一的平台上以实现更好的规模效应。

（2）家庭市场

家庭是最小的社会单元,而中国是典型的人口大国,物联网在家庭市场的发展空间非常大。家庭市场的应用是一个全方位的信息化应用,既包括家庭成员之间的联动(对于家庭成员来说,无论处于何处都能够通过家庭信息终端使之建立起联动效用),也包括家庭成员与家庭物品之间的联动(对于家庭中的物品来说,则是家庭成员无论处于何时何地都能通过特殊终端进行远程对话与操控、管理)。

①智能家电:洗衣机自动调节颜色和水温;手机远程遥控开关家里所有电器设备;出门时忘了关电灯,系统会发提醒短信;一旦家中有燃气泄露或火情发生,系统将及时做出报警反应。下班前,手机控制家里窗帘升降、灯光照明、空调温度、厨房的电饭煲开始工作,等等。

②门禁管理:当有亲朋好友来访时,你不需要一定在家守着,可以直接通过视频摄像头查看是哪位朋友到来,然后用手机终端选择是否远程为其打开房门。

③家庭安防:当外人非法侵入,安装在房子入口处的红外幕帘探头就会被触发,及时向系统发出信号,系统马上会向户主的手机发出报警短信。

④智能汽车:准备外出时,汽车根据指令自动来到家门口。车子自动启动和行驶,平稳避开行人和其他车辆。途中没油了,汽车自动搜索到加油站,开进去加油,到公司后智能停车系统自动停好车。

⑤家庭保健:通过在自己身上佩戴各种各样的物联网结点,能够对自己的生理参数进行实时检测,还可以连线在物联网医疗大平台上的医院医生、医疗专家团,将你的生理参数实时传递给专家团,而他们也会根据参数的历史数据,来判断你是否有疾病隐患,你应该注意什么等。另外,患者生病以后,用药过程中的身体反应、药物的跟踪情况,也都可以通过物联网平台做到实时反馈。因此,这样的平台将会改变传统医疗模式,实现以医院为中心到以人为中心的转变,建立一个全新的医患关系大平衡。这样,所有健康的人都是我们的目标客户,可以对健康或者是亚健康,以及潜在的病症统一做一个生理状况的监控,告诉你什么时候该预防什么、注意什么,或者是根据你的身体状况,建议你应该在什么时候来医院确诊。

⑥家庭娱乐:包括基于机器的交互类应用,如 VOD 等。除此之外,对于家庭所在小区,还可以有空气质量检测、车辆定位、车库指示系统、无线抄表、电梯预约、环保节

能路灯、温度监控、噪音监控等各类应用。我们可以看到,相对于个人市场,家庭市场的物联网应用要更加复杂、更加专业,归纳起来主要特点如下:

首先,专业性更强。相比个人市场,家庭市场物联网应用的实现所需要涵盖的技术更具专业性,如智能家电、家庭保健等,甚至需要多个行业集中资源优势,联合开发才能实现。

其次,市场空间较大。家庭市场规模庞大,是仅次于个人市场的规模最大的社会单元。中华民族自古以来就是重视家庭观念的民族,推崇尊老爱幼等传统美德,随着社会生活水平的提高,家庭软装饰越来越好,信息化装扮家庭将是未来的发展趋势,以家庭需求、家庭成员的需求为目标的家庭市场信息化将会在家庭开支中占据越来越大的比重。

再次,有一定的规模性。家庭市场的需求具有较大相似性,容易细分群体进行规模营销。一旦项目开发成功,比较容易在整个集团范围内实现快速复制,快速收回成本获得经济效益。家庭和家庭之间、住宅小区与住宅小区之间有比较多的共同点,因此基于家庭的这些物联网应用一旦功能成熟,比较容易在同类小区与家庭中推广开来。而且,在住宅小区的推广上还可以预先选择高档小区进行趋势引导,与房地产开发商合作在交房之初就将各种初装费一次性嵌套进去(参照有线电视费、固网宽带费等的建设和收取模式)。

第四,应用终端可以是手机终端集成,也可以是其他各种家庭物品,如汽车、VOD等,可以将大部分应用集中到某个特殊终端(如手机终端)来实现。

最后,需要统一的家庭应用平台。基于家庭的物联网应用涉及的应用面更广也更专业,但是相比讲究个性化的个人应用,家庭应用更强调功能性,因此可以考虑集中到手机终端来统一实现,这样运营商可以考虑打造统一的物联网运营平台,然后联合产业链上各联盟伙伴来合作运营。

(3)行业市场

物联网作为信息化的发展方向,将对多行业多领域的信息化产生深远影响。本书列举几个有限的行业领域,并进行简要阐述。

①城市综合管理:环境监控、工地施工现场监控、路灯管理、电梯监控、城市安防等等。比如为城市每一个公共物品,如路面上的井盖,装上无线监控,给予一个身份识别

码,当有人在未经授权的情况下移动井盖时,系统会自动报警,并跟踪井盖移动的路线,以便工作人员及时处理。

②交通行业:交通管理系统可以对所有车辆进行实时跟踪,对所有路段的车辆拥堵情况进行实时汇总、分析,车载导航会根据系统分析结果自动向车主推荐最佳行车路线。比如,我们在某些十字路口铺设路面结点,这些结点可以实时检测十字路口的车流量信息,当东西方向车流量较大的时候,物联网可以自动分析、控制,把东西方向的绿灯时间调长几分几秒,这样东西方向的拥堵情况会得到缓解,等系统监测到东西的通向畅通了,可以再自动调回来,从而使交通压力得到有效缓解。同时交通管理系统还可以提供面向个人的服务,比如个人用户可以要求系统根据车流量情况来规划更合理的路线,要去往目的地通过哪些线路用时最短等等。

③医疗行业:目前有部分比较先进的医院,已经走在医疗信息化的前列。比如,医疗信息化可实现对病例信息、病情信息、病人信息的实时记录及传输、处理运用,从而实现在医院内部、医院之间通过联网,可以进行实时、有效的信息共享,同时这对于远程医疗的实现、专家会诊与医院转诊等特殊医疗过程的信息化流程,也能够起到很好的支撑作用。医疗信息化以及移动信息化的发展,将为医院管理、护士护理、医生诊断,乃至病人就诊等,带来极大的便利。

④制造行业:对于类似于汽车制造这样的流程制造业,信息化对其发展起着越来越重要的支撑作用,诸如条码技术、RFID 技术、红外扫描等前端技术,已经在制造业得到了很多应用,然而目前距离物联网依然还很遥远。首先,目前的物品条码还只是被动的条码,仅在生产线、库房、销售网络当中进行了记录与处理,实时跟踪的机制较为缺乏。如果能够将物联网的机制有效引入,就可以帮助汽车制造企业一方面实时掌握汽车的销售、运输、仓储等信息,另一方面对采购、生产、配送、仓储、调拨与销售等过程安排得更实时、更科学合理。

⑤市民一卡通:它的原理是基于 RF-SIM 技术,融合市民 RFID 智能卡和移动 SIM 为一体,可以满足电子钱包、小额支付、电子票据、电子证件、VIP 积分卡、彩票、门禁等功能,提供一个可代替钱包、钥匙和身份证的全方位服务,从而方便市民参与政务、商务活动,进行行政规费以及流动消费的支付,进而提高政府和运营企业的工作效率。

相对于个人市场和家庭市场,行业市场的物联网应用显然需要与各个行业深度融合才能实现,而其受众面显然也更有限(见表 2-1)。具体特征分析如下:

首先,专业技术性强,实现难度高。这些应用的实现,需要掌握行业客户的动态数据库资源,需要与行业客户原有的信息通信技术系统深度耦合。

其次,市场空间小,可以为行业应用买单的目标用户相对有限。首先,单个应用的目标用户有限,且不同行业应用的目标客户不一定会存在交叉,所以总体目标用户相对有限。其次,以十字路口交通信号灯管理为例,它属于政府部门管制、服务范畴,不太可能由普通用户去直接买单,而如果单由政府主管部门买单的话,显然是一笔非常庞大的支出。

再次,不同行业的应用有一定参考性,但不能直接进行规模复制,甚至同一行业内部不同企业之间也存在不能直接规模复制的现象。如不同的医院可能采用不同的信息通信技术系统,在开发应用时就需要单独进行混合开发。

第四,应用终端各种各样,具有较为显著的行业特性。

最后,物联网应用很难在统一的平台上实现。由于各个行业应用的行业特性太过明显,而且也存在部分特殊行业资源不便在统一平台共享的特点(如银行交易信息、交通信息、视频监控信息等存在保密性要求或者隐私保护要求),建设统一的运营平台显然不太符合实际情况。

表 2-1 物联网的应用领域及行业

应用分类类型	目标用户和行业	典型应用行业
数据采集类应用	公共事业基础设施 机械制造 零售连锁 质量监管 法律	自动水电表抄送 智能停车场 环境监控 电梯监控 自动售货机 产品质量监管 智能司法

续表

应用分类类型	目标用户和行业	典型应用行业
自动化控制应用	医疗 机械制造 建筑 公共事业基础设施 家庭及办公处所应用 环保 农业	医疗监控 生产危险管理监控 智能数字城市 智能交通 智能电网 楼宇自动化 智能校园 智能环保管理 智能农业
日常便利性应用	个人用户	交通卡 移动支付 智能家居 移动金融操作
移动定位类应用	交通运输 物流 军事	警务交管人员位置监控 物流监控 交通车辆监控

资料来源：郑欣：《物联网商业模式发展研究》，北京邮电大学博士论文 2011 年

2.2.3　智能化：智慧经济的生产系统

网购达人常有这样的体会：对着网页上一片花花绿绿的选项却找不到自己想淘的那款。智能化的生产系统使这个烦恼不复存在。"工厂"概念已不再是"工人＋流水线＋批量生产"这么简单，购物体验将是客户想要什么，工厂就生产什么，而且交货很快。当今的智能化生产主要体现在"工业 4.0"上。

在"工业 4.0"带动下，未来的智能工厂能实现大规模个性化定制生产，生产内容高度灵活。消费者甚至可以绕过电商平台直接联系厂家，根据个性化需求生成订单。这样一来，电商的存在价值势必大打折扣。但工厂毕竟是工厂，除了个性化定制服务，也需要保持产量，进行批量化生产，"工业 4.0"就是来解决这个复杂问题的，智能化的工业 4.0 将成为智慧经济下主要的生产方式，个性化定制服务提供将会普遍存在。（见图 2-2）

未来的工厂，可能广泛采用 CPS 技术，即"信息物理系统"，其中包含一个智能化

图 2-2　工业 4.0 的智慧生活

成果 EGrain,即"电子谷物"。这一大小和谷子差不多的设备里,配有处理器、传感器、天线、电池等各种部件。嵌入了电子谷物的工件,将能够包含生产过程中所需要的全部信息,并可以对信息进行智能处理,然后传输到其他系统里去。也就是说,通过电子谷物,机器与机器间将能够进行交流,从而优化整个生产流程。(见图 2-3)

图 2-3　工业 4.0 的智能生活

比如,某个工件需要进行下一步处理,它就会用自己的 IP 在整个 CPS 系统里"发帖":接下来谁能加工一下! 马上就需要! 如果一台机器答复说:"我可以加工,但要等半个小时",那工件就会自动联系另外的机器。这种在信息物理系统中,让机器、工具和工件实现自我决策,从而应对生产过程中出现的各种复杂情况的模式,就是所谓的

"M2M",即机器对机器。那么,当机器都能互动"喊话"了,工人还有存在感吗?别担心,在未来工厂中,工人依然处于中心地位。任何生产过程中,缺陷总难以避免,高素质的工人就负责排除被检测出的缺陷。事实上,新技术和新工具将为工人提供难以想象的发挥空间,人在更大程度上变成工厂的指挥者和协调者。

如今,"云计算""云物流"等概念方兴未艾,而在"工业 4.0"时代,"云"更将无处不在。比如最平常的上厕所,公共卫生间入口投币处的闸机会配备计数器并联网,洗手台的洗手液容器也会装有记录剩余量的感应芯片,擦手纸的感应器会显示剩余多少纸,连每间厕所的厕纸用量都会实时监控……一切信息都会被纳入互联网,并上传到云端,然后实时显示到采购人员的手持设备上,并能实现和日用品商店数据互通。这样,整个卫生间将随时保持最佳的卫生标准,也让采购者的工作更有针对性。

未来的家居生活也将智能化。住户手机和云端连接,可以对家里的电器、家具等进行直接控制。根据"分散式系统"的原理,家这个"信息物理系统"里的各个部分也可以进行交流和自主决策。(见图 2-4、图 2-5)

图 2-4 工业 4.0 的智能生活

比如,温度感应器自动指挥空调和暖气系统,并结合运动物体感应装置判断某个房间是否有人,从而决定电器开关以节省能源。无论冬夏,该感应器都能根据主人手机离家的距离和速度自主计算时间,以确定提前开空调和煮饭磨咖啡的时间。

因此,在"工业 4.0"时代,万物互联,虚拟世界与物理世界融合,"云"无处不在,从

图 2-5　工业 4.0 的智能生活

而极大优化信息收集决策过程和资源利用率。当然,这些帮你实现生活智能化的服务并非免费。在未来,与其说卖的是产品,不如说卖的是服务。

"工业 4.0"时代不仅催生智能生产,也会带来全新的管理理念。"工业 4.0"时代,工作自主性更强,效率更高,假期更灵活。

比如,德国南部的斯图加特机场全天、全年无休开放,但冬夏乘客量差别很大,同一天之内也有利用率差异,机场因此根据"工业 4.0"理念设计了更灵活的用工制度。员工可以在冬日淡季一人兼多职,并凭业绩兑现奖金,享受灵活用工制度创造出来的价值福利。

这套制度实施后的第一年,斯图加特机场生产率就迅猛增长。原来机场每年要为员工加班支付补助金近 1000 万欧元,现在生产率保持高位,还省掉了加班费。

和分散式系统类似,"工业 4.0"的管理理念也不青睐集中的管理调配,而更强调分散式自主决策。比如,德国第二大航空公司柏林航空下午有一架飞机从法兰克福飞到柏林,当晚需要就地维护。按照一般集中式处理方式,这应由总部确认柏林是否有合适的维护工具、零件和技术工人。然而,对拥有 150 多架飞机、每天飞行任务 300 多次的柏林航空而言,一旦航班发生改变,在维护方面就会遇到极大挑战。

"工业 4.0"的分散式管理理论就可以帮助航空公司进行更有效安排,将决策主体从总部变成每一架飞机。飞机可以自主联系当地机场,询问是否有相应的工具和工人,如果缺少,飞机就马上联系其他航班,让其顺便把所需零件带去,以完成当天的维护任务。这样,飞机之间就形成一个信息物理系统,极大提升了灵活应对复杂情况的能力。经计算,这样一来,柏林航空每年少用 5 架飞机就可完成全年飞行任务,节省费用超过 6000 万欧元。

当然,"工业 4.0"远比这些复杂,但归根结底,其目标就是大写加粗的"智能化"。

2.2.4 大数据:智慧经济的核心资源

大数据技术就是从海量数据中快速获得有价值信息的能力,其战略意义就是在掌握庞大数据的同时,提高数据的加工能力,实现数据的增值。它能使数据像土地、石油和资本一样,成为经济运行中的根本性资源。大数据是继云计算、物联网之后,IT 产业又一次颠覆性的技术变革。对于智慧经济来说,大数据就是这个时代不可或缺的核心资源。

大数据正日益显现出对各个行业的推进力,预示着智慧产业化和产业智慧化时代的到来。未来的市场将更多地以人为中心,主动迎合用户需求,前提就是要找到这部分人群。而大数据技术正可以让卖家了解买家,让买家买到喜欢的东西。互联网营销将在行为分析的基础上向个性化时代过渡。更重要的是社交网络产生了海量用户以及实时和完整的数据,同时也记录了用户群体的情绪,从而使得对人们行为和情绪的细节化测量成为可能。从凌乱纷繁的数据中挖掘用户的行为习惯和喜好,将用户群精准细分乃至直接找到用户,找到更符合用户兴趣和习惯的产品和服务,并对产品和服务进行针对性地调整和优化,这就是大数据的价值。

数据的价值使它可能成为最大的交易商品,数据集成和数据管理是开发数据价值的核心所在。社交数据挖掘公司将分析后的数据卖给需要的品牌商家或营销公司,数据的交叉复用将大数据变成包括数据提供方、管理者、监管者的一大产业,它使手中握有数据的公司站在金矿上,而中国巨大的人口基数,使中国消费群体所产生的数据量与国外不可同日而语。具备数据挖掘能力的公司倍受资本青睐,数据挖掘会导致很多商业模式诞生,能帮助企业降低营销成本,开拓用户群,提高产品销售率,增加利润。企业拥有的数据规模、数据活性和运用、解释数据的能力,已经成为企业的核心竞争力。大数据可以帮助人们开启循"数"管理的模式,三分技术,七分数据,得数据者得天下。未来将属于能够驾驭所拥有数据的公司,属于能最好地理解哪些指标影响自己发展前景的人,拥有大数据处理能力的公司将依托大数据这一核心资源优先发掘市场,取得竞争优势。

大数据技术正在改变着从零售到媒体,从物质需求到精神食粮的一系列行业的行为规则,对国家治理模式、对企业的决策、组织和业务流程、对个人生活方式都将产生巨大的影响。大数据也能在政治、文化等方面发挥巨大的作用,如预测犯罪的发生和高危传染病的分布,利用手机定位数据和交通数据完善城市规划,预测选举结果和失业率,打造高效反腐的体制机制等等。传统媒体也可以通过与社交媒体的合作,把自身在信息质量上的优势和社交媒体通过数据分析掌握用户需求的优势结合起来,将优质内容产品有针对性地提供给用户,使大数据时代的视听服务更加凸显对人本身价值的契合和追求,从而增强文化产品的针对性和影响力。

发展智慧经济,一定要注重运用"大数据"的理念和方法,促进转型升级,加强和改善社会管理和公共服务。

把大力发展数据集成、数据管理和数据分析加工作为培育发展新兴信息服务业态,拓展创新信息服务模式,提升面向生产、生活和管理的信息产品、服务、内容的有效供给水平,深化企业信息化应用,拓展公共服务信息需求的重要方面。鼓励发展数据处理领域的高新技术企业,加快落实民间资本经营数据中心业务等相关政策。

运用大数据技术挖掘消费潜力,把加强用户信息的收集加工作为推动云计算服务商业化运营、云计算服务创新和商业模式创新的重要内容,把浙江在电子商务领域的优势从销售优势拓展为用户信息优势,以数据分析支撑的用户需求引导制造业转型升级和制造业服务化。

加强对信息消费需求的数据分析,用以引导数字文化内容产品和服务开发,改变供给导向、效果递减的传统"灌输"模式,鼓励文化企业根据用户需求生产提供健康向上的信息内容,有效推动优秀文化产品的网络传播。

鼓励用数据分析促进公共信息资源的社会化开发利用,提升公共信息资源的经济社会效益。在加快实施"信息惠民"工程,提升教育、医疗和健康管理、养老服务、就业服务、社会保障、食品药品安全、残疾人服务、地理信息服务、金融服务等民生领域公共服务的均等普惠水平,推进优质资源共享的同时,加强对需求信息的收集加工,引导各项社会事业的发展和改善。

在智慧城市建设中加强数据资源建设,用以引导智能电网、智能交通、智能水务、智慧国土、智慧物流等工程科学发展。

在社会管理的各个方面运用大数据技术,促进社会管理的科学化和公共服务精细化。

运用大数据技术实施对权力运行的全方位全天候实时监控,及时发现腐败新动向,做出预警,有效预防和惩治腐败。

大数据技术是一把双刃剑。要达到产品或服务优化,必须打破部门的信息垄断,推动公共信息开放,协调数据的开放与利用,提高数据的质量、相关性以及数据处理能力和技术,解决市场中数据噪音(如刷量以及水军好评差评)等太多导致数据价值降低的问题,建立起一套合理搜集和使用大数据的法则,使数据产品能够不断地超越用户的需求。同时也必须明确信息公开的范围,划清保密信息、商业公开信息、免费公开信息、义务公开信息之间的界限,加强国家、社会和个人的信息保护。在充分利用大数据技术的同时,必须将大数据关进制度和法律的笼子,规范服务商对个人信息的收集、储存及使用。允许公开和交易的内容只能是数据分析的结果,不能是消费者个人信息。执法部门要严厉打击收集信息用于犯罪的行为,同时落实运营商对垃圾信息的堵截责任,建立完善垃圾信息过滤系统,并向消费者提供主动屏蔽垃圾信息的有效技术手段。[26]

随着信息技术的不断发展,数据已经与其他实体资产、现金资产一样,成为了企业运作和发展的一种战略资源,数据中蕴含着大量的价值。企业如果能够率先发现并挖掘大数据中潜藏的巨大价值,就能够进一步确立和扩大竞争优势,在未来立于不败之地。文字、图片、音频和视频等结构化与非结构化资源以及这些资源背后隐藏的用户行为模式形成了大数据资源库。以前只有 Google、微软、Facebook 这样巨型公司才有能力对大数据进行深入的分析与挖掘,而现在越来越多的公司具备了进行大数据挖掘的实力,并且已经在进行着各种类型的数据分析和服务。大数据的普及已经成为大势所趋,一方面,随着商业智能的大量普及,企业已经充分认识和肯定了数据的重要性;另一方面,社交网络、移动互联网、物联网等新兴技术的蓬勃发展,企业已经可以获取自身边界外的大量数据,企业原有价值链的围墙已经被打破,仅对企业内部的业务数据进行分析,已经不能满足企业进一步发展的要求,每一个企业都需要建立大数据战略,从而为自身的发展注入全新的动力。其中,大数据具有五大商业价值:

1. 数据的高透明度及广泛可获取性

随着移动互联网、社交网络、物联网及云计算等新兴技术的发展和成熟,越来越多的数据正在快速、实时地产生。对于企业而言,由于上述新兴技术的不断发展,可获得数据(包括结构化和非结构化数据)的来源正在急剧增多,每个企业间的信息壁垒正在被不断打破,数据越来越呈现高透明度的趋势。而且,与以往企业只能利用内部数据提高业务能力不同,在大数据时代,企业可以将外部数据与企业内部数据(outside-in view)进行整合分析,进一步提高企业决策水平,提升企业的核心竞争力。例如 US Xpress 部署了一系列的运输大数据应用,采集上千种数据类型,从油耗、胎压、卡车引擎运行状况到 GPS 信息等,US Xpress 甚至从司机们抱怨该系统的博客中收集数据,并通过分析这些数据来优化车队管理、提高生产力、降低油耗,每年节省了数百万美元的运营成本。

2. 决策验证对竞争方式的影响

大数据是指不用随机分析法而采用所有数据的方法,即实现全数据模式,"样本=总体"。与经典的采用后验概率进行预测相比,大数据环境下,先验概率的准确度大大提高,从而可以作为全样本下的预测依据。对于企业而言,大数据将使决策制定发生根本性的改变。由于企业能够获得海量的、实时的、各种类型的数据,可控的数据实验成为了可能,在数据实验的基础上,企业就可以验证投资、销售等的假设,并且通过分析验证结果来指导企业运作和管理的改进与完善,最终创造巨大的竞争优势。例如,VISA 的数据部门收集和分析了来自 210 个国家的 15 亿信用卡用户的 650 亿条交易记录,用来预测商业发展和客户的消费趋势,然后卖给其他公司。他们发现,如果一个人在下午 4 点左右给汽车加油的话,他很可能在接下来的一个小时内要去购物或者吃饭,而这一个小时的花费大概在 35~50 美元之间。商家正需要这样的信息,因为这样他们就能在这个时间段的加油小票背面附上加油站附近商店的优惠券。

3. 应用于广泛的实时的用户定制及其对企业的影响

以用户为中心的企业已经习惯于进行基于数据分析的用户细分与定位,大数据使得企业为每个用户生产定制的产品或服务成为了可能。对于大部分企业而言,用户群体细分是企业运作的第一步,依托大数据海量性及实时性的特性,企业可以在最短时间内获得用户的各项数据,通过对这些流数据进行深入的分析与挖掘,发现用户的真实需求,从而为每个用户细分群体量体裁衣地采取独特的定制行动,从而充分提高企业效率及用户满意度。例如国外电子商务企业亚马逊公司就充分利用大数据来实现实时的用户定制行为。亚马逊的推荐引擎完全是基于客户在过去一段时间的购买行为所做的,包括客户的购物车中所收藏的商品、客户喜欢的商品、其他用户浏览或购买的商品。亚马逊使用的推荐算法,为每位客户定制了专属的个人主页,然后向用户推荐符合其真实需求的各种产品,最终实现了销售额的巨大增长。

4. 大数据对管理的改变及其替代作用

在非大数据时代,企业的管理在很大程度上还是依靠高层管理者的"直觉"或"经验",这往往是由于企业的数据量不能支撑其采取基于数据分析的管理模式。但是进入大数据时代后,企业管理将发生根本性的改变,以往的"直觉"和"经验"将无立足之地。企业获得的数据量、数据类型、数据来源急剧增多,进一步提高了各种算法和机器分析的作用,基本上企业所有的管理决策都可以建立在大数据分析的基础上,保证企业管理有更加显著的科学性和严谨性。例如,一些制造商利用算法来分析来自生产线的传感数据,创建自动调节过程以减少损失,避免成本高昂的人工干预,最终增加产出。

5. 建立基于数据的商业模型

随着大数据技术的成熟和发展,大数据在商业上的应用越来越广泛,有关大数据的交互、整合、交换、交易的案例也不断增多。大数据的出现为很多企业带来了全新的前景,这些公司能够在理解大数据的基础上建立由数据驱动的商业模型。在数据产生和使用的价值链上,除了数据生产者和最终使用者,很多公司可以扮演中间过程中的传递者,并获取收益。例如 2008 年创办的 Factual 公司就提供涵盖了本地服务、娱乐、教育和医疗等多个方面的多种数据集,其中还包括了可用的政府数据。Factual 按浮动价格向公司和独立软件开发商出售数据,其依据是有多少信息被使用。小规模的数据提供是免费的,大型客户需要支付的费用则会达到成百上千万美元。有些时候,Factual 还会与其他公司进行数据交易,目的是扩大自身所占有的资源。[27]

总之,智慧经济以云计算、物联网、"工业 4.0"和大数据为基本特征,在人们的生产生活方方面面体现了当今的"智慧生活",但云计算、物联网、"工业 4.0"和大数据并非独立存在于智慧经济形态中,而是融合运用,因此,社会展现出较先前时代不同的宏观特征。

继续以云计算推动经济,发挥物联网的变革力量,以智能化"工业 4.0"进行生产,把大数据作为企业的核心资源,智慧经济时代将会加快进入鼎盛阶段,人们的生活也将实现全面智慧化。

2.3 智慧经济的要素

2.3.1 智慧经济的动力要素

1. 智慧经济内在驱动力

人是智慧经济时代的内在驱动力。在这个时代,人不断地实现智慧经济化,推动人类生产力不断发展。同时,创造智慧主体的人,在将智慧经济化的过程中,逐步将智慧内化到人类的生产生活中,改变人的思维活动和生活方式,推动人类经济社会活动由以物质和服务等有形产品生产为主转变为以智慧生产、创造为主要内容的新的生产活动,从而实现经济智慧化。因此,人的"智慧"是智慧经济化发展的无穷动力,人是智慧经济时代的核心和目的,是智慧经济化和经济智慧化的直接创造者。

2. 智慧经济外在推动力

智慧经济发展涉及智慧培养途径、环境、转化等方面,因此,可以将智慧经济外在推动力分为教育力、环境力、制度力、整合力及分配力。教育力,教育是启迪、开发人的智慧的前提条件,而教育培养模式适应智慧经济时代的发展要求,是发展智慧经济的关键。环境力,营造鼓励智慧生产、创造文化,社会环境是推动智慧经济发展的重要因素。制度力,在智慧经济时代,国与国核心竞争力表现在制度力的竞争,建立有利于智慧创造和开发的制度是发展智慧经济的重要基础。整合力,智慧经济时代要实现经济智慧化,必须整合智慧创造与创新各种综合力量,形成推动智慧的生产、交易、流通的统一链条。分配力,在以前历次经济形态中,人们没有对分配的重要性给予足够的重视,其实在某种程度上,分配力也是生产力。在智慧经济时代,智慧生产和创造出来,必须借助先进的分配模式,将智慧资本参与经济成果的分配,调动人们创造智慧的积极性,从而才能推动智慧向智慧成果转化。[21]

2.3.2 智慧经济的核心要素

1. 知识型劳动力要素

长期以来,劳动力要素被看作是单一的,只有熟练劳动力与非熟练劳动力之分,本质上是数量性差别,这种区分仍然只是对直接生产过程中劳动力差别的区分。知识型劳动力是一种从事创造性劳动的劳动力,知识型劳动力的概念不同于人力资本。人力资本是指投入在劳动力上的资本,是资本化的劳动力,是以资本量表现劳动力的质的差别。人力资本的单位是货币而不是劳动力人数。科学家、工程师和技术人员在社会生产中的作用与直接生产劳动者是不同的。他们是社会总生产的一部分,但不是产品的生产加工者。智慧经济的发展要求把这部分劳动力与直接生产过程的劳动力相区别,因为正是一个国家知识型劳动力质量与数量的区别构成了这一个国家的产业结构特征。

2. 知识要素

在智慧经济中,知识是重要的生产要素。从社会与人类的发展上讲,知识是非常广义的。但是从经济学的意义上讲,知识是指可以直接转化为生产力或产品的那些知识。科学是知识,但科学要通过技术才能制造产品。研究与开发是直接形成生产性知识的经济行为,因而一国或一企业的研究开发能力就是它的知识要素的禀赋。研究与开发的投入最终需要通过产品的生产销售得以补偿,知识要素的价值就是以这种方式体现的。当研究开发的成果以专利形式存在时,专利的价格即是知识要素的收入。由于研究与开发重要性日益提高,它已经从作为企业生产的一部分中分离出来,成为社会分工的一部分,在经济全球化条件下进而又成为国际分工的一部分。

3. 信息要素

信息可以是广义的,从经济意义上讲的信息是指市场信息与技术信息。在当代,一国的信息化不仅会改变其产业结构从而改变其国际分工地位,而且会改变该国的经济运行方式,从而改变该国在国际竞争中的整体竞争力。

4. 金融要素

在智慧经济中金融的作用不同于制造业经济。在制造业经济中特别是在建立现代化大工业的过程中,货币资本的数量是决定性的因素。在智慧经济中,由于风险投资成为高新技术产业发展的主要投资形式,社会对这些产业的金融支持力度决定了这些产业发展的可能性。这里需要的不仅有从事风险投资的基金数量与规模,而且有支持风险投资的经济制度和资本市场。

5. 创新能力要素

生产过程的管理是工业化经济中制造业的关键。在智慧经济时代,在高新技术产品不断涌现的情况下,把潜在的产品变成现实产品,所要求的创新能力起着关键的作用。同时,创新在很大程度上是一种制度的产物,经济制度可能激励创新,培养出大批企业家,也可能抑制创新,使大量具有创新才能的人被埋没。智慧经济的发展特别需要经济中内在的创新机制,创新能力会从根本上改变一国在国际经济分工中的地位。

6. 核心技术要素

由于技术的发展,产品的技术含量迅速提高,不论新产品还是老的传统产品总是有一两个核心部件或核心技术。社会和国际分工的深化已经使一个产品的核心部件的生产与其他部件及整体产品的生产相分离,核心技术要素的稀缺性决定了其不同于其他部件而要求更高的收益。

7. 制度要素

运用类似的方法,也应当把制度作为一种要素来看待。全球化条件下的竞争虽然是企业之间的竞争,但是国家制度仍然对其有决定性的影响。虽然不是通过政府的直接帮助,但有的经济制度有利于增强企业的竞争力,而有的却相反,制度差异对全球化竞争具有重大影响。

在工业化经济中,这些要素在不同程度上也是存在的,但它们更多地表现为劳动力或者资本的一种附属物,并在最终产品的价值构成中不具有重要地位。智慧经济使这些要素在最终产品的价值构成中的比重大大提高,从而要求我们把它们作为独立的生产要素去认识。必须把这些要素作为新的独立的生产要素来对待的理由还在于它们是相对独立的,不是可以用其他生产要素在短期内实现转换。这些要素在很大程度上是资本富余的产物,但是一个发展中国家即使引进了大量资本,也不等于可以造就出这些新的要素来。

2.3.3 智慧经济的辅助要素

1. 一般劳动力要素

这里所说的一般劳动力指体力型劳动力,基本上是制造业生产过程中的劳动力,或曰"蓝领",区别于直接生产过程以外的劳动力即"白领"。由于研究开发阶段重要性的提高,产品加工制造阶段的重要性下降,社会相对减少了对一般劳动力的需求。

2. 资本要素

从产业结构历史性进步角度讲,工业化过程的特征是重化工业的发展,需要大量资本投入,资本密集是重化工业的特点。同时现代耐用消费品的生产也是以大规模流水线为特点,需要巨额资本投入,所以资本要素在工业化和现代制造业经济中占据了主导地位。正在发展中的高新技术产业是以更高比重的人力资本为特点的,是长期教育训练的投入,它不同于直接生产性资本投入。研究开发不仅比重大大提高并且从生产过程中分离出来。资本投入在性质与形式上已经转变为风险投资,贯穿于研究开发到形成市场的全过程,不同于特产型资本投入。从全球化经济角度讲,由于发达国家几百年,尤其是战后几十年的资本积累,世界资金供给十分充裕。加上国际融资方式的改变,货币资本在国际市场上已相当易于获得。

3. 土地与自然资源要素

随着工业品的比重迅速提高,对土地的需求迅速下降。随着技术的进步,对资源与能源的消耗需求也相对下降。智慧经济不再是资源消耗型的工业经济,更不是自然依赖型的农业经济。也许在一个新的意义上自然禀赋将成为一种高价值的要素,那就是自然景观。因为随着人类生活质量的提高,旅游将日益成为生活的基本内容和消费的主要形式,并且经济和文化的全球化促使旅游资源的全球化。

4. 生产性管理要素

与直接生产在整个经济运行中重要性下降一样,生产性管理相对于产品开发、市场营销尤其是全球性营销的重要性有所下降。由于制成品生产在世界的广泛传播,工业品的制造已经普遍化。发达国家成熟产业向外转移中,生产制造也已经规范化。产品的生产阶段变得比较容易,生产性管理要素正在为广大发展中国家所掌握。

对当代世界经济中要素分布,在知识型劳动力方面,国际差异是显著的。发达国家的这一资源优势明显高于新兴市场经济体、转型经济和发展中国家(地区)。在知识要素方面,研究与开发支出占 GDP 的比重,发达国家普遍高于新兴市场经济、发展中国家与转型经济。教育是形成知识要素的基础,公共教育的支出和预计受教育的年数在发达国家一般高于其他国家和地区,尤其显著的是高等教育占相应年龄组的百分比,发达国家大大高于其他国家和地区。同时,在信息化的发展水平上,国际差距也是巨大的。[28]

每个时代都有每个时代的要素特征,在智慧经济时代,"人""知识"的作用凸显,教育和创新能力是当今世界最需要的。相对来说,工业时代劳动力和资本的重要程度会随着智慧化的程度的提升而降低,相信未来"知识"和"人"会是推动经济发展的重中之重,抓住人才的国家和民族才是当今时代下最具实力的。

智慧经济的形态

经济形态是描述现实经济系统行为的重要层面,也是解释和揭示经济运行规律的重要途径。经济作为满足人类多样化基本需求而创造和分配财富的社会活动,存在着资源的有限性与人类需求的无限性和多样性的矛盾,要求不断有新的经济形态来有效配置现有的经济资源。

2008 年,IBM 总裁兼首席执行官彭明盛首次提出"智慧地球"的概念,引发了世界上各个国家和地区建设"智慧城市"的热潮。在此之后,"智慧"这一概念逐渐渗透到各个产业领域,与之相关的智慧产品与服务迅速崛起,并逐渐成为近几年甚至未来几十年间的热点话题和产业发展潮流。随着各领域智慧产品与服务体系的逐渐发展和完善,新型的智慧经济逐渐成型,智慧经济的产业与企业的相应概念也逐渐进入人们的视线,并受到越来越多的关注。

本章从智慧经济的宏观形态、智慧经济的企业形态以及智慧经济的产业形态三个方面入手,从宏观角度分别对相关定义、特征、发展现状和未来趋势等进行介绍。

3.1 智慧经济的宏观经济形态

3.1.1 经济形态的概念

经济形态是经济的社会形态的简称,和技术的社会形态对应称呼。《保卫资本论》一书提出"社会理论",作为广义的经济学的称谓。为什么不是"社会经济形态",而是"经济形态社会"呢? 社会经济形态,是因为把社会分成政治形态、经济形态、文化形态等。经济形态社会,在于强调社会是一个整体,不能乱分割。从经济形态看,它是一种

"特殊社会"。把"经济形态"作为"社会"来研究,包括:产品经济形态的社会和商品经济形态的社会。相对而言,马克思《资本论》研究对象是"商品经济形态社会"。迄今为止,人类社会经历了两种基本经济形态即自然经济和商品经济。按照马克思主义的设想,未来的共产主义社会将是产品经济阶段。[29]

1. 自然经济

自然经济简单地讲就是自给自足的经济,没有商品交换。它指生产是为了直接满足生产者个人或经济单位的需要,而不是为了交换的经济形态。

自然经济是商品经济的对立面,私有制经济的一种表现。是存在于较小市场范围内的一种经济形态,是社会生产力水平低下和社会分工不发达的产物。该种经济形态占统治地位的持续时间涵盖原始社会、封建社会以及早期的资本主义社会与半殖民地半封建社会。

2. 商品经济

商品经济最早产生于第二次社会分工,即手工业从农业中分离并进一步扩大,在第三次社会大分工时出现了商品经济的重要媒介——商人。当商品经济不断发展,商品之间的交换主要由市场调配时,这种社会化,由市场进行资源调配的商品经济就是市场经济。

商品经济是社会生产力发展的产物。在原始社会末期,随着社会生产力的发展出现了偶然的交换;当发生了畜牧业和农业的分工时,商品交换逐渐扩大;后来发生了手工业和农业的分工,从而出现了直接以交换为目的的商品生产;商品生产的产生使商品交换经常化,进而产生了货币,出现了商品经济。在奴隶社会和封建社会,商品经济是在自然经济的缝隙中生长的;而在资本主义社会,商品经济才取代自然经济,成为普遍的经济形式;社会主义社会仍然存在商品经济。

3. 产品经济

产品经济是相对于自然经济和商品经济的一种经济形态,也是马克思设想的在商品经济消亡以后的未来社会的交换方式。这种交换与商品交换的最大区别是,人与人之间的关系不再通过以货币为媒介的等价交换来表现,而是通过直接的产品交换来体现。

3.1.2　智慧经济的宏观特征

1. 创新驱动的经济

智慧经济是创新驱动型经济,以创意、创新、创业主导国民经济的发展,在经济发展凭借的手段上,不仅依靠能源、资本、信息、技术等生产要素,更依靠高级管理人才等人力资本,实现经济协调发展。智慧经济确立了国民创新体系在国民经济中的主导作用和国民创业体系在国民经济中的基础作用。智慧经济的增长方式是知识运营,智慧经济的经营模式是对策,智慧经济的发展模式是主客体对称,智慧经济的发展目标是人与自然、人与社会的和谐与社会可持续发展。

2. 知识主导的增长方式

智慧经济作为一种经济形态,是知识对传统经济的渗透与再造。智慧经济,是使知识功能化、个性化、价值化、增值化,使主体和客体、主观与客观、相对主体与相对客体具体地、历史地、微观地统一起来的知识经济,智慧经济是已有知识经济的升华,智慧经济概念使知识经济的概念全面化、系统化、功能化、可操作化,使知识经济成为完整的、真正意义上的经济形态。所以在经济形态上是智慧经济,在增长方式上就是知识运营——智慧经济作为动态的、功能化的知识经济,就是以知识运营为增长方式的经济形态;也只有知识经济上升到智慧经济阶段,人类经济增长方式才由资本运营上升到知识运营。作为智慧经济增长方式的知识运营,就是对知识的开发和运用。这种运用是艺术化的、对知识的再造过程。知识运营是以知识创新为主导的经济,创新就是通过创造产生新事物。知识运营中,知识创新是物质创新的前提,人造自然创新是人工自然创新的前提,人工自然创新是人化自然创新的前提。

3. 和谐的发展目标

智慧经济就是再生经济,作为再生经济的智慧经济是合作主导竞争的竞合经济、双赢经济、合作经济的新的市场经济形态。实现能源和资源可持续利用,污染得到合理控制,人类重新规划和建设家园,社会在相当程度上处于和谐状态。这时候的人是一种多向度的人,自由而全面地发展。该时期人与人之间的等级观念已打破,出现不同阶层混合居住社区,各阶层团结一致,年轻人与老年人各得其所,各取所需,整个社会结构平衡有序。[30]

4. 合理的经济结构

智慧经济是一种宏观上"最优规模"的经济。最优规模体现为经济生产不管是数量还是质量都应该符合人类需求的合理性,应与该国、该地区的人口、资源相一致。由于微观行为都是追求个体的最佳规模,而忽略了总体行为是否达到了最佳规模。智慧经济能够适应协调管理资源、资金、劳动力、信息、技术的要求,从整体上弥补了微观经济发展的不足,客观上把握了经济发展的格局,可以达到最佳生产发展规模。因此,要推动社会经济形态从硬件经济、软件经济向智慧经济过渡,更要侧重于通过建立谈判和协商机制来达到消除经济磨擦和贸易争端,实现国家之间、区域之间不同利益群体的和谐发展。[31]

5. 可预见的经济前景

智慧经济是一种有预见性的经济。在经济政策制定和经济发展过程中,硬件经济、软件经济体现片面强调经济发展,并可能导致经济发展同时给社会带来负面效应。如人类盲目使用化学品引起生态链失衡,人类盲目引进物种破坏了原有生物链等,导致社会经济发展不和谐的例子比比皆是,这种没有预见性的人类行为,让人类陷入难以挽救的困境。要实现社会经济形态从硬件经济、软件经济向智慧经济过渡,就必须同步考虑经济与社会和谐发展,考虑现代化建设与自然环境、生态系统协调发展,不断增强对经济发展可能带来的环境污染、贫困分化等负面效应的预见和防治。

3.2 智慧经济的企业形态

3.2.1 智慧经济的企业定义

智慧企业,指的是以信息为基础、以知识为载体、以创新为特征,充分、敏捷、有效地整合和运用内外部资源,确保处于价值链的关键节点实现有效管理风险和可持续发展的企业。它是企业发展的先进形态和网络环境下进化的必然阶段。[32]

智慧企业和企业智慧化有显著区别。企业智慧化是将企业的研发、生产、营销、管理、构建合作伙伴关系等业务数字化,并通过各种信息系统网络加工生成新的信息资源,提供给各层次的业务主体,做出企业内外资源合理配置的决策,以满足市场需求,求得最大效益的过程。从智慧企业和企业智慧化的概念可知,二者有着显著差别。智慧企业的核心是企业,它是企业信息化的发展目标;而企业智慧化是企业追求目标的过程。[33]

智慧企业通过物联网、云计算等新兴信息技术,构建一个高感度的基础环境,完成企业人力、财力、物资、信息等各类要素资源的优化配置,实现集团企业内部及时、互动、整合的信息感知、传递和处理,最终达到企业竞争力增强、员工幸福和谐及可持续发展。[34]

网络基础设施是智慧企业建设的基础,将企业核心宽带网络传输环境、无线与移动网络环境、物联网专用环境融合在一起,为智慧企业应用提供通信保障。企业公共支撑平台是智慧企业的核心基础,通过云计算平台可以将企业内大量资源融合在一起形成共享资源池,为用户提供便利高效的 IT 服务。数据中心使用虚拟化技术可以提高数据中心资源利用率,减少能源消耗。企业智慧应用是智慧企业的表现形式,也是建设智慧企业的目的。企业统一门户服务为用户提供不同权限的角色,使用不同的个性化应用。信息标准与规范确定信息采集、加工处理、数据交换等规范标准是智慧企业建设的重要支撑。网络安全体系包括智慧企业中涉及的设备安全、运行安全和信息安全等方面。[35]

在新时期中,海量数据时代的来临已经毋庸置疑,所有的策略都是针对实时性和数据处理的时效性来得出。海量数据在不断生成,约 80% 的企业都已经进入信息化,却仍然对大量传统的结构化数据与非结构化数据的产生束手无策。在快速的市场变化情况下,企业除了通过透明的营运数据设法控制成本之外,如何快速敏捷地对企业内部与外部事件做出回应,寻求成长契机,更是提升企业营运绩效的重要指针。敏捷是面向市场的快速反应能力,对于智慧的企业而言也是不可缺少的。

一个智慧型企业不只是掌握现在的经营成果和经营节奏,更需要在对未来的有限认知之下具备前瞻跟预见能力,在现有经营技术里预测未来可能产生的状况。所以,在企业经营过程中,管理者应该清楚地掌握整体利润状况、销售状况、毛利或者现金流是不是在规划内,这就意味着前瞻性地把产品的一系列管理变成产品经营管理的过程。

绿色 IT 技术成为智慧企业不可或缺的要素。为了应对未来不断变化的商业运营模式,企业在部署和运行动态 IT 架构时,更需要考虑如何针对能源、环境、可持续发展的要求,采取什么样的行动来提高企业运作效率,快速响应市场和需求变化,才能兼顾控制营运成本及提升响应速度这两大智慧企业的目标,以增强企业的核心竞争力。[36]

3.2.2 智慧经济的企业特征

目前对智慧企业特征的说法也是众说纷纭,并没有一个统一的说法,但大都离不开以下五点:基于大数据分析、智慧化、互联互通、社会化分工协作以及绿色化。

1. 基于大数据分析

随着上网人数的暴增,互联网 Web2.0 以及社交网络和移动互联网的发展,网络空间出现海量数据,并呈现迅猛增长之势。不仅数据量爆发,碎片化喷涌而出的数据也使得网络空间数据呈现复杂化趋势,不确定、无规则、非结构化、实时性等特征让数据的分析和应用变得越来越困难。大数据时代已经来临。[37]

面对信息爆炸的大数据时代的来临,数据分析处理是应对大数据时代的利器。几乎所有主要的大科技公司都对大数据感兴趣,对该领域的基础研究、产品及服务进行了大量投入。阿里巴巴集团曾宣称,未来的发展战略方向之一就是大数据。[33]

智慧企业的基础是数据,因此对数据的深入挖掘和应用是其区别于传统企业的重要特点之一。[38]传统的信息检索通过"查询—文档"相匹配的搜索模式,从大数据集合中找到所需的非结构化资源[39]。企业通过大数据分析必要的用户信息、合作伙伴信息和环境信息,从中寻找规律性,了解竞争状况。这些数据构成了现代企业精细化管理与运营不可或缺的信息基础[40]。在买方市场条件下,用户就是上帝,谁掌握的用户数据多,谁的数据处理能力强,谁就能准确地把握用户需求,谁就能迅速通过实施营销组合,协调内外资源,抢占市场先机。

除了应用于决策,大数据在其他领域的应用也越来越广。通过机器设备的联网数据,可以分析机器运行状况,及时安排生产计划,提高生产效率;通过对大量中小企业用户日常交易行为的数据挖掘,还可以判断其经营状况和信用状况,从中选择合适的合作伙伴,等等。

2. 智慧化

企业智慧化必须要有拟人化的分析决策能力,而这个需要两个基础,一是大量采集的数据,二是通过长时间模拟验证的分析模型和决策模型。传统的商业分析可以根据标准化的参考模型得出具体的问题点,但很难真正分析到产生问题的根源。过度关注数据,而减少了对人和环境的关注,会导致分析出现较大的偏差。企业要真正实现智能化,绝对不是简单地以传统数据建模和数据仓库推导出一堆的指标体系,更重要的还是将更加复杂的数据类型和社会化因素引入关系分析和模拟,要思考将人脑、团队思维模型如何引入到企业内。[40]

企业的智慧化还指企业具有可感知的能力,一是对市场环境的可感知能力,二是企业本身的感知信息。企业内的各个业务系统往往就是感知单元,业务人员通过业务系统将各种感知信息录入到企业业务系统中,形成各种有价值的业务数据链。传统的业务系统往往过于关注标准化的业务流程和业务单据,而弱化了管理者和经营者的作用,对于企业内由个人、群组、企业部门间交换协同产生的大量的数据、各种结构化和非结构化信息没有进行采集。所以,企业社会化是将社会化基因引入到企业内部,去解决更加广泛存在的信息采集问题,使原有的业务数据进一步整合,产生个人、群组、人与人交互场景和环境的数据,以做出更加有价值的决策。

3. 互联互通

智慧企业的第三个特征是互联互通。互联互通是在不同主体节点之间建立有效连接,使得信息畅通无阻,合作协调高效。为了实现高效协同,绝大部分企业将会通过互联网、移动互联网或者是物联网共同完成某项任务。

互联互通是使信息有序流动,达到信息透明、共享的基础。哈佛经济学家麦克·波特(Michael Porter)高度评价互联互通的重要意义:"智能连接产品的爆炸式增长将重新定义整个产业链条,它会对产业结构产生影响,也会改变参与竞争的战略。"[41]

互联互通的基础是以互联网和物联网为基础的网络。互联网和物联网等技术在企业内部的引入,实现了一个无边界的、随时随地办公的环境和桌面。目前,很多智慧企业的解决方案,基本都会涉及手机办公、云端协同等。设备联网目前已取得突破,也是相对容易实现的部分。未来,所有物体都可以被联网,从计算机、手机、iPad,到机器设备、家用电器。设备联网后,设备的基本信息、运转指令、运转状况都会通过信息管理平台对信息进行获取、分析、决策、反馈、协调,保障设备健康、高效运转,达到效能最大化。生产线上,综合信息平台把所有设备和生产要素连接起来,通过指令流协调机器人的工作。

要完成企业端到端流程或业务目标,往往需要各个业务单元之间高度协同。如果将协同分为几个层面,则首先是信息的集中化和信息的共享层面;其次是信息的交互和协同层面;再次是资源的复用和整合优化层面。另外,在协同中还涉及虚拟化问题。

互联互通的方式多种多样,可以是互联网、移动互联网或者是物联网。互联互通的意义重大。互联互通是使信息有序流动,达到信息透明、共享的基础。信息保持畅通可以方便企业了解市场、科学决策、优化资源配置、高效协同,从而提高企业竞争力。

互联互通的内容包括 4 个层次:首先,最底层系统之间的对接,按照标准化的接口,系统之间统一数据格式,实现设计系统、生产系统、电子商务平台、用户系统、合作伙伴系统的无缝连接,实现数据共享。其次,中间层信息流的共享,推动信息流、任务流、信任流和资金流在系统之间无障碍流动。再次,主体的互联互通——主体之间本着开放的心态,形成合作伙伴关系,大家取长补短,优势互补,结成利益共同体。最后,最高的目标协同层,在系统、信息、主体合作共享的基础上,共同完成某项任务或者实现某一目标。

4. 社会化分工协作

智慧企业表现出来的重要特征还包括社会化分工协作。当今环境下,用户分布地域广,需求呈现个性化、多样化发展趋势。而且企业的运作流程越来越复杂,包括用户需求分析、方案制定、技术研发、原材料和设备的采购、生产销售、仓储配送、售后服务等等。专业化分工降低了生产成本,分散了投资风险,更有利于提高产品和服务质量;社会化协作更注重资源共享和优势互补,从而达到共赢的目的。

智慧企业的分工协作既包括企业内部分工,也包括企业之间的社会分工与合作。企业内部以服务用户为导向,设计出不同的工作单元或者岗位,每个工作单元或者岗位都有明确的职责划分。相应的单元互联互通,在统一的指挥下,按照既有工作流程承担各自职责,以完成用户需求为目标,实现高效协同。而企业与合作伙伴之间的合作,则完全是自组织的过程。企业间按照需求建立合作关系,通过互联网连接,各自发挥所长,形成社会化网络企业。在网络时代,传统力量已不可能再确保企业拥有高额利润,开放透明的市场推动企业不断竞争,驱动市场保持平衡。只有开放、分享、协作、具有良好的信用,才能获得更多的市场机会。企业的资源整合能力越强,协同能力越强,竞争力也就越强。企业间的分工协同,最终实现价值链整体的利润最大化。[33]

5. 绿色化

智慧企业的高度数字化、网络化、集成化和智能化帮助企业实现资源的最高效运用和动态分配,实现环保、节能减排、绿色制造、低碳经济,使产品从设计、制造、使用到报废整个产品生命周期中不产生环境污染或环境污染最小化,能源消耗最低。[43]

3.2.3　智慧企业的商业模式

近年来,随着互联网产业的蓬勃发展,B2B、B2C、ABC 及 FABC 等创新型商业模式颠覆传统营销模式,创造多元商务生活融合方式。

1. 新型营销平台创建

在移动互联网迅猛发展下,这些移动平台的使用将使企业不断贴近顾客生活,实现双方随时随地零距离交流。企业一方面通过移动营销平台,有效便捷传播产品信息,并且在与用户的实时互动中,形成"一对一"精准营销,有利于开发和管理用户;另一方面,线上线下联合互动营销,在推广企业品牌的同时,带动线下产品销售,扩宽盈利点,提升了企业竞争力。

2. 移动终端最终支付

随着"虚拟经济"以及"掌上时代"轰轰烈烈的来临,将企业产品与移动互联网相结合,略去复杂的销售渠道,通过手机终端实现最终支付,开拓出企业更大发展空间,催生企业发展模式的急速变革,衍生出一大批新型产品或服务。而手机支付宝、微信等的强势来袭,更是迎合了移动终端愈发重要地位的趋势。

3. 实虚产品或服务结合

实虚结合模式通过免费或收费极低的网络虚拟服务或功能获得顾客关注度,并以此为跳板再通过线下相关补充或不相关的实体物品或服务赢得最终利润。其实这种模式的原型为直接交叉补贴模式。智慧企业应转变传统的产品或服务的固化模式,尝试利用虚拟网络的新盈利模式——线上线下实虚结合,双道模式变换盈利。

4. 采用客户体验模式

仅依靠质量和服务已经无法提高消费者的忠诚度、实现客户价值,客户体验管理正是解决此类问题的秘钥。正是这种产品或服务与顾客直接接触的感受差异,构成了用户对产品、对公司更为直观的认知,以此激发顾客下一步购买的欲望及动机。目前这方面苹果体验店及淘宝客服做得比较好,这也是两种实虚不同客户体验方式的代表,极具代表和模仿意义。

5. 联盟其他参与者

以联合结盟等方式,将互补或不相关的具有竞争优势的核心产品或服务组合起来,以此满足消费者多样化的需求。这种极大集成模式所创造出来的竞争力是任何一家单独的企业所无法比拟的。随之更会带来定价自由的强劲优势。在实现企业之间效益最大化的同时,对于社会资源的利用率也达到最优化,迎合了"自然驱动"下的绿色浪潮。企业之间资源的共享,使得整个社会的发展更为可持续也更为高效。

6. 引入第三方市场

在买卖双方交易过程中,引入第三方进行最终交易额的支付。该模式的显著特点是将两个或几个截然不同的用户群联结为一个网络,不同用户群之间通常是互相关联并协同支持的,焦点企业承担"平台"作用,通过适当地从各方收取费用使双边(或多边)保留在平台上。该模式也被称为"双边市场"模式,一般来说,一组参与者加入平台的收益取决于加入该平台的另一组参与者的数量。在没办法实现直接支付时,第三方支付无疑是首选。

上述对智慧企业商业模式的探讨,只是以目前国内较为成功的互联网商业模式为依托,进行归纳总结出同样具有竞争优势的智慧企业的商业模式,并未对其他行业领域的商业模型做详细的探讨。由于智慧企业目前仍然处在发展阶段,并未出现典型范例,故智慧企业的商业模式的构建,需在未来等待实际案例的验证。[44]

3.2.4 智慧企业的发展趋势

"智慧企业"通过物联网、云计算等新兴信息技术,构建一个高感度的基础环境,完成企业人力、财力、物资、信息等各类要素资源的优化配置,实现集团企业内部及时、互动、整合的信息感知、传递和处理,最终达到企业竞争力增强、员工幸福和谐及可持续发展。

1. 云平台弹性化以支持向企业 2.0 的转变

企业 2.0(Enterprise 2.0)是创新 2.0 时代的企业形态,通过以移动技术为代表的云计算、物联网等新一代信息技术工具和 SNS、社交媒体为代表的社会工具应用,实现用户创新、大众创新、开放创新、协同创新,完成企业形态从生产范式向服务范式的转变。

PaaS(Platform as a Service,平台即服务)正在迅速发展,越来越多的集团企业开始在云数据中心部署该服务。发挥 PaaS 优势的关键在于始终关注业务服务,这需要卓越的创新、灵活性和迭代能力,因此需要在应用程序的整个生命周期内展开持续的试验。PaaS 能够支持企业快速反应和响应,在激烈的市场竞争中奠定优势。得益于飞速发展的信息技术,企业能够从容应对莫测的市场变化,以支持快速的业务流程重组,适应新的业务需求,支持业务创新,从而支持向企业 2.0 转变。

2. 大数据智能化以快速响应客户 3.0 时代

如今的消费者已进入了客户 3.0 时代,客户 3.0 表现为客户与外界联系紧密、信息资源丰富,同时面对纷繁多样的选择,客户变得更加挑剔。他们期望个性化地参与消费过程——无论何时何地,都能通过自己所青睐的方式,获取想要的产品和服务。

大数据有所谓的 3V 特征:即"大量化"(volume)、"多样化"(variety)和"快速化"(velocity)。然而,光是大量的数据采集是不够的,这些数据本身还需要有较高价值,即增加第四个 V:价值(value),成为 4V。而经过"大数据"技术的处理(数据采集、数据分析、数据处理、数据显示等)之后会产生较高的价值,即实现大数据智能化。通过大数据的智能化分析,企业可以积极响应客户 3.0,利用自身数据驱动的洞察来预测客户需求,提供相应的建议、产品和解决方案。此举有助企业成为无微不至的服务商,在提高客户忠诚度的同时,提升附加服务的可能性。

3. 资源一体化以推动供应链 3.0 的实现

供应链 1.0 以核心企业为主,但是到了 2.0,它不是一个核心,而是利用成熟的 IT 技术建构平台连接了供应链当中所有的参与者,到了 3.0 时代,它是一个更广义的平台和生态概念,跨线条、部门、区域,与政府、企业、协会广为联盟。

集团企业的全球化运作,使得信息化建设开始更多地关注企业外部资源,如客户、供应商和合作伙伴,在客户服务和供应链管理上对 IT 职能的绩效要求越来越高。这也就预示着集团企业信息化也必将从内部资源的集成到外部资源管理的扩展。企业将通过整合上下游关联企业相关资源,建设供应链一体化平台,使企业内部和外部的边界模糊化。供应链 3.0 不再是一个概念,而是实实在在的发展趋势。

4. 构建安全生态圈以应对"网络战略 3.0"

"网络战略 3.0"首先由美国提出,它可以看作是美国信息安全战略进入第三个发展阶段的重要标志之一,预示着一种全新的信息战略:基于"有效保护"和"大规模报复"的"积极防御"战略。2014 年 2 月 27 日,中国中央网络安全和信息化领导小组成立。该领导小组将着眼国家安全和长远发展,统筹协调涉及经济、政治、文化、社会及军事等各个领域的网络安全和信息化重大问题。

为了有效应对"网络战略 3.0",企业面临的来自政府、行业组织以及自身战略的合规性要求越来越多,信息安全作为企业参与市场竞争的基础能力,需要从架构层面应对安全管理与安全技术的挑战。安全架构设计的重点从自有封闭系统安全向安全生态圈建设转变。集团企业需要与上下游企业,以及安全管理机构、评测机构等第三方机构开展广泛的合作,从管理制度、流程、技术手段的多层次协作确保企业安全战略目标的实现。

5. 设备物联化推动向"工业 4.0"转型

"工业 4.0"是德国政府提出的一个高科技战略计划。该项目由德国联邦教育及研究部和联邦经济技术部联合资助,投资预计达 2 亿欧元。旨在提升制造业的智能化水平,建立具有适应性、资源效率及基因工程学的智慧工厂,在商业流程及价值流程中整合客户及商业伙伴。其技术基础是网络实体系统及物联网。

与"工业 4.0"相呼应,2015 年中国政府工作报告中明确提出要实施"中国制造 2025",坚持创新驱动、智能转型、强化基础、绿色发展,加快从制造大国转向制造强国。这不仅表现为"物联网"的兴起,更意味一个全新智能互联层的形成,它将拓展员工能力,实现流程自动化,并使机器设备完全融入企业运营。

对企业而言,则意味着与现实世界真正实现了互通,让机器以及员工的行动和反应速度变得更迅速、更智能。通过"物联网"技术应用,集团企业可以以更加精细和动态的方式经营管理和生产运营,达到"智慧"状态,提高资源利用率和生产力水平。[34]

3.2.5　智慧企业 2020

从欧美发达国家提出"工业 4.0""再工业化"战略,到中国大力推进的"互联网＋""中国制造 2025",标志着企业借助互联网和信息技术的深度应用重整工业产业链,打造新的高端制造业即将进入黄金时期。同时,"十三五"期间中国企业还面临着适应经济"新常态"的重大挑战。因此,对企业而言,除了需要思考企业的长远转型目标、发展战略之外,还需要解决许多执行层面的问题。

对此,赛迪经略(北京赛迪经略企业管理顾问有限公司)首次提出"智慧企业2020":一个愿景、五大支撑体系、五个建设策略。以应用四链融合(四链:产品链、服务设计及商业模式链、交互及用户体验链、品牌及传播链)、技术融合、数据融合、安全融合和创新融合为特征的智慧企业是企业发展的必然方向,向"智慧"进化是企业提高竞争力、推动经济社会发展的关键举措。

具体而言,一个愿景就是通过"四链融合"实现企业与商业环境的良性互动。运用智慧金融信息平台提升产融资本的资源配置效率;智慧供应链平台促进产业集群协同转型升级;智慧生态平台落实绿色发展,履行社会责任;智慧营运平台凸显网络全球化下的智能制造。五大支撑体系则包括应用、技术、信息资源、安全和 IT 治理。

1. 应用

以"四链融合"为核心的应用体系,支撑商业平台化发展。企业应着力构建平台化的系统应用,并整合内外资源实现"四链融合",构建多主体共享的商业生态体系,产生网络效应,实现商业共赢;并通过构建智慧金融、智慧供应链、智慧生态、智慧营运四大平台,创新商业模式,提升企业竞争力。

2. 技术

以"云物大移"信息技术融合,构建弹性架构。具体包括:在大数据的管理平台中,实现传统结构化数据管理模式与非结构化数据管理模式的有机结合,实现从"大量数据"到"大数据"的飞跃;构筑更为灵活的混合云架构支撑应用融合,为核心业务打造私有云平台,而将边缘性业务和新业务开发迁移到公有云;通过以智能互联设备和机器为基础的产业物联网，帮助企业拓展新的数字化服务和商业模式；通过移动办公和掌上运维等传统业务运营支撑类移动应用，实现涉及企业内部计划、组织、领导与控制过程的内部管理移动应用，利用互联网金融、O2O、P2P等新的业务模式和技术促进企业发展。

3. 信息资源

以统一信息资源标准，促进数据融合。以企业集团主数据项目为抓手，实现集团编码落地和信息资源整合。在企业集团范围内，建立统一的信息资源编码体系，实施集团统一的信息编码规则设计，实现信息的唯一性、同一性；通过主数据管理系统的构建，统一管理整个集团的重要数据信息资源，确保重要信息在跨板块、跨公司、跨业务系统中的一致性、重复应用和相互共享。

4. 安全

设计主动防御体系，实现生态圈安全融合。安全架构设计的重点从自有封闭系统安全向安全生态圈建设转变。应对企业需要与上下游企业，以及安全管理、评测等第三方机构开展广泛的合作，从管理制度、流程、技术手段的多层次协作确保企业安全目标的实现。

5. IT 治理

转变任务驱动模式，融合创造信息化价值。企业需要加强 IT 治理体系建设，让其参与到企业决策和业务流程创新中，IT 组织将实现从技术服务型组织向战略管理型组织和价值创新组织的转变，推动企业实现从管理提升到管理提升与业务创新融合发展，促使企业价值收益最大化。

五个建设策略是指：

第一，明确智慧企业战略规划，指引智慧企业顶层设计。在企业内部强化 CIO 制度，使智慧企业建设既有一定的前瞻性、适应性、开放性和兼容性，还兼具落地性和可操作性。

第二，紧扣企业发展需求，从核心业务入手，务实推进智慧企业建设工作。有效控制成本和获取投资回报，从企业的核心业务活动着手，充分调动和发挥最终用户的积极性和创造性，增进用户体验，保证智慧企业建设工作的实效。

第三,不断完善智慧企业技术标准体系建设,实现智慧企业持续发展。从信息集成、一体化业务运营和管理的角度出发,建设切实可行、操作性强的信息化标准框架体系,实现企业"智慧"建设的可持续发展。

第四,推动关键项目建设,保障智慧企业建设工作长期顺利推进。在智慧企业项目循序渐进的建设过程中,企业要重点把握智慧企业信息化应用关键项目的建设以及项目管理,实现智慧企业信息化应用的规模效应。[45]

第五,加强 IT 管控体系建设,提高信息化领导力和执行力。通过开展 IT 治理,提升企业在智慧企业项目建设的领导力和执行力;通过 IT 管控体系的建设,确保智慧企业应用规划、重点项目建设的落地。[46]

3.3　智慧经济的产业形态

3.3.1　智慧经济的产业定义

智慧产业是指数字化、网络化、信息化、自动化、智能化程度较高的产业。智慧产业是智力密集型产业、技术密集型产业,而不是劳动密集型产业。与传统产业相比,智慧产业更强调智能化,包括研发设计的智能化、生产制造的智能化、经营管理的智能化、市场营销的智能化。智慧产业的一个典型特征是物联网、云计算、移动互联网等新一代信息技术在产业领域的广泛应用。[47]

还有一种说法是说智慧产业属于第四产业,是指直接运用人的智慧进行研发、创造、生产、管理等活动,形成有形或无形智慧产品以满足社会需要的产业,是教育、培训、咨询、策划、广告、设计、软件、动漫、影视、艺术、科学、法律、会计、新闻、出版等智慧行业的集合。

一个流传较广但是并不正确的智慧产业定义是"那些源自个人创意、技能和才干的活动,通过知识产权的生成与利用,创造财富和就业机会"。根据这个定义,人们把广告、建筑、艺术品及古董、手工艺、设计、时装设计、电影及录像、互动游戏软件、音乐、表演艺术、出版、软件及电脑服务、电视电台广播归纳为"智慧产业"。按照这个有失偏颇的定义,以下一种说法也在网上流行——智慧产业以服务于第一、第二产业,为第

一、第二产业的发展作智力支持。但是这其中的"智慧产业"实际指的是创意产业,而非智慧产业。

3.3.2 智慧经济的产业技术基础

1. 物联网

物联网是新一代信息技术的重要组成部分,也是"信息化"时代的重要发展阶段。其英文名称是"Internet of things(IOT)"。顾名思义,物联网就是物物相连的互联网。这有两层意思:其一,物联网的核心和基础仍然是互联网,是在互联网基础上延伸和扩展的网络;其二,其用户端延伸和扩展到了任何物品与物品之间,进行信息交换和通信,也就是物物相息。物联网通过智能感知、识别技术与普适计算等通信感知技术,广泛应用于网络的融合中,也因此被称为继计算机、互联网之后世界信息产业发展的第三次浪潮。物联网是互联网的应用拓展,与其说物联网是网络,不如说物联网是业务和应用。因此,应用创新是物联网发展的核心,以用户体验为核心的创新2.0是物联网发展的灵魂。[48]

美国将物联网技术列为对经济繁荣和国防安全两个方面都至关重要的技术,以物联网、云计算技术应用为核心的"智慧地球"计划得到了奥巴马政府的大力支持,成为继"数字地球"之后美国新的信息化发展战略计划。

在我国,物联网技术已经在产品信息化、生产制造环节、经营管理环节、节能减排、安全生产等领域得到应用。例如,在生产线过程检测、实时参数采集、生产设备与产品监控管理、材料消耗监测等领域采用物联网技术,可以大幅度提高生产智能化水平。徐工集团、三一重工等工程机械制造企业通过采用物联网技术,实现了向服务型制造转变。

2. 云计算

根据美国国家标准和技术研究所的定义,云计算是一种可以随时随地方便地、按需地通过网络访问可配置计算资源(如网络、服务器、存储、应用程序和服务)的共享池的模式,这个池可以通过最低成本的管理或与服务提供商交互来快速配置和释放资源。按照云计算服务的部署方式和服务对象的范围可以将云计算分为三类,即公共云、私有云和混合云。按服务类型分类,可以将云计算分为基础设施即服务(IaaS)、平台即服务(PaaS)、软件即服务(SaaS)三类。

云计算技术已在工业设计、工业仿真、在线软件、企业数据中心等领域具有广阔的应用前景。在工业设计领域,由于涉及大量的图形图像数据处理,特别是 3D 图形渲染,需要超强的计算能力。而云计算具有超大规模的计算能力,可以为工业设计提供计算力支持。在工业仿真领域,云计算平台可应用于汽车碰撞仿真、虚拟装配等。利用云服务平台,中小企业无须购买各类昂贵的应用软件,只需要向云服务平台运营商支付一定的服务费,就可以在线应用 CAD、CRM 等软件。国内一些大型企业的数据中心逐渐向私有云方向转型,如将 ERP 系统、商业智能(BI)系统等部署在云计算平台。

3. 移动互联网

移动互联网,就是将移动通信和互联网二者结合起来,成为一体。是指互联网的技术、平台、商业模式和应用与移动通信技术结合并实践的活动的总称。近年来,移动通信和互联网成为世界上发展最快、市场潜力最大、前景最诱人的两大业务,创造了许多经济奇迹和财富神话。随着中国移动、中国电信、中国联通三大电信运营商第三代移动通信(3G)业务的开展,全国各地无线城市建设的兴起,苹果公司 iPhone 等移动智能终端的普及,中国移动互联网将进入飞速发展阶段。近年来,基于移动互联网的移动电子商务快速发展,有力地促进了中小企业健康发展。根据中国互联网络信息中心(CNNIC)发布的《第 30 次中国互联网络发展状况统计报告》,截至 2012 年 6 月底,手机网民规模达到 3.88 亿,手机首次超越台式电脑成为第一大上网终端。随着移动互联网的发展,越来越多的办公自动化(OA)系统、企业管理软件提供无线接口,企业管理人员可以随时、随地进行远程办公,处理企业事务。

4. 大数据

大数据(big data),指无法在一定时间范围内用常规软件工具进行捕捉、管理和处理的数据集合,是需要新处理模式才能具有更强的决策力、洞察发现力和流程优化能力来适应海量、高增长率和多样化的信息资产。[49]

近年来,随着信息化建设的深入,数据量呈爆炸性增长态势。2011 年,全球被创建和被复制的数据总量为 1.8ZB。到 2020 年,全球将拥有 35ZB 的数据量。大数据是指无法在一定时间内用常规软件工具对其内容进行抓取、管理和处理的数据集合。

2012年3月，美国政府拨款2亿美元启动了"大数据研究和发展倡议"计划。只要具有适当的政策推动，大数据的使用将成为未来提高竞争力、生产力、创新能力以及创造消费者盈余的关键要素。

用于整合、处理、管理和分析大数据的关键技术主要包括 Big Table、商业智能、云计算、Cassandra、数据仓库、数据集市、分布式系统、Dynamo、GFS、Hadoop、HBase、MapReduce、Mashup、元数据、非关系型数据库、关系型数据库、R 语言、结构化数据、非结构化数据、半结构化数据、SQL、流处理、可视化技术等。

3.3.3 中国智慧产业发展现状

智慧产业已经引起中国政府的重视，工业和信息化部等政府部门制定了一些相关政策。

2011年4月，工业和信息化部、科技部、财政部、商务部、国资委联合印发了《关于加快推进信息化与工业化深度融合的若干意见》，把"智能发展，建立现代生产体系"作为推动两化深度融合的基本原则之一。该意见提出把智能发展作为信息化与工业化融合长期努力的方向，推动云计算、物联网等新一代信息技术应用，促进工业产品、基础设施、关键装备、流程管理的智能化和制造资源与能力协同共享，推动产业链向高端跃升。

2011年11月，工业和信息化部发布了《物联网"十二五"发展规划》，在重点领域应用示范工程中提出发展"智能工业"，在生产过程控制、生产环境监测、制造供应链跟踪、产品全生命周期监测、安全生产和节能减排等领域应用物联网技术。2012年6月发布的《国务院关于大力推进信息化发展和切实保障信息安全的若干意见》提出"加快重点行业生产装备数字化和生产过程智能化进程"。

国内很多城市都开展智慧产业建设，特别是注重物联网技术的开发与应用。无锡在物联网研究与发展方面进展较快，同时制定了详细的物联网产业规划，建设传感网络产业创新示范基地。武汉的企业、科研单位还联合成立 RFID 创新技术联盟，2010年武汉市政府与武汉大学开展合作重点建设以"物联网研究院"等四大项目为代表的一批高起点、高水平、国际化的研究创新平台。深圳成立了 RFID 产业标准联盟，标志着深圳的 RFID 产业发展由技术应用向标准研制、由"企业单干"向"联盟协作"阶段转变。目前深圳已经集聚 700 多家企业,其中 RFID 环节初步形成了包括 RFID 芯片设计与开发、电子标签制造、标签封装、设备制造、读写器研发与制造、RFID 应用软件开发、系统集成及咨询在内的较为完整的产业生态链。

还有一些城市,通过建设智慧城市,加快智慧产业的发展。上海早在 2000 年就预见到 RFID 技术与物联网未来的广阔应用前景并着手布局,其技术已在危险品监控、食品追溯、世博票务、大型赛事及有关行业中得到大量应用。南京提出了"智慧南京"构想,希望从交通、医疗和电力三方面入手,建设服务型政府,还出台《南京市物联网产业发展规划》。2009 年 12 月,北京携手中国科学院等单位,正式签订"感知北京"合作协议,启动"感知北京"的示范工程建设。宁波通过信息化和信息技术向制造业、服务业和农业领域的渗透和融合实现传统产业的转型升级,进行信息化、智能化的改造,如智慧农业、智慧服务业等,还以六大智慧产业基地为重点,加快推进智慧产业发展:网络数据基地、软件研发推广产业基地、智慧装备与产品研发与制造基地、智慧服务业示范推广基地、智慧农业示范推广基地、智慧企业总部基地。[50]

目前,物联网、云计算、移动互联网等新一代信息技术已在一些产业领域得到应用。例如,物联网技术在产品信息化领域应用,出现了"物联网家电"等新产品。

3.3.4 国外智慧产业发展现状

1. 美国

美国智慧产业的发展始于 20 世纪 90 年代的制造业信息化。1993 年,美国政府开始实施先进制造技术(advanced manufacturing technology,AMT)计划。该计划的目标是研发世界领先的先进制造技术,以满足美国制造业对先进制造技术的需求,提高美国制造业的竞争力。1994 年,美国国家科学技术委员会(NSTC)制定了 AMT 发展战略:支持国家实验室、大学与工业界联合研究开发先进制造技术;通过国家级工业服务网络,帮助企业快速采用先进制造技术;开发推广有利于环境的制造技术;积极实施与工程设计和制造相关的教育与培训计划。1995 年 11 月,美国政府启动敏捷制造使能技术战略发展计划,为期 4 年,每年投资 3000 万美元。3000 多家私营企业、16 所大学以及许多政府机构参与了此项计划。

2004 年 4 月,美国国防部牵头启动了"下一代制造技术计划"(NGMTI)。

NGMTI 将通过加速开发实施具有突破性的制造技术,支持国防工业基础的转换,最终实现以下目标:推广国家制造技术投资战略;通过投资具有战略意义的制造技术,实现美国国防工业基础的转换;快速交付用于国防与反恐的经济可承受的系统。

2011 年 6 月,美国政府确立了智慧制造 4 个方面的优先行动计划。在为智能制造搭建工业建模与仿真平台方面,为虚拟工厂企业创建社区平台(包括网络、软件),为生产决策开发下一代软件和计算架构工具箱,在工厂优化软件和用户界面中融入人类因素和决定,为多个行业和不同技能水平扩展能源决策工具的可用性,如能源仪表板、自动数据反馈系统、移动设备的能源应用程序。

在可负担的工业数据采集和管理系统方面,为所有行业建立一致的、有效的数据模型,如数据协议和接口、通信标准等。开发稳定的(robust)数据采集框架,如传感器或数据融合、机器和用户接口、数据记录和检索工具。

在业务系统、制造工厂和供应商企业级集成方面,通过仪表板报表、度量(metrics)、常用的数据架构和语言等常用报告和评级方法优化供应链绩效。开发开放的平台软件和硬件以传输和集成中小企业和原始设备制造商(OEM)之间的数据,如数据共享系统和标准、常用参考架构,集成产品和制造过程模型,如软件、网络、虚拟化和实时仿真、数据传输系统。

在智慧制造的教育和培训方面,加强教育和培训,为智慧制造建立人才队伍,如培训模块、课程、设计标准、学习者接口。

2. 德国

2000 年 1 月,德国政府制定了"微系统技术 2000＋"计划,该计划为期 4 年,旨在开发微系统技术和产品的实际应用,扩大微系统技术在经济和社会中的广泛影响。2007 年 3 月,德国启动了"ITK2020"计划,以推动信息通信技术创新应用,提升德国经济地位。2010 年 12 月,德国联邦政府经济和技术部制定了新的信息化战略——"数字德国 2015"(Digital Germany 2015),提出通过数字化获得新的经济增长和就业机会,具体内容包括发展电子能源(E—energy)和智能电网;研发电动汽车,建设智能交通系统;在工业领域推广云计算技术等。

3. 日本

智能制造系统是 1989 年由日本提出的。日本政府从 20 世纪 90 年代中期开始实施"新制造业"战略,利用信息技术改造和提升日本制造业。2000 年以来,日本"新制造业"战略重点转变为智能型制造业。2009 年 7 月,日本 IT 战略本部制定了至 2015 年的中长期信息技术发展战略——"i-Japan"。该战略计划通过信息通信技术与产业的融合,从根本上提高生产效率,提高产品的附加值,开拓新的市场,使日本经济保持全球领先地位。

3.3.5 智慧经济的产业发展对策

发展智慧产业有利于促进区域经济发展,各地应以加快转变经济发展方式为主线,围绕本地区产业转型升级的总体要求,统筹规划、集中资源、营造环境、加强服务,加强信息技术在重点行业、龙头企业的集成应用和融合创新,大力研发智能产品,发展智能装备,构建智慧企业,打造智慧园区,推动本地区产业向高端化、高质化、集群化、集约化方向发展。发展智慧产业的具体对策建议如下:

1. 推广物联网、云计算等新一代信息技术

一是推进物联网技术在智慧产业中的应用。在汽车、船舶、机械装备、家电等行业推广物联网技术,推动智慧汽车、智能家电、车联网、船联网等的发展。通过进料设备、生产设备、包装设备等的联网,提高企业产能和生产效率。在供应链管理、车间管理等管理领域推广物联网技术。利用物联网技术对企业能耗、污染物排放情况进行实时监测,对能耗、COD、SO_2 等数据进行分析,以便优化工艺流程,采取必要的措施。

二是推进云计算技术在智慧产业中的应用。鼓励企业在工业设计、工业仿真等方面应用云计算技术,以提高研发设计效率,降低研发设计成本。鼓励第三方 SaaS 平台运营商向云服务平台运营商转型,支持一批优秀的管理软件提供商建设云服务平台。鼓励中央企业、大型企业集团对数据中心进行升级改造,为企业信息化规模扩展和应用深化提供支撑。

三是推进移动互联网技术在智慧产业中的应用。大力发展移动电子商务,支持软件企业开发移动版的 ERP、CRM、SCM 等管理系统,建设面向企业的应用程序商店。鼓励企业实施移动办公,应用移动版管理软件,购买基于智能移动终端的应用程序,建设移动版的企业门户网站。

四是推进大数据技术在智慧产业中的应用。支持软件企业开发能够存储、处理和管理大数据的新型数据库管理系统。鼓励大型企业集团建设数据仓库、数据中心,实施商业智能系统,开展数据挖掘和数据联机分析。鼓励大型企业集团把非核心的大数据业务外包给专业的第三方机构。

2. 推进产品智能化

一是把电子信息技术"嵌入"到产品中,提高产品的技术含量,使产品数字化、网络化、智能化,增强产品的性能和功能,提高产品附加值。例如,在汽车、船舶、机械装备、家电、家具等产品中集成由电子元器件、集成电路、嵌入式软件等构成的信息系统。支持汽车电子、船舶电子、航空电子、机械电子、医疗电子等工业电子产业的发展,发展智能汽车、智能船舶、智能飞机、智能机械装备、智能医疗器械。支持企业把普通机床改造为数控机床,开展机电一体化建设。支持高端智能装备的发展。利用物联网技术提高汽车、工程机械、家电等产品的智能化程度。

二是从产品设计到产品使用整个产品生命周期采用信息化手段。在产品设计阶段,采用三维数字化设计软件、工业设计素材库、计算机仿真等手段。在产品制造阶段,采用数控机床、制造执行系统(MES)、工业机器人等手段。在产品管理方面,采用产品数据管理(PDM)系统、产品生命周期管理(PLM)系统、产品质量管理系统等。在产品使用阶段,利用物联网技术对产品的运行情况进行远程监测,对故障进行远程诊断,并将产品缺陷信息反馈到设计和制造部门,以便不断改进产品质量和性能。

3. 推进节能减排和安全生产领域的智能化

一是推进双高行业节能减排的智能化。对于钢铁、有色金属、石化、建材等高能耗、高污染行业,重点发展绿色智能制造,推广变频节能技术,建立智能化的能源管理中心,实现生产工艺流程优化的智能化,促进本行业的节能减排。例如,对于钢铁行业,在炼铁、炼钢、轧钢等工艺中,利用计算机控制技术,实现自动化、精确化生产作业,减少能源、原材料的消耗和污染物排放;研究建立高炉、转炉、精炼、连铸、初轧、热轧、冷轧、中厚板、管材、线材等整个钢铁工艺流程数学模型,开发相应的计算机控制系统、计算机仿真系统等。

二是推进高危行业安全生产的智能化。对于煤炭、铁路、民用爆炸物、船舶、航空、核电等,重点发展智能化的在线监测和预警系统,实现对设备的运行参数以及温度、压力、浓度等运行环境参数的在线自动监测,当超过设定阈值时系统能够自动报警,并自动采取相应的安全措施。在安全信息管理分析、安全生产动态监测监控、安全隐患排查、安全事故应急管理、安全生产调度指挥、特种设备管理、人员安全管理、安全生产综合管理、安全环保健康（HSE）、高危工业产品运输监控和管理、机床数控化安全提升等重点领域推进安全生产信息系统智能化。建立基于物联网的矿山井下人机环境监控及调度指挥综合信息系统、基于物联网的高危工业产品运输监控管理系统。围绕危险作业场所的安全风险评估、多层防护、人机隔离、远程控制、灾害预警、应急处置等方面，深化电子信息技术的综合集成应用。

4. 分类指导，推进各行业智能化

对于食品、医药、化工等流程型行业，重点发展全自动生产线、工业机器人、在线检测等技术，实现生产控制、产品检测的智能化。例如，在食品行业，提高批次管理、有效期管理、质量管理、库存管理、批次追溯及召回、配方管理、联产品管理、组合拆解管理、多种包装计量管理、信用额度管理、商品价格促销管理、订单管理、销货管理、销售分析的智能化水平。在医药行业，通过信息化把 GMP 规范要求固化到计算机系统中，自动对制药企业销售、采购、生产、质量以及存储等环节根据 GMP 规范流程进行动态、及时、准确的监控、跟踪、反馈、提醒、报警等管理，保证药品质量。

对于机械装备、汽车、船舶等离散型行业，重点推广高级排产系统（APS）、MES 系统等，建设智能化的供应链管理系统，实现生产计划管理、供应链管理的智能化。例如，在机械装备行业，发展精益生产、精密制造、敏捷制造、柔性制造、智能制造等先进制造模式，提高生产过程的柔性化、自动化、智能化程度，满足客户日益强烈的个性化、多样化需求。推广 CAD/CAM/CAE 技术、模块化控制技术、M2M 技术、无模制造技术、CIMS 技术等，鼓励企业对 ERP 系统和 PLM 系统进行集成，提高产品质量，缩短产品设计和制造周期，减少原材料和能源消耗，满足产品高效、可靠、多品种、变批量的生产要求。

5. 开展智慧企业试点示范工作

智慧企业是指生产经营智能化水平较高的企业，具有学习和自适应能力，能够灵敏地感知到企业内外环境变化并快速做出反应。智慧企业是智慧产业的主体。只有一个产业的大部分企业发展到智慧企业阶段，这个产业才可以算作智慧产业。智慧企业发展的初级阶段主要表现在研发设计、生产制造、经营管理、市场营销等各个关键环节单项应用的智能化程度较高。智慧企业发展的高级阶段则表现在信息化综合集成应用的智能化程度较高,企业拥有"数字神经系统",能够快速感知市场变化并做出有效反应。

通过开展智慧企业试点示范工作,支持企业部门之间、集团总部和分支机构之间、产业链上下游企业之间的信息共享和业务协同;加强对销售数据、客户数据的挖掘,及时调整市场营销策略。通过生产设备的联网,建设"智慧工厂",提高企业产能和生产效率。在供应链管理、车间管理、节能减排、安全生产等领域推广物联网技术。建立商业智能系统以及辅助决策的、图形化的"仪表盘"系统,通过对企业生产经营过程中的各种数据进行统计分析、联机处理和数据挖掘,实现决策的智能化。建立知识管理系统、E-Learning系统,促进企业知识不断积淀和有效利用,增强创新能力。

6. 完善智慧产业支撑服务体系

重点支持一批运作规范、支撑力强、业绩突出、信誉良好、公信度高的智慧产业公共服务平台,覆盖研发设计、生产制造、经营管理、市场营销、产业链协同等领域。鼓励有关平台创新运营机制和商业模式。通过政策引导和资金扶持,平台布局更加合理,特色更加突出,功能更加完善,服务质量和用户满意度稳步提升,对智慧产业发展的支撑作用明显增强。发展"智慧物流",推进制造业和物流业联动发展。在物流行业推广物联网、RFID、自动分拣、立体仓库、空间信息技术。支持工业企业围绕库存管理、车间物流等关键环节开展物联网技术应用,提升企业物流的自动化、智能化水平。鼓励工业企业与第三方物流企业进行信息系统对接,提高供应链物流协作效率。建设面向产业集群、专业市场的智能物流信息系统,整合物流资源,提高中小企业的物流服务水平。加快推进物流园区的信息化、智能化建设,为入驻企业提供良好的信息化服务。

进一步提升各类产业园区的宽带网络基础设施水平,实现园区无线网络全覆盖。进一步完善产业园区综合管理和公共服务平台,提升园区的智能化管理水平,为入驻企业提供"一站式"服务。

在发展智慧产业过程中,有关政府部门应对重点行业、重点企业、重点产品、重点项目进行政策倾斜或资金支持。发挥政府的桥梁作用,积聚社会资源,形成"多方参与、共建共赢"的局面。坚持以企业为主体,以市场为导向,按市场规律发展智慧产业,做到"不越位、不错位、不缺位"。针对当地产业发展面临的瓶颈问题和制约因素,确定智慧产业发展的重点领域、重点工程、重大专项和重点扶持企业。

必须建立以政府投入为引导,企业投入为主体,社会投入为重要来源的智慧产业多元化投融资体系。加大对智慧产业的财政资金投入,支持重点项目建设、人才培训等工作。通过直接投入、补贴、贷款贴息、奖励等多种方式,支持智慧产业核心、关键、共性技术研发及产业化。积极稳妥地引入风险投资机制,完善智慧产业技术创新和产业化的投融资环境。对财务核算制度健全的企业的智能产品和智能装备的研发费用,政府应该给予一定的资金补贴。由企业和信息化服务商共同合作开发的、对智慧产业发展有较大促进作用的项目,政府应该予以优先资助。[51]

第二篇

中观部分

第 4 章

智慧产业化

随着大数据时代的到来,资源类型逐渐从自然资源、人力资源向数据资源转型,如何将数据资源产业化,如何将创意资源产业化,如何将知识资源产业化,如何管理呈几何数量增长的爆炸性数据资源成为新时代企业的新难题。本章从数据产业化、创意产业化、知识产业化三方面解析智慧产业化的核心内容。

4.1 数据产业化

数据是与自然资源、人力资源一样重要的战略资源。近年来,发达国家纷纷出台大数据战略,并着力推动大数据产业化、市场化进程。大数据时代悄然来临,对经济社会各领域产生了越来越重要的影响,各行各业都将发展大数据高端产业作为实现产业转型和新型工业化的战略选择。互联网、物联网、云计算、三网融合等 IT 与通信技术的迅猛发展,为数据产业化奠定了良好技术基础,进 步实现智慧产业化。

4.1.1 大数据产业化

随着互联网、物联网、云计算、三网融合等 IT 与通信技术的迅猛发展,数据的快速增长成了许多行业共同面对的严峻挑战和宝贵机遇,信息社会已经进入了大数据(big data)时代。大数据的涌现不仅改变着人们的生活与工作方式、企业的运作模式,甚至还引起了科学研究模式的根本性改变。

一般意义上,大数据是指无法在一定时间内用常规机器和软硬件工具对其进行感知、获取、管理、处理和服务的数据集合。网络大数据是指"人、机、物"三元世界在网络空间(cyberspace)中彼此交互与融合所产生并在互联网上可获得的大数据,简称网络数据。当前,网络大数据在规模与复杂度上的快速增长对现有 IT 架构的处理和计算能力提出了挑战。据著名咨询公司 IDC 发布的研究报告显示,2011 年网络大数据总量为 1.8ZB,预计到 2020 年,总量将达到 35ZB。

IBM 将大数据的特点总结为 3 个 V,即大量化(volume)、多样化(variety)和快速化(velocity)。首先,网络空间中数据的体量不断扩大,数据集合的规模已经从 GB、TB 到了 PB,而网络大数据甚至以 EB 和 ZB 等单位来计数。IDC 的研究报告称:未来十年全球大数据将增加 50 倍,管理数据仓库的服务器的数量将增加 10 倍以迎合 50 倍的大数据增长。其次,网络大数据类型繁多,包括结构化数据、半结构化数据和非结构化数据。在现代互联网应用中,呈现出非结构化数据大幅增长的特点,至 2012 年年末非结构化数据占有比例达到互联网整个数据量的 75% 以上。这些非结构化数据的产生往往伴随着社交网络、移动计算和传感器等新技术的不断涌现和应用。最后,网络大数据往往呈现出突发涌现等非线性状态演变现象,因此难以对其变化进行有效评估和预测。网络大数据常常以数据流的形式动态、快速地产生,具有很强的时效性,用户只有把握好对数据流的掌控才能充分利用这些数据。

近几年,网络大数据显示出越来越巨大的影响作用,正在改变着人们的工作与生活。2012 年 11 月《时代》杂志撰文指出奥巴马总统连任成功背后的秘密,其中的关键是对过去两年来相关网络数据的搜集、分析和挖掘。目前,eBay 的分析平台每天处理的数据量高达 100PB,超过了纳斯达克交易所每天的数据处理量。为了准确分析用户的购物行为,eBay 定义了超过 500 种类型的数据,对顾客的行为进行跟踪分析。2012 年的双十一,中国互联网再次发生了最大规模的商业活动:淘宝系网站的销售总额达到 191 亿元人民币。淘宝之所以能应对如此巨大的交易量和超高并发性的分析需求,得益于其对往年的情况,特别是用户的消费习惯、搜索习惯以及浏览习惯等数据所进行的综合分析。网络大数据给学术界也同样带来了巨大的挑战和机遇。网络数据科学与技术作为信息科学、社会科学、网络科学和系统科学等相关领域交叉的新兴学科方向正逐步成为学术研究的新热点。近年,*Nature* 和 *Science* 等刊物相继出版专刊来探讨对大数据的研究。2008 年 *Nature* 出版的专刊"Big Data",从互联网技术、网络经济学、超级计算、环境科学和生物医药等多个方面介绍了海量数据带来的挑战。2011 年 *Science* 推出关于数据处理的专刊"Dealing with Data",讨论了数据洪流(data deluge)所带来的机遇。它特别指出,倘若能够更有效地组织和使用这些数据,人们将得到更多发挥科学技术对社会发展的巨大推动作用的机会。[52]

1. 发达国家大数据产业化

大数据是与自然资源、人力资源一样重要的战略资源。近年来,发达国家纷纷出台大数据战略:美国提出大数据的战略地位堪比工业时代的石油;欧盟认为大数据是促进经济增长的重要力量;韩国认为公共数据已成为具有社会和经济价值的重要国家资产。各国正着力推动大数据产业化、市场化进程。

美国的大数据产业发展步入大规模商业化阶段,已广泛渗透到经济、政治、教育、安全和社会管理等众多领域。比如,奥巴马团队就曾把大数据分析运用到竞选,通过对近两年搜集、存储的海量数据进行分析挖掘,寻找和锁定潜在的己方选民,运用数字化策略定位拉拢中间派选民及筹集选举资金。

欧盟认为大数据是促进经济增长的重要力量。2011 年 12 月欧盟报告指出,欧盟公共机构产生、收集或承担的地理信息、统计数据、气象数据、公共资金资助研究项目、数字图书馆等数据资源的全面开放,预计每年将会给欧盟带来 400 亿欧元的经济增长。

英国经济与商业研究中心(CEBR)2012 年研究报告进一步证实了大数据的经济价值,2011 年英国私企和公共部门企业的数据资产价值为 251 亿英镑,2017 年预计将达到 407 亿英镑。

韩国认为公共数据已成为具有社会和经济价值的重要国家资产。"智慧首尔2015"计划指出:"首尔开放数据广场"是开放性的数据中心,已有 33 个数据库、880 个数据集,为用户提供十大类的公共数据信息,包括育儿服务、公共交通路线、巴士到站时间、停车位、各地区天气预报及餐厅推荐等涵盖生活方方面面的信息。

2. 企业数据产业化

"脸谱""网飞"项目的成功,标志着信息技术企业加快推动大数据业务的发展。

近年来,IBM 热衷于数据挖掘和数据分析领域的收购,先后出资 160 亿美元收购了超过 30 家大数据企业;Oracle 收购大数据分析公司 Data Raker 已推动大数据深入应用;Microsoft、Google、Intel 等信息类跨国公司纷纷转型为大数据公司。

传统企业也积极探索利用大数据创新业务模式,如福特汽车公司在硅谷创立实验室,处理大量汽车相关数据。英国最大的连锁超市特易购已经开始运用大数据技术采集并分析其客户行为信息的数据,总结特定顾客的消费习惯、近期可能的消费需求,从而制定有针对性的促销计划,为特易购提供更加高效的营销模式。

大数据技术的开源项目也为个人创业提供了机会,初创企业不断涌现。2011年6月麦肯锡研究报告指出:大数据的使用将成为未来企业提高竞争力、生产力、创新能力以及创造消费者盈余的关键要素,成为领军企业与其他企业之间最显著的差别。

企业已开始认识到数据战略对企业运营以及企业未来发展方向的重要性。日本Gartner的调查报告指出:大约六成以上的企业正在积极考虑活用大数据。同时,预计到2016年,积极致力于大数据项目的日本大企业的数量将增加一倍,其中七成将有IT部门之外的经营及事业部门参与。

企业开始重视对大数据价值的深入分析与挖掘,推动企业决策机制从"业务驱动"向"数据驱动"转变。大数据正在推动企业的决策模式、运营模式和竞争模式的创新,企业大数据战略快速推进,成为企业发展战略的重要组成部分,构成新的盈利模式。

3. 各国政府助推大数据战略

纵览美国、日本、韩国、英国等发达国家推行大数据战略的做法,我们不难发现其中的共同之处。

第一,站位高,合力推进。发达国家已充分认识到大数据的战略价值,将其置于国家战略高度加以推动。美国认为其重要性堪比"信息高速公路"计划。2012年3月29日,美国发布了《大数据研究和发展计划》,同时组建大数据高级指导小组,涉及美国国家科学基金、国家卫生研究院、能源部、国防部等6个联邦政府部门,政府还倡议企业、科研院校和非盈利机构集中资源,共同促进大数据发展,在国家战略层面形成了全体动员格局。欧盟认为大数据是创新工具、创新资料,其开放数据战略从欧盟全局高度要求成员国共同推动大数据的发展,协调成员国与欧盟的行动战略,沿着修改补充法律、资金投入、建立公共信息平台等方面推进。新加坡政府认为大数据是"未来流通的货币",政府各部门合力从基础设施、产业链、人才、技术和立法五大方面系统推进大数据建设,弥补了企业发展大数据的不足,极大促进了大数据的发展和应用。

第二,突出重点,巨额投入。美国是大数据的领跑者,政府投入2亿美元重点资助大数据分析以及大数据在医疗、天气和国防等领域的应用。法国政府以新兴企业、软件制造商、工程师、信息系统设计师等为目标,投入 1150 万欧元用于支持 7 个投资项目。英国在经济低迷、财政吃紧的背景下,政府注资 6 亿英镑支持发展 8 类高新技术,其中大数据技术拔得头筹,获得 1.89 亿英镑的资金,其中节能计算是其重要的支持对象。联合国"全球脉动"战略目标是促进全球经济增长,重点预测某些地区的失业率、支出削减、疾病爆发等现象,利用数字化的早期预警信号来提前指导援助项目。

第三,整合数据,加强公共基础平台建设。政府适度公开、有效整合数据,建立公共基础平台成为了大数据战略发展的重要内容。2009 年,美国 Data.gov 正式上线,按原始、地理数据和数据工具三个门类开放数据。截至 2012 年 11 月,Data.gov 共开放 388529 项原始数据和地理数据。后来为进一步完善 Data.gov 平台的功能,还加入了数据的分级评定、高级搜索、用户交流和社交网站互动等新功能。同时,美国还构建了 OGPL 平台,提供开源的政府平台代码并允许任何城市、组织或者政府机构创建开放站点。英国政府发布新的政府数字化战略,旨在使政府服务实现"默认数字化",即数字服务简单方便,任何可以使用的用户都会选择数字化服务,而不能使用的用户也不排除在外。英国承诺 2015 年前开放有关交通运输、天气和健康方面的核心公共数据库,并将投资 1000 万英镑建立世界上首个"开放数据研究所"。"欧盟开放数据战略"将重点加强在数据处理技术、数据门户网站和科研数据基础设施三方面的投入,旨在保证欧洲企业与市民能自由获取欧盟公共管理部门的所有信息,建立一个汇集不同成员国以及欧洲机构数据的"泛欧门户"。

第四,应用拉动,加快发展。政府高度重视、积极推动大数据的应用,创造需求,加快了大数据产业化和市场化进程。其中美国最具代表性,大数据政府,民间应用广泛,产业化进程快。政府在公共政策、舆情监控、犯罪预测、反恐等领域已开始依据大数据分析辅助决策,以大数据应用增强社会服务能力。人口、交通、医疗等公共事业部门通过大数据的挖掘,实现了对人口流动、交通拥堵、传染病蔓延等情况的实时分析。如佛罗里达州迈阿密戴德县将数十种关键县政工作和迈阿密市紧密联系起来,帮助政府在制定治理水资源、减少交通拥堵和提升公共安全等方面决策时提供了更好的信息支撑。国防部确定了"从数据到决策、网络科技、电子战与电子防护、工程化弹性系统、大规模杀伤性武器防御、自主系统和人机互动"7 个重点研究领域,目的是推进大数据辅助决策,实现由数据优势向决策优势的转化。[53]

4.1.2 物联网产业化

1999 年,MIT Auto ID Center 给出较早的物联网定义为:在计算机互联网的基础上,利用 RFID、无线数据通信等技术,构造一个覆盖世界上万事万物的网络(Internet of Things),以实现物品的自动识别和信息的互联共享。2005 年,国际电信联盟(ITU)发布的《ITU 互联网报告 2005:物联网》中正式给出了物联网概念并对其涵义进行了扩展,指出物联网是互联网应用的延伸,"RFID、传感器技术、纳米技术、智能嵌入技术"将是实现物联网的四大核心技术。2009 年,自 IBM 提出"智慧地球"后,物联网在世界范围再掀热潮,发展物联网技术被迅速纳入多个国家的重大信息发展战略中。物联网概念发展至今虽有十余年,但仍未有一个明确统一的定义。

EPC(电子产品代码,Electronic Product Code)是早期国际上典型的物联网概念模型,它的本质就是"RFID 技术加互联网"。每一个物品都被赋予一个独一无二的EPC 代码,将这个 EPC 代码存储在 RFID 标签中并贴在物品上,同时将这个代码所对应的详细信息和属性存储在互联网上的 EPCIS(EPC 信息服务,EPC Information Service)服务器中。当物品从生产到流通的各个环节中被识别并记录时,通过 ONS(对象名解析服务,Object Naming Service)的解析可获得物品所属信息服务系统的URI(统一资源标识,Universal Re-source Identifier),进而通过网络从 EPCIS 中获得其代码所对应的信息和属性,以进行物品识别,实现对物流供应链的自动追踪管理。欧盟在 2009 年 9 月公布的一份 CERP-IoT SRA(欧洲物联网项目战略研究议程,Cluster of European Research Projects on the Internet of Things Strategic Research Agenda)中,将物联网定义为:物联网将是未来互联网不可分割的一部分,是一个动态的全球网络架构,它具备基于一定的标准和互用的通信协议的自组织能力。其中物理的和虚拟的物均具有身份标识、物理属性和虚拟特性,并应用智能接口可以无缝链接到信息网络。与此同时,《物联网——欧盟行动计划》(Internet of Things—An Action Plan for Europe)中明确指出物联网将具有三方面本质特性:第一,不能简单地将物联网看作今天互联网的延伸,物联网建立在特有基础设施上,是一系列新的独立系统,当然,部分基础设施仍要依存于现有的互联网;第二,物联网将伴随新的业务共同发展;第三,物联网包括多种不同的通信模式,如物与人通信、物与物通信。目前国内较为多见的定义为：物联网，指利用各种信息传感设备，如射频识别装置、红外传感器、全球定位系统、激光扫描等种种装置与互联网结合起来而形成的一个巨大网络，其目的就是让所有的物品都与网络连接在一起，方便识别和管理。并认为物联网应该具备三个特性：一是全面感知，即利用各种可用的感知手段，实现随时即时采集物体动态；二是可靠传递，通过各种信息网络与互联网的融合，将感知的信息实时准确可靠地传递出去；三是智能处理，利用云计算等智能计算技术对海量的数据和信息进行分析和处理，对物体实施智能化控制。

物联网概念一经提出，立即受到了各国政府、企业和学术界的重视，在需求和研发的相互推动下，迅速热遍全球。目前，IBM 提出的智慧地球战略已正式提升为美国的国家战略，奥巴马政府希望通过物联网技术，能掀起如当年信息高速公路战略一样的科技和经济浪潮，继续成为管理全球的战略工具。国内对物联网的关注也随之急剧升温，国务院已将物联网上升为国家五大战略性新兴产业中的第二位。由于物联网涉及未来网络和信息资源的掌控与利用，我国非常重视物联网的建设，希望通过积极参与国际物联网的概念设计、框架规划和标准制定，能够掌握物联网时代的世界话语权，并抢占下一代信息技术领域的制高点，不再像互联网时代那样主要由美国主导。

1. 物联网与传感网"M2M"云计算等概念间关系

狭义的"传感网"（sensor networks），就是由传感器构成的网络，利用大量的微型传感计算节点通过自组织网络以协作方式进行实时监测、感知和采集各类环境或监测对象的信息。目前，该技术主要是以微型传感模块和组网模块共同构成的网络，缺乏接入互联网的能力；并且多为感知信号，并不强调对物体的标识。因此从这种视角来看，"物联网"的概念比"传感网"大，物联网感知物的手段，除了传感器，还有条码、RFID 等。随着互联网技术的进步和多种接入网络以及智能计算技术的发展，"传感网"的内涵和外延也发生了显著的变化。广义的"传感网"是指以物理世界的信息采集和信息处理为主要任务，以网络为信息传递载体，实现物与物、物与人之间的信息交互，提供信息服务的智能网络系统。本书认为：IT 领域的很多概念都会随着人们的认识、环境和技术的发展而演变，那么关键是透过不同视角的表面去把握对本质问题和共性基础的认识，因此扩展后的传感网概念与物联网的区别不是太大。

"M2M"（机对机，Machine to Machine）通信，是物与物通信模式中的一种，主要包括了机器对机器、机器对移动电话和移动电话对机器的无线通信,以实现设备的实时数据在系统之间、远程设备之间的无线连接。而物联网包括了多种不同的通信模式,如物与人、人与物、以及物与物的通信。因此可以说,"M2M"并不能称为真正的物联网,可以理解为属于物联网技术体系中的一环,或者说是物联网概念的一种形态。

"云计算"是一种理想的网络应用模式,即通过网络以按需求、易扩展的方式获得所需服务。终端使用者不需了解其中的细节和相应的专业知识,也无需直接进行控制,只需关注自己真正需要什么样的资源以及如何通过网络来得到相应服务即可。它的目的是解决互联网发展所带来的巨量数据存储与处理问题。目前,无论是互联网巨头 Google、Amazon,还是软件巨头微软、IT 巨头 IBM、SUN、Apple,都在加大对"云计算"的投资和研发力度,力争掌握主动权。随着物联网的发展,相信其带来的海量数据存储与计算问题将更需要云计算技术的支持。因此可以说,"物联网"和"云计算"的关系是相辅相成的,云计算的技术进步,将会带动物联网产业更为快速的发展。

2. "物联网"在国外的发展

在美国,自从 2009 年 IBM 推出"智慧地球"概念后,"智慧地球"框架下的多个典型智能解决方案已经在全球开始推广。智慧地球想达到的效果是利用物联网技术改变政府、公司和人们之间的交互方式,从而实现更透彻的感知,更广泛的互联互通和更深入的智能化。因此,美国各界非常重视物联网相关技术的研究,尤其在标准、体系架构、安全和管理等方面,希望借助于核心技术的突破能占有物联网领域的主导权。同时,美国众多科技企业也积极加入物联网的产业链,希望通过技术和应用创新促进物联网的快速发展。

在欧洲,"物联网"概念受到了欧盟委员会(EC)的高度重视和大力支持,已被正式确立为欧洲信息通信技术的战略性发展计划,成为近三次国会讨论关注的焦点。2008年 EC 制定了欧洲物联网政策路线图;2009 年正式出台了四项权威文件,其中《物联网——欧盟行动计划》,作为全球首个物联网发展战略规划,该计划的制定标志着欧盟已经在国家层面将"物联网"实现提上日程。除此之外,在技术层面也有很多相关组织致力于物联网项目的研究,如欧洲 FP7 项(CASAGRAS)、欧洲物联网项目组(CERP-IoT)、全球标准互用性论坛(Grifs)、欧洲电信标准协会(ETSI),以及欧盟智慧系统整合科技平台(ETP EPoSS)等。同时,欧洲各大运营商和企业在物联网领域也纷纷采取行动,加强物联网应用领域的部署。如 Vodafone 推出了全球服务平台及应用服务的部署,T-mobile、Telenor 与设备商合作,特别关注汽车、船舶和导航等行业等。

在日本,2004 年 MIC(总务省,Ministry of Internal Affairs and Communications)提出 U-Japan 战略,目的是通过无所不在的泛在网络技术实现随时、随地、任何物体、任何人(anytime、anywhere、anything、anyone)均可连接的社会,得到了日本政府和索尼、三菱、日立等大公司的通力支持。此前,日本政府紧急出台了数字日本创新项目"ICT 鸠山计划行动大纲",此宏观性的指导政策更是推动了日本物联网技术的快速发展。

此外,新加坡公布了"智慧国 2015"大蓝图,澳大利亚、新加坡、法国、德国等国家都在加快下一代网络基础设施的建设步伐。

3."物联网"在国内的发展

自从 2009 年 8 月温家宝总理提出"感知中国"后,物联网一时成为国内热点,迅速得到了广泛关注。加快物联网技术研发,促进物联网产业的快速发展已成为国家战略需求。政府目前为物联网的发展营造了良好的政策环境,如《国家中长期科学与技术发展规划纲要(2006—2020 年)》、2009—2011 年电子信息产业调整和振兴规划、2010年"新一代宽带移动无线通信网"国家科技重大专项中"短距离无线互联与无线传感器网络研发和产业化"、国家重点基础研究发展计划(973 计划)在信息领域中的"物联网体系、理论建模与软件设计方法",以及国家自然科学基金委员会—中国工程院"中国工程科技中长期发展战略研究"联合基金项目在"信息与电子工程技术领域"中的面向"物联网"的未来网络技术发展战略研究等都将"物联网"相关技术列入重点研究和支持对象。

物联网的发展也受到了国家各部委和地方政府的大力支持。未来各部委可能将从不同的角度进行分工协作以共同推动我国物联网产业的发展,如科技部主要支持物联网方面的共性基础研发和各类应用;工信部主要负责支持物联网产业在工业领域以及工信融合领域中的应用;国家发改委主要负责我国物联网产业发展规划和重大工程示范。地方政府也在积极行动,如无锡市正在建设物联网技术研究院,积极打造物联网产业基地;北京市已将物联网技术纳入北京市发展规划,大力推进"感知北京"示范工程建设;广东省也启动了南方物联网的框架性设计,正在加快试点工程建设。

同时,我国各大电信运营商也纷纷将物联网作为未来移动互联网的重点发展方向,高度重视"物联网"业务的发展。如在 2009 年中国国际信息通信展上,中国移动的手机钱包和手机购电业务、中国电信的"平安 e 家"和"商务领航"业务以及中国联通的3G 污水监测业务,都显示了我国三大运营商在物联网应用中进行了尝试,并在筹建各自的物联网研究院。另外,国内很多科研机构也积极致力于"物联网"的研发,如中科院上海微系统与信息技术研究所、清华大学、北京邮电大学、东南大学、南京邮电大学、重庆邮电大学等科研单位已在无锡成立了"物联网研究中心";北京航空航天大学在物联网科普基础研究和产业政策方面也做了一些研究。国内企业界和百姓也对物联网抱以很大兴趣,甚至连与 RFID、物联网沾点边的上市企业也被称之为"物联网板块",受到证券市场的关注。海尔公司称其在 2010 年年初已推出了全球第一台物联网冰箱。[54]

4. 物联网技术应用领域广泛

食品安全方面:食品安全问题早已成为人们关注的焦点。一个个威胁人类健康的食品安全问题的曝光,让人们忧心忡忡。政府、群众都将食品安全问题放在了首位。而物联网技术正是解决食品安全问题的一剂良药。从原料的种植、收购,到加工生产,再到销售,整个环节都通过实际信息进行记载,保存在相关的条形码当中。人们在购买的时候,可以了解产品的所有信息,吃上放心粮、放心菜、放心食品。

智能家居方面:也体现了物联网通信的技术。让家居智能化,可监测化。例如:当人们不在家的时候,终端的设备开启监测功能。如是否有照明设备仍在工作,是否存在安全隐患。具体的判断方式可以采用光感设备、温度测量设备进行。发现问题,及时将信息发送到主人手中。这时通信设备可以是手机也可以是计算机等设备。当主人确认更改家居状态时,进行操作,例如执行关灯等操作。

其他方面:物联网技术在很多方面也起着重要作用。例如农业种植,为农业种植进行监控,同时智能化调节种植环境等。城市交通,控制公交车调度,在调度过程中实时通信,控制车辆的有序运行,等等。这些都是物联网技术的应用领域。[55]

案例:"安节通"车联网技术异军突起让运输车辆管理无限延伸

车联网是物联网的分支,是指装载在车辆上的电子标签通过无线射频等识别技术,在信息网络平台上对所有车辆的属性信息和静、动态信息进行提取和有效利用,并根据不同的功能需求对所有车辆的运行状态进行有效监管和综合服务。2011 年,车联网方兴未艾。在国家加速制定物联网和车联网标准的关键一年,客车行业以超前的行动,成为推动车联网迅速普及的一支中坚力量。不久前,客车行业著名品牌宇通客车在北京举行了一场"安节通"智能运营系统的用户招募发布会。这场蓄势已久的发布会,很可能为破解车联网的难题带来更多曙光。根据国家有关部门的通知和标准要求,2011 年年底前,我国所有"两客一危"车辆在出厂前,都必须安装使用具有行驶记录功能的卫星定位装置,否则不允许上路。而借着这项政策的"东风",客车企业与通信企业正联手推进车联网技术。(见图 4-1)

以安吉星为代表的乘用车车联网系统,时下正极大程度地改变汽车社会人、车之间的沟通方式,而以郑州宇通、苏州金龙、北汽福田为代表的客车企业同样通过车联网系统的搭建向车辆信息化领域迈进。据报道,客车龙头老大宇通客车与中国移动、诺基亚西门子通信在北京三方联手推出宇通客车车联网产品"安节通"智能运营系统,这也是物联网在交通运输领域的一大示范应用实践。用户只需花2000 多元,便可安装一个基本版本的"安节通"智能系统。凭借这一系统,中国移动、诺基亚西门子迅速挺进了国内最具发展前景的车联网领域——商用车车联网,宇通客车也借此实现了自身的营销转型。

图 4-1　车联网云服务模式

宇通客车携手中国移动、诺基亚西门子通信在京正式发布的宇通客车车联网产品"安节通"智能运营系统,是自苏州金龙牵手中国联通进军车联网系统、北汽福田成立"北京汽车物联网产业联盟"之后,又一家致力于车辆信息化尝试的客车企业。

自从温家宝总理提出"感知中国"的国家战略之后,物联网越来越受到国人的重视。中国移动在无锡率先投入研发物联网技术,而车联网是物联网中最具商业价值的代表。车联网可以让汽车像人一样对外沟通和解决问题,从而给客户带来更高品质的享受。

早些时候,苏州金龙客车推出了 G-BOS 智慧运营系统。该系统能实现对车辆的实时安全管理、精准的油耗监控、快速响应的故障警示、智能化的维修管理、最佳的线路匹配等功能,油耗管理和安全管理被很多客运公司看作是提高公司运营收益、降低车辆事故的有利武器。目前,苏州金龙十米以上客车全部标配 G-BOS。继苏州金龙 2011 年推出 G-BOS 智慧运营系统后,现在,已经又有多家企业公布了类似的车联网技术。目前,已经或准备推出相关技术的企业包括苏州金龙、宇通、中通、中国重汽豪沃客车、安凯、上海申龙等。其中中通客车推出的智能管理系统,可以通过车载终端实时采集车辆的运行参数和定位信息,并通过 GPRS/CDMA 及 Internet 网络与数据中心进行双向数据交换。数据中心可以提供数据读取、处理、分析、储存及其他服务。用户可以通过因特网以 Web 网页方式访问数据中心数据并进行各种操作,为客户科学制定运营方案提供数据支持。公交网络客车是中国重汽豪沃公司推出的、主要面向公交行业的客车系统,是公交企业实时监控、运营调度、安全监管、营运分析方面的综合管理信息系统。在这些系统的信息传输和监控下,客运公司管理员足不出户,就能对车辆的各种动态信息了如指掌。

"安节通"智能运营系统将成为信息技术今后拓展的一片新"蓝海",在相关政策的推动下,客车等商用车企业将会成为车联网技术应用的排头兵。车辆制造商、通信提供商、信息与通信技术整合服务商的三巨头携手打造车联网产品,无疑让人们对它的上市充满期待。

可以预见,物联网将在智能电网、智能交通、智能物流、金融与服务业等领域重点部署。可以预见,移动手机办公、移动互联网、车联网行业应用将有可能成为最先突破口。在这一趋势之下,未来的道路运输将向智能化、信息化方向发展。国内车联网产业有望提速发展。

大数据的涌现改变着人们的生活与工作方式、企业的运作模式。大数据技术的多样化,使信息数据的加工能力不断提高,实现了数据的增值,体现了数据产业化的同时,展示了智慧产业化。[56]

4.2 创意产业化

创意是提出有创造性的想法或点子。创意产业是一种创造性产业,创意产业衍生出新的经济形态就是创意经济。创意产业与传统产业的本质区别在于:创意产品或者创意服务不仅满足消费者的物质需求,而且其文化附加值满足消费者的精神需求,这使创意产品的经济价值得到大幅提升。

智慧产业不同于高端服务业,在智慧产业中,智慧本身就是产品、商品、就是价值。创意产业化是智慧产业的具体表现形式,创意产业是智慧产业的有机组成部分,是智慧产业的子集。

4.2.1 创意产业化的涵义

目前,各国都在积极发展创意产业。这是因为,把创意转化为财富是当今最有价值的产业组织形态。发展创意产业,能够带来提高经济效益的产业集群,能够提供大量的就业岗位和就业机会,使创意人才之外的普通人也来关注创意产业,促进浓厚创新社会氛围的养成,从而推动创意产业发展,而创意产业的迅速发展又是创意经济时代来临的标志。

早在 1986 年,著名经济学家罗默(Paul M. Romer)在《收益递增与长期增长》中指出:"知识具有组织创造无限财富的潜能,创意会衍生出无穷的新产品、新市场和财富创造的新机会,所以新创意才是推动一国经济成长的原动力。"在全球化趋势不断加强,国际竞争日趋激烈的今天,创意产业所带来的巨大经济效益和社会效益已经远远超出人们的想象。

1998 年,英国创意产业特别工作组发布了《英国创意产业路径文件》(Creative Industries Mapping Documents,CIMD)。该文件全面分析了英国创意产业的现状,并提出创意产业的发展战略,还第一次明确提出了"创意产业"(creative industries)的概念,将创意产业定义为:"起源于个体创意、技巧及才能,透过智慧财产权的生成与利用,而有潜力创造财富和就业机会的产业。"2008 年,联合国贸易发展委员会(UNCTAD)在《2008 创意经济报告》中对创意产业的描述如下:"创意产业是将创意与知识资本作为初期投入,包含产品与服务的创作、生产和销售的循环过程。创意产业由一套以知识为基础的经济活动构成,生产有形产品,还生产包含创意内容、经济价值与市场目标的智力和艺术服务等无形产品。"

创意产业由创意和产业两个部分构成。创意的产业化是创意产业的本质特征。创意产业化以创意思想作为产业发展的原动力,充分利用高新技术,依托严格的知识产权保护,依靠高效便捷的金融服务体系和全球贸易市场,实现对其他产业所有生产环节的渗透。创意产业化将提供知识服务的创意产业、提供生产制造的制造业和提供销售服务的服务业联系起来,推进创意产业与其他产业的产品融合、技术融合从而实现价值融合。创意产业化是一个复杂的过程,包括从最初的创意到最终的创意产品再到消费者手中这一过程的各个环节。创意产业化将创意纳入生产、销售和消费的轨道,向消费者提供各种创意产品。由此看来,创意产业化是把创意、技术、产品、市场有机地结合起来,以创意者、生产商、经纪人、运营商、策划人等为创意主体,通过创意的提供与生成、创意的投资开发与生产、创意的推广交易与传播、创意的服务与营销、创意的消费与体验、衍生品开发生产与经营等创意运作,从而形成一定产业规模的过程,最终形成一个包括核心产业、支持产业、配套产业和衍生产业的产业群价值实现系统。该过程既是由创造创意到生产再到市场的创意产业化过程,又是创意作为商品进入市场获取价值的过程,同时还是由市场和消费到创意研发再到生产的产业创意化过程,是提高产业附加值并实现创意价值最大化的过程。[57]

4.2.2 创意产业化的形式

2007 年,一位计算机安全专家与一位发明专家在美国旧金山成立了噪音桥(noise

bridge）创客空间。随后的数年中，在两位创始人之一的米奇·奥特曼（mitch altman）的推动下，全球范围内的创客运动（maker movement）愈发兴盛。在我国，早在 20 世纪 80 到 90 年代，DIY（do it yourself，即自己动手做）的风潮就已开始流行。从组装桌椅板凳、半导体"话匣子"，到修理家电、汽车，人们热衷于自己动手制作而非购买成品。随着计算机产业在我国的发展，DIY 很快进入了新的领域。计算机配件的充足供应及其便捷的购买渠道，使得"攒电脑"从北上广深等一线城市迅速流行开来并遍及全国。回顾数十年来，以"自己动手做"这种形式进行设计、开发、制作的人群，虽然所在领域不同，制作对象千变万化，但有一个共同的特点，就是他们都是凭借兴趣或爱好，依靠个人或小团队的力量来实现。同时，这类人群往往也能够通过制作产品、加以应用、创造价值，来赢得周围人们的了解、尊重和崇拜。

近年来，互联网已经不再是一个独立的系统，它已渗透到第一、第二、第三产业中，正在推动一场大规模的产业变革。而有一类群体，带着他们对新技术的敏锐嗅觉和快速响应能力，借助网络资源不断聚合的能量，引领和影响着这场变革。曾经提出 Web 2.0 概念的美国著名科技媒体人 Dale Dougherty，则将这类群体定义为"maker"（中文译为"创客"）。美国《连线》杂志前主编、《长尾理论》作者 Chris Anderson，更是顺应潮流，辞去工作，以创业家的新身份，创办新型科技企业 3D Robotics。在他看来，创客群体已经成为引领全球新工业革命的新助推器。

纵观近两年来国内创客群体的涌现，一定程度上缘于我国电子元器件和信息化产业的空前发展速度。尤其在我国南方，电子元器件和当年的计算机配件一样，在各类电子市场可以通过接近成本价的低价大量采购。这就为那些喜爱拼插组装，又十分善于将不同功能、特性的元件进行组合的人们提供了无限的可能性。加之全球持续流行的开源软件社群，以及刚刚出现就迅速成长的开源硬件社群的发展，热衷于自己钻研开发的人们在全球范围内互相启发，他们不再满足于简单的机电产品制作，更多的是利用各种不同电子元器件之间相对开放的接口，尝试不同的组合，创造不同的新产品和新应用。

在互联网的助推下，个人创客逐渐汇聚成了一个个社群。为了让更多的人知道自己的作品，这些 DIY 发烧友们借助互联网，将各自的成果展示其上并互相学习，形成一个个社交群体。创客个人水平的提升，逐渐汇集成了整个社群在技术水平和规模上的优势,这也就是现今各地所涌现的各类不同定位的创客空间的雏形。当然,受到地域、产业结构、社区属性等因素的影响,不同的创客空间在功能与定位上都或多或少存在着差别。

我国各地产业结构与文化氛围不尽相同,使得创客空间的面貌也多种多样。根据2015年3月全球创客空间维基站点的统计,在其网站注册的国内创客空间共有21家,广泛分布于北京、上海、深圳、南京、杭州、成都、广州、东莞和武汉等地。国内统计显示,目前已正式运行,处于较为活跃状态的创客空间或创客聚集地有约28处,辐射区域覆盖了华北、长三角、珠三角、华中、西部地区和东北地区。除此之外,各地方院校、中小学校、社区不断出现新的创客空间,或是由原兴趣社团演变而来的拥有固定活动场所和专属设备的创客空间。不同地域的创客社群,显现出差异化的定位和发展方向。受各地产业结构与社会文化差异的影响,这些创客组织在聚集参与者、进行项目开发的过程中各具优势。

(1)华北地区:充足的原材料供给;政府定向支持;工程类高校众多,拥有庞大的目标人群基础;资本密集。

(2)长三角:开源硬件企业在资金和技术上的支持;工程、艺术类高校云集;国际化程度高。

(3)珠三角:更贴近机电产品的上游原材料供应链;政府定向支持;互联网企业众多,信息化人才聚集。

上述这些优势从不同侧面推动着创客空间的发展,在各地创客空间所承载的项目中,也时常出现很多特色鲜明的项目。如在深圳诞生的金属乐高,利用了周边丰富的铝合金板材加工和电子元器件资源,迅速进行产品迭代开发;北京的Microduino依靠国际化优势,与美国团队协同开发了新一代的模块化单片机家族;上海的创客们则围绕Arduino单片机进行开源硬件的开发。

创客社群注重个体创造能力的探索与发挥,内涵和目标都是多元化的,不以利益为主要诉求。创客运动的主体是创造者自身而非市场。但创客并不排斥商业,不少创客项目中涌现出成功的初创企业。这与以往企业、科研机构的创新研发活动相比表现出了不同的特点。创客团队多由个人或小型团队发起,早期一般经历想法产生与设计研发,原型产品实现与验证,产品迭代与发布几个阶段。随后,那些发布后经更广范围检验较为成功的项目,有些会进一步经过精细化产品设计、工程设计、商业孵化、量产后投放市场。国内创客空间,多从早期阶段介入对创客项目进行支持。规模较大的团体,则能够协调更多资源,推进项目,直至产品入市,公司进行长期运营。例如,紫晶立方桌面级 3D 打印机起始于清华大学 i.Center 创客空间的一块不足 30 平米的工作场地,将产品研发、测试以及部分生产任务设立在 i.Center 制造基地,通过快速迭代进行硬件产品开发与生产;全球知名的模块化金属机电套件 MakeBlock,成长于深圳的数家创客空间和创客孵化器,原型产品曾在清华大学结合工程管理硕士项目进行测试,经过海外众筹后迅速成长,如今已拥有庞大的产品线,销往全球 70 余个国家或地区;北京创客空间为开源模块化单片机套件 Microduino 提供项目初期阶段的技术支撑、资源整合和项目孵化等服务。

事实上,近年来国内电子商务、快递业的发展已在国际上取得领先地位,众筹、众包的模式也日趋成熟。这些基础设施与平台的发展,为创客群体提供了良好的生存土壤。当我们检视与创客相关的产品或项目时,可发现其生命周期中不可或缺的环节至少包括两个:一是创意与想法在原型产品级的实现(prototyping),二是项目产出成果的实际检验,即受到市场或是同行认可的过程。对于实体产品项目,原型产品的制作需要上游元件配件供应商的快速响应以及物流环节高效率递送,同时整个过程中还需要高水平工程设计、供应链设计、市场战略规划等人士的密切参与,才有可能形成成熟的产品进而投放市场。因此,创客空间所扮演的最为重要的角色,就是一个吸纳人才与技术的熔炉,让有想法的人们组成团队,不断产生新的作品。

目前,很多国家和地区纷纷开设了创客空间服务是因为意识到了创客空间的重要价值,它主要体现在以下几个方面。

为人们提供动手学习的机会,以提高解决问题的能力。在传统的教学实践中,老师在讲台上授课,学生在下面听,没有让学生在游戏中通过学习与探索来培养动手能力与创新思维。然而,这种寓教于学的方式确实能促进创造性思维和解决问题能力的培养。上海师范大学教育技术黎加厚团队曾进行过有益尝试,开发了面向小学生的基于 3D 打印技术的"虚实创造课程",并在 2012 年 9 月份对 5 年级的小学生开始授课。该课程让学生首先通过案例学习使用三维建模软件,然后通过拍摄实物照片或观察小型实物来构建虚拟模型,并鼓励学生对虚拟模型大胆改进,最后使用 3D 打印机打印出来。通过几周的主题式学习，每名学生都成了小创客，观察能力、设计能力、空间思维能力有了明显的变化。然而，目前我们的教育体系往往没有为学生提供动手学习的机会。如果将创客空间整合进图书馆，由图书馆来提供动手学习所需要的工具、场所，可以增加人们动手学习、实验的机会。在这里，不同专业、领域、年纪的人动手制作各种模型、海报、音乐、视频、编码，一起以头脑风暴的形式交流、学习、克服学习中遇到的各种困难，这种参与式的学习（participatory learning）对解决问题能力的培养大有帮助。

改变人们学习的方式，提高学习的效率。在课堂上，学生都是被动地学习——老师传授什么知识，学生就学习什么知识，个人的兴趣爱好和知识结构的差异没有被充分考虑。学习往往是为了应付考试或者是为了得到奖励。将创客空间并入图书馆，不仅给人们提供前人的科研成果，也提供研究的工具，让人们按自己的兴趣爱好进行新一轮的科学探索。给每个人平等的使用工具的机会来创造新知识，认识到自己改变未来的可能性。在这种活泼、开放的学习空间中，学习兴趣被激发。学生不再是被动地学习，而是积极主动地、具有创造性地学习，学习效率大大提高。

使人们接触到尖端科学技术，最终可能产生新的创业机会。技术革新了人们娱乐、学习、工作的方式。图书馆创客空间里普遍提供了以 3D 打印机为核心的便于人们研究、探索的各种先进科学技术和仪器。2012 年 4 月，《经济学人》(The Economist)谈到"第三次工业革命"并预测 3D 打印机是未来制造业的核心，易使用和低成本的 3D 打印机和制造软件让每个人都能成为制造商。图书馆 3D 打印技术的引入让人们可以自由地进行发明创造，而这些发明创造是日后创业的物质基础。此外，图书馆创客空间还创造了 DIY 创作、独立思考和团队合作的环境，使人们学会发现资源来解决他们从未遇到过的问题。这种能力的培养有助于克服创业过程中遇到的各种困难，有利于培养企业家精神。上海"新车间"开发的 SWARM 群体机器人在世界机器人设计比赛中获得了第二名的好成绩。可见，创客的技术是一流的，创意是独特的，如果进行批量生产，可能获得不错的经济效益。

促进跨学科的互动，有利于知识创新。跨学科的知识交流更能促进知识的创新。公共图书馆和学术图书馆创客空间面向所有人群，不同专业、学术背景、拥有不同经验的人在这里聚集、交流、协作完成一个综合性强的跨学科的项目，这种社交性学习

(social learning)不仅有利于培养人们的团队协作能力,更利于寻找新的知识增长点,进行知识创新。[58]

4.2.3　创意产业化的应用

从 2011 年下半年开始,创客空间这一概念开始影响到了美国的公共图书馆。不少图书馆陆续开展了创客空间服务,鼓励人们合作,共享资料、知识、技术,为人们提交知识创新的场所和工具。首先,选取图书馆内闲置或未被充分使用的空间,以激发灵感、促进交流与共同劳动为目标进行改造。然后,引进各种新兴的软硬件资源和人力资源。硬件资源包括计算机、投影仪、扫描仪、机械工具、电路元件以及以 3D 打印机为首的各类新兴数字制作工具等;软件资源包括 3D 建模软件、开源的程序代码以及各类应用软件等;人力资源包括创客空间内的馆员、学生志愿者以及本地的专家、学者。图书馆创客空间举办的活动分为两类,即团体协作型和个人独立创作型,用户可以根据自己的需求自由选择。这一服务的开展,使更多的人开始使用图书馆的资源,并对图书馆有了新的认识。

位于纽约州北部的法耶特维尔公共图书馆(Fayeteville Free Library,FFL)是第一个提供创客空间服务的公共图书馆。它将一个旧的皮具工厂改建为一个创客空间并命名为"童话般的实验室"(fabulous laboratory)。该图书馆引进了两台 3D 打印机,并提供 Thingiverse 网络服务,帮助初级用户进行数字设计的操作,还使用数字打印技术帮助儿童制作图书。为印第安纳州韦恩堡所服务的阿伦郡公共图书馆(Allen County Public Library)主管 J. Krull 认为提供创客空间与图书馆的宗旨是相一致的——图书馆并不仅仅是提供图书,而是作为一个学习和探索以及开拓思维的地方,向社区提供一个依靠个人无法获取的资源,这符合公共图书馆的精神。该图书馆与一家非盈利性质的教育机构——TekVenture 达成协议,将 TekVenture 提供的被称为"创作者工作站"的 50 英尺长的拖车停放在图书馆的停车场内,以提供创客空间服务。此外,还有位于康涅狄格州的维斯特港公共图书馆(The Westport Publice Library,WPL)、位于俄亥俄州的克利夫兰公共图书馆(Cleveland Public Library,CPL)、底特律公共图书馆(Detroit Public Library,DPL)等公共图书馆都启动了创客空间项目。

除公共图书馆外,创客空间也受到中小学图书馆和高校图书馆的广泛关注。有的学校将现有空间改造为临时的创客空间,让学生们课后在这里自由创作、交流。有的学校受创客文化的影响,注重在现有的课程设置中培养学生的创新意识与动手能力。还有的学校进行课程改革,专门开设了相关的课程,来引导学生进行创新型的探索。内达华里诺大学的 DeLaMare 科学和工程图书馆(The University of Nevada,Reno's DeLaMare Science and Engineering Library)是美国第一个向学生提供 3D 打印机的学校图书馆。2012 年 7 月,Mary Washington 大学图书馆将一个没有被使用的教室改造成为一个创客空间,并提供 3D 打印机 replicator、printrbot 和其他工具。这个空间面向大学的所有成员,任何人都可以在这里制作一切他们想要的东西。还有瓦尔多斯塔州立大学(Valdosta State University)的奥达姆(the Odum Library)图书馆也开创了创客空间。

创新是智慧的一种类型,是对事物面临的问题能迅速、灵活、正确地理解和解决,从而改进原有事物或创造新的事物。创新已成为当今社会立足发展的重要因素,是智慧产业中不可或缺的一部分。[59]

4.3 知识产业化

知识产业是在知识经济时代运用市场手段和现代信息手段,通过智慧产业开发知识这一精神资源,促使知识成为生产力要素的"整合器""粘合剂"和充分发挥作用的"催化剂"。促使知识由潜在的生产力要素转化为现实的生产力要素,由生产力中非主导要素转变为主导要素,从而带来社会效益,成为给运营者带来经济效益的增长方式与高科技项目。智慧是传统产业和知识产业统一的桥梁和纽带,它使新的知识产业与传统产业走向统一,因此知识产业化是智慧产业不可或缺的一部分。

4.3.1 知识产业化的概念

知识产业化是知识经济的直接成果,也是知识经济的最终目的。知识产业化是知识经济发展的必然趋势,也是知识经济的最佳模式。知识产业化,是指知识通过生产、流通与转化、应用而不断形成产业的过程,它是个动态过程。可把它分解为三个环节:(1)知识的生产(即研究和创造新知识);(2)知识的流通与传播(主要指教育培训和开发人力资源),并转化为知识产品;(3)知识的大范围应用(普及知识用以解决问题),使知识产品形成群体,进入规模生产,并通过市场向外扩散,逐步形成"知识型产业"。这就是知识产业化的过程。人类积累的基础研究的丰硕成果及广阔领域的科学技术知识和管理知识必须依附于产业,才能产生巨大的经济效益和社会效益,这种投入产出的"转化"关系,就是知识的产业化。[60]

4.3.2　知识产业化的意义

1959 年,美国人乔曼库首次提出了科技企业孵化器概念,并在纽约成立了第一家科技企业孵化器。80 年代中后期,美国科技企业孵化器快速发展,涌现出大量的孵化项目,欧洲委员会也为各成员国创立科技企业孵化器提供支持。与此同时,科技企业孵化器概念也推广到了中国、巴西和尼日利亚等发展中国家,这些国家也开始建立科技企业孵化器,为在孵企业提供创业培训种子资金和启动资金。进入 90 年代以后,科技企业孵化器进一步推广到波兰、以色列、韩国等国家。进入 21 世纪后,科技企业孵化器高速发展,并进一步推广到经济比较落后的发展中国家。

经过多年的发展,科技企业孵化器已经成为推动社会经济和高新技术产业发展的重要工具,其不仅培育了大批高新技术企业,而且培养了众多具有创业精神的企业家,在数量、规模、质量、服务功能等方面都取得了重要突破。孵化器的蓬勃发展吸引了众多所有制主体参与投资,出现了如中关村的车库咖啡、李开复的创新工场等众多新型孵化器。相关调查显示,在全国科技企业孵化器中,由高新区管委会或政府科技部门主管的大约占 50%,另外 50% 的科技孵化器则由国企、民企、外企或个人投资者等多元投资主体构成,而且比例逐渐上升。可以说,我国科技企业孵化器已形成产权多元化的发展格局。

随着多元投资主体的加入,依靠物业出租和政府投入支撑的传统运营模式已无法支持孵化器产业的进一步发展,孵化器最终要面向市场。只有把孵化器的经营与盈利相结合,才能吸引更多投资主体和高素质管理人才,调动投资者和经营者的积极性,深化对新创企业孵化的服务,从而推动整个孵化产业健康、可持续发展。[61]

1. 微观上培育知识企业成长

(1)有利于催生中小科技企业

科技企业孵化器属于经济领域的一种组织的新发明,是一种制度创新。科技企业孵化器在各国发展的实践证明,这种组织对于小企业的生成与发展具有积极促进作用。传统的企业创业模式是由单个的创业企业家通过一系列市场交易活动来完成的,这一过程也可以称为用"市场"来培育企业。创业企业家在创办小企业的过程中,要从不同的生产要素市场上获取创业所需的各种生产要素,要付出时间和购买生产要素的资本,并独立承担创业的各种风险。企业创业者通过市场交易组织生产要素的成本相对要高,承担的风险要大,因此新创企业的倒闭率也比较高。科技企业孵化器改变了企业生成的传统模式,开创了以"组织"的过程来"孵化"小企业的新模式。科技企业孵化器是一个支持小企业成长的组织系统,与传统创业模式相比,科技企业孵化器创业模式可以节约进入成本、创立成本以及学习成本。在科技企业孵化器中,由创业者预支的各种基建费用大大降低,将取得要素和信息的各种市场交易过程替换为内部组织过程,节省了交易的时间、空间和中介的费用,而新企业在市场上所缺乏的信用和关系渠道,也可以在科技企业孵化器已有的社会信誉下进行拓展。这样,小企业进入市场的门槛降低,创建企业的投入减少,创业风险也可能降到最低,这样会使小企业的生成变得容易,小企业的"成活率"得以提高。在科技企业孵化器最早产生的美国,未经孵化的小企业的成活率为 20%,倒闭率为 80%,而经过科技企业孵化器孵化后的小企业成活率为 80%,倒闭率为 20%。

(2)有利于培育更多的创业者

科技企业孵化器在孵化企业的同时,也为社会培育了成功的企业家。对于刚成立的科技型小企业来说,虽然具备成功的潜能,但由于缺乏市场经验,对政策、法律及市场运作不了解,使企业在创业初期举步维艰,进一步发展受到限制。而传统的企业家培养模式存在着很多缺点:一是周期长。我国的企业家通常是从生产、经营的最初工作开始做起,由于工作勤奋、成绩突出,逐步受到提拔,历任主任、主管、部门经理、副总经理(副厂长)和总经理(厂长)等,一般要经历 10 年甚至更长时间。二是传统偏好。传统企业家有着较浓重的传统观念和技术偏好,缺乏对瞬息万变市场的快速决断能力,缺乏敢于冒险、富于创新的精神,缺乏对市场风险的认识和承受力。三是知识层次较低。传统的企业家很多是从学徒工做起,没有进行系统的知识培训,缺少管理相关理论基础,因此,仅靠管理中的经验就很难维持现代企业的正常运作。从近几年我国的一些中小企业和部分大企业的破产与倒闭也说明了这一点。

在进驻科技企业孵化器之后,创业者将在这里得到系统的培训。首先,创业者可以通过科技企业孵化器强大的社会支持网络,广泛地联系社会各方人士及团体,不仅可以扩大知识面和增长见识,而且还可以利用这个网络,为创业和未来发展打下良好的基础。由于各种被孵企业存在既竞争又合作的关系,从而能够培养企业家的竞合精神、创业精神、容错精神。其次,克服传统企业家培养模式存在的缺点。科技企业孵化器在孵化技术项目的同时,不断给企业家提供管理、市场、金融、投资、贸易等方面的业务和技能的培训,使创业者快速地成长为适应不断深化的市场经济需要的企业家。

(3)有利于降低信息不对称所产生的风险

科技企业孵化器连接风险投资公司和创业企业,减少信息不对称所产生的风险。在创业企业的融资过程中存在着信息不对称的现象,与风险投资公司相比,创业企业家了解更多的与其创办的企业相关的信息,对其自身的创业动机也有明确的认识。并且当风险投资者试图获得尽可能多的相关信息时,创业企业家为了使其公司看上去更具投资价值,往往会制造虚假信息掩盖真相来欺骗投资者,以达到获得更多投资的目的。科技企业孵化器通过对其中的创业企业及其创业者的观察和了解,可以获得详实的与创业企业相关的信息以及创业者的创业动机,风险投资公司就可以依据这些数据和信息判断某一创业企业的投资价值并做出投资决策。因而,从信息不对称的角度来观察,科技企业孵化器在信息收集上具有相对于风险投资的比较优势。

(4)有利于促进科技成果转化

进入 21 世纪以来,我国每年取得 3 万多项科技成果、5 万至 6 万项国家专利,其中只有 20%的科技成果转化并批量生产,只有 6%的科技成果形成产业化。据统计,我国的技术进步在经济增长中的贡献率只有 30%左右,而西方发达国家的技术进步贡献率高达 60%～80%,新兴国家也在 50%以上。由于我国的科技成果转化率比较低,科技成果转化问题不仅是一个社会各界、特别是政府和科技经济界关注的重大的理论问题,还是一个关系国民经济健康运行的重大实践问题。

对于科技成果转化问题,高校注重"结果",企业强调"过程";高校注重"水平",企业强调"效益";高校注重"精雕细琢",企业强调"批量生产";高校往往"不惜代价",而企业必须强调"成本核算"。高校和科研机构往往对商业传统不太熟悉,对市场运作缺乏了解。通过科技企业孵化器使高校和科研机构的科研成果有一个转移的有效途径,使技术创新主体真正从高校和科研机构转变为企业。科技企业孵化器为拥有科技成果的单位和个人服务,提供科技成果转化必需的工作场地、分析测试和实验加工的手段,提供创业必需的资金、人才以及宽松的政策措施等,为科技成果商品化、产品化、国际化创造适宜的环境和条件。

2. 中观上推动知识产业成长

(1)有利于形成更有效的创新网络

创新网络由政府、科研机构和企业三类主体组成,它是发展企业和创新经济的一种制度性手段。促成网络化创新的主体是网络中的节点,企业、大学和科研机构、市场中介组织和政府机构作为区域创新系统的参与者,都可以成为区域创新网络的实体节点。科技企业孵化器作为一种中介机构,是创新网络中的一个特殊节点。

(2)有利于促进产业结构调整

创建科技企业孵化器有利于利用高新技术改造传统产业,积极促进产业结构的调整。发展经济学认为:当一个国家经济发展到一定水平后,其经济发展不仅仅是经济总量的增长,而且要看经济结构是否合理,尤其是产业结构的不断升级和高度化,如何改造传统产业和促进产业结构的升级,已经成为我国一些地区或行业在经济持续发展中重点考虑的问题。我国企业如何实现从传统产业中顺利退出和以低成本顺利进入新的产业,是当前急需解决的问题,而创办科技企业孵化器则是解决这一问题的有益探索和有效方法之一。一方面,科技企业孵化器源源不断地培育出科技企业群体,初步形成了以信息产业等新兴产业为主导的,与传统产业有着本质区别的新经济的雏形;另一方向,科技企业孵化器企业技术成果和高科技产品的转移和推广,促进了传统产业的技术改造和产品升级,带动了高科技产业的形成和新经济的发展。

(3)有利于提供国企改革新路径

科技企业孵化器的发展利于低成本退出传统产业(原有的设备和工人可以转移进入新的企业)和低成本进入高新技术产业(引进高新技术企业进入,并节省国有企业的开发成本),有利于盘活国有存量资产,为国企改革提供新路径。随着国有企业和经营性事业单位改革的不断深化,原有的厂房、办公楼、公用设施等国有资产亟待寻找新的发展空间。伴随着城市建设的快速发展,许多商务楼也需要发挥它的作用与功能。科技企业孵化器促进楼宇经济的形成已有一定基础,科技企业孵化器可进一步发挥在盘活国有存量资产中的积极作用。近年来,国有企业兴办的科技企业孵化器,如北京内燃机厂的基础上建立的北内孵化基地和在北京冶炼厂基础上组建的北京诺飞孵化器有限公司,正在探索一条国有企业改革的新路,通过利用各种可能的条件,盘活国有企业的资源,一些新兴的企业在原有国有企业基础上成长起来。

(4)有利于推动区域经济成长

科技企业孵化器成为区域和城市品牌的名片。随着对外对内开放向纵深发展,利用科教品牌效应招商引资、引智的作用日益增强。吸引外地高层次创业者及相关技术和资金流入,促使政府制定政策引导公共资源流向特定区域、特定部门、特定技术、特定人群,促进分散的产业社会资源形成有利于形成整体竞争力的技术能力、产业化能力和经济体系。科技企业孵化器作为聚集生产力要素的平台,在新一轮开放型经济发展中将发挥更大的作用。

科技企业孵化器可以争取政府的优惠条件和优惠政策,如争取到国家级创业服务中心的命名,那么就意味着获得了招商引资、吸引人才、扩大项目的一笔无形资产,同时也会为企业带来更优惠的融资和减免税等宽松的生存环境。因此,作为科技企业孵化器的所在地,该地方的税收、就业和经济景气程度无疑会有明显的提高。

科技企业孵化器还具有示范、辐射、带动作用,以当地的资源为依托,通过其所创建的局部创新环境,优化整合和配置当地的资源,培育成功的企业,形成对高新技术项目的"引入—孵化—毕业—输送"系列服务。成功企业从科技企业孵化器毕业后,往往会留在当地,成为当地经济发展的新增长点,可以提高地区的科技创新能力,成为区域经济发展的助推器。

(5)有利于促使投资经济向培育经济的转变

投资经济与培育经济的区别在于前者认为经济发展的主要力量来自投入的资金,后者认为经济的发展的主要力量来自企业家或创业者。前者的思想更着重于融资,招商引资,后者更注重培育创业氛围和商业环境。培育经济是指政府为企业在创立发展过程中提供所需要的环境和条件,为企业的创立和发展创造一种良好的发展平台,从而促进和加速企业的发展。这个发展平台主要包括资金、人力、技术、管理、硬件办公环境以及政策等。而科技企业孵化器正是通过搭建并整合各种资源,为创业型企业提供服务,最终实现创业企业的成长和自身价值的增值,从而产生良好的社会效益。

3. 宏观上促进知识产业经济发展

(1)有利于推进高新技术产业开发区"二次创业"

作为高新技术产业化发展的重要基地,我国的高新技术产业开发区取得了辉煌成就,奠定了我国发展高新技术产业的物质基础,优化了环境,培育了一支以民营科技企业为主体的骨干力量,探索了具有中国特色的发展高新技术产业的道路,初步建立了有利于高新技术产业化的体系、机制和环境。随着我国由计划经济体制向市场经济体制转型,单纯依靠优惠政策的效应正在日益减弱,而市场配置资源的作用日益增强,支持高新技术产业发展的政策取向日益注重技术支持条件建设的方向转移,环境建设日益成为促进高新技术产业化的重要环节。如果说过去高新区的快速发展主要得益于其在政策、体制和机制上的优势,那么,随着我国经济体制改革的不断深化以及加入WTO有关政策法律的相应调整,高新区原有的主要优势出现了弱化趋势,必须通过"二次创业"再创新优势,开创新局面。

高新区"二次创业"的内涵是创新,突破口是创业孵化能力,创业孵化能力的提高是促进高新区提高整体创新能力的关键。科技企业孵化器是我国发展高新技术产业最重要的产业化服务平台之一,具有许多明显的国家基础设施特征,在国民经济发展中具有基础性推动作用。

(2)有利于促进知识服务业的发展

知识服务业简单地说是将知识服务于社会。它以服务社会为目的,以提供和运用知识为主要途径。知识服务业的发展可以降低知识资源使用成本,拓宽知识资源的受用范围,提高知识资源的利用效率。知识用户和知识服务提供主体必须经过知识服务平台达成意向或实现服务,而目前知识服务机构规模小而且分散,不利于实现规模经营。科技企业孵化器作为中介组织,其作用就是为知识用户和知识服务机构搭建知识服务平台,使服务需求和服务提供更加有序化和规范化。

(3)有利于创造就业机会

科技企业孵化器通过孵化成功的企业,促使企业的成长,从而创造新增就业机会,使失业所带来的许多问题得到解决,促进了社会稳定。

NBIA 最新研究报告分析,每 1 美元的公用经营补贴(public operating subsidy)投入到科技企业孵化器之中可产生近 45 美元的税收收益(tax revenue),科技企业孵化器创建一个就业机会的成本是 1100 美元,而其他机制创建一个就业机会的成本是 10000 美元,科技企业孵化器中每 50 个就业机会将产生科技企业孵化器外社区(communities)就业机会 25 个,经过孵化的企业成功概率超过 84%。欧洲企业创新中心网(EBN)的一项研究表明,86 个欧洲企业创新中心(科技企业孵化器)开办 5000 多个企业,失败率仅为 11.2%,在 5 年时间里,它们创造的就业岗位为 28 万个。每个科技企业孵化器扶植 60 多个企业,每个企业的工作岗位超过 30 个。可见,科技企业孵化器能够持续、批量地提供就业机会。

美国著名管理学家彼得·德鲁克认为:创业型就业是美国经济发展的主要动力之一,是美国就业政策成功的核心,鼓励创业是带动就业增长的主要措施。随着我国市场经济体制改革的深化,传统的统包统配的就业模式开始被打破,代之以劳动者的市场就业模式,失业问题逐渐凸现出来。许多传统产业压缩生产能力、就业人员下岗分流,以及每年都有相当部分大学生毕业需要就业,就业形势较为严峻。从 20 世纪 80 年代中期到 90 年代末期,我国的公开失业率由 2% 左右上升到 4% 左右。不少人面临着自谋职业、自主创业的选择。但是,由于一些劳动者在思想观念上、适应能力上和资金积累上都存在着许多困难,因此迫切需要一种机构或组织帮助这些劳动者转变就业观念,进行转岗技能培训,提供再就业信息和咨询服务,并提供创业场地和资金的支持等。据科技部火炬中心公布的数字,科技企业孵化器通过培育成功的企业所创造的新增就业机会一直都呈现增长的势头。

(4)有利于实施创业教育

科技企业孵化器为创业教育的实施提供了广阔的舞台。创业教育将改变学生的就业观念,利用其掌握的知识、才能和技术,通过自筹资金、技术入股、寻求合作等方式创设新的就业岗位,毕业生不作现有就业岗位的竞争者,而是为自己、为社会更多的人创造就业机会,以自己的创新成果为社会做出独特的贡献。创业教育和科技企业孵化器的对接使创业教育由必然性转变为可能性。

(5)有利于促进体制及文化意识创新

科技企业孵化器形成了"主任—部门经理—公司"三级"小机构、大服务"型简洁的组织结构模式。这种体制结构构造出一种"创业、创新"的创新文化环境,一种充满创新精神的"柔性生产综合体"。科技企业孵化器的这种创新文化,不仅培养企业、企业家强烈的创业、创新精神,而且形成了城市区域创新体系的"创新极核"。科技企业孵化器作为"创新的沃土"和"创业的家园",有力地促进了"鼓励创新、容忍失败、不断探索、追求卓越"的创业文化的发展。创新环境不断改善,创业文化氛围浓厚。厦门留学人员创业园在实践中形成了"激情孵化梦想、创新成就未来、智慧孕育财富、诚信缔造伟业"的创业文化,这四句话概括了创业文化的丰富内涵:创业需要敢冒风险不怕失败的激情;创业需要有敢为天下先的创新精神;创业应该是一种充满智慧的理性化行为;创业还应当具备对国家对社会的使命感和责任感。优秀人才只有在良好的创新创业文化氛围中才能发挥潜能。

(6)有利于政府职能转变

科技企业孵化器的发展将推进服务型政府建设的进程,要求改革和创新行政管理和服务手段,将政府职能逐步转移到经济调节、市场监管、社会管理和公共服务上来。地方科技管理部门应把工作重心及时转移到能发挥科技优势、凝聚人才创业、促进经济发展、体现公共服务和政府职能转变的公共平台建设上来。

(7)有利于改善区域生态环境

由于地价、环境保护等原因,孵化企业实行"两头(研发、销售)在内,中间(生产)在外"的运营方式,在科技企业孵化器见不到传统工业的生产景象。由此,科技企业孵化器成为城市中生态、经济、社会效益相结合的新兴高科技产业景观。无锡高新技术产业开发区正在创建国家环境示范区,其区内的绿化率高达35.8%,被英国权威性的投资杂志《企业测位》评为亚太地区最佳投资环境工业区。通过科技企业孵化器以及其所处的高新区的生态环境的示范作用,为我国探索出一条经济、生态、社会协调的区域发展道路。[62]

4.3.3 知识产业化的应用

杭州华星创业股份有限公司是一家专业提供移动通信技术服务及研发、生产、销售测试优化系统的高新技术企业。2009 年,公司正式在深交所创业板挂牌上市。自 2003 年成立以来,公司一直驻扎在颐高创业园,前 3 年扩张迅速,办公场地规模从 524.66 平方米扩大至 1823.84 平方米,成为园区内规模最大的创业企业。在孵期间,面对华星创业的迅速扩张需求,创业园也在第一时间联合物业努力配合,将更宽松、更精致的办公环境首荐给华星创业。至今,创业园的服务也从物业关怀上升至企业内在关怀。尽管华星创业早在 2005 年就从孵化器毕业,但是作为园区标杆企业,它在园区的影响仍不容小觑。2010 年 5 月导师接待日活动就以"走进创业板上市企业华星创业——探究中小企业上市之道"为主题,在华星创业会议室同园区和部分园外企业共享上市心得,真正实现"创业园,让创业更容易"的目的。

杭州顺网科技股份有限公司 2010 年 8 月在深交所创业板挂牌上市。公司 2005 年入驻杭州数字娱乐产业园,和周围很多刚起步的 IT 企业一样,公司最初只有五六个人,只有狭小的办公场地、有限的几台电脑和少许的创业资金,但创业者们心中怀揣的却是无限的创意和梦想。在孵化器的保障下,顺网科技拥有了安全优越的创业环境,能把全部精力投入到技术攻坚上去。2006 年,公司在入孵仅一年的情况下,就成功推出日后叱咤网吧的软件产品"网维大师",全面改写行业格局。此后,顺网科技凭借高技术含量和不懈创新,频获奖励和荣誉。2007 年,公司通过省信产厅软件企业资格认证,享受西湖区专项资金奖励,顺利与百度、谷歌等大公司签署战略合作协议。2008 年,公司重金 50 万悬赏通缉史上最强病毒,在业内引起轰动,"网维大师"被评为西湖区十大重点技术创新项目,获得杭州市信息服务业专项资金奖励,顺网科技被成功认定为国家级"高新技术企业"。2009 年,成为"杭州市十佳科技创新企业""2009 年重点培育成长型企业"和"杭州市最具投资价值企业",在全国网吧市场的占有率超过 45%,公司顺利搬迁至数娱大厦,开始了新的征程。如今,顺网科技已拥有两幢楼的五个办公区域,几百人的奋斗团队,创造着千万级的利润。公司董事长华勇说:"我不怕失败,我们就是要做中国领先的网吧平台运营商。"就是这样一个无所畏惧的团队,在西湖区这片自由而包容的创业热土上,耕耘着自己的梦想。

杭州中天微系统有限公司 2002 年成立,由海外留学生团队和国内科技人员合作建立,是杭州国家集成电路设计企业孵化器第一批入孵企业,专业从事集成电路设计及设计服务。该公司自 2002 年入孵,开始研发具有自主知识产权的 32 位嵌入式

CPU IP核,这是一款高端 SOC 产品。IC 孵化器针对中天微公司的初创特点,提供留学人员住宿、项目资助等全方位的支持。特别是 IC 孵化器的集成电路设计和公共技术平台完整的设计功能,为企业低成本高效率的完成设计研发提供了整套设计流程服务,使得他们能够专注于产品创新和技术创新。目前,该公司对 SOC 设计全流程已有丰富的经验,研发的 32 位嵌入式 CPU IP 核成为我国首款具有千万芯片量级产业化应用规模的嵌入式处理器核,并获得 2009 年国家科技进步二等奖。

杭州泰格医药科技有限公司 2005 年进入高新区创业中心孵化,主要为国内外客户提供药物及医疗器械的 I-IV 期临床试验、进口注册申报、数据管理与统计分析等医药研发外包服务。泰格医药在成立伊始,便受到了杭州高新技术产业开发区科技创业服务中心的关注,服务中心在政策上给予了极大的帮助与支持,包括房租补贴及减免政策、留学生创业政策、税收优惠政策等,都是泰格医药能够顺利成长不可或缺的助推力。同时,在杭州市科技局的大力支持和指导下,泰格医药成功申请获得了中小企业创新基金,成为高新技术企业、首批杭州市技术先进型服务外包企业。随着公司的进一步发展,公司正在筹备创业板上市事宜,即将进入股改阶段,被杭州市金融办列入杭州市上市重点培育企业名单。[63]

产业智慧化

产业智慧化是对传统产业的技术升级,智慧产业是产业发展的高级阶段,是产业转型升级的重要方向。发展智慧产业,对于中国调整产业结构,转变经济发展方式具有重要的意义。在各行各业推广应用新一代信息技术;推进产品智能化,提高产品的技术含量和附加值;利用智能化技术推进高能耗、高污染行业的节能减排,促进高危行业的安全生产;加强分类指导,进行重点突破,提高各行各业的智能化发展水平;开展智慧企业试点示范工作;完善智慧产业支持服务体系是智慧产业化的核心内容。本章节着重从农业智慧化、工业智慧化、金融智慧化、城市智慧化、生活智慧化五方面对产业智慧化进行详细介绍。

5.1 农业智慧化

5.1.1 概述篇

1. 农业智慧化发展现状

农业是国民经济的基础。近年来,随着农业产业化和规模化水平的提高,以及物联网技术在农业领域中的广泛应用,传统的耕作模式已无法满足现代精准农业的要求,而智慧农业为农业转型升级提供了强有力的支撑,它充分应用现代信息技术成果,以现代物联网技术为支撑,将信息技术综合全面系统地应用到农业生产的各个环节,是信息技术在农业生产中的全面应用,其最大的特点是以高新技术和科学管理来换取对资源的最大节约。

农业智慧化就是充分应用现代信息技术成果,集成应用计算机与网络技术、物联网技术、音视频技术、传感器技术、无线通信技术及专家智慧与知识平台,实现农业可视化远程诊断、远程控制、灾变预警等智能管理、远程诊断交流、远程咨询、远程会诊,逐步建立农业信息服务的可视化传播与应用模式;实现对农业生产环境的远程精准监测和控制,提高设施农业建设管理水平,依靠存储在知识库中的农业专家的知识,运用推理、分析等机制,指导农牧业进行生产和流通作业。

智慧农业是农业生产的高级阶段,是集新兴的互联网、移动互联网、云计算和物联网技术为一体,依托部署在农业生产现场的各种传感节点(环境温湿度、土壤水分、二氧化碳、图像等)和无线通信网络实现农业生产环境的智能感知、智能预警、智能决策、智能分析、专家在线指导,为农业生产提供精准化种植、可视化管理、智能化决策。

"智慧农业"是云计算、传感网、3S等多种信息技术在农业中综合、全面的应用,提供更完备的信息化基础支撑、更透彻的农业信息感知、更集中的数据资源、更广泛的互联互通、更深入的智能控制、更贴心的公众服务。"智慧农业"与现代生物技术、种植技术等高新技术融合于一体,对建设世界水平农业具有重要意义。[64]

国家"十三五"规划纲要明确提出,要加强农业与信息技术融合,发展智慧农业,提高农业生产力水平。大力推进"互联网＋现代农业"成为一大亮点。当前,农业正处在由传统农业向现代化农业的转型阶段,发展"智慧农业",对于培育新的经济增长点、推进农业实现转型升级具有重要意义。

近年来,在政府、科研机构及农业生产企业等的共同推动下,部分地区在农业物联网技术应用方面进行了积极的探索,已取得初步成效。不少地方利用温度、湿度、气敏、光照等多种传感器对蔬菜生长过程进行全程数据化管控,保证蔬菜生长过程绿色环保、有机生产。也有地方通过物联网技术,对农作物生长、畜禽和水产养殖等进行监测,可实现准确感知、及时反馈,提升农业决策指挥水平。有的地方应用物联网技术改造传统农业,可实现对农业用药、用水、用肥、用工状况的精确控制,减少浪费,促进农业节本增效。

2. 中国智慧农业市场规模预测分析

中投顾问在《2016—2020 年中国智慧农业深度调研及投资前景预测报告》中提到,以应用(硬件和网络平台以及服务)为基础的智慧农业市场有望从 2016 年的 90.2 亿美元达到 2022 年的 184.5 亿美元的规模,年均复合增长率 13.8%。

对农业新技术的进一步采用和全球对食物需求的上升是该市场增长的主要驱动力。连接技术运用于精准农业、畜牧业监测、渔业、智慧温室等领域。诸如云计算、ZigBee 无线通信技术、无线感应网络以及其他的连接技术可以帮助提升产量产能。云计算提供农场土地的实时数据,以协助规划、购买、存活管理、种植、收割等。感应器、灌溉控制、可变速率技术(VRT)以及其他技术可以帮助减少投入并提升土地的产出。

GPS/GNSS 有望占据 2015 年智慧农业的硬件和网络平台市场中较大份额。GPS 用于拖拉机导航、可变速率技术、土壤条件监测、畜牧养殖跟踪等。GPS 技术提供多项优势,诸如将重叠操作和喷施隔离的范围最小化,减少肥料使用,降低化学农药开支,并确保对环境的影响降到最低。

精准农业应用有望占据智慧农业市场应用领域最大市场份额。智慧农业优化农田使用效率以及使用中的操作。精准农业帮助种植者将农田进行区块划分,根据不同区块进行不同操作,以最小化投入成本,最大化产量。产量监测是精准农业中重要组成元素,通过设置在收割机中的感应器观测湿度含量以记录特定区块的产量数据。

系统整合器由于在硬件软件设备整合中具有重要作用,所以在农业服务领域占据最大市场规模。系统整合期也用于解决问题以及诊断农业管理解决方案,而这也用于开发软硬件设备相关的新概念。

2022 年北美有望占据最大的市场份额,亚太地区在该预测期间有望取得最高的复合增长率。北美地区是精准农业操作的先驱者之一。受到技术的不断改进、设备售价的降低、社交媒体的运用以及在线媒体的传播等因素,北美地区对连接技术的使用目前正在不断增长中。

该领域的主要公司包括约翰迪尔(美国)、Trimble(美国)、AgJunction(美国)、Raven(美国)以及 AGCO(美国)。这些公司采用不同战略攻占市场,例如新产品开发、合作、业务扩张等。

3. 智慧农业产业链模式

(1)建立混合纵向一体化的链接机制

为了实现农业产业链合作企业的共同战略利益,使加盟产业链的企业都能受益,就必须形成一种长期合作博弈的机制来加强成员企业间的合作,使得成员企业能够风

155

险共担、利益共享。这种机制就是混合纵向一体化连接方式。这种模式就是以一家农业龙头企业为主进行产业链设计，按照专业、高效和运作经验的原则，将某些环节以某一利益主体独资、控股或参股的形式参与产业链各环节的投资经营，而又与其他利益主体在某一(些)功能环节以合同契约进行联结。

(2)建立"公司＋农业园区＋市场"的组织形式

传统的"公司＋农户"模式出现了很多问题，主要是农户组织程度不高造成交易成本巨大，而且各方违约严重影响了小农户的利益。农业园区的建设解决了一系列的问题，因而具有先进性。在"公司＋园区＋农户"的生产模式中，公司是主导。确保园区的统一设计；生产标准的制定，投入物资(化肥、饲料等)的供应，技术指导，回收、加工、销售，品牌宣传推广，贷款担保公司的组织。

园区是关键。公司有园区才能进行统一的管理和控制，公司有权对进园区的人进行筛选，进园区人员必须服从公司管理，可以对投入品进行统一管理，监督实施很容易，确保完全收购。农户是生产主体。农户投资，全额投资或投入流动资金或承包生产；农户生产，投资人自己当种植者，以农户为生产单位；农户是独立的经营者，可以自己决定生产规模、内部考核办法、内部分配等。

(3)建立"品牌＋标准＋规模"的经营体制

农业产业链成功与否取决于整个产业链的效益，而产业链的效益取决于"品牌＋标准＋规模"的经营体制。其中品牌是终端产品实现价格增值的主要手段，没有终端产品的品牌溢价就没有整个链条价值的提升，风险就无法避免。传统农业产业链失败的原因之一就是各链条的行情风险无法因为品牌溢价而避免。标准化是品牌的保障，正是由于标准得到严格执行，品牌才能有溢价的空间。规模化就是将产业链模式复制放大，取得规模效应。

4. 智慧农业的重要意义

物联网智慧农业跟传统的生产方式存在着很大不同，它可以很方便地实现对用户、对农作物生长现场环境进行全方位监测、管理与控制，对建设现代化高水平智能农业生产方式有着重要意义。

(1)物联网智慧农业推动农业走向信息化

通过多种无线传感器、无线基站和传输设备的使用，农业种植现场的各种信息能够轻易地通过自动监测传输功能呈现在管理人员的眼前,实现了管理者和种植现场的快速连接。同时通过软硬件系统和手机客户端还能够实现自然灾害监测及预警,方便作物生长现场管理,实现高度的信息共享和农业自动化。

(2)物联网智慧农业提高农业生产管理水平

物联网技术在现代农业中的应用对提高传统农业的生产管理水平效果显著。在农业生产过程中,通过无线智能传感器实现农业生产现场环境参数的实时采集和利用智能物联网监控系统对所采集数据进行实时传送,为农作物生产和温室控制提供了有利的科学依据。智慧农业不仅为作物生长创造了最佳条件,提高了作物产量和质量,而且可以提高水、化肥等作物消耗品的利用率。

(3)物联网智慧农业保障农产品和食品安全

在农产品和食品运输领域,电子标签、电子条码、无线传感器网络、通信网络和计算机网络等的集成应用,可实现单个或集装农产品和食品的跟踪和可视数字化管理,对农产品从生产现场到仓库、从仓库到餐桌、从生产到销售全过程实行智能监控,可实现农产品和食品的数字化、可视化物流运输和管理,同时也可很大程度提高农产品和食品的品质。

5.1.2　技术篇

随着 3S(Remote Sensing,RS,遥感;Geography Information System,GIS,地理信息系统;Global Positioning System,GPS,全球定位系统)、物联网、云计算等技术在农业领域得到应用,传统农业正在加快向现代农业转型,智慧农业成为现代农业未来发展的趋势。

1.RS 技术在智慧农业中的应用

RS 技术是指以飞机、人造地球卫星、航天飞机等为运载工具,通过在其上安装的探测仪器,获取和记录地球表面上物体或景观的电磁辐射信息,并经过信息的传输及处理,识别出地物或景观的属性、分布及其发展演化的规律,进而对地球的资源、环境等进行研究分析的综合技术。

应用一:土地资源信息感知

土地资源信息感知是农业信息感知中的重要组成部分,是智慧农业实现的基础保证。遥感具有采样范围大的特点,可以在较大范围内对农业资源进行快速调查。而随着遥感影像分辨率的不断提高,农业资源调查的精度也在不断地提高。

应用二:作物长势信息感知

不同的作物具有不同的光谱反射特性。不同的作物生长阶段和环境的差异也会引起光谱反射特性的变化。作物长势是作物生长发育状况评价的综合参数,长势监测是对作物苗情、生长状况与变化的宏观监测。利用 RS 技术对作物生长的不同阶段进行监测,获得不同时间序列的图像,结合由物联网技术得到的监测数据判定它的营养、水分状况及生理状况,自动进行液体肥料施肥、自动灌溉、自动降温、自动喷药等自动控制。

应用三:作物生态环境信息感知

相比于物联网的无线传感节点,遥感可以在大范围上把握农作物的生态环境信息。应用 RS 技术可以实时监测土壤侵蚀面积、土地盐碱化程度及其变化趋势,也可以对土壤水分、养分和水体环境及水体污染等作物生态环境进行动态监测。

应用四:作物产量估产

作物产量是重要的经济情报,因此每个国家都很重视作物产量的估算。生产者可以根据各种植被指数,如比值植被指数(RVI)和归一化植被指数(NDVI)等来估算农作物产量,实施农业宏观调控。

应用五:灾害损失评估

气候异常、极端天气等自然灾害影响着作物的生长,RS 技术可以监测与定量评估作物受灾程度。利用 RS 技术提供的信息结合作物的生长日历特点可以较准确地评估作物受灾面积及程度,针对具体受灾情况,进行补种、浇水、施肥或排水等灾后生产自救措施,尽可能地减少损失。

2. GIS 在智慧农业中的应用

GIS 是在计算机硬件、软件系统支持下,对整个或部分地球表层空间中的有关地理分布数据进行采集、储存、管理、运算、分析、显示和描述的技术系统。GIS 作为智慧农业的核心组件,将 RS、GPS、专家系统、决策支持系统等组合起来,可以实现农业信息的存储、分析和智能处理。

应用一：农田信息可视化与专题图制作

与一般的信息系统相比较，GIS 具有空间信息可视化功能，它可将获取的各种田间信息图形化，绘制各种田间信息的空间分布图，以二维平面、三维立体以及动态等方式形象展现，便于用户直观分析、查询和统计。GIS 具有制图功能，它可以将各种专题要素地图组合在一起，产生新的地图，为智慧农业信息提供一个直观的展示平台。如：制作病虫灾害覆盖图、耕地地力等级图、农作物产量分布图以及农业气候区划图等农业专题地图。

应用二：农业信息空间分析与建模

农业信息空间分析与建模是智慧农业智能决策的技术基础。GIS 针对数据存储格式的不同，提供了多种不同类型的空间分析方法。在农业领域较为常用的空间分析方法包括空间插值、缓冲区分析、叠置分析、地形分析、流域分析以及空间统计分析。这些空间分析方法可以与各种专项模型相结合，进行农业信息的预测、评估以及划分等，为农业决策提供实时、可靠和快速的依据。

3. GPS 在智慧农业中的应用

GPS 可以提供实时、全天候和全球性的导航、定位、定时服务。农业信息空间和时间变化量的采集是实现智慧农业的关键之一，GPS 在智慧农业中具有核心地位，其实时定位和精确定时功能可为智慧农业提供实时、高效、准确的点位信息，从而实时对农田水分、肥力、杂草和病虫害、作物苗情及产量等进行描述和跟踪；为农机作业提供高效导航信息，使农业机械将作物需要的肥料送到准确的位置，将农药喷洒到准确位置。

应用一：空间和时间定位

智慧农业中 GPS 主要用于定点定位，即测量指定点的经度、纬度和高程，以确定其具体位置。如：用来确定田间地块土壤信息采样点位置，然后结合其土壤的含水量、氮、磷、钾、有机质、病虫害等不同信息的分布情况，辅助农业生产中的灌溉、施肥、喷药等田间操作。另外在翻耕机、播种机、田间取样机、施肥喷药机、收获机等农具上安装GPS，可以精确指示机具所在位置坐标，对农业机械田间作业和管理起导航作用，如行驶中如何转向、何时转向。

应用二:土地更新调查

GPS 在土地数据采集中的应用常常分两种情况:一是直接用 GPS 技术对土地空间数据做实时更新和采集;二是把 GPS 接收机的实时差分定位技术与地理信息系统的电子地图相结合,组合成各种土地数据的野外测量系统;另外 GPS 还可以直接应用土地空间数据的采集,提供辅助的定位数据,可大大提高成果数据的精度和扩大应用范围。

应用三:监测作物产量

结合 GIS 监测作物产量,并绘制作物产量分布图。在作物田间收割时,结合收割机上装有的 GPS 接收机记录下该植株所处位置,利用产量监测器记录下植株产量,并通过计算机绘制出每块土地的产量分布图。

4. 3S 技术的集成应用

在智慧农业中,单纯地运用 RS、GIS 与 GPS 中的某一种技术往往不能满足需要,不能提供智慧农业实施过程中所需要的对地测量、存储管理、信息处理、分析模拟的综合能力。将 RS、GIS、GPS 有机结合,构成一个一体化信息获取、处理、应用的技术系统。在 3S 集成技术中,RS 是 GIS 的一个重要数据源和强有力的数据更新手段,GIS 作为一种空间数据管理、分析的有效技术,可以为 RS 提供各种有用的辅助信息和分析手段,而 GPS 则为 RS、GIS 系统中处理的空间数据获得准确的空间坐标提供了获取和定位手段,并且可以作为一个数据源为 GIS 提供相关数据,三者已发展成为不可分割的整体,相互渗透相互补充,3S 技术真正将农业空间信息的精确采集和利用变成了现实。

5.1.3 应用篇

1. 案例一:中国移动山东公司

中国移动山东公司充分发挥移动通信"实时性、个性化、交互性、广泛性"的优势,积极推进物联网技术在农业的应用,推出了"大棚管家""智慧稻草人"等农业智能管理平台,搭建了"农信通""新华农信"等信息服务平台,打造"智慧农业",帮助农民实现专业化、精准化的农业生产管理,以信息技术助力传统农业向现代农业转变,为农业生产带来了翻天覆地的变化。

（1）"大棚管家"

"大棚管家"智能农业管理系统由无线传感器、远程控制终端和信息管理平台组成，高度集成，体积小，功能全。通过在大棚内安装的传感器实时采集大棚内的空气温度和湿度、棚外风速等数据；远程控制终端接收、显示并汇总这些数据，通过移动网络传到信息管理平台；信息管理平台分析数据给出相应的农业生产建议，以短信形式发送到农民的手机上。该系统具备远程诊断功能，农民将有病、虫、害特征的农作物拿到远程控制终端上的摄像头下进行拍摄后，通过移动网络自动传到信息管理平台后台，专家将提供防治建议，并以电话或短信的形式与农户进行沟通交流，给予相应指导。系统可与大棚现有遮阳网、风机、加湿帘、天窗等设备对接，利用手机远程控制，坐在家里就能实现大棚自动遮阳、降温、自动通风、自动加湿等功能。

（2）"致富宝"手机普及农业致富信息

利用卫星遥感监测等先进技术和国家土壤、水利、种植科技数据库，通过整合多种涉农资源，建立了集农业科技及市场信息采集、信息传输、信息发布平台于一体的辐射各涉农部门的农村信息化服务网络。该信息化服务网络上联部、省、市，下联县、乡、村级信息服务点、龙头企业、农民专业合作社、种养大户、基层农户的农村信息化服务网络，整合中科院和分散在各涉农口的农业种植、生产资料采购、农产品流通等权威信息资源，以无线农业信息机、"致富宝"农业信息手机、电脑等为载体，依托山东移动强大的网络，第一时间将信息送到基层农户手中，提升农业生产效率。

（3）"智慧稻草人"可视监管实现绿色种植

"智慧稻草人"农业智能管理系统是集农作物种植环境信息数据采集、存储、传输和管理于一体的综合信息智能管理系统。它包括田间的数据采集和视频监控系统、移动网络传输系统以及后台的作物生长智能管理系统。"智慧稻草人"通过传感器收集麦田土壤温湿度、大气温湿度、风速、风向、气压、辐射、光照度、二氧化碳浓度等参数，并通过山东移动网络传输至后台的智能管理系统。可使参与项目的全国各地的农业专家，通过手机或电脑，远程登录管理系统，实时了解小麦生长的各项数据，远程获取土壤改良和作物生长等情况，及时跟进盐碱地土壤改良和小麦品种优化等科研项目，指导农民进行田间管理，实现了小麦种植的数据化和精细化。同时，"智慧稻草人"实现了对麦田的视频监控，使管理人员可以实现对麦田的 24 小时可视化监管，对小麦的用药、施肥、灌溉等全过程进行监控,防止违规操作,实现绿色种植。"一来可以帮助农民科学种植,二来可以提高农作物质量。"农业专家介绍说:"有了'智慧稻草人'的监控,绿色种植实现了可视化管理和追溯。"[65]

2. 案例二:相思葡萄的智能化种植

地处中国南疆的广西,是适宜葡萄生长的特殊区域,依靠独特的"一年两收"技术,即使在寒冷的冬天,人们还可以品尝到新鲜的优质葡萄。然而,要掌握好"一年两收"的种植技术可不简单,因为生产管理人员需要在葡萄生长过程中及时准确地掌握周边环境温度、湿度、光照强度等环境变化信息,并对高温、低温、高湿、弱光等特殊情况进行及时处理。

在广西众多的葡萄种植企业中,南宁相思葡萄农业科技有限公司正是其中的佼佼者之一。走进他们在南宁市郊区的葡萄种植基地,看着棚内热火朝天的繁忙景象,大家都想进一步了解他们成功的秘密。据相思葡萄的负责人介绍说,公司在南宁、柳州、桂林等地拥有多个葡萄种植基地,为了保证一年两收葡萄的高品质,公司技术人员经常奔走于广西各生产基地,详细了解记录各大棚内的温度、湿度、光照强度变化,并提醒现场工人及时开启降温、除湿等设备,避免损伤葡萄。但这样一来,不仅工作效率低,也不能及时了解现场情况,碰上天气突变的时候,损失是在所难免的。另外,由于生产基地地域分散,农技人员水平参差不齐,如何保证公司的标准化作业流程能够得到准确贯彻,降低现场人员的随意性,也是企业一直关注的问题。若墨守成规保持现有的管理模式,未来建立本区域最大的葡萄产业集团的梦想恐怕难以实现。

慧云信息作为国内专业的"智慧农业"解决方案提供商,在了解到相思葡萄的困扰后,从客户需求出发,推荐其使用基于"物联网、移动互联网"技术研发的"慧云智能农业监控系统"与"慧云标准化生产管理系统",帮助相思葡萄解决当前面临的地域分散、监控不及时、标准化难以落地等诸多问题。

通过使用"慧云智能农业监控系统",相思葡萄在各生产基地大棚内搭建起无线传感网络,安装传感器、控制器、智能相机等监控设备,农技管理人员随时随地都可以通过手机监测到大棚内温度、湿度、光照强度的变化;同时配合远程自动化控制系统,对大棚内的降温、排风等设施进行智能化控制,如气温达到38度时自动启动降温,随时调控棚内环境,掌握葡萄生长状态。

相思葡萄还将企业关于葡萄种植的标准化作业流程录入到"慧云标准化生产管理系统"之中,让管理系统按照设定条件,自动完成工作任务的创建、分配、跟踪与管理。使一线生产管理人员能随时使用手机接收工作任务,汇报工作内容,避免个人经验主义。例如在葡萄育苗期,生产管理系统会给各地生产管理员手机发送育苗任务,提醒他们需要将葡萄苗盖到沙床里面,保持充足的水分。然后,企业负责人就可以在手机或电脑前看到各地回传的图片,以及关于育苗情况的汇报。如果发现问题,还可以及时与现场沟通,使葡萄种植的标准化管理真正落地。

系统部署完成后,慧云和相思葡萄构建了定期沟通与服务机制,确保客户放心顺利使用全套系统。慧云智能农业监控系统与标准化生产管理系统实现了全地域全天候的实时监控,确保千里之外的精准决策,为打造广西区域高端葡萄品牌,建立本区域最大的葡萄产业集团的梦想奠定了基础。[66]

3. 案例三:日本智慧农业发展经验借鉴

日本政府高度重视农业物联网的发展。2004 年,农业物联网被列入日本政府计划。当时日本总务省提供 U-Japan 计划,其核心是力求实现人与人、物与物、人与物之间相联,在未来形成一个人或物均可互联、无处不在的网络社会,其中就包括了农业物联网技术。

截至 2014 年,全日本已有一半以上农户选择使用农业物联网技术,这不仅大幅提高了农产品生产效率与流通效率,也有助于解决农业劳动人口高龄化和劳动力不足等问题。日本政府提出,到 2020 年,受益于生产效率和流通效率的提高,其农作物出口额有望增长至 1 万亿日元,同时农业物联网将达到 580 亿至 600 亿日元规模,农业云端计算技术的运用占农业市场的 75%。此外,日本政府还计划在 10 年内以农业物联网为信息主体源,普及农用机器人,预计 2020 年农用机器人的市场规模将达到 50 亿日元。借鉴日本智慧农业发展经验,可从以下几点分析:

(1)政府重视农业信息化体系建设

首先,重视农村信息化的市场规则及发展政策的制定。日本政府根据农业生产生活的市场运营规则,建立了若干个专门咨询委员会,制定了一系列制度性规则和运行性规则,约束市场各方的行为规范,并根据实际需要制定了发展政策,促进市场的有序运行。其次,重视农业基础设施的建设。日本历届政府都十分重视农村的通信、广播、电视的发展。目前,日本农林水产省正在制定一项名为"21 世纪农林水产领域信息化战略"的计划,计划的基本思路是大力充实农村的信息通信基础设施,如铺设光缆等,以建立发达的通信网络。

(2)建立了完善的农业市场信息服务系统

日本的农业市场信息服务主要由两个系统组成,一个是由"农产品中央批发市场联合会"主办的市场销售信息服务系统。日本现已实现了国内 82 个农产品中央批发市场和 564 个地区批发市场的销售数量及海关每天各种农产品的进出口通关量的实时联网发布,农产品生产者和销售商可以简单地从网上查出每天、每月、年度的各种农产品的精确到公斤的销售量。另一个是由"日本农协"自主统计发布的全国 1800 个"综合农业组合"组成的各种农产品的生产数量和价格行情预测系统。凭借着两个系统提供的精确的市场信息,每一个农户都对国内市场乃至世界市场什么好销、价格多少、每种农产品的生产数量了如指掌,并可以根据自己的实际能力确定和调整自己的生产品种及产量,使生产处于一种情况明确、高度有序的状态。值得一提的是,日本十分重视民间在提供市场信息方面的作用。日本各地的农产品批发市场均为经营性的特殊法人。政府为批发市场的运行制定了一套严密的法律。根据这些法律,批发市场有义务及时地将每天的各种农产品的销售及进货数量、价格上网公布。由于一个市场信息发布工作做得越好,它的交易量就可能越大,因此,日本的农产品信息发布做得准确、及时和全面,对整个农业起到了良好的指导作用。

(3)完成了农业科技生产信息支持体系

日本前瞻产业研究院《中国互联网＋智慧农业趋势前瞻与产业链投资战略分析报告》指出:日本的农户自身基本不具备科技开发能力,生产所需的各种科学技术大多来自于国立和民间的各种农业科研机构。为此,日本十分重视信息技术作为载体在农业科技推广中的作用。日本现在已将 29 个国立农业科研机构、381 个地方农业研究机构及 570 个地方农业改良普及中心全部联网,271 种主要农作物的栽培要点按品种、地区特点均可在网上得到详细的查询。其中,570 个地方农业改良普及中心与农协或农户之间可以进行双向的网上咨询。而且,日本正在逐步完善农用物资及农产品销售的网上交易系统。日本对于电子交易在农业领域的应用十分重视。日本于 1997 年制定了"生鲜食品电子交易标准",建立了生产资料共同定货、发送、结算标准,并正在对各地的中央批发市场进行电子化交易改造。[67]

(4)计算机网络系统的应用发展迅速

日本早在 1994 年年底就已开发农业网络 400 多个,计算机在农业生产部门的普及率已达到 93%。20 世纪 90 年代初建立了农业技术信息服务全国联机网络,即电信电话公司的实时管理系统(DRESS),其大型电子计算机可收集、处理、贮存和传递来自全国各地的农业技术信息。每个县都设有 DRESS 分中心,可迅速得到有关信息,并随时交换信息。近两年开发的农业技术情报网络系统,借助公众电话网、专用通信网、无线寻呼网,把大容量处理计算机和大型数据库系统、互联网网络系统、气象情报系统、温室无人管理系统、高效农业生产管理系统、个人计算机用户等联结起来。政府公务员、研究和推广公务员、农协和农户,可随时查询、利用入网的各种数据,这些数据有农业技术、文献摘要、市场信息、病虫害情况与预报、天气状况与预报、世界或本国或本县地图、电子报刊、音像节目、公用应用软件等。与此同时,日本政府十分重视农村计算机的普及与应用,日本农户购买计算机可得到一定补助,针对日本农业人口大多已 65 岁以上的现实,日本开发了由老年人使用的专用界面,还开办了各种类型的培训班,政府所派的农技指导员除了教农民农业技术以外,还承担了计算机的教学工作,促进了农村计算机的普及。[68]

5.2 工业智慧化

5.2.1 背景篇

2013 年 4 月,在德国汉诺威工业博览会上,德国公开推出了"工业 4.0"这一概念,成为最早提出该概念的国家。2014 年 10 月,李克强总理出访德国,提出中国要与德国合作发展"工业 4.0"。中国已在制定工业升级计划,《中国制造 2025》顶层规划也已经出炉,据悉,该计划参照了德国"工业 4.0"的时间表。

相较于第一次工业革命的蒸汽时代、第二次工业革命的电气时代、第三次工业革命的信息时代,"工业 4.0"被认为是利用信息化技术促进产业智能计划变革的新时代,是以智能制造为主导的第四次工业革命。"工业 4.0"概念实现了由集中式控制向分布式增强型控制的基本模式转变,目标是建立一个高度灵活的个性化和数字化的产品与服务的生产模式。

德国联邦政府提出"工业4.0"战略并且在2013年4月汉诺威工业博览会上正式推出,其目的是为了提高德国工业竞争力,在新一轮工业革命中占领先机。该战略已得到德国科研机构和产业界的广泛认同,弗劳恩霍夫协会在其下属6~7个生产领域的研究所引入"工业4.0"概念。西门子公司也已经开始将这一概念引入其工业软件开发和生产控制系统。

"工业4.0"概念实现了由集中式控制向分布式增强型控制的基本模式转变,目标是建立一个高度灵活的个性化和数字化的产品与服务的生产模式。产业链分工将重组。德国学术界和产业界认为:"工业4.0"概念是以智能制造为主导的第四代工业革命或革命性生产方式。

工业4.0主要分两大主笔:一是"智慧工厂",重点研究智能化生产理论及过程,以及网络化分布式生产设施的实现;二是"智能生产",主要涉及整个企业的生产物流管理,人机互动以及3D打印技术在工业生产过程中的应用等。

"智慧工厂"的内核其实就是基于物联网的"物联工厂"(FoT)。日常环境的物联网正在转变为工厂环境的"物联工厂",其概念的内核包括物联网基础技术、结构柔性、内容集成、语义描述、全局标准化参考架构,精益技术和精益信息贯穿其中。物联工厂主要涉及三个方面:架构、信息管理、用户支持。

(1)架构

新智能现场设备的加入以及分散自动化的提升,对减少集成工作的方法提出了需求。以服务为导向的架构(SOA)概念是一个强有力的将功能软件模块与大型IT系统集成的分散式方法,对于自动化技术的软件架构是一个很好的补充,包括机电一体化功能集成和智能现场设备。研究主题包括从商务软件到自动化领域的架构转换、方法、协议和工具,以及工业现场设备中即插即用原则的实现。研究重点有以下两个:通过即插即用技术实现设备集成;自动化中以服务为导向的架构(SOA-AT)。

——通过即插即用技术实现设备集成。主要关注:物理与软件接口的建模和标准化,提供数据以配置现场设备,面向生产环境的适当即插即用技术的开发与适配。

——自动化中以服务为导向的架构。主要关注:面向自动化的、基于以服务为导向概念的统一通信模型构建,在自动化中应用 SOA-AT 的概念和方法开发,面向技术实施的技术评价和评估。

(2)信息管理

在生产环境中互连的设备顺利执行功能以及自主行动的一个必要条件,是对数据和信息环境的清晰表达。自动化"金字塔"的所有层级都产生大量数据和信息,它们都与各自的机器、工厂和设施连接,并且从外部不可见。由于基于生产的数据和信息的语义注释是可视的、依环境提供的,这种环境敏感的自动化增加了柔性以及提高了工厂的效率。研究重点有三个:物联工厂中语义技术的重要性及其使用;通过环境敏感的自动化达到生产环境中柔性的新维度;工厂系统中用于优化工艺的空间环境信息的使用架构。

——物联工厂中语义技术的重要性及其使用。主要关注:在生产环境中识别并处理适当的知识源(知识获取);产品、工艺和工厂的语义描述;生产中服务的动态定位和自动编排。

——通过环境敏感的自动化达到生产环境中柔性的新维度。主要关注:将环境感知计算原则转移到自动化中;构建统一数据格式和接口,以阐明动态工厂环境以及数据谱系的提取和建立。

——工厂系统中用于优化工艺的空间环境信息的使用架构。主要关注:开发一种数据格式,实现空间环境信息的统一表达;形式描述的知识库构建,以解释环境信息;实现来自不同环境源信息的集合与语义解释的总体架构。

(3)用户支持

在物联工厂,关注点在人员。未来的技术系统必须使自己适应人的能力,即useware 工程(根据人的能力和需求进行技术设计),从信息学到工厂自动化领域的方法和工具都需要基于模型的用户界面。这些模型、方法和工具的应用还包括工厂环境内的机器移动操作和泛在用户支持。研究重点有四个:基于模型的用户界面开发;人机交互图像驱动的用户界面术语适配;与工业现场设备进行基于直观任务的通信;工厂环境中的泛在用户支持。

——基于模型的用户界面开发。主要关注:将基于模型的用户界面开发(MBUID)的原则从信息学到自动化技术的转移;基于模型的连续架构和软件工具链的开发;useware 开发过程中的可用性范本形式化与集成。

——人机交互(HCI)图像驱动的用户界面术语适配。主要关注:以用户和任务为中心的用户界面术语生成;环境集成,以表达依赖用户的相关信息;通过模型组成部分再利用减少开发时间。

——与工业现场设备进行基于直观任务的通信。主要关注:现场设备的直观识别;通信接口的自动配置;并行多用户操作的实施;N∶M 通信链的安全操作。

——工厂环境中的泛在用户支持。主要关注:实践知识转换为形式化知识模型(辅助系统数据库的构建);开发与建档过程的接合与标准化;基于移动、交互和环境的形式化实践知识提供。

1. "软件制造"和"3D 打印技术"是第三次工业革命的标志性技术

"软件制造"是与第一、第二次工业革命不同的重要标志,前两次工业革命的产品是大量的硬件制造,是各种硬件制造的产品,而第三次工业革命与前两次工业革命不同的重要一点是凡是信息高度密集,需要更多的智慧的核心控制关键部位,都可以用"嵌入式软件和嵌入式微电子芯片制造"。我们简称它为"软件制造",这里"软件制造"不同于一般的普通软件,它包括数字化、数字制造和智能制造,具有人工智能、数字制造、CNC 电脑数控和智能机器人的核心技术,具有 DASP 数据采集和信号信息处理的各项功能,大数据技术、数控技术和数据融合与整合,各种智慧功能和专家系统实现高度自动化,智能化的包含人脑工程的智慧化技术,包括各种智能算法和高精度先进算法和嵌入式芯片系统。如神经网络、故障诊断分析、多模态分析、传函控制与反演技术、模糊控制等等。软件可以聚合人类的各种智慧,先进软件的核心是数字化、数控和智能化及自动化及先进的信息技术相结合的集成先进的智慧技术。

2. "软件制造"与"数字化""数字制造"及软件的关系

"软件制造""数字制造"是当今热门词汇。现在和将来所有的信息都是数字化——万物数字化,变成了一大堆数据(数码),即转化成数列或数组,同时引出了"大数据时代"概念。数据经过各种计算方法及信号、信息的处理,失去了原本的物质性,转变成了一堆"软件"。数字化只是其中一个过程,数字化过程中物理量的模拟量变成了数字量,经过一定的算法和特殊设定的处理,再通过专家的智慧编辑,变成了"软件"。最常用的数字化取决于数据采集过程中模数转换的量化精度,通常称为 A/D 位数和采样频率(次砂)。而 A/D 采样位数和采样率由硬件决定,因此数据序列的本身精度也就确定了。但由于采样"数码"变成有用"数据"和信息时所采用算法的不同,精度也不同,从而它们对信号和信息的智能化处理就有很大的区别,因此,不同的软件版本会有不同的结果。

经过数字化、数字制造(各种算法和智能处理)的数据变成了一堆软件。数据处理方法本身可以变成软件,大量的数据也可以变成软件,不同的软件,实质上在数字化中来看,它是按不同的规则编辑的"...0,1,0,1..."一堆二进制码,从而数字化。数字制造的最终产物就是软件,简单说,我们普通用户需要的是"少量的硬件和大量的软件"组成的智能产品,如智能手机、iPAD。用户不会去买"数字化",也不关心"数字制造"过程,用户只关心硬件和软件的功能和结果。如东方所 DASP 软件中独创的 YSL 高精度频率幅值计算法与常规 FFT 方法结果可差 10 倍之大,即精度高出一百万倍。而谷歌的搜索引擎中的计算方法比一般的算法要好。软件和数字制造都要数字化,但知识量的不同差别是非常之大的,简直像小学生和博士生差别一样大。

"软件制造"是由高度数字化的数字制造与嵌入式软件和嵌入硬件—微电子处理芯片构成,取代现在传统的制造业中的高端制造产品。它包括了数字化、数字制造和软件制造的全过程,包括了数字化初级阶段(狭义数字化—物理量直接的 A/D 转换)和高级阶段(广义数字化、万物数字化),促进了大数据和社会计算时代的到来,如文字的处理和社会意识、社会科学、管理科学的数字化,包括了各种智能智慧软件和高端高精度的硬件。"软件制造"是简明扼要的名词,是区别传统硬件制造的名词,是科学简明的中国创造的专业用词。本书建议用"软件制造"来代替"数字化""数字制造"、数值控制、计算机数值控制 CNC、智能制造、智能机器人技术等一大堆新名词,这样显得更加科学和简洁明了。

"软件制造"是区别于前两次工业革命的传统的硬件制造的核心,制造方式发生革命性变化,将极大地节省包括材料、能源在内的地球资源,造福人类。这是云智慧科技的标志特征之一。其核心特征是制造业的"五化":"数字化"(包括狭义的和广义的)、"软件化""互联化""个性化",最终达到"智能化(智慧化)"。

3."软件制造"与云智慧科技是第三次工业革命乃至"互联网＋"和"工业 4.0"中,一个最重要的特征和基石

"软件制造"是 1979 年 11 月中国人提出的原创概念,而 2012 年中国人又原创提出软件制造"一切"的概念,指出云智慧科技是核心发动机,这是第三次工业革命乃至"互联网+"和"工业4.0"中一个最重要的特征和基石。在计算机当中,硬件是基础,真正的"灵魂"是软件。此外,互联网中大量存在的也是在一定的硬件基础上运行的软件;云计算需要大量的软件支持,大数据也需要软件的更新处理;同样,3D打印也是靠先进的软件技术来实现其功能的。现在,照片、图书、地图、电影、电视、电话、传真、唱片、录音机、录像机、放映机等都可以通过软件实现。除此之外,越来越多的应用软件出现在智能手机、U盘等移动设备之中,而大量的嵌入式系统的使用使之越来越人性化、智能化,软件在其中起到了至关重要的作用。由此可见现在的"软件制造"已经不仅仅是软件制造仪器,而是软件用于整个制造业,乃至整个国民经济。在第四次工业革命中定会产生大量高度智能化(智慧化)的软件("聪明"软件),从而进入云智慧科技时代。[69]

5.2.2 前景篇

"互联网+""工业4.0""云智慧科技"是第四代工业革命;"云智慧科技"是"互联网+"和"工业4.0"的核心科技和基石,实际上是智能化生产。它与第三次工业革命不同的是:它是"互联网+机器人+自动化+个性化+3D打印+软件制造"的高效率生产。它可以在全球实现研发和下订单,通过智能化、物联网和现代物流,商品实现全球化派送。

"工业4.0"是指未来的工业生产方式将向定制化、合理化、分散化、融合化转变,将使得互联网企业与工业企业的边界逐渐被打破,生产企业与服务企业的边界日益模糊,产业融合化促进服务型经济,为网络化、智能化、服务化创造条件。

1. 中国制造2025

"中国制造2025"项目,应对新一轮科技革命和产业变革,立足我国转变经济发展方式的实际需要,围绕创新驱动、智能转型、强化基础、绿色发展、人才为本等关键环节,针对先进制造、高端装备等重点领域,提出了加快制造业转型升级、降本增效的重大战略任务和重大政策举措,力争到2025年从制造大国迈入制造强国行列。

"中国制造2025"以体现信息技术与制造技术深度融合的数字化、网络化、智能化制造为主线,提出了四大转变:由要素驱动向创新驱动转变;由低成本竞争优势向质量效益竞争优势转变;由资源消耗大、污染物排放多的粗放制造向绿色制造转变;由生产型制造向服务型制造转变。[70]

"中国制造 2025"和德国"工业 4.0"都是在新一轮科技革命和产业变革背景下,针对制造业发展提出的重要战略举措,两者既有很多相同之处,也有很多不同之处。虽然中国和德国工业发展的水平不在一个起点上,也不在一个水平线上,但从目前情况来看,德国要实现"工业 4.0"也需要 8～10 年的时间,它在时间上和我们的"中国制造2025"大体在一个时间段。从内容上看,德国"工业 4.0"和我国的工业化和信息化深度融合有异曲同工之处。[71]

5.2.3　应用篇

"制药工业 4.0"的发展趋势与"工业 4.0"的发展大体相同,但是由于药品是一种特殊的商品,具有专属性、两重性、质量重要性以及限时性这四个方面的特征,再考虑到药品质量要求特别严格,生产过程要求高,药品供应时间性强,品种多,更新快这些特点,我们容易发现"工业 4.0"的理念不可以都应用在制药行业。比如定制化设计,如汽车、电子产品的研发更多的依赖于客户的喜好,而制药行业,从药品的研发到商业化生产一般需要十多年的时间,不能从患者的角度出发开始研发,也就是很难做到定制化设计。所以面对"工业 4.0"这个最新的战略形势,合理地分析与应用是打造智慧工厂的基本原则。

整个物联网和服务网是未来制药"工业 4.0"智慧工厂的一个基本架构,包括整个生产线相关的控制系统、产品制造技术等。未来智慧工厂将具有完整的制药体系、设备高度信息化、智能化,图 5-1 展示了"制药工业 4.0"智慧工厂的基本架构,一般分为设备层、执行层、运营层、决策层。处在上层的是与生产计划、物流、能源和经营相关的ERP、CRM、SCM 等,以及产品设计、技术相关的 PLM;处在中间的是与制造生产设备和生产线控制、仓库管理相关的 MES、QMS、WMS 功能;处在最下层的是感知层,也是至关重要的一层,我们的数据通过设备层的 PLC、DCS 传出,实现产品信息的采集以及追溯等。

1. "制药工业 4.0"的发展路线

"制药工业 4.0"解决方案将经历简单应用、解决方案整合创新、新型工业互联、形

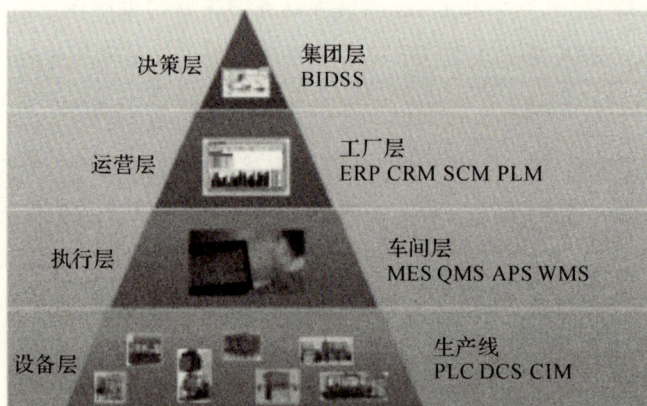

图 5-1　制药工业 4.0 智慧工厂的基本架构

成强大生态体的演进过程。

第一阶段:局部技术试点,对硬件、软件进行双向突破,寻求生产线的试点推广。可以从传感器和传感器网络、RFID、制药工业大数据的应用为切入点,实现过程控制、生产环境检测、制造供应链跟踪、远程诊断管理等物联网应用。

第二阶段:车间自动化改造,提高设备性能,提高连续化程度,提高车间自动化程度,减少人员干预,提高车间整体效率。

第三阶段:打造数字化工厂,高度数字化、网络化,实现大数据集成,推动 MES 与 ERP 的落地。

第四阶段:实现集团化智慧工厂,推出创新整合的解决方案,打通集团各工厂间的数据网络,资源调配、产能调配、提高利用率,真正实现智能生产与智能工厂。

2. 制药工业 4.0 相关技术

(1)全自动设备

在多年的制药实践中,我们发现越来越多的客户采用全自动配液系统、全自动进出料系统、全自动灯检机、全自动包装线、智能化水系统以及全自动空调净化系统等。使用全自动设备可以大大减少人力,降低产品运营成本。

(2)软件

随着"工业 4.0"的高标准要求提出,IVIES、ERP、LIMS、QMS 等系统将广泛应用在制药行业。例如 IVIES 系统,将企业管理信息系统与过程控制系统有效整合,对生产数据采集、传输与处理,产品质量跟踪与动态成品控制,在线质量监控与管理,实施在线优化调度与成本管理等功能进行集成,从而实现了产品制造的全程跟踪,对制药企业的信息化管理起到非常重要的作用。

(3)自动化立体仓库

自动化立体仓库,是物流仓储中出现的新概念。利用立体仓库设备可实现仓库高层合理化、存取自动化、操作简便化;自动化立体仓库,是当前技术水平较高的形式,在管理上采用计算机及条码技术。自动化立体仓库提高了空间的利用率,且便于形成先进的物流系统,提高企业生产管理水平。

3.实现"制药工业 4.0"的三个阶段

(1)自动化

实现"制药工业 4.0"的最基本原则就是设备的自动化,然而一般客户普遍注重成本,但实际上自动化并不是提高成本,相反,自动化是降低成本的有效保证。自动化可以避免人工成本带来的生产偏差和因偏差而引起的一系列成本,使生产出来的产品无差别化,有利于大规模、大批量生产,自动化能向使用者提供稳定的产品。人工操作却无法避免人为的失误和偏差。设备自动化在降低成本、保证质量的基础上还有一个优势,能够快速地安装调试好设备,让客户尽快投入到正常生产运营中去,也为客户节约最大的时间和空间,能够保证客户快速投入无偏差的可靠生产中去。

(2)信息化—大数据

人类正从 IT 时代走向 DT 时代,大数据是工业互联网的命脉。我们一方面要实现智能生产:通过信息物理系统(CPS)实现工厂/车间的感知层和设备层的数据与企业信息系统融合,使得生产大数据传到云计算数据中心进行存储、分析,形成决策并反过来指导生产;另一方面要实现大规模定制:数据采集、数据管理、订单管理、智能化制造、定制平台等。定制数据达到一定的数量级,就可以实现大数据应用。通过对大数据的挖掘,实现流行预测、精准匹配、时尚管理、社交应用、营销推送等更多的应用。同时,大数据更能够帮助制造业企业提升营销的针对性,降低物流和库存的成本,降低生产资源投入的风险。

大数据能够提高设备效率、提高成品率,将作为智慧工厂的必要元素,在制药工业得到了广泛的应用,如系统自动生成电子批记录、偏差处理、偏差管理、预防性维护、设备远程托管、动态监视、能源管理等。

生产车间环境、设备远程报警：可以将各个车间环境和设备产生的关键报警在监控屏幕上滚动显示，并可自定义发送关键报警到指定手机用户。

WEB方式监控车间状态：不管是通过电脑上网还是手机上网，只要有网络就可以随时随地查看车间设备运行状态和实时数据。

（3）智能化

智能化阶段，制药企业将广泛使用智能制造装备并应用计算机网络技术，实现智能生产，从而构建高效节能、绿色环保的智慧工厂。

未来药企将普遍使用全自动设备，实现高标准的信息化管理，其生产将更加灵活化，能够缩短任务转换时间，允许实时满足客户需求的动态产品规划，这有利于原料和供应链的"微调"。同时3D打印技术、自动机器人技术等新技术的应用也将促使能力的变化，简单的人机交互可以降低对技术工人的需求。总之，无人化的生产模式将是"制药工业4.0"智慧工厂的终极目标。

4."制药工业4.0"的现状

纵观制药工业发展水平，自动化、信息化程度普遍不高、现阶段制药行业不管在设备方面还是整个软件工艺方面都存在很多问题。

在技术方面，制药行业在大规模制造时产量大，多产品共线时规格多，而在设备、设施、工程之间接口又不兼容，没有统一的设计。这是由于传统的工程项目实施，客户一般会寻找很多家供应商，而不同部分的系统又没有统一的设计，很难做到系统层面的集成，且项目周期较长，项目管理很复杂。

在自动化方面，我国仅极少制药企业达到一定程度的过程自动化，绝大多数企业还停留在设备控制的单体自动化阶段。如在制剂生产方面，生产设备和过程大多是断离、孤立的；生产过程中的原辅料、中间产物的转运相当一部分还是以人工为主；相当一部分设备还不具备完整的重要质量参数和工艺条件参数的数据输出功能，更没有提供外部系统对其进行统一协调和优化控制的输入条件。

在信息化方面，很多药厂的生产过程不可视，不能实时了解生产现场在制品、人员、设备、物料等制造资源和加工任务状态的动态变化。药品生产的特殊性和复杂性（生产过程中包含了高温、高压、污染等一系列条件，生产环境复杂多变）也使得关键数据难以准确采集。部分药厂现场数据信息大多依赖人工录入,增加了出错的机率,制造过程信息的真实性很难保证。还有一个常见的现象就是现场总线标准不统一,硬件、软件接口不统一,企业在总线使用上出现"八国联军",不同国家不同厂商的生产总线无法统一,数据信息传递出现障碍。

由此可见,现阶段还没有实现"两化融合"所要求的"生产过程的实时监测、故障诊断、质量控制和调度优化,深化生产制造与运营管理、采购、销售等核心业务系统的综合集成"。制药行业距离"工业4.0"的战略要求还差得很远。机遇和挑战并存,我们在看到机遇的同时,更要考虑好如何应对挑战。

5."制药工业4.0"智慧工厂的实施方法

聚焦中国国情,"中国制造2025"将推进信息化与工业化深度融合,支持有条件的企业由提供设备向提供系统集成总承包服务转变,由提供产品向提供整体解决方案转变。由此可见,总包工程将是未来制药行业解决方案的重要手段。

可以从以下几个方面进行实施:

(1)新生产线进行整体归划,由具有总包能力的供应商提供成套服务。总包工程可以对接口进行统一设计,大大缩短项目周期,在提高设备利用率、产品成品率的同时又满足对信息化管理的要求。在管理上,大项目经理制度可以高效地进行管理,将复杂系统简单化。

(2)老的生产线逐步进行改造,集成至整个系统中。随着整个制药行业的发展,老的生产线已呈现出越来越多的问题,需要逐步进行改造,如采用自动化设备,提高设备性能,采用先进技术,提高产品质量等。

(3)在车间级和工厂级的基础上完成集团级的整合。处在车间级和工厂级的企业需要借助信息物理系统(CPS),实现集团的智能生产、智能物流。

(4)更高层次的自动化水平。自动化和信息化的深度融合,将使制药行业的自动化水平提升到新的高度。

(5)结合新的技术和新法规,对企业的业务流程进行改造,达到高效、快速、实时、有效应对外部挑战和提高企业竞争力。

6.新技术对制药工业的影响

新技术的使用也是技术创新的一部分,将大大提高制药企业的产品质量,完善制药体系并增加企业竞争力。例如美国食品与药品管理局(FDA)近日批准了全球首个使用 3D 打印机制成的药物——SPRITAM。这是一种癫痫药物,该药物可在 10 秒不到的时间里就跟人体的血液相溶,且开处方的医生可以更便捷地知道每个药片的剂量,因为所有药片都是统一配制。

3D 打印技术极大地降低产品研发创新成本,缩短创新研发周期,并且能够简化制作以提高产品质量与性能;3D 打印能制造出传统工艺无法加工的零部件,极大增强了工艺实现能力;此外 3D 打印提高了难加工材料的可加工性,开拓了绿色的制造模式。

3D 打印将会变革传统制造模式,形成新型制造体系。这也说明新技术的应用在提高企业竞争力的同时将会大大缩短制药企业实现智慧工厂的时间。[72]

5.3 金融智慧化

5.3.1 理念篇

产品及应用数字化的特性,使得 IT 技术具有金融行业的天然属性,无论是从产品的设计、生产、销售还是其后的服务,金融业的自动化及其创新主要依靠信息技术。世界范围的经验表明:在所有信息密集的经济活动中,金融业总是引进信息技术的先锋,而且广泛地带动其他经济部门对信息技术的应用。在中国,金融行业的 IT 应用在各行业中一直处于领先位置,是继电信行业之后 IT 投入最大、应用最广泛的行业。

智慧金融就是通过信息技术的支撑使现代金融行业在组织结构、业务流程、业务开拓以及客户服务等方面得到全面提升,具体表现为:通过动态的 IT 基础架构及时响应金融业务的需求;通过对海量数据的智能分析与优化,提升金融业务决策支持能力;通过感知客户行为模式的变化提供个性化金融产品与服务;通过风险管理规避各类金融风险。

简单地说,金融就是资金的流通,而智慧金融就是资金更迅速、更高效、更安全的流通。智慧金融是在信息社会,伴随着社会化网络、物联网、云计算等技术在金融领域的深入应用,带来的金融体系和商业模式的变革;这种金融变革,推动资金更顺畅的流通、更合理的配置、更安全的使用。智慧金融是在互联网时代,传统金融服务演化的更高级阶段。

金融是经济的核心,资金是企业发展的血液和加速引擎。智慧金融能够优化资源配置方案,促进优胜劣汰,驱动资金在整个社会经济体中顺畅、高效地流动,推动整个社会的和谐发展。资金从供给方涌出,按照指令,输送到需求最大、使用效率最高的经济体,实现增值和利益最大化。如此反复,推动经济社会向更高阶段发展。[73]

5.3.2 现状篇

1. 智慧金融整体发展现状

智慧金融主要涉及银行、证券、保险、基金等行业。各领域智慧金融在发展中存在着相似的特点,一般都要经过三个主要阶段:第一阶段是以建筑智能化和电子化代替手工劳动的基础阶段;第二阶段是以网络互联和数据集中为特征的系统建设阶段;第三阶段是业务、管理和决策的全面信息化阶段,要对集中的数据进行全面分析,以支持以客户为中心的业务创新、管理和决策信息化。目前,我国的金融行业正处于一个不断与世界接轨的快速发展时期,中国金融各子行业以及各子行业内的不同机构信息化管理水平参差不齐,但总体来看中国金融行业信息化应用已发展到以数据集中、系统整合及互联网应用的第二阶段,正在向服务管理阶段迈进。

中国产业调研网发布的《2015—2022 年中国智慧金融市场现状研究分析与发展前景预测报告》认为:从需求层面来看,金融业的智能化投入会随着营业网点的建设、维护、数据挖掘、分析服务等需求的增加而增长;其次,金融业数据高敏感性的特性会不断提升 IT 核心架构以及应用运维软件的要求;最后,随着行业信息化应用的不断深入,金融业开始重视综合业务系统和各种管理系统的建设。从近年来金融行业的下属三大子行业的信息建设需求来看,其信息化投入的持续增长带动智慧金融业的发展。与此同时,中国金融行业也正面临发展方式的转型,风险和困难逐渐增多,对风险管理和监管的要求日益提高,对金融创新的需求日益迫切。在这个过程中,IT 在金融服务与创新方面将承担着越来越重要的角色。研究显示,2014 年中国金融行业信息化投入为 530 亿元,比 2013 年增长 3.6%。随着国内经济的回升,中国金融行业信息化投入稳步增长。2015 年中国金融业 IT 投资规模较 2014 年增长 3.9%,达到 550.7 亿元人民币。[74]

2. 智慧金融背景下的移动支付发展现状

据外媒 Businessinsider 报道,预计 2017 年全球移动设备离线交易总额将从 2012 年的 1200 亿美元增加到 1.5 万亿美元,电子商务将迎来移动支付新战场。

在美国,2017 年交易总额将从 2012 年的 150 亿美元上升至 2440 亿美元。全球移动支付用户数正在迅速膨胀。

全球在线支付巨头 PayPal 公司收购在线支付平台 Braintree。移动支付 Braintree 支付平台是一家专注于网络和移动平台的在线支付网关供应商。此次收购将推动 PayPal 进入正在蓬勃发展的移动电子商务市场的中心。

新 BI 情报报告显示,移动支付将在未来几年蓄势起飞。移动支付推动未来移动支付市场的增长和规模的扩张,这将有助于塑造移动支付的增长趋势,包括用户信息安全防护。

据市场研究公司 Gartner 预测,2013 年全球移动支付市场规模将扩大 31% 至 2354 亿美元,至 2017 年将扩张超过 3 倍。

同时,Facebook 宣布,正与支付公司进行配对,预推出"Autofill"。此后,用户可直接从他们的手机购买东西。

消费者和商家都开始看到通过移动设备进行离线支付的优势,而不是通过硬币、现金、信用卡或笨重的寄存器系统进行交易。

现在,移动设备履行其拖延已久的承诺,将数字钱包等高科技向金融服务玩家靠拢;PayPal 将自身的支付业务从 eBay 等电商网站加速扩展至智能手机和平板电脑等移动终端设备。

据 CB Insights 发布的一份行业研究报告称,近年来投资者也看好移动支付领域,2012 年风投公司在该领域内投资约 8 亿美元,较 2011 年同期上涨 11%。

总体而言,我们仍然处于移动支付的早期阶段。截至 2012 年年底,只有 790 万美国消费者(不到总消费者的 9%)已经采用了面向消费者的 NFC 兼容系统,如谷歌钱包或使用 QR 码或其他方法来完成付款的应用程序。但是,在实体店,移动支付 2011 年翻了近两番,读卡器建立起真正的规模。移动支付正作为移动电子商务的一部分在兴起,通过 PayPal 单独完成的移动支付额达到了 14 亿美元。

在全球,主要国家智能手机普及率的增加将有助于移动支付的增长。在非洲,移动支付已经成长为引导经济活动增长的又一新指向标,这源于银行基础设施的欠缺。在亚洲,移动支付为更广泛的智能手机中心文化带去繁荣,移动支付将手机整合入日常经济生活的方方面面中,使其成为面向消费者的基础设施。随着智能手机的普及,有待实现全球范围内的移动支付。[75]

5.3.3 特征篇

智慧金融和传统金融虽然在本质上都是推动资金的有序流动,但是,智慧金融并不是传统金融信息化的升级版本,也不是传统金融的网络化。事实上,智慧金融和传统金融有显著区别,智慧金融彻底改变了传统金融的服务主体、服务内容、服务方式和服务组织。

1. 服务主体不同

在传统金融情况下,金融机构与用户形成一对一的服务关系,也就是说金融机构分别向每一个用户提供服务。银行、保险、证券及中介服务机构等,凭借自身建设的网点、网站,分别为客户提供金融服务。各家金融机构及中介服务机构各自为战,竞争多于合作。每个金融机构基本上独立完成主要的营销活动,包括寻找用户、制定营销组合、售后服务等。例如,当前大企业的贷款业务,通常由银行单独完成,甚至包括贷前、贷中、贷后的全部流程。而如今,中国的中小企业已达到千万量级,由银行包揽全部业务过程显然不现实。原有金融服务模式已经不能满足实际的发展需要。

而在智慧金融体系下,金融服务的形式呈现多对一的服务关系,即多个金融机构通过合作连接在一起,形成一个共同体,各尽所长,形成一个完善的产品,共同服务同一个用户。金融机构之间,以及金融机构与用户之间依托开放的服务平台,互联互通,相互交换信息,形成紧密的分工和协作关系。而每个金融机构都只是服务链条的一个节点,按照服务分工,充分发挥自身优势,为用户提供专业化的服务。所有这些节点的专业化服务汇集到一起,形成一个个完整的一站式服务包,分别作为一个整体,呈现给用户。

2. 市场主导不同

传统金融服务模式下,银行在客户服务关系中,处于支配地位,起到主导作用。现阶段,我国企业融资渠道少,银行成为企业融资的主要来源,形成所谓的银行主导型金融体系。然而,企业的发展迫切需要大规模的资金,尤其中小企业更是面临融资困难的局面。资金是企业正常运转的血液,企业维持运营、提升技术、开拓市场都离不开资金的支撑。融资渠道不畅,导致银行的资金成为各方争抢的稀缺资源,供不应求。

在智慧金融阶段,用户跃升为整个金融服务链条的核心,形成用户主导型的金融服务体系。在智慧金融阶段,全社会的信息透明度更高,资本市场更发达,银行贷款、租赁、证券市场等融资模式更加完善。那些盈利能力强、信用记录好的企业更容易受到金融机构的青睐,成为金融机构抢夺的目标客户。为了提高竞争能力,金融机构会联合其他机构,进行产品和服务的创新,提高服务质量,开拓更广泛的市场。

3. 服务的状态不同

智慧金融体系永远处在动态调整过程中,而传统金融服务体系在某一段时间内,处于相对静态中。传统金融体系下,由于信息获取渠道不畅,信息感知和分析能力滞后,金融体系的每一次决策和行动后,都会保持一段时间的相对稳定,直到信息积累到一定程度,才会被应用于决策,推动金融体系采取下一步行动。

智慧金融体系内,不断流动着信息流、信用流、任务流和资金流,整个系统处在动态的变化过程中。用户在变化、合作伙伴在变化、其他金融主体在变化、环境在变化,这一切的变化都会被金融主体即时地感知和分析,并不断调整自己的策略和行动,以适应外界的变化。这些变化永不停止,驱动整个金融体系保持相对稳定性和动态演化。

4. 演化的动力不同

传统金融体系的发展动力是他组织的力量。在传统金融体系下,政府在制定金融规则和改变规则过程中,发挥更大的主动权,甚至超过了银行等金融机构和市场本身的驱动力。政府是规则的制定者和变革者,金融机构是实现经济、金融目标的桥梁。金融机构在政府制定的规则框架下运行,既是金融演进过程中的受益者,也是金融风险的主要承担者。

智慧金融体系的形成和演化都是一个自组织过程。金融机构主体通过不断感知外界信息,自发地、自主地向调整演化方向加速,从而提高服务效率,降低金融风险。在这个过程中,体系内的主体通过竞争和协同,在信息和利益不断交换中彼此约束,协同耦合,从而保持整个体系的有序运行。智慧金融体系下的发展动力是系统内部内各主体之间的竞争和协同,而不是政府的行政指令。

智慧金融与传统金融有着本质差别,这也启示我们在智慧金融建设过程中,要尊重智慧金融发展的规律性,科学规划,充分发挥金融主体的积极性和创造力。[76]

5.3.4 前沿篇

互联网企业利用互联网科技(西方称金融科技 fin tech,financial technology)跨业进军金融市场,冲击了传统金融市场业者,而其中的"区块链"技术更是在 2014 年、2015 年被炒得沸沸扬扬,连花旗银行、瑞银、纽约梅隆、高盛、摩根大通等银行都巨额投资在区块链技术研发。区块链具有开放性、去中心化(去中介)、可追溯性、真实验证且不能篡改等特征,而其中的去中介化直接威胁到传统金融业中介的角色。

区块链是随着比特币等数字加密货币的日益普及而逐渐兴起的一种全新的去中心化基础架构与分布式计算范式,目前已经引起政府部门、金融机构、科技企业和资本市场的高度重视与广泛关注。区块链技术具有去中心化、时序数据、集体维护、可编程和安全可信等特点,特别适合构建可编程的货币系统、金融系统乃至宏观社会系统。

区块链是以比特币为代表的数字加密货币体系的核心支撑技术。区块链技术的核心优势是去中心化,能够通过运用数据加密、时间戳、分布式共识和经济激励等手段,在节点无需互相信任的分布式系统中实现基于去中心化信用的点对点交易、协调与协作,从而为中心化机构普遍存在的高成本、低效率和数据存储不安全等问题提供了解决方案。随着比特币近年来的快速发展与普及,区块链技术的研究与应用也呈现出爆发式增长态势,被认为是继大型机、个人电脑、互联网、移动/社交网络之后计算范式的第五次颠覆式创新,是人类信用进化史上继血亲信用、贵金属信用、央行纸币信用之后的第四个里程碑。区块链技术是下一代云计算的雏形,有望像互联网一样彻底重塑人类社会活动形态,并实现从目前的信息互联网向价值互联网的转变。

区块链具有去中心化、时序数据、集体维护、可编程和安全可信等特点。首先是去中心化:区块链数据的验证、记账、存储、维护和传输等过程均是基于分布式系统结构,采用纯数学方法而不是中心机构来建立分布式节点间的信任关系,从而形成去中心化的可信任的分布式系统。其次是时序数据:区块链采用带有时间戳的链式区块结构存储数据,从而为数据增加了时间维度,具有极强的可验证性和可追溯性。第三是集体维护:区块链系统采用特定的经济激励机制来保证分布式系统中所有节点均可参与数据区块的验证过程(如比特币的"挖矿"过程),并通过共识算法来选择特定的节点将新区块添加到区块链。第四是可编程:区块链技术可提供灵活的脚本代码系统,支持用户创建高级的智能合约、货币或其他去中心化应用。例如,以太坊(Ethereum)平台即提供了图灵完备的脚本语言以供用户来构建任何可以精确定义的智能合约或交易类型。最后是安全可信:区块链技术采用非对称密码学原理对数据进行加密,同时借助分布式系统各节点的工作量证明等共识算法形成的强大算力来抵御外部攻击、保证区块链数据不可篡改和不可伪造,因而具有较高的安全性。

比特币凭借其先发优势,目前已经形成体系完备的涵盖发行、流通和金融衍生市场的生态圈与产业链(见图 5-2),这也是其长期占据绝大多数数字加密货币市场份额的主要原因。比特币的开源特性吸引了大量开发者持续性地贡献其创新技术、方法和机制;比特币各网络节点(矿工)提供算力以保证比特币的稳定共识和安全性,其算力大多来自于设备商销售的专门用于 PoW 共识算法的专业设备(矿机)。比特币网络为每个新发现的区块发行一定数量的比特币以奖励矿工,部分矿工可能会相互合作建立收益共享的矿池,以便汇集算力来提高获得比特币的概率。比特币经发行进入流通环节后,持币人可以通过特定的软件平台(如比特币钱包)向商家支付比特币来购买商品或服务,这体现了比特币的货币属性;同时由于比特币价格的涨跌机制使其完全具

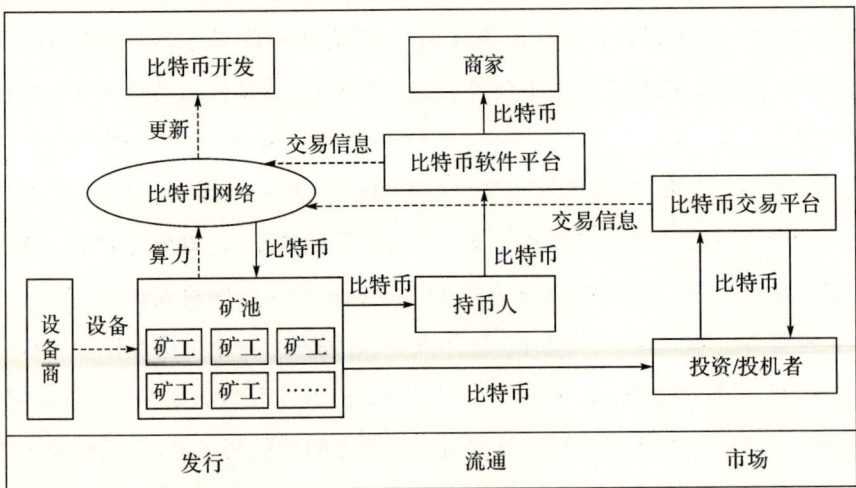

图 5-2 比特币产业网络

备金融衍生品的所有属性,因此出现了比特币交易平台以方便持币人投资或者投机比特币。在流通环节和金融市场中,每一笔比特币交易都会由比特币网络的全体矿工验证并记入区块链。

5.3.5 应用篇

1. 案例一:华夏银行的"一站式"智慧金融服务

华夏银行电子银行全面加速向"智慧电子银行"转型,通过"智慧网银""智慧移动银行""智慧客服"等服务,迎合用户习惯的同时无缝对接互联网金融,引领用户全面进入"智慧金融生活时代"。

在我国电子银行业务经过十几年发展后的今天,伴随着互联网企业进入金融领域,围绕着传统银行是否会被互联网金融所颠覆的争论甚嚣尘上,超速发展的网络经济时代,电子支付形态的多元化以及新兴渠道的建立,为电子银行发展带来大量的需求和价值增长机会。电子银行已然成为现代商业银行向客户提供服务必不可少的方式和内容,更吸引着各家银行疯狂地跑马圈地。在这样的战略背景下,各商业银行纷纷使出浑身解数,用以应对互联网金融时代的争锋。

(1)一站式"移动"金融服务,引领便捷金融新生活

华夏银行电子银行的"华夏龙网"整体服务品牌,在"智慧电子银行"中全面升级网上银行、移动银行、客服中心,将三种渠道的金融服务智慧化。打造"小龙人"移动银行子品牌,将华夏子孙龙之传人寓意在品牌命名中展现,寓意华夏银行在传承华夏文化的基础上,不断创新进取,通过安全便捷、随心随意的时时智慧金融服务相携用户步入移动互联时代,感受华夏银行带来的移动金融新生活。华夏银行电子银行此次全面加速向"智慧电子银行"转型,通过"智慧网银""智慧移动银行""智慧客服"等服务,迎合用户习惯的同时无缝对接互联网金融,引领用户全面进入"智慧金融生活时代"。

(2)操作智慧化和简单化,在用户体验中注入互联网基因

"智慧网银"通过智慧搜索、智慧匹配、智慧展示、智慧菜单、智慧提醒、智慧归集,在网上银行处理个人金融业务时,更加注重"客户体验",提供了更加人性化的服务。例如,"智慧搜索"让客户一步到位查找并办理交易。客户在网上银行搜索框内输入需要办理业务的关键词,搜索结果立即展现相关业务名称,点击名称可直达交易页面,有

效提高客户业务办理效率。"智慧匹配"帮助客户方便快速查找收款人。客户在网上银行汇款时,输入收款人信息关键字后,系统自动匹配已保存的收款人信息,让客户在最短时间内找到收款人,尤其适合收款人信息较多,经常汇款的客户。

"智慧移动银行"即为"小龙人"移动银行产品,是在手机银行、iPad银行的基础上,整合了多种新型业务模式,为客户提供金融、生活、投资、购物等全方位的移动金融服务,其中的金融功能涵盖了对本行、他行账户的统一管理、本行及跨行账户收付款、无卡取现,以及购买基金、黄金、理财产品等服务,而生活功能提供便民缴费、手机充值、机票购买及电影票实时购买和在线选座、预定酒店、ETC充值等服务。

"智慧客服"包括95577客服中心"智慧导航""智慧收付""智慧理财""智慧提醒""智慧识别"等功能。如"智慧导航"客户接通95577后,无需按键,只需与智能语音机器人"龙妹子"对话,"说"出需要办理的业务名称,智慧导航就可以越过菜单层级,直接引领进入最终交易节点办理业务。"智慧收付"客户通过协议签约,足不出户即可将名下各家银行账户资金归集到华夏卡内,实现账户资金统一管理支配。

(3)科技支撑助力保障系统安全,奠定稳固服务基础

为打造真正7×24全天候为客户提供服务的银行,最大程度为客户提供网上金融服务,华夏银行信息科技部门已对网银平台进行了数据库和存储升级以及双集群改造。经过升级和改造,服务器全部更新为最新配置,操作系统、数据库和中间件全部升级为主流版本,网银系统应用服务和数据库的性能得到大幅提升,服务通道由单路变为双路,可用性和可维护性得到了进一步提升。还将逐步对网银批量交易进行整合,将分布在多个子系统中的批量功能在可用的框架中进行归类和合并,消除批量功能碎片化现象。同时,改造过程中应用并发限流、防重复等安全控制措施,全面优化批量交易处理机制,最终实现批量交易集中部署、集中管理、集中处理,化解批量交易风险,进一步提高批量交易处理效率和可用性。

中国银监会主席尚福林曾说过:"银行业只有不断创新,加快信息网络技术与金融业务的融合,才能适应市场竞争,更好地满足经济社会发展需要。"未来,华夏银行将继续加强适应互联网发展特点的电子银行专属产品研发,建立以客户为中心的电子银行专属渠道,深入推进功能在线化、业务离行化、交易跨行化、产品超市化、服务一体化,提升电子银行综合金融服务能力。[77]

2. 案例二：美国 Movenbank：CRED 大数据整合，引导健康消费

Movenbank，2011 年 4 月由布雷特·金（Brett King）在美国纽约创立，是一家专门从事手机移动金融业务的银行服务商。和美国绝大多数 Digital Bank 一样，Movenbank 本身并没有银行牌照，其运营模式采取的是 Moven 作为金融科技企业负责运营，联合美国传统银行 CBW Bank 代为管理存款的合作模式。因而客户存入 Movenbank 的存款可以享受美国联邦存款保险公司（FDIC）提供的存款保险保障。

目前，Movenbank 基于手机 APP 面向客户提供的服务主要有：

①智能财务管理功能 MoneyPulse 和 MoneyPath；

②测试客户信用分数；

③财务个性测试；

④非接触式支付功能；

⑤朋友间转账功能；

⑥异常消费实时提醒功能；

⑦直接存款功能，即工资和雇主发放的各项社会福利收入可关联 Movenbank 账户；

⑧支票存款功能；

⑨账单支付功能；

⑩CRED 积分奖励功能。

（1）CRED 信用评分系统

说到 Movenbank 独特的服务亮点，被美国消费者所称道的是 Movenbank 特有的 CRED 信用评分系统。概括而言，Movenbank 对客户信用风险的衡量主要基于三个维度：财务健康程度、社交程度、客户价值。Movenbank 分别从这三个方面考量，会综合得出客户的 CRED 信用分数，并依据这个分数来测算客户的贷款违约概率，设定相应的贷款利率水平。（见图 5-3）

①财务健康程度：基于客户的 Movenbank 账户的各项消费和支出的类别和金额大小；

②社交程度：根据客户在 Facebook、Twitter 等社交平台的好友数量，LinkedIn 职场社交平台的人脉分布，Klout、PeerIndex 的影响力，eBay 等电商平台的交易评价等

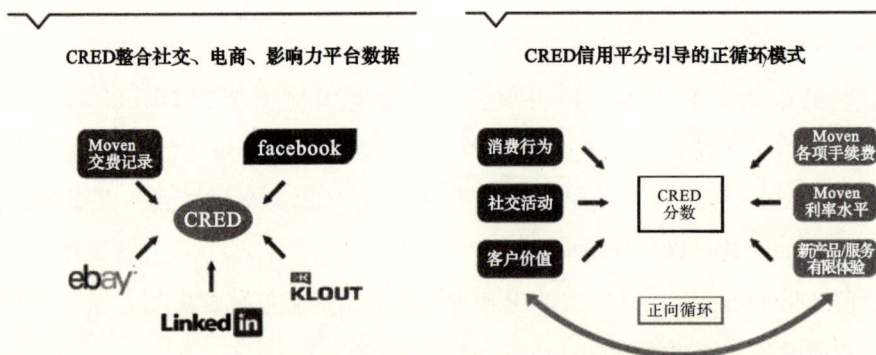

图 5-3　CRED 信用评分系统示意图

多维度数据来衡量客户的社交活跃程度和社会影响力,这些数据的获得,都是在客户注册 Movenbank 账户时,在个人信息栏填写客户在这些平台的账户而实现账户之间的关联的;

　　③客户价值:根据客户填写的有关个人年收入、每月储蓄金额、个人储蓄存款额、FICO 评分等信息,度量客户价值。

　　值得注意的是,Movenbank 对于 CRED 的应用价值,并不在于分数本身,而是在于通过 CRED 分数的上升或下降,来引导客户形成良好的消费习惯、建立广泛的社交圈层。具体来说,Movenbank 设置 CRED 分数随着客户消费行为、社交广度变化而实时上升或下降的机制,能够激励客户渴望改变消费和社交来提高 CRED 分数的意愿,再加上 CRED 分数与 Movenbank 各类手续费、利率水平关联的奖励机制,更是形成了一个连贯的良性循环。换言之,客户可以根据 CRED 的考量指标,有针对性地改善评级分数,进而获得 Movenbank 手续费的折扣或减免,或者优惠的利率水平。

　　举例来说,客户通过增加社交广度或提高社交质量,提高 CRED 分数,例如 Facebook 好友数增加,可以显著提高 CRED 数据,再比如在 Facebook 上向好友推荐 Movenbank,若客户推荐的确使得朋友注册 Movenbank 账号,那么参与推荐的客户 CRED 分数也会相应增加。同样地,客户健康的消费行为也可以提高 CRED 分数,例如客户完成既定的储蓄计划、按时偿还账单、向慈善机构捐款等,这些健康的金融行为都会得到 CRED 积分奖励。因为客户 CRED 分数高低,与 Movenbank 向其收取的每月管理费、存款利率、服务手续费的高低挂钩，分数高者还可以优先体验 Movenbank 最新推出的产品或服务。所以，客户这三个考量角度的改善，都能够拉高 CRED 分数，高的 CRED 分数意味着享受 Movenbank 各项手续费用更大的折扣或减免，这一传导机制会引导客户养成健康的消费和资金管理习惯、积极正面的社交态度，从而赢得更高的 CRED 分数，享受更为低廉的服务价格，形成一个正循环。

（2）智能理财 MoneyPulse 和 MoneyPath

Movenbank 的第二个特点是它的智能理财服务 MoneyPulse。MoneyPulse 将客户的消费行为分为消费类、民生类和储蓄类三大项，并以图表的形式呈现给客户，方便客户了解自己各项消费明细，也可以让客户看到某个特定时间的消费明细，客户可以清晰地看到每笔消费的金额、时间，并能显示详细的地址和地图位置。

消费类：记录的是客户外出餐饮、购物、娱乐、旅行、提取现金的消费；

民生类：记录的是客户购买蔬菜粮食、交通、医疗、水电网等公共事业的支出；

储蓄类：记录的是客户目前储蓄账户下的资金储蓄情况。

消费类里，MoneyPulse 还用绿色、红色来提醒客户其整体消费水平的提高或降低，让客户对自己的消费行为一目了然。如果 MoneyPulse 的显示结果是绿色，说明客户近期的消费，比过去平均水平减少了；如果结果显示的是红色，则表明客户目前的消费比过去平均水平有所增加。例如，客户本月购买了一部新款手机，消费水平比客户过去的平均水平高了 652 美元，MoneyPulse 则会显示红色结果提醒客户，如果客户还制订了储蓄计划，这样的红色提醒对于客户合理控制消费、保障储蓄计划最终实现是有一定约束作用的。

MoneyPath 则是以时间和曲线形式，记录客户每个月消费行为的变化。其创新之处，是关联了 Movenbank 的消费数据与 Facebook 账户的社交行为数据，并用同一时间轴显示两者的相关性，客户可以看到其在 Facebook 上的社交活动，对客户消费行为产生的影响。例如，客户在 Facebook 好友生日当天消费金额显示上升。

此外，Movenbank 另一个立足于金融服务又强调社交功能的服务，是 Movenbank 的财务性格归类功能。客户在回答 Movenbank 一系列问题测试后，Movenbank 会综合其他客户的数据对比分析，最后会显示出客户的财务性格测试结果。Movenbank 将客户的财务性格归类为销售人员、学者教授、会计师、摇滚明星、企业家、公务员、艺术家、工薪阶层、交易员这9种职业,并附上Movenbank这一归类推测客户财务个性的理由。财务性格测试也引入了社交功能,客户可以将测试结果分享到自己的社交平台上,成为朋友之间娱乐、加深彼此了解的一种有趣的交流方式。

(3)实体借记卡与近场通信(NFC)无卡支付双保险

与多数美国Digital Bank免费寄给客户一张实体借记卡不同,Movenbank除了免费提供给每位客户一张借记卡之外,还向客户提供采用无卡支付选择。也就是通过采用非接触式NFC技术的贴纸,实现无卡支付。客户开户并向账户存钱后,可以申请得到一张Mastercard标志的Paypass贴,客户将纸贴贴在手机背面,购物支付时只须靠近销售终端(POS)机而无须物理接触,贴纸存储的信息被POS机接收后,客户点击手机APP的弹出支付按键,即完成了非接触式付款。当然,为了方便客户ATM机取现的需要,Movenbank会寄给客户一张实体借记卡,方便客户在无法实现非接触式付款的情况下使用。

日常交易服务上,Movenbank能够实时记录客户的每笔消费,防止出现客户不自知的异常交易发生;远程实现支票存款、朋友间实时转账等常规功能。Movenbank作为Digitial Bank代表,这些功能应有尽有。[78]

3. 案例三:Number 26:欧洲最新锐的数字银行

和美国在数字银行上的快速发展相比,欧洲的互联网银行2.0布局则显得相对滞后了一些。目前在欧洲许多国家,银行开户的惯例依然手续烦琐,从预约分支网点、准备身份证明文件,到填写一系列开户申请表格等,都耗费客户相当多的时间和精力,即使在发展已经颇具规模的直营银行,类似的手续依然无法避免。而以Number 26为代表的数字银行的出现,正在悄然改变着欧洲的金融传统与效率。

2013年Number 26创立于德国柏林,也是一家依托手机APP端口提供金融服务,欧洲目前发展最为成熟的数字银行。Number 26现有员工30人,截至2015年客户数量超过8500多人,另外15000人在排队等待注册被审核通过。

作为金融科技企业,Number 26本身并没有银行牌照,其选择的模式是与德国传统银行Wirecard合作,由Number 26负责数字银行的平台运营,Wirecard银行拥有银行牌照,由Wirecard负责保管Number 26客户的存款,存至Number 26账户的客户存款享受德国存款保险基金(German Deposit Protection Fund)提供的存款保险保障。合作双方再基于客户存款产生的息差收入,由 Number 26 向 Wirecard 银行收取一定的提成。

Number 26 之所以成为欧洲最新锐的数字银行,在于其业务亮点引入最新科技元素,时刻彰显着创新的特质。

欧洲数字银行的发展略晚于美国,成立不过 3 年多的 Number 26 作为欧洲数字银行的先行者,其金融服务已经可以覆盖数字银行的所有基础业务和服务领域:

①开户后,客户可以免费获得 Number 26 借记卡(Mastercard),客户存款享受德国存款保险基金保障,借记卡可以在德国境内 6000 多家商户刷卡消费,享受全球所有带有 Mastercard 标志的 ATM 机免费取现服务;

②同时提供手机 APP 和电脑网页版本的 Number 26 服务,手机 APP 功能更为全面;

③客户的所有消费交易,Number 26 会实时通过短信发送至客户手机;

④手机 APP 里,实时记录每笔消费、收入明细;

⑤自动对所有消费进行归类,计算各项消费占比(按交通、通讯、食品、服装等大项,进行归类分析);

⑥客户的手机联系人之间实时转账:输入对方邮箱、手机号码,即可在朋友间转账汇款;

⑦强大的安全系统作为保障。

除基本业务与服务外,Number 26 之所以成为欧洲最新锐的数字银行,在于其业务亮点引入最新科技元素,时刻彰显着创新的特质:

①指纹识别技术:记录客户指纹,提高账户信息、资金、交易安全性和保密性。

②随时开启或关闭交易功能:以网络购物的在线支付功能为例,Number 26 客户可以自行设置开启或者关闭网络在线支付功能,最大限度地根据客户需求,保障交易安全。

③3D Touch:与苹果合作在 iPhone 6S 手机上引入立体触屏(3D Touch)功能;

④智能扫码存取款:Number 26 特有的 Cash 26 功能,与德国各大超级卖场、药店合作。客户在这些商户的收银台,点击存款/取现功能,手机 APP 则会显示一个条形码,让收银员用条形码扫描器对准手机上显示的条形码进行扫描(存款须同时将相应

金额的现金给收银员)。扫描成功后手机 APP 会继续让客户输入交易密码,输入完成后 APP 就会显示该客户在 Number26 账户里新存入的金额数。

⑤全球刷卡,免收货币兑换费:客户持 Number 26 借记卡(Mastercard)在全球所有国家和地区刷卡消费,都不收取货币兑换手续费。

⑥承诺开户 8 分钟搞定(注册账户—视频电话审核—收到开卡、开卡使用通知)。第一步,客户在手机上下载 Number 26 的 APP,点击注册后会收到一个邀请验证码,输入后进入信息填写页面,客户输入电子邮箱地址、设置密码、个人基本信息等即可点击提交;第二步,Number 26 收到客户信息后,会向客户发起视频电话,视频电话中客户只须将个人护照的相应页出示给 Number 26 工作人员,工作人员对客户本人和护照页进行截图拍照即可;第三步,一切信息审核通过,客户就会收到相应通知,就可以在 APP 上开户了,后续收到 Number 26 借记卡(Mastercard)就可以开卡正式使用。[79]

5.4　城市智慧化

5.4.1　背景篇

进入 21 世纪,全球城市化进程步伐加快。2011 年,发达国家城市化率已超过75％,全球城市化率平均值为 51.3％,而中国的城市化率也已达到 51.27％,城镇人口达 6.9 亿。根据联合国的估测,世界发达国家城市化率在 2050 年将达到 86％,我国城市化率在 2050 年将达到 72.9％。然而全球多数较大城市开始面临气候、环境、食品安全、能源、交通和公共安全等严重问题,经济危机导致城市质量下滑,使城市管理与产业发展逐渐迷失了方向。与此同时,城市仍将继续坚持自由与创新、机遇与财富、低碳与可持续的发展目标。在这种背景下,以下一代互联网技术为驱动力代表的智慧城市概念开始逐步萌芽,为解决上述问题提供了可能的愿景和方案。对智慧城市的再定义和未来发展的抉择,需要政府、公众与企业等众多利益相关者共同参与,从而实现高度参与、包容和自治的城市发展模式。

纵观国内外智慧城市的发展及建设过程,以信息通信技术(Information

Communication Technology,ICT)为支撑的基础设施建设是智慧城市的基础条件,但这绝不应成为全部。智慧城市首先应满足公众的需求,是一个有系统的系统(System of Systems)(IBM,2009),与城市定位及城市规划、建设和运营紧密相关,对政府来讲是一个巨大挑战,需要付出很多努力。毋庸置疑,我国城市化建设取得了巨大的成就,但与国外相比,"工业化超前,城市化滞后"现象突出,智慧城市概念的兴起与发展,在很大程度上是被商业行为所驱动,而非政府主动行为,信息化与城镇化建设仍将是未来政府的工作重点,因此中国城市化进程具有显著的特殊性。基于以上认识,本文对智慧城市的内涵进行了重新梳理,明确其基本属性,并对目前国内外智慧城市的相关研究进行综述,比较了国内外多个智慧城市的案例实践,总结智慧城市建设的经验与教训,提出了我国现阶段理性建设智慧城市的重点内容。[80]

5.4.2 理念篇

智慧城市的概念最早源于20世纪90年代晚期的"新城市主义"(New Urbanism)和"精明增长"(Smart Growth)运动,目的在于解决"城市蔓延"带来的诸多问题,倡导为城市与区域规划制定新的政策,美国俄勒冈州波特兰市被广泛认为是典型的成功案例。2005年后,智慧城市被一些技术服务公司所采用,借助信息通信技术整合包括建筑、交通、电力、教育、水资源分配及公共安全等方面的城市基础设施建设和运营服务,成为"智慧地球"的延伸。在这样的背景下,智慧城市成为"智慧生活"的代名词,关注于智慧人类、智慧环境、智慧治理和智慧流动。

智慧城市是以智慧技术、智慧产业、智慧人文、智慧服务、智慧管理和智慧生活为特征的城市发展新模式,是信息社会知识经济向更高阶段发展的表现。智慧城市需要具备更强的集中智慧、发现问题、解决问题的能力,同时还应具备更强的创新发展与智慧产业集聚能力。在智慧城市与智慧产业融合发展过程中,需要坚持开放合作与自主创新相结合的原则。突破海量数据处理智能终端系统和智慧产业支撑平台等关键技术。另外政府职能部门也应转变城市建设与产业发展观念制定智慧城市发展规划,出台智慧产业扶持政策,形成二者相互融合相互促进的发展局面。

纵观上述研究对智慧城市的界定,从中可以归纳出,智慧城市的深层次内涵主要表现在以下3个方面:

1. 智慧城市以计算机、IT、互联网等信息通信技术为支撑

城市是人类社会发展的结晶,城市经济、科技、生活方式、人居环境等社会要素的发达程度是一个国家(或地区)社会文明程度的集中体现。城市发展先后经历了以"城墙""集市""电力广泛应用"和"计算机广泛运用"为标志的历程,科学技术始终是促进城市发展的重要力量。从数字城市、智能城市、网络城市到以光通信、无线互联网、三网融合、物联网、云计算为主要支撑技术的智慧城市,都是以信息通信技术为基础,将物联网与互联网系统完全连接和融合,把数据整合成为城市核心系统的运行要素,提供智慧的基础设施,通过传感设备将城市公共设施物联成网,实时感测城市系统的运行,实现全面感知、泛在互联、普适计算与融合应用。

2. 智慧城市是城市发展的高层次阶段

智慧城市是一种参与式治理,主要通过在人力和社会资本、交通、通信设施等方面投资来实现对这些资源及自然资源的科学管理。智慧城市既是新一轮信息技术变革和知识经济进一步发展的产物,又是工业化、城市化与信息化深度融合的产物,既是Cyber-City、Digital-City、U-City的延续,也是城市信息化发展到更高阶段的必然产物。智慧城市不是全新的城市发展模式,而是改变传统发展模式,追求人、资源、环境与经济、社会协调发展的高层次阶段。智慧城市的核心是"以人为本",注重清洁生产、低碳经济,追求资源节约型、环境友好型的高效率集约型经济增长。例如,欧盟启动了面向知识社会创新2.0模式的Living lab计划,巴塞罗那等城市从Fab Lab到Fab City的实践,致力于将城市打造成为开放创新空间,营造有利于创新涌现的城市生态;2007年至今,纽约先后制定PlaNYC、行为设计指南,目标也是建设一个更绿色(greener)的纽约。

3. 智慧城市建设过程是一个复杂系统

大多数组织或学者都认为智慧城市的构成是一个复杂系统。传统城市中信息资源和实体资源被各种行业、部门、主体之间的边界和壁垒分割,资源组织方式是零散的,成为"资源与应用孤岛"。智慧城市的复杂系统主要体现在城市运行系统和参与主体系统等两方面。智慧城市运行系统涉及政府治理、教育、公共安全、环境医疗、生活、交通及公共事业等,需要建立指挥决策、实时反应、协调运作的协同机制,才能真正实

现集成化管理。在智慧城市参与主体中,涉及政府、企业、公众、媒体、第三方等相关主体,而且政府管理内部还存在职责重叠、局部利益等问题,参与各方目标差异明显,难以全面系统地推动各方共同发展,所以需要建立利益与风险分配的激励机制,从共同战略规划到具体实施等各个环节,鼓励各方共同参与。[81]

5.4.3　发展篇

ICT 是智慧城市的自接驱动力,贯穿于智慧城市建设的全过程。ICT 是建设智慧城市的支撑技术,主要包括智能识别、移动计算、云计算、信息融合、人工智能、数据挖掘以及互联网、物联网等技术,贯穿于智慧城市建设全过程。新一代信息技术的应用推动了创新形态的嬗变,带动了企业、政府以及社会生产范式向服务范式转变,对智慧城市的发展也提出了新要求。

自 20 世纪 90 年代起,各国政府便开始构思如何通过科技应用与当地特色结合连接全球,提升国家竞争优势,因此陆续提出了 Cyber-City、Digital-City、U-City、Smart-City 等推动未来创新城市发展的概念及相关计划。在智慧城市萌芽期(1990—2007年),案例城市普遍着眼于信息基础设施建设,大力推动互联网建设,提出现实城市的空间虚拟化,通过优化信息流促进社会资源优化配置、开发利用和增值,以数字形式获取、存储、管理城市信息;在智慧城市建设初期(2008—2010 年),智慧城市概念被提出,发达城市开始部署智慧化生活解决方案。例如中国台湾逐步实施 E-M-U 桃园建设方案,日本提出泛在网建设,出现了全球智慧城市创新奖的评选(ICF,2008),进而引发全球智慧城市的建设热潮;自 2011 年至今,智慧城市进入快速发展期,在以 ICT 为主导的信息服务成为主流的同时,开始思索城市综合发展和系统规划,提出政府组织要适应 ICT 的发展要求,改变组织之间的信息交互模式,建立政府、企业和公众等全社会协同机制。可以预测,未来智慧城市发展将由单一技术驱动转为综合性驱动,由技术层面转为战略层面。(见图 5-4)

智慧城市研究及实践日益呈现出跨学科、跨组织协作性。本书通过 SCI 数据库对2008—2012 年之间"智慧城市"相关论文的关键字,按照"城市规划""公共管理""计算机科学"和"环境生态学"等维度进行统计,发现研究数量逐年增加。其中在智慧城市发展初期,很多学者主要从 ICT 对智慧城市的技术支持层面开展研究,侧重于如何通

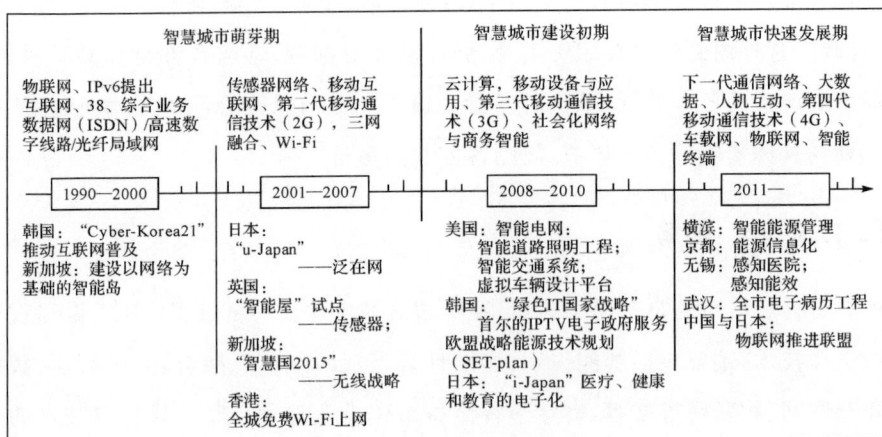

图 5-4　各国智慧城市发展规划

过数据库与信息系统建设、GIS、虚拟空间、智能终端、移动通信、信息流控制等技术创新实现对城市和公众生活的管理,而从管理学、城市规划学、系统科学等其他学科研究智慧城市的文献较少并呈下降趋势。自 2010 年智慧城市进入高速发展期,单纯从计算机技术角度研究的论文比例开始减少,越来越多的研究者开始从管理学与环境生态学角度进行研究。

从国内的研究与实践来看,学术机构、企业和政府成为智慧城市研究的主体,学者所研究的领域大多集中于城市规划、经济学、系统科学、公共管理与信息管理。西门子、IBM 等企业倡导节能环保可持续建设方案技术,国内以三大电信运营商为首的企业积极推广物联网、车载网、城市光网等服务产品,与政府签订合作或战略协议,构建"共建、汇聚、开放"的发展模式,商业行为明显。政府迅速接受智慧城市理念,以经信委、规划设计院为主的主导部门开始与大学、研究所等科研机构合作,着手制定智慧城市发展战略规划和行动纲要,进行顶层设计。随着建设各方投资不断增加,我国智慧城市逐步形成了跨学科、跨组织协作的显著特征。

智慧城市建设已成为各国地区的战略选择,战略规划作用凸显。世界各国各地对智慧城市将成为城市发展的必然方向已达成共识,越来越多的城市开始立足自身特色,制定战略规划与实施计划。目前全球各地有 200 多个智慧城市项目正在实施(中国通信学会,2012),其中在国家或地区宏观层面实施的项目有,2005 年 7 月欧盟正式实施"i2010"战略,并于 2010 年 5 月发布了欧洲数字化议程;2009 年美国发布《经济创新战略》;2009 年 6 月英国发布了《数字英国》(Digital Britain)计划;2009 年 5 月德国推行"T-CITY"实验;2008 年爱尔兰开展"智慧湾"项目;2009 年 7 月日本推出"i-Japan"战略;2004 年 3 月,韩国政府推出"u-Korea"发展战略;新加坡早在 2006 年就启动"智慧国 2015"计划;中国台湾在 2008 年专门制定《i-236 智慧生活科技运用计划》,将"智慧台湾"作为发展政策的重点。与此同时,纽约、巴塞罗纳、维也纳、斯德哥尔摩、首尔、东京、中国台湾桃园等城市先后制定出具体战略规划和分阶段行动方案,获得了较大突破。

2006 年国务院发布《国家中长期科学和技术发展规划纲要(2006—2020 年)》,为智慧城市建设奠定了基础,各地制定了有关物联网、云计算、智慧城市等发展行动方案、建设纲要和行动计划,2010 年宁波首先提出系统建设智慧城市,住建部在 2012 年11 月发布了《国家智慧城市试点暂行管理办法》,标志着我国在国家层面上开始智慧城市试点建设。截至 2012 年 2 月,我国提出智慧城市建设的城市总数已经达到 154个,预计投资规模超过 1.1 万亿元。"十二五"规划或者政府报告中明文提出要开展智慧城市建设的地级市以上城市共计 41 个,在国内有 22 个大中型城市规划文件中明确提出建设智慧城市,其中北京、上海、广州、深圳、杭州、宁波、南京、武汉、厦门等城市已经制定或者开始实施智慧城市发展专项规划。[82]

5.4.4 应用篇

日前,很多城市已经开始智慧城市建设,主要集中在美国、瑞典、西班牙、德国、法国以及新加坡、日本、韩国和中国,大部分国家的智慧城市建设都处于有限规模、小范围探索阶段。国外智慧城市建设已经进入了快速发展时期,而我国才刚刚起步,在战略规划、行动纲要制定以及以 ICT 为代表的基础设施建设等方面亟待完善。

1. 基础设施建设

不同城市对推进智慧城市建设的工作规划、侧重点、切入点各有不同,但几乎每个城市都强调信息技术的重要性,完善以 ICT 为主要特征的基础设施建设是智慧城市建设的先决条件。例如,维也纳加大关键数据基础设施投资,将环保数据中心和机构之间的通用数据平台作为智慧决策的工具,该平台涉及集中监控的交通信号和每年的空中摄影、测量。2009年10月,纽约市政府宣布启动"连接的城市"(connected city)行动,包括"311"网络服务、电子健康记录、IT基础设施服务行动、电邮系统升级改造、商业快递网站、向低收入群体普及宽带服务、智能停车系统等7项内容。在电力领域,纽约市现已铺设了长约14万千米的地下电缆,逐步进行智能电网建设。我国各地同样非常重视ICT基础设施投资。上海大力推行车载网、4U、四网协同、城市光网等工程,宁波围绕泛在化信息网络、三网融合和信息安全加强智慧城市基础设施建设,广州、深圳、无锡等城市也开始类似的基础设施建设,但仍存在前瞻性不足、重复建设和资源浪费等突出问题。

2. 愿景、战略目标与行动计划

智慧城市不仅是信息技术在城市管理领域的最新实践,更应被视为城市治理理念的最新突破。技术进步只是实现智慧城市的一个重要前提,如何使技术带给人类更智慧、更美好、可持续的生活,才是智慧城市的核心价值和内涵。智慧城市发展愿景必须以民众工作生活需求为导向、以人为本、关注绿色,即要实现经济、社会和生态的可持续发展。阿姆斯特丹的"气候街道"工程、斯德哥尔摩的"智能交通"、巴塞罗那的"垃圾收集项目、余热的利用"、奥卢的清洁技术及可以测量能量消耗的系统、马德里里瓦斯的零碳排放等,都是智慧城市建设的战略目标。

在明确发展愿景的基础上,各城市因地制宜制定了具体的分阶段行动计划。维也纳在欧盟SET-Plan的推动下,设定了2012—2050年短中长期项目阶段目标,并将现阶段具体可行的行动计划予以落实。现阶段行动计划主要划分为城市规划与能源环境两大方面,包含数个子项目,其中STEP05城市发展计划将城市规划理念纳入智慧城市建设中,特色明显。纽约PlaNYC实施过程中,定期公布阶段性实施情况,2012年官方出具的施行阶段报告将2030年的目标数据与近年实施情况进行了对比分析。早在1998年香港智慧城市建设就提出了"数码21新纪元"和"公共服务电子计划"阶段性目标,要求进行连续性阶段评价。东京"泛在计划"采用泛在的ID识别技术,在智慧交通、医疗、环保、物流、防灾等方面分别制定了行动计划。新加坡2006年提出iN12015战略规划,并制定了相应的实施计划。在这一方面,国内与国外差异十分明显,我国城市大多将城市规划、智慧产业、产业转型作为重点,很多城市提出智能城市的目的在于吸引新投资,培育物联网和其他相关企业,虽然上海、宁波、武汉、北京等城市也提出了智慧城市建设的 2011—2013 年行动计划,但大多数城市战略目标定位模糊,阶段性行动计划缺乏操作性,而且政府管理行为滞后于商业行为,缺乏必要的统一协调。

3. 政府治理及协同建设

在智慧城市战略行动计划执行过程中,政府发挥关键作用,具体体现在电子政务与参与协同两个方面。其中在电子政务上,纽约进行了数据资源整合,由信息技术局和通信局牵头,对 42 个管理部门、55 个数据中心进行了整顿,建立了纽约"城市商业快递"网站,覆盖 15 个行业领域和 92％的小企业,可申请 31 座城市的营业执照等许可证明,工作效率显著提高。中国香港提供以客为本的一站式服务,建立了全球首个电子投标系统,免费提供无线服务,实行新一代政府 Wi-Fi 计划,开始构建政府云平台及"四网合一"平台,在以行业数据标准通用平台、智能公共服务、智能身份证、e-道为主要内容的智慧商业服务上成效突出。韩国首尔推出 IPTV 电子政府服务。新加坡在 2006 年公布"iGov2010 计划"中提出了"从电子政府(e-Government)到整合政府(i-Government)"转变的战略思想。

在参与协同上,大多采用政府主导、多方参与的协同管理方式,政府角色开始由政策制定者向服务提供者、平台提供者转变。以美国为例,美国联邦政府引入竞争机制,鼓励民用企业积极参与,进行政策支持,纽约"311"市民服务热线与 Apple 公司合作,Siemens 公司为 P1aNYC 提出了"Smarter Neighborhoods, Smarter City"解决方案计划,2009 年 IBM 推出业务分析解决方案中心,并帮助纽约建立了预防火灾第一反应系统。此外,首尔、新加坡、中国香港、维也纳、斯德哥尔摩纷纷与私营企业、学术及专业机构在物联网、智能交通、水资源、低碳减排等方面进行合作,在智能城市规划过程中提倡公众广泛参与,以检验各项行动方案的可行性与落实程度,促进智慧城市建设项目的顺利实施。国内城市近几年大力投资电子政务平台建设,发展速度迅猛,价值初显,但软性建设投入不足,民营企业和公众参与较少,市场有待进一步开放。

4. 运营与管理模式

智慧城市建设投资巨大,资金短缺成为各城市建设的瓶颈。国外智慧城市通常采用以下 3 种投资方式。一是政府独立投资建网,并负责维护。可将设计、建设和运营外包给专业公司,这种非盈利方式的投资完全用于建设独立于民用的政务专用网络或公共服务,优点是政府对工程的控制和运营监管比较深入,但政府需要具有充裕的建设资金,且有较强的运营管理能力,能够主导智慧城市规划、建设、运营管理全过程,缺点是政府要承担的建设费用和风险过高。纽约 NYC-Win 的无线网络服务和马来西亚多媒体超级走廊就是采用这种模式。二是政府主导并负责主要投资,委托运营商建网并提供相关支持,以免费为主,政府结合部分广告、增值服务等给予运营商一定补贴。这种模式的优势是政府对网络监管力度大,运营商可利用已有网络、客户资源、运营经验、人才以及资金优势,降低商务风险,增加首期收益,缺点是政府要承担一定的建设费用和相应的风险,运营商对产品规划和发展的控制不足,不能有效利用设备资源。例如,美国"智能电网"、新加坡"市民、企业、政府"的三方合作建设等模式,这种模式已成为智慧城市的主导模式。三是运营商独立投资,建网运营,完全由运营商提供资金并进行建设,政府对网络没有太多话语权,仅提供有限的基础设施或政策支持。斯德哥尔摩的智慧交通即是以 IBM 公司为主、政府为辅的建设模式。发达国家智慧城市建设更多的是以某一个项目或某一个方面作为出发点进行建设,比如美国的智能电网建设,投资较小,但是效果显著。而目前我国各地智慧城市项目大多为当地电信运营商、传统信息化服务企业发起并承担建设任务,少数城市在 IBM、Cisco 等公司提供的解决方案下合作建设,除政府投资外,更多采用 BT/BOT 的形式,吸引和鼓励民间资本、金融资本、国际资本对智慧城市建设的投入,但仍存在融资模式单一,协同工作相对滞后,市场机制缺失,缺少系统规划、协调机制和统一网络平台建设等突出问题。[83]

案例:广州智慧城市发展现状

广州是国家五大中心城市之一,2010 年广州市提出要走"经济低碳、城市智慧、社会文明、生态优美、城乡一体、生活幸福"的新型城市化发展道路的目标。其提出的"12338"的发展目标,具体包括:1 个目标任务:围绕建设国家中心城市和率先转型升级的目标建设幸福广州;2 个战略重点:打造国际商贸中心和建设世界文化名城;3 个发展理念:低碳经济、智慧城市、幸福生活三位一体的城市发展理念;3 个重大突破:战略性基础建设、战略性主导产业、战略性发展平台建设;8 项工程:产业提升工程、科技创新工程、城乡一体工程、生态环保工程、文化引领工程、人才集聚工程、民生幸福工程、党建创新工程。广州市委、市政府进一步指出智慧城市建设是新一轮信息技术应用和知识经济的产物,是工业化城市化与信息化深度融合的发展趋势。要把智慧广州建设作为推进转型升级的重要引擎,作为进一步增强广州辐射能力拓展城市发展空间的战略举措。作为创新社会治理模式、全面提升市民群众生活质量和幸福指数的重要保障,各部门需要扎实推进各项工作努力成为智慧城市建设的先行示范城市。

广州是珠三角地区的核心城市,建设智慧广州需完成三大核心任务:全面实现城市资源数字化、网络化,利用 IT 信息技术、泛在网技术和互联网技术打造广州国际信息枢纽中心,构建超强的信息感知、获取、交换、传送、存储与安全控制系统,为智慧城市与智慧产业打下坚实的软硬件基础条件。城市管理智能化、虚拟化和服务化。改变传统城市管理与发展的思路,利用智慧技术和虚拟技术实现城市各类资源智能化运行,如智能交通远程监控、电子政务和云服务等。政府职能部门需向服务化方向转变,从而实现各类城市事务高效、和谐、健康地运行。智慧产业快速提升,知识性服务产业居于主导地位。智慧城市不仅要建城,还要创造

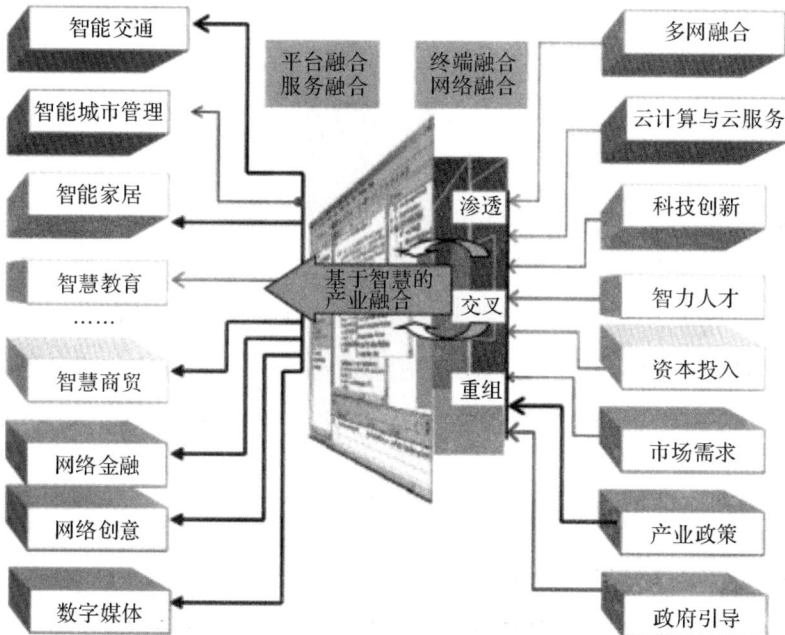

图 5-5　广州智慧城市建设方案

高端智慧产业,通过集聚智慧产业创新人才,发展智慧城市核心技术,重点发展泛在网、数字媒体、数字家庭、时尚创意设计、网络教育及知识性服务产业等。因此广州智慧城市建设与智慧产业融合发展路径选择需根据市场需求、自身条件、产业基础与资源优势,合理进行城市功能定位,在有效整合与创新的基础上,合理规划新城建设与老城改造,将新型城市化道路与智慧产业发展和谐高效地结合起来,找到多条适合广州客观条件、核心优势并具有广阔发展前景的智慧城市与智慧产业融合发展路径。[84](见图5-5)

5.5 生活智慧化

5.5.1 旅游篇

当下,随着新一代信息技术的蓬勃发展,平板电脑、智能手机等便捷的终端上网设备层出不穷,在大网络时代的背景下,旅游业正在经历又一次的变革,智慧旅游时代正在悄然来临。

作为苏南地区地方经济发达的无锡,旅游业是无锡第三产业的龙头。江苏省自2010年以来,开始致力于智慧旅游建设,推进全省旅游产业的转型升级。2011年5月,无锡与江苏其他六个城市建立"智慧旅游城市联盟"。2012年5月,无锡开始国家智慧旅游试点城市建设。2013年无锡入围首批国家智慧城市试点城市之一。据2014年全年全国游客满意度调查数据显示无锡全年综合排名居全国第一位,获2014人民网"影响世界的中国文化旅游名城"、2014新华网"最美中国生态旅游智慧旅游目的地"和第20届金旅奖"最具特色魅力的旅游目的地"称号。2015年5月无锡成功入选IEEE智慧城市试点计划,连续三年被评为中国智慧城市发展第一名,形成独特的无锡模式。[85]

案例:无锡智慧旅游产业

整合多方资源,建成"智慧旅游城市"服务、管理、营销平台

作为智慧旅游城市建设试点单位,无锡在智慧旅游建设方面取得了一定成效。2011 年无锡市开始从政策层面为开展智慧旅游建设做铺垫,拟定关于推进智慧旅游建设的具体政策,整合相关网络资源开展智慧旅游手机客户端开发,以及游客自主设计行程在内的个性化服务功能设计,以实现旅游宣传营销、交通导引等功能。2012 年无锡建立一站式综合信息服务平台——无锡旅游网,为游客提供咨询和预订服务。2013 年无锡完成无锡旅游移动客户端升级,发布无锡智慧旅游软件,下载量突破 50 万次。无锡旅游数据中心建成,实现涵盖几万条城市旅游各类信息和客源分析,可以对全市主要游客集散地区人流及动向实时统计分析。无锡市旅游局与百度合作建成"无锡城市百科"项目,全方位展示无锡休闲旅游、人文历史和社会经济,宣传旅游城市形象,在智慧旅游立体化营销体系建设方面,实现与"驴妈妈""携程""艺龙"等旅游网站的对接互动。

2014 年无锡旅游攻略在线下载数据表明,无锡旅游成为一类旅游目的地,得到众多网民关注。无锡智慧旅游立体化营销体系、智慧旅游饭店星级评定系统、智能旅游车辆配载平台、智慧餐厅 O2O 云平台、无锡旅游全程解决方案——DTD 项目、江南民俗文化体验智慧中心共 6 个项目成为江苏省首批智慧旅游优秀项目,总数居江苏第一位。建成无锡旅游网电商平台,实现为自驾游客和自由行游客提供更加个性化、本土化的旅游产品和服务。

智慧旅游景区逐渐成形

智慧景区指景区能够通过智能网络实现景区资源管理、人力资源调配、客户管理、景区营销等功能,主要表现为:配备通信网络、景区综合管理、电子门票与电子门禁、门户网站与电子商务、数字虚拟景区与虚拟旅游、游客服务与互动体验、旅游故事及游戏软件。2014 年统计结果显示无锡全市拥有年接待游客 10 万人以上的景区 52 个,其中龙寺生态园在 2011 年完成全景监测系统、电子门票系统、手机客户端互动平台等四个方面建设,并实施建设旅游商品溯源、智能农业、基于定位的真人战队 CS 游戏等系统开发。荡口古镇建有景区管理系统集成平台和数据库、安防监控、客源分析、停车场管理等智能化的游客管理和停车管理系统。2014 年,灵山景区启动数字化建设项目,包括将门票销售、人数统计、电瓶车调度等统一的智能化管理平台外,还有手机智能客户端等一体化的服务功能项目,预计到 2015 年 10 月完成。无锡其他 5A 级景区已经建成官方网站,完成通信网络应用、景区综合管理、门票、门禁、门户网站与电子商务系统建设。到 2015 年年底无锡所有 4A 级及 5A 级景区将实现免费 Wi-Fi 全覆盖。

智慧旅行社管理系统逐渐完善

智慧旅行社是指将互联网技术应用于旅行社计调、同业分销、导游车辆管理、内部管理系统等方面,提高旅行社运营效率。2014 年无锡建成智能旅游车辆配载系统和智能旅游车辆安全信息服务系统,这两个系统在中国尚属首创,实现了对旅游车辆的远程实时监控和管理调度,提高旅游车辆的安全系数和车辆的使用效率,达到节能环保、绿色低碳的目标。此外还为旅行社开发了导游通系统,目前全市有旅行社 165 家,部分重视信息技术应用的旅行社走在了旅行社智慧平台建设与应用的前列,如无锡中国国际旅行社有限公司、江苏康泰国际旅行社有限公司无锡分公司、无锡八爪鱼国际旅行社、浙风旅行社无锡分公司等。

将信息技术应用于餐饮酒店服务与管理

智慧酒店是指酒店通过数字化与网络化实现酒店数字信息化服务技术。其具体内容包括智能门禁、智能取电开关、交互视频体系、电脑网络体系、展示体系、互动体系、信息查看体系(客人在房间内可实现信息查询)、微信平台、移动客户端系统。无锡现有旅游酒店 140 多家,星级宾馆 55 家,经济酒店 160 家左右。2011年,无锡的餐厅物联网系统已在多家餐厅投入使用,如触摸屏点菜、互动小游、酒水条形码和食物安全识别。无锡君来洲际酒店、无锡凯宾斯基大酒店许多五星级酒店已经应用了智能门禁系统、智能取电开关、电脑网络体系、展示体系。[86]

5.5.2 社区篇

社区建设是智慧城市建设的基础,在智慧城市建设中,社区服务管理必将呈现出新的发展趋势,"智慧社区"既是社区建设的一种理念思考,也是新形势下探索街道公共治理的一种新模式。它以智能、人文、服务为理念,以"管理精细化、服务人文化、运行社会化、手段信息化、工作规范化"为建设思路,以统筹各类服务资源为切入点,以满足社区居民、企事业单位、社会组织的需求为落脚点,以信息化技术手段为支撑,努力在居民区构建涵盖社会管理、社会服务、社区建设、社会动员、社会组织、社会领域、党建等于一体的智能化综合信息服务管理平台。智慧社区是智慧城市的一个重要模组，它对外承载着社区与城市的信息互联，满足政府、企业和个人对社区内部信息的需求，对内承担着感知层信息的收集、转换、处理，并与互联层完全连接和融合，满足社区内"高效、节能和环保"运行过程中对信息的需求，以达到"安全、舒适、方便、快捷"的目的。

案例：北京市智慧长阳社区

公共信息平台

信息汇展门户是数据资源的集散中心，方便用户快捷地认识并使用平台资源。包括：首页是整个平台的一个缩影，将平台所有的内容在一张页面上直观地展示出来；全景城市提供所有智慧长阳数据和服务的"一张图"展示，全面展示城市全景、城市体征和城市年轮；资源中心主要是对已经汇交发布资源的集中展示，能够提供多种资源检索方式，方便用户快速地检索、查看、申请、租赁等服务；应用中心提供一站式应用集散中心，资源的业务化应用展示、下载、使用；个人中心是提供给用户对自己相关信息的管理，对各科室的资源管理实现个性化的服务，为平台管理者提供一站式的管理体验；开发中心栏目主要面向政府机关的应用系统开发和企业增值服务开发而提供指南。[86]（见图 5-6）

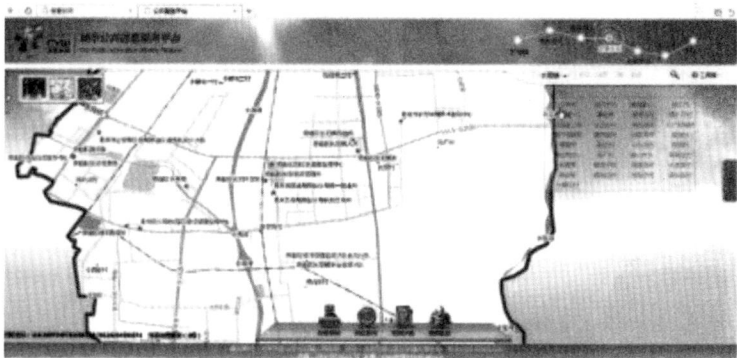

图 5-6　智慧长阳"公共信息平台"

智慧人口管理系统

长阳镇政府半数以上的科室是面向人口管理，政务工作与人口数据、人口管理是分不开的。做智慧人口应用，主要解决人口数据的整合应用以及宏观管控的问题。智慧人口将各部门通过数据交换系统实现人口数据的比对整合,形成比较完整的人口数据,然后各个部门各取所需;专题应用,主要是与各个业务部门的数据相结合,实现专题应用,如人口数据与医疗卫生信息结合,实现人口健康档案管理;综合分析,基于长阳镇人口数据的特点,实现流动人口、老年人口、特殊人群、年龄结构、知识结构等的综合分析统计,为政府的资源配置提供辅助作用;"空间可视",基础地理信息数据有了,人口数据有了,可以实现基础地理信息数据与人口数据的无缝集成,可以直观地查看人口分布,进行信息查询;"精准管理"把人口与建筑物数据进行无缝集成,实现以房管人的精准管理。(见图5-7)

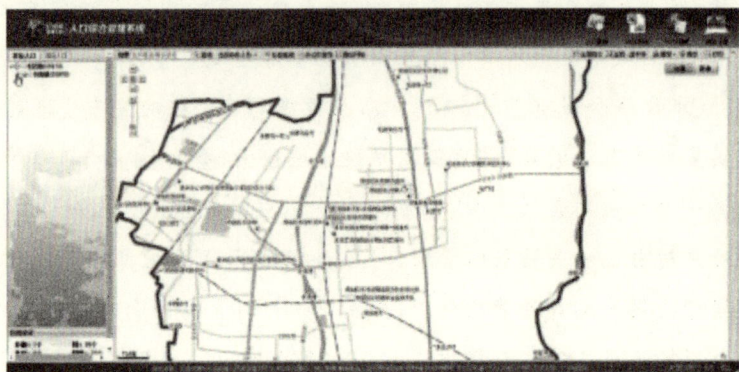

图5-7 智慧长阳"人口综合管理"系统

家人在哪儿应用系统

我们现在每个家庭都只有一个孩子,日常生活中总是不可避免地会遇到各种意想不到的事情。家人在哪儿,智慧为民的公益活动,提供给儿童一个更安全的生活环境;另外皇城根小学、北京四中等名校落地长阳,这将吸引更多的孩子来长阳接受教育。家人在哪儿有助于促进长阳教育环境的搭建。技术手段通过在孩子身上佩戴有GPS定位功能及电话功能的移动设备,父母可以通过电脑网页或手机应用查看佩戴在孩子身上的移动设备的状态,从而达到监护孩子的目的。(见图5-8)

政务服务大厅

政务服务大厅提供网上办事服务,进行即时信息发布、在线预约和预审,以社保窗口业务为核心,业务员在后台向居民发送短信批复提醒,建立直接互动服务。

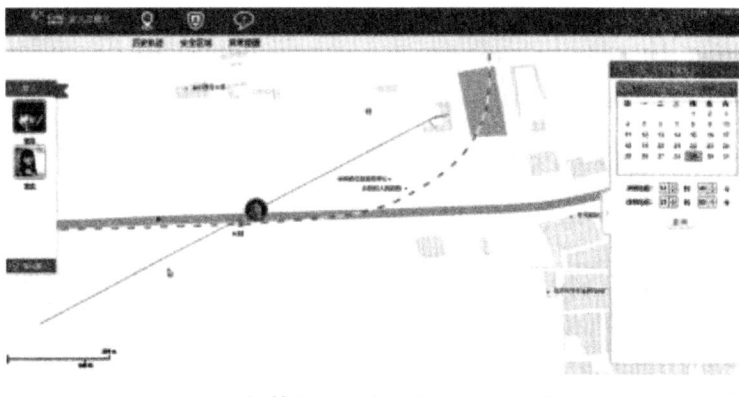

图 5-8　智慧长阳"家人在哪儿"系统

平台分为个人服务、企业服务、投资服务、三农服务四大服务模块,其中,包括 171 项三级业务,227 项四级业务,覆盖镇政府全业务,打破原有业务分散不集中,加速网络政务信息化建设。后期将在政务内网建立业务审批流转系统,同时进行量化考核,数据分析,挖掘提供深层次人性化为民服务。(见图 5-9)

图 5-9　智慧长阳"政务服务大厅"

智慧养老应用系统

长阳智慧社区关注与老年人相关的健康档案、电子化的病历文书、日常监测的设计必须回归到"以人为本",顶层设计始终围绕服务于老年人健康这一大前提。统筹健康信息资源,强化制度、标准和安全体系建设,有效整合和共享全员人口信息、健康档案、居家监测等三大数据库。充分调动产业力量(社区服务商、社区志愿者、周边企事业单位等)和民间智慧,实现心理评估、体检预约、健康监测、康复运动指导、金融服务、慢性病管理六大社区养老健康服务的提供,同时,提供家政服务、营养配餐、日常护理、超市配送、药品配送、老年教育、文化娱乐活动组织、心理慰藉等社区养老日常服务。从而形成覆盖长阳镇高效统一的为老服务网络,实现全程全生命周期的养老服务的业务应用联动、信息共享、有效协同。(见图5-10)

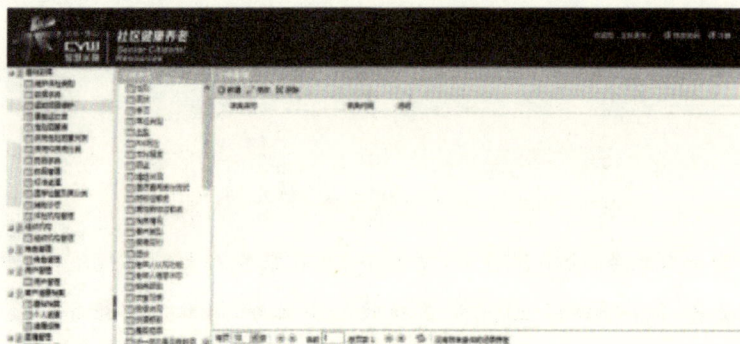

图 5-10 智慧长阳"社区健康养老"系统

一刻钟商务圈系统

一刻钟社区服务圈主要提供公共服务、政务服务、居民服务、企业服务、三农服务、投资服务、保障服务、文化服务、专题服务九大类服务,涉及长阳镇居民和企业生活和经济发展方方面面。未来聚焦在城市形象宣传招商引资,为居民提供一手网上服务信息查询,为企业开展丰富多样的商铺式服务。[87](见图5-11)

图 5-11 智慧长阳"一刻钟商务圈"系统

5.5.3　家居篇

2015 年被称为智能家居元年,各领域行业巨头纷纷布局。小米、360、京东等互联网公司借助互联网思维布局智能家居生态圈;通信行业的华为、中兴分别从核心芯片和云计算等方面切入市场;海尔、美的等家电企业也从电器入口做布局连接,意图整合上下游企业;各种创业型智能家居公司更是如雨后春笋般纷纷冒头;传统的装饰行业等也都意图分得一杯羹,真是好一片热闹的场景。

总体而言,2015 年以来我们发现市场上的智慧生活相关产品打破了传统产品价格高的特点,企业的高端形象开始走进寻常百姓家,视频监控、灯光控制、电器控制等各种单款产品,非常丰富。但是,目前市场整体处于较为混乱的局面,没有统一的技术标准,有线与无线技术并存,即使是无线又有多种连接方式,单品以单款为主,只能局部地解决灯光控制、视频监控等单一功能;缺乏真正能够系统地、从人们日常生活需求角度出发的智慧生活解决方案,大多的企业对功能的规划还是处于概念大于实践的阶段。[88]

而作为智慧生活载体的房屋、社区、开发商们同样不甘寂寞,金地和小米、华远和360、绿地和三星等等纷纷开始着手布局智慧社区和智能家居,以期能够占得市场先机。我们知道,任何行业的发展都离不开需求,需要知道老百姓关于智慧生活真正的需求是什么,只有抓住市场需求才能够在当下纷乱的环境中走出一条正确的道路,而金地集团对需求的分析和关于智慧生活未来的规划布局可谓是眼前一亮。

案例:金地智慧生活

智慧生活规划

金地集团的产品以"引领人本生活"为核心理念,多年来立足于打造具有人文风格、人性功能、人情社区的产品,在全国 26 个城市开发了 140 余个项目。用"科学筑家"的理念创造了许多备受客户欢迎的经典产品,也得到了市场和客户的认同。作为一家以城市为依托,为人们提供生活与商务空间及相关衍生服务的企业,旨在思考如何让产品与服务变得智慧起来。我们认为,下一个大未来就是在互联网时代为客户创造更加具有价值的智慧生活"生态圈"。从某种意义上讲金地提倡的"科学筑家"精神,在今天更具有非凡的意义,那么如何实现这个未来呢?

从谷歌花 32 亿美金收购 Nest,到苹果重磅推出 HomeKit,智能家居平台各行业巨头纷纷布局智能家居领域,我们可以从中看到一条清晰的脉络——未来来自于智慧、来自于创新。为此金地在全国 20 个主要城市就智慧生活进行了调研,调研结果令人欣喜,98%的被调研对象都认同并且充满了期待。客户的期望就是我们的责任,我们进而去了解客户的关注点。客户关注的焦点有两个——价格和体验功能够不够好,价格会不会贵,随着科技的进步,互联网的迅猛发展,智能手机的普及,实现智能的方式从有线到无线,技术越来越成熟;价格从望不可及的高价到非常亲民的低价,成本更可控;操作方式从原来的复杂烦琐,到现在用 APP 就能简单便捷控制,带给客户的使用体验更完美:产品实观从单向到智能互联。[89]

作为房地产企业,我们要在互联网时代到来之时,积极主动地去迎合互联网思维——为我们的业主打造一个包括金地、业主、合作方的 Life 智能家的生态圈,与大家共享资源,创造便捷,提供更多的产品附加值和服务。[90]

金地 Life 智能家应用最新的移动互联技术,围绕智能家居和智慧社区两大核心,通过对传统居住模块的智能整合和升级,为住户带来集安全、舒适、健康、便捷于一体的智慧生活。

1. 安全

金地 Life 智能家通过远程视频监控人体动态红外感应、门磁窗磁、煤气报警以及社区定位五大子系统,保护住户和家庭财产的安全。

· 视频远程监控不但可以用摄像头实时监控家中发生的一切,关注老人、儿童、宠物,主人在外可以用手机及时关注家中动态。

· 外出或晚上睡觉可以将门磁、窗磁设防,可以和摄像头智能联动,当有人入侵的时候能够及时向住户的手机进行报警,并且对入侵者进行视频拍摄,还能够一键同步给物业报警,最大程度上保护住户的家,避免财产的损失。

· 煤气熄火自动关闭阀门和报警系统可以在住户疏忽时避免发生火灾等危险。

· 社区定位功能为家人在社区的活动安全也提供了充足的保证。比如,假期即将来临,孩子们每天都要到小区中找小伙伴玩耍,是否很担心他们偷偷跑出去呢? 在金地 Life 智能家,物业设置有智能安全范围,可以定位孩子的具体位置,一旦孩子跑出小区便会自动报警通知家长,让家长不再担忧。

2. 健康

Life 智能家让住户拥有健康生活,关怀家人健康。[91]

• 空气质量日渐成为大家生活关注的焦点,通过 Life 智能家的空气质量监测仪,可以实时检测家中的 PM2.5 指标,并通过与空气净化器智能联动进行除霾就可以实现健康的空气环境;我们可以设想一下,假设在睡梦中雾霾来袭,监测仪监测到 PM2.5 超过健康值,空气净化器便会自动开始运行,为住户净化空气。

• 除了空气,水质也是影响我们健康的重要因素,同样我们可以通过对水质的监测来实现净化和软化。

• 的确,没有什么比家人健康更重要更让我们牵挂了,如何能够在百忙之中关注家人健康? 通过 Life 智能家的健康产品比如血压仪、血糖仪,检测结果同步到住户的手机,可以随时关怀家人的身体状况,做到及时提醒和关怀。健康数据还可以同步到我们的健康管家,我们的第三方医疗资源根据数据可以提供饮食建议、锻炼建议,并会根据住户的年龄和身体状况,建立健康档案,及时提醒住户做体检、为住户提供健康咨询等服务。

3. 便捷

Life 智能家为住户带来更便捷的生活。[92]

• 远程家电控制系统,在下班回家的路上就可以提前把空调打开,让电饭煲开始煮饭;一开家门便是住户觉得最舒适的温度,米饭散发出香气。

• 移动对讲系统让住户每次不需要跑到门口去开门,在手机终端便可以查看门口摄像头并远程遥控开门。

• 社区 O2O 平台,将传统的物业服务全部上线,包括保修投诉、小区信息公告、快递托管、小区互动文化等,住户可以随时随地享受物业的贴身管家服务。

• 智能停车系统不仅能告诉住户车位使用情况,还能为住户指明离家门口最近的车位,下车后,如果住户提着物品,一卡通通过感应为住户自动开门,解放其双手。

4.舒适

Life智能家,能够带给住户一个舒适的居住环境。

· 南方的春夏潮湿衣物容易发霉:Life智能家的环境监测仪能够实时监测家庭的湿度数据,只需要提前预设,便可以智能控制加湿器或者抽湿机,让湿度完美地保持在最舒适的区间。

· Life智能家还可以根据住户的需求设置灯光场景模式,无论是吃饭、会客、看大片还是聚会都可以通过手机一键搞定。同时智能灯泡可以变换出1600万种颜色,根据环境和心情随意调节。

美好的一天是这样度过:早上音乐声提醒住户起床,刷牙洗脸的功夫为住户播报天气和热点新闻,咖啡机已自动为住户煮上热腾腾的咖啡。上班抽空用手机看了看家里情况,一切都好。天气比较潮湿,远程开启了家里的除湿机。下午,孩子放学回到家,摄像头抓拍并实时提醒您,下班后提前开启家中空调,开车回家智能停车导航。晚上预定好的大厨上门为住户提供美食服务,然后把灯光调制舒适模式观看电影,晚上该休息了,家中电器设备切换到睡眠模式,安防系统自动布防。

金地Life智能家,通过互联网技术实现了智能家居和智慧社区中各种硬件设施的联通。同时我们也用互联网思维将客户的各项需求与我们提供的有形产品、无形服务进行关联,最终会形成一个与客户共生共长、自我满足与调节的生态圈,为我们的业主带来安全、健康、便捷、舒适的互联网时代智慧生活。

金地的智慧生活实践

金地对未来智慧生活进行详尽规划的同时,也积极在项目中进行落地实践。一方面有其研发基地——金地集团科学筑家馆成立诸多品牌的联合样板体验间,对智能化的相关产品与精装样板进行安装、测试、体验,另一方面在项目层面也从样板间开始逐步装配智能化相关产品;通过集团研发层面以及项目实践层面,对各品牌的功能、稳定性、现场效果、客户体验等多方面有了深入的了解,为全面的推广逐步奠定坚实的基础。[93]

但是,总体而言目前依然存在以下若干问题需要解决:

第一,行业标准的确立:2015年被称为智能家居的元年,尚未形成统一的行业标准,因此各家品牌的产品之间尚不能相互兼容,且多数品牌以单品为主,对地产企业而言,在选择上变得困难。

第二,系统的解决方案:目前已有的品牌多数尚处于规划发展阶段,并未形成成熟的、系统的智慧生活整体解决方案,因此需要开发商进行整合,由此带来额外的成本投入也需要面对。

第三,适配性的选择:地产企业的项目广泛分布于一、二、三线城市,每个城市的房价水平不一,因此对同功能配置的成本承受能力不一,因此,如何针对不同定位的项目提供匹配的解决方案,有待进一步探讨。

第三篇

微观部分

第 6 章

新生企业智慧创业之路

近几年,无论是通过传统媒体的新闻报道,还是在新媒体,如网络平台上的报道,不可否认的是,"大众创业,万众创新"的旗号已经飞入寻常百姓家,被国人所推崇,被百姓所重视。在当今"互联网+"的环境中,创业的方式早已变样,创业者不能仅靠几十年前的方式,而要在原本的创业方法基础上进行拓展,将创业过程转化为智慧创业。那么,创业者如何创业?怎样进行智慧创业?这便是本章所要重点讨论的话题。本章从新生企业的角度出发,选取其在创业初期所拥有的三个关键要素——机会、资源和商业模式,由此引出具体内容架构,即智慧性机会识别、智慧性资源利用和智慧性商业模式,然后进行深入解读与剖析,以期带给读者有关新生企业创业过程方面更多的思考。

6.1 智慧性机会识别

6.1.1 机会的内涵

《说文解字》中对机会的解读包含时机与关键两层含义,百度百科简单地将机会定义为具有时间性的有利情况。从特征的角度来看,企业中的机会通常包含四点:

一是客观存在性。在企业的营销环境中,机会是客观存在的,并且会随着环境因素而不断发生变化、重组。企业可通过分析环境、收集相关信息资料,及时发现和挖掘各种有利的机会。

二是公开性。由于机会是客观存在的,因此任何企业只要善于寻找和识别,通过努力总是可以发现机会,即企业在发现机会这点上不存在独占权。

三是时间性。机会的存在并不是永恒不变的,而是随着环境的改变产生、变化或消失,如果企业不能及时捕捉并把握住机会,便会因其他企业的抢先利用而使企业机会效益减少,甚至完全丧失。

四是理论上的平等性与实践上的不平等性。理论上,任何企业都有可能发现某一机会并加以利用,但是在实践中,由于企业之间在规模、实力等方面存在明显的差异,因此,在利用某一机会时,企业把握机会的能力以及享有的差别利益就有所不同,即企业在利用机会时,其所处的竞争结构的分布是不平衡的。

而根据不同的特征,机会通常可以从五个角度进行分类:一是按照是否具有可利用性,分为环境机会与企业机会;二是按照是否具有显在性,分为显性机会与隐性机会;三是按照时间性特征,分为现有机会与未来机会;四是按照其所出现的行业位置,分为行业性机会与边缘性机会;五是按照其产生的空间范围,分为全面机会与局部机会。

在创业实践中,新生企业可利用的机会是广泛的,既有从已有讯息中发现的机会,也有通过变革创新而产生的新机会,然而,即便是客观存在的各种机会,也并不完全等同于企业机会,在目前的市场环境下,企业早已不再是仅仅依靠敏锐的眼光就能发现机会,然后将其转化为企业机会。企业需要在分析、评价和选择机会的过程中,结合现代科技发展的趋势、自身企业的特点及消费者需求的变化,进而对机会进行寻找、发掘和识别,以确定其是否可以将机会转化为企业机会,并依靠实现营销目标所必需的企业实力取得成功。

6.1.2 机会识别的智慧化

1."互联网＋"时代下的创业机会识别

全球创业观察(GEM)2001 年的报告中,已经从动机的角度对创业进行划分,具体分为生存型创业和机会型创业。顾名思义,生存型创业是指创业者在没有其他选择的情况下,为了生存,进而选择了创业这条路。而机会型创业则不然,它是指创业者为了追求商业机会而进行的创业行为。创业机会(entrepreneurial opportunity)是创业活动的起点。Shane 与 Venkatraman 认为:"所谓创业研究,是研究创业机会通过'谁(who)''如何(how)'发现、评价和利用,从而转化成未来的商品或服务。"因此,创业研究包含有关机会的来源、发现过程、评价和机会开发,以及发现、评价和利用它们的个体和组合的研究。由此也可以看出,机会识别是创业活动中一个不可或缺的重要环节,是创业研究中的重要前沿领域。此外,从创业者的角度来看,无论是生存型创业,还是机会型创业,创业初期阶段的首要环节都是机会识别,换句话说,机会识别是整个创业过程的起点,而创业者对机会识别度的差异也奠定了其所创办的企业存活下来的几率。

在传统企业的伊始阶段,造成机会识别差距的主要原因是创业者自身所接触到的社会网络资源。创业者所拥有的社会网络资源丰富,不仅会对创业之初提供帮助,还能够为新生企业在未来的生存与成长方面提供有利帮助。学者林嵩在梳理了以往有关机会的界定、类型和研究的基础上,提出机会识别与创业研究的概念模型[94](见图6-1),或许可以帮助读者理解新生企业有关机会识别方面的知识。

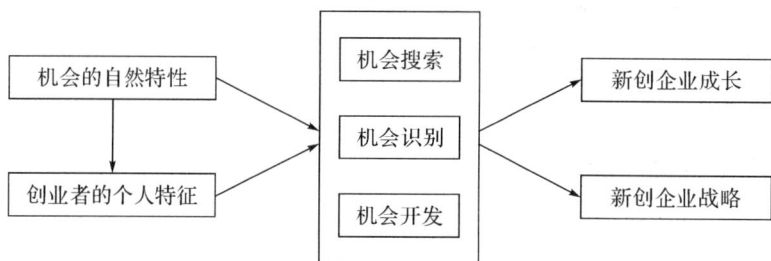

图 6-1　机会识别与创业研究的概念模型

传统的机会识别大多是指创业者在创业初期或是创业过程中,识别出能够为市场创造或增加新价值的产品或服务。管理者通常运用 SWOT 分析法对企业自身的竞争优势(Strengths)、竞争劣势(Weaknesses)、机会(Opportunities)和威胁(Threats)进行分析与思考,从而将企业的战略与其内部资源、外部环境有机地结合起来,在完成环境因素分析和 SWOT 矩阵的构造后,便可以制定出相应的行动计划。但是,随着云计算、大数据、物联网等新兴技术的兴起,SWOT 分析法的时效性,尤其是在机会方面略有欠缺,在当今的互联网环境中如何做到智慧性机会识别才是本书真正探讨的问题。

随着新兴技术的飞速发展以及数据获取手段的多样化,人们所拥有的数据急剧增加,在这一前提下,从各种大量的数据中进行数据挖掘逐渐成为人们提取、分析信息及知识的重要手段。所谓数据挖掘,就是从大量的、不完全的、有噪声的、模糊的、随机的数据中,提取隐含在其中的人们事先不知道的,但又是潜在有用的信息和知识的过程。

而智慧性机会识别与传统机会识别所不同的是,前者会在后者的基础上进行升级与拓展。智慧性机会识别运用新兴技术,将原本只投放于市场的目光逐渐转向供产销产业链中的研发、生产等方面,甚至开始关注消费者群体构成,等等。例如,作为新生企业的创业者,可以通过大数据、云计算等方式方法,从产品的研发及生产中智慧性捕捉机会,或对消费者群体进行精准划分,以解构企业目前所吸引的消费者群体,进而实现智慧性机会识别,正所谓"闻道有先后,术业有专攻",只有这样才会让企业在竞争如此激烈的市场中存活下来。

因此,机会识别对新生企业的未来决策所产生的影响至关重要,而机会中所蕴含的稀有潜在信息,一方面可能是自己或竞争对手尚未发现的,另一方面也可能是竞争对手刻意隐藏的关键信息,基于稀有潜在信息的机会发现可能比来源于高频信息中的机会影响更大。而"互联网+"时代下的智慧性机会识别,不应只关注于对高频信息的利用,还应该将目光转向低频的稀有潜在信息,以此为出发点,为新生企业的智慧创业开辟出新的道路。

2. 大数据与机会识别

亚马逊总销售额的 1/3 来自个性化的推荐系统,美国 Farecast 价格预测工具和 Decide. com 分别以高达 75％ 和 77％ 的预测准确度为消费者节省了一大笔钱。这些《大数据时代》中的真实例证,让人们蓦然惊醒——大数据时代已然来临。而大数据时代的来临意味着,创业者能够拥有更多的数据,进行更深层次的数据挖掘,最终做到智慧性机会识别。

《大数据时代》一书的作者维克托·迈尔·舍恩伯格指出:"当今社会有一种独有的新型能力,这就是以一种前所未有的方式,通过对海量数据进行分析,获得有巨大价值的产品和服务,或深刻的洞见。"大数据正成为巨大的经济资产,成为 21 世纪的矿产和石油。无疑,它不仅是商业帝国的智囊团,还是人类的仪表盘、航海的指南针、天气的预报师、下一站的风向标,它给人类带来了全新的创业方向、商业模式和投资机会,其秘诀就隐藏在大数据所创造的"数据财富"里。

维克托在书中提出的"大数据时代在处理数据理念上的三大转变"颠覆了传统,那就是"要全体,不要抽样;要效率,不要绝对精确;要相关,不要因果"。在大数据时代,传统概念中的数据冗余和分散没有关系,小范围的偏差和模糊也没有关系,它欢迎"数据废气"——允许一点点的错误和不完美,维克托强调全体数据而非随机样本,强调混杂性而非精确性,强调相关关系而非因果关系。"大数据"让创业者重新审视精确性的优劣,更多时候会启用"概率"作为全新的数据代言人,让人们适当放弃微观的精准,转而获取宏观的洞察力,在大数据中,让机会识别更具智慧性。

(1)大数据对机会的影响

首先,大数据≠海量数据/大规模数据,大数据不能仅被理解为"容量之大"或"数量之多",因为它并不只是简单的在数量上进行堆砌。除"数量"之外,大数据还有"质量"上的相关要求。在品种形态上,大数据是种类繁杂、范围巨大、包容万千的,正误数据、关系型与非关系型皆有且形态不规则;在结构关联上,大数据之间是具有一定关联性、立体性与结构性的;在更新效率上,大数据是实时更新的、不断变化的、不断产生与聚合的。品种形态、结构关联和更新效率三者共同构成了大数据的"质量"因素,这些"质量"因素与"数量"因素相结合,方可成为真正的"大数据"。维克托在《大数据时代》中所倡导的"全数据模式",即追求数据的完整性,实际上是对应了大数据在数量上的要求;其所提倡的数据混杂多样性和相关性,则是对应了大数据在质量上的要求。由此,拥有品类多样化、潜在关联性、立体层次性、结构丰富性、动态更新性的数据才是有"质"又有"量"的"大数据"。

"大数据"似乎看上去很美,是时代的宠儿、政客的幕僚、商人的武器,是财富与机会的代名词,然而,大数据并不是一出生就被赋予了无数亮丽的光环。大数据是机会,但也可能什么都不是,创业者若希望做到智慧性机会识别,就要清楚地意识到这些。

①大数据是机会,但它不会自动成为机会

大数据本身其实只是数据,并没有太多价值。大数据是机会,但它不会自动成为机会。创业者听到的是机遇的敲门声,但机遇有可能永远被挡在门外。因此,只有通过数据分析师对繁杂数据进行深度挖掘、处理分析,才能将静态存储的数据变为动态的机会可能,才能通过创新性的分析来释放大数据的潜在价值,为企业带来巨大的价值增值。恰恰因为是"大数据",所以更需要有效的开发和管理。大数据时代,最关键的不是数据存储,而是人工对数据的深度挖掘与应用。重点不是数据,而是应该如何处理这些数据,如何对这些数据进行分析从而获取所需要的情报信息。

犹如一座富矿的大数据,创业者们究竟该如何"开采"? 开采首先需要人的参与。

诚如维克托所言："大数据并不是一个充斥着运算法则和机器的冰冷世界，其中仍需要人类扮演重要角色。"在这一数据价值链上，至少包括数据持有人、被授权的第三方数据处理者(或数据中间人)及数据价值受用人三类主体。同时，贯穿其中的是由人参与的数据运作环节，即数据的获得、汇集、存储、运算、挖掘与分析、使用和消费，或概言之为数据的持有、处理和受用三大环节。数据价值链上的三类人分别对应数据产业链结构上的三个基本环节，每一个环节都是分层的、内容巨大且价值无限的，同时每个层次都是这个生态链中的重要一环。数据持有人是否拥有数据、数据的来源、拥有多少数据及数据的质量，即是否拥有"量"又有"质"的大数据；数据处理者是否为具备"深度分析"专长的人才，如何处理数据，是否处理得当；数据受用者是否受用及受用程度等，都将影响到大数据成为机会或实现机会的整个过程。

想要将机会引进门，就必须确保数据的来源，并确保有专业性数据分析人才加以合理深度分析。完整有效的数据来源及坚实的数据分析力量，是大数据分析之必需前提，也是消费者受用之必备前提，否则，大数据只能是"沉默的羔羊"，创业者更不可能智慧性地识别机会。

②大数据是机会，但它不是所有人的机会

"拥有了数据就等于夺取了行业制高点。"此话未免言过其实。不懂深度挖掘数据的数据持有者，即便拥有数据，它也仍形如粪土；即便数据被某些懂得深度挖掘的持有者所拥有，他也未必能够登上数据的珠穆朗玛峰。因为大数据是机会，但它不是所有人的机会——它只是少数人的机会。

企业面临的挑战是从组织机构内外部的"大数据"中深度净化、处理、挖掘价值，并选取有价值的部分来为我所用。其目的是发现更多的潜在商机，让组织机构更灵活、更具竞争力，提高组织机构的赢利能力，而这一切的前提是真正拥有大数据。但是，为数不多的数据拥有者往往仅是资金技术雄厚的垄断者或产业巨头，中小企业则不一定拥有大数据。当然，不能直接拥有数据的中小企业仍可以成为被授权成为拥有者或数据的受用者，但中型企业对大数据的受用性或许不如大型企业和小型企业那么高，数据让处于行业两端的公司受益良多，而中等规模的公司则要么向两端转换，要么破产，因为超大型的公司占据了规模优势，而小公司则具有灵活性。

大数据是机会，但也只是少数人的机会，它更多的时候会成为 IBM、Oracle、微软这样的商业巨头们的尚方宝剑,或是在利基市场成为嗷待成长的小企业的救命仙丹。而对于长尾的中型企业来说,想用大数据来创造数字生产力并非易事。事实上,中型企业不一定非要与 IBM、Oracle 这样的大公司去拼,曲线救国、绕道而行,在"开源社区"获得免费的资源,不拿鸡蛋碰石头或许才是一个自己适用且更明智的选择。

③大数据是机会,但它也可能成为风险

不要以为系统里的那些数据与大多数平民百姓无关,当你拿着 iPhone 6s 在街上兴奋地"街旁签到"时,行踪早已被 GPS 定位系统轻松地记录下;当你在自动取款机面前,享受着监控探头带来的心理安全感时,实际上,你已然成为被监控的一份子;当你享受着"个性化定制"所带来的优越感时,系统早已免费且合理地获取了你的个人信息及私人偏好;当你在人人网等 SNS 社交网络以"悄悄话"的形式给好友留言时,当你在微博上发所谓的"私信"时,当你在 QQ 上与他人进行视频聊天时,不要以为别人看不到——系统早已堂而皇之地"窃听"了你的"私语",只是未出声而已……你发出的每一条短信、拨打的每一次电话、写的每一封邮件、浏览的每一个网页都早已被悄悄记录在案,你躲也躲不开,逃也逃不掉,更是删也删不了。

大数据=大风险?或许是的。数据的安全性及对个人隐私的威胁,让本是机会的"大数据",也同时成为了"大风险"。大数据为监测人们的日常生活提供了便利,同时也让保护隐私的法律手段失去其应有的效力。即使采用"告知与许可""数据的模糊化"或"数据的匿名化"等方式,来自不同系统、不同应用程序,对不同活动进行关联的数据,总是会不经意间就泄露了天机。微软研究院的高级研究员博伊德曾表示:"如今,我们社交网络化的社会绝对具有制造恐慌的天分。在大数据时代,对隐私泄露的担忧就是强大的紧张和焦虑的源泉。人们普遍认为,最令人焦虑的在于根本不知道什么时候自己的隐私就无意中被泄露出去。"此外,大数据时代的数据被支持和倡导进行"多次利用",甚至"无限次利用",那么,在社交网络如此发达的今天,大数据完全可以把人的行为进行放大并深度分析,从而相对准确地预测其性格和行程。所以,有人认为未来或许会出现这样一种情况:在结束一天的工作之后,你还没有决定要去哪里,数据中心却早就先于你准确地预测了你接下来的目的地。你的信用卡号、身份证号、手机号、病史记录、性别手术……一切所忌讳脱口而出的,早已是数据系统里公开的秘密。在服务提供商的数据库里,每个人都是"透明人"!从此,找人何须"人肉"?那不过是系统里几秒钟就可以完成的事。所以,大数据是机会,也是风险;是英雄,也是杀手。[95]

(2)智慧性识别的机会种类

①技术创新机会

A. 研发突破性技术

智慧性机会识别的基础可以是大数据,大数据的核心是预测,精准预测是建立在接受数据混杂性的基础上,可以通过相关性分析获得预测结果,而不需要了解事物运行的内在机理。因此,很多企业可以利用大数据研发其他领域的专业技术,为企业技术创新提供广阔空间,而这些新技术的突破性将拥有改变整个产业格局的潜力。

B. 提供完全个性化的产品或服务

企业开展技术创新活动的目的是追逐超额利润,而获得超额利润最直接的手段之一是针对顾客需求,弹性提供产品或服务。大数据在分析预测方面的强大能力可以针对每位顾客的实际情况发现其需求偏好,进而提供个性化产品或服务。目前,这种智慧性机会主要用基于互联网等易于采集数据的领域,在制造业等领域能否适用还有待观察。

C. 促进技术应用领域转移

很多智慧性机会识别的成功与其说是技术进步,不如说是应用领域的转移,大数据分析在扩展技术应用领域方面具有独特功能,为企业的智慧性机会识别提供了新机遇。

D. 拓展企业参与创新的机会

近几年,在生物、纳米等新兴产业领域中,逐渐涌现出一种被称为接力创新的特殊模式,而该模式在大数据领域同样存在。接力创新是指由能力显著异质、优势明显互补的不同主体,分别承担创新链上不同环节的任务,以接力方式依次完成一项从构思、研发、生产到商业应用的创新活动,最终实现创新价值。

大数据时代下,分化出两类优势能力各不相同的企业,一类是基于创意或技术的企业,拥有挖掘数据价值的创新想法或技术,但缺乏必需的数据;另一类是基于数据和规模的企业,拥有大量数据或可以收集大量数据,却不一定有从数据中提取价值或者用数据催生创新思想的能力。利用大数据开展技术创新并获得创新价值,要求具有数据、创意和技术,但企业类型的分化造成企业无法同时具备多样性异质能力。因此,由优势能力互补的不同创新主体分别承担创新链上不同环节的任务,通过接力合作推动创新成功无疑是较好的选择。接力创新给拥有创意或技术,但没有数据规模优势的企业(尤其是新创专家型小公司)提供了与传统大型公司竞争并获得创新利润的机会。

②市场创新机会

A.隐形市场需求显性化

通过构建特定的分析模型并利用规模数据,大数据分析能够解决很多原本无法解决的问题。这些分析结果和问题解决方式能够满足市场上原本无法满足的需求,甚至能够挖掘出隐性的市场需求,拥有这种创意和数据分析能力的企业,即具备智慧性机会识别能力的企业,则有机会占领潜在市场。

B.开展精准营销

在企业的历史经营过程中总会积累大量数据,倘若这些数据使用得当,则可能会发现顾客购买行为特点,从而开展精准营销。在运用大数据分析与购买行为相关的关系时,实际上,购买行为的内在机理并不需要被分析得过于透彻,有时甚至没有办法分析透彻,有些时候,内在机理看起来似乎完全不合逻辑,但分析结果所提供的推广手段却十分精准,足以做到智慧性机会识别。

C.创造新的细分市场

大数据可以创造出新细分市场,并为企业发现和占领新细分市场提供了机会。目前,由大数据引发的细分市场主要包括四种:一是数据提供。大数据分析需要以数据规模为基础,但是很多企业并没有所需要的数据,诸如四维图新、广联达等公司就发现了这一新的市场空间,通过对外出售(出租)经过广泛收集、精心过滤且时效性强的数据而获利。二是数据管理。有些企业既没有数据,也没有利用数据的创意和技术,但却拥有存储、整理和筛选数据的能力,这样的企业可以通过为其他公司承担数据管理任务而获利。未来,企业拥有或需要处理以"ZB"为单位计算的海量数据,那么,为其他公司提供数据集中管理服务必然成为一个可观的市场。三是提供平台技术。在大数据时代,企业需要通过分析海量、复杂的数据获得价值,而大数据分析平台技术则变为了稀缺资源,因此,为其他企业提供大数据分析平台技术具有极大的市场潜力。四是中间市场。现如今,商业环境所需的数据大都分散在个人手中,而无论是利用数据或是提供数据的公司,若想从个人手中购得数据,需要花费高昂的资金,恰恰因为这样,则可能会催生经营数据的中间市场。它将众多消费者手中的数据进行集合,再转卖给需要某种数据的公司。[96]

6.1.3 智慧性机会的识别

1. Google 公司

Google 公司分析全美几十亿条互联网检索记录,运用 4.5 亿个数学模型,准确预测和监控甲型 H1N1 流感在美国的蔓延情况,甚至能够精确到具体某个地区、州或城市,比美国疾控中心的精度更高、速度更快。

2. 美国个人消费信用评估公司

美国个人消费信用评估公司(FICO)在 2011 年推出"遵从医嘱评分"技术,通过一系列变量分析,确定某人是否会按时吃药。这种基于大数据分析相关结果的技术,帮助医疗机构节省了大量开支。

3. 亚马逊公司

亚马逊公司利用大数据"item-to-item"协同过滤技术,能够根据顾客在网上的查阅信息估算需求,并精准、快速地为其推荐书籍。亚马逊研发人员认为,如果系统运作良好,亚马逊应该只为顾客推荐一本书,而此书就是顾客将要购买的。据统计,亚马逊所销售的全部图书中有 1/3 来自推荐系统,该套推荐系统还适用于其他产品。例如,网狸公司根据用户的查询信息进行产品推荐,Twitter、Facebook 和 LinkedIn 通过用户社交网络图预测用户喜好,以及腾讯 QQ 的精确推荐好友等。

4. IBM

IBM 在 2012 年开发了一套复杂的预测模型,并与太平洋天然气与电气公司、本田汽车公司合作,通过分析多个数据源的实时数据流和历史数据,研究电动汽车充电的最佳时间和充电站的最佳位置。该模型使用了与电动汽车电力供应所有相关数据,既需要与电网的电流消耗及历史功率使用模式相结合,还要考虑电动汽车充电方式对电力供应的影响等问题。最后,这项原本为优化电动汽车充电站设置而开发的技术,被应用转移到了电力供应系统优化领域。

5. Farecast 公司

每个人都希望以最低廉的价格购买飞机票,但在过去这一愿望是无法实现的,因为没有公司意识到预测机票价格是一个需求市场,因此,它们并没有提供此类服务,而 Farecast 公司却运用大数据分析方法,利用从网络抓取的机票价格变动数据,预测机票价格的走势与增降幅度,帮助顾客抓住机票的最佳购买时机。随后,微软公司以 1.1 亿美元收购了 Farecast 公司,并将其预测系统并入搜索引擎。截至 2012 年,Farecast 系统运用近 10 万亿条价格记录来预测美国国内航班票价,预测准确度高达 75%,平均每张机票可帮顾客节省约 50 美元。Farecast 系统适用于产品差异不大,存在大幅度的价格差,并且拥有大量有关价格预测的可用数据,如宾馆预订、二手车购买等市场。

6. 沃尔玛公司

2004 年,沃尔玛分析了其历史交易记录数据库,该数据库不仅记录每一位顾客的购物清单和消费额,而且记录具体购买时间甚至购买日的天气。结果发现,季节性飓风来临之前,手电筒与 Pop-Tarts 蛋挞的销售量都有所增加。从此之后,每当季节性风暴来临时,沃尔玛都会把库存的蛋挞放在靠近飓风用品的位置,以增加其销量。

7. 塔吉特公司

美国折扣零售商塔吉特公司会利用大数据进行相关分析,例如,公司会凭借顾客购买记录对其进行"怀孕趋势"评分,有时甚至能够准确地预测预产期,然后,在孕期的每个阶段给顾客寄送相应的优惠券。[96]

6.2 智慧性资源利用

6.2.1 资源的内涵

1.资源的概念

维基百科将"资源"定义为任何一种有形或者无形、可利用性有限的物体,或者是任何有助于维持生计的事物。该定义强调了"资源"的一种特质,即可利用性有限。在经济学当中,能够投入到生产过程当中的一切要素均可以称之为资源,而企业中的资源既包括看得见的固定资产(如机器、厂房、各种类型设备等),同时,还包括组织本身蕴含的无形资源(如品牌、企业声誉、企业具有的专利权等)。

资源是企业发展的基础,对新生企业而言,其作用更是不可或缺,它是企业作为一个经营体向全社会提供产品和服务的过程中所拥有的及能撬动的以实现企业目标的各种要素之和,是企业成立,以及其后成长过程中先后不断投入与利用的各种有形与无形资源的总和。

2. 新生企业资源的类型

(1)社会资源

对于新生企业而言,社会网络非常重要,其中包括企业所面对的政策环境、经济环境和自然环境。企业只有在政策允许的情况下,才能开展创业活动,也只有处理好与社会上各组织的关系,才能够获得长足发展。

(2)信息资源

在社会竞争如此激烈的现在,新生企业若要存活,就必须获得及时、准确的市场信息以做出正确的决策。

(3)资金资源

在企业经营过程中,无论是引进新产品或新服务,亦或是进行产品研发都需要大量的资金来支持。受新生企业高成长性的要求,创业者需要同时注重企业内外部资本,以保障企业的持续发展。

(4)人力资源

对于任何企业来说,其可持续发展的关键点皆在于高素质人才的获取与开发,其中,高科技创业企业的表现尤为突出。处于成熟期的企业尚且面临着人才资源短缺的问题,更何况是新生企业。

6.2.2 资源利用的智慧化

1. "互联网+"时代下的资源利用

对于新生企业来说,它可利用资源的多少与最初的创业网络有十分紧密的关系。创业网络是指创业者(创业企业)所拥有的各种社会关系,包括创业者的个体网络以及创业企业的组织关系网络。只有当个体网络及组织关系网络所编制的网越来越大、越来越密,网络至社会关系的嵌入性越来越深入的时候,才能够打捞到更多的"鱼",即获得更多的资源。总而言之,资源在新生企业成立之初以及以后的长远发展过程中,一直都会扮演着重要角色。

在过去,创业者初创时期,大多看重资金资源与人力资源,不可否认,资金与人力确实是资源中最为实际也是占比最重的两类,但是,随着全球数据自发式、爆发式的增长,以及信息技术的不断发展与应用,新的信息数据来源层出不穷,渐渐形成了一个时刻变化的巨大数据流,而这标志着"大数据"时代已经到来。大数据时代充满着机遇与挑战,大数据时代下的信息资源也异常丰富,数以亿计的计算机和移动设备正不断地创造出数量惊人的信息,政治、商业、医疗等各个领域都面临着快速理解、利用大数据,进而组建有效的大数据时代信息利用模式的挑战。面临这一现状,大数据背景下的网络信息资源利用要构建一个科学而有效的框架,发挥其实践价值,已经成为一个迫切的问题。[97]数据处理高效率要求使得信息资源变得越来越重要,它的占有量及利用有效度几乎判定了新生企业在其行业领域中未来发展的定位。

所谓智慧性资源利用,就是指创业者在创业初期,对资源进行有效获取及拼凑整合的过程。而新生企业从存活到发展,都离不开资源的获取与整合,这是一个动态过程,也是相互交替的过程。这意味着并不是当企业处于创业初期就只存在资源获取模式,也不是当企业脱离新生企业的行列后,就只有资源整合模式了。此外,将对象进行适当扩展,还可以发现另一种智慧性资源利用的现象,即新生企业的集群。这样的集群现象所吸引到的相关企业及部门的支持,不仅是针对某个新生企业的,而是面向整个集群的。集群的出现可以促使企业之间的资源共享、知识共享、经验共享,无论它们之间是上下游企业的关系,还是竞争者和合作者关系,都可以在不同程度上进行共享。如集群中某个企业的成功之路,作为外界,看到的仅是文字性东西,必然不会对这家新生的成功企业产生过多深刻的了解,而新生企业集群则可以让群体中的其他企业切实看到它成功真正原因,使成功企业带领其他企业共同成长。不仅如此,这种集群还可以共享声誉、共享资源的整合强度及共享当地机构的参与程度,所谓"众人拾柴火焰高",正是这个道理。

2. 大数据与资源利用

（1）大数据资源的特征

①数量巨大且内容丰富

在大数据环境中，每天产生海量信息，同时大量的信息被覆盖，信息资源淘汰更新周期短、变化快，网络信息资源定期和实时更新，时效性高。网络信息的流动非常迅速，任何人任何时间发布的信息只需很短的时间就能传送到世界各个终端。[97]仅现阶段被人们所认可的社交网络中，Twitter 平均每天产生 3.4 亿条消息，而 Facebook 每天就有 40 亿条信息扩散。以 2012 年为例，全球"创建、收集、复制"的数字信息已经爆发式地增长到了 9890 亿 GB。

大数据时代下的信息资源包罗万象，覆盖地域范围广、学科体系全，并且包含语种丰富；形式上表现为文本、图像、音频、视频等，还包括软件、数据库，是多媒体、多语种、多类型信息的混合体；信息组织上表现为非线性化，超文本、超媒体信息逐渐成为主要的方式。除金融、医疗、互联网三大典型行业外，政府部门及电信、能源、公共事业、零售、仓储物流等行业也面临着大数据的挑战。

②动态性与交互性并存

大数据背景下，用户可以随时在开放的平台上对资源进行访问和共享，大数据时代允许用户向互联网上传信息或通过电子邮件、BBS、blog 和 RSS 等发布和共享形式，使整个网络信息变成一个互动的过程。[97]因特网信息的动态性是显而易见的，无论其 URL 地址、链接，还是内容本身，都处于经常性的变化之中，信息的发布有很大的自由度和随意性，但缺乏必要的过滤、质量控制和管理机制，从而使其在质量上良莠不齐。

与传统媒介相比，交互性是网络信息传播的最大特点。在过去，信息流动是单向的，用户需要自己主动查询信息；而大数据时代则要求用户积极地利用互联网上传信息或通过电子邮件、BBS、微博等方式交流信息，使网络信息由单向流动变为双向交流，从而真正实现网上信息的"推—拉"过程。

③结构复杂且传播范围广泛

大数据不单是数据量的爆炸性增长，还带来数据类型的巨大改变，结构化数据占比减少，非结构化数据在大量增加。大数据时代的信息资源本身没有统一的标准和规范,不同服务器使用不同的操作系统,广泛分布于不同地区服务器上的数据信息在数据结构、字符集、处理方式等方面都存在差异,使得信息资源整体处于无序状态。大数据时代下的信息资源类型丰富,不仅有文字、图像、视频、音频等形式,还有软件、数据库,是多媒体、多语种、多类型信息的混合形式。[97]

大数据时代的网络信息资源数量呈指数性增长,就使用最广泛的因特网而言,其信息数量及结构的变化速度极快,传播范围也十分广泛。一条信息发布到网上只需数秒钟便可以传到地球的另一端,工作效率大大提高。只要在有网络的地方就有信息的传播,无论生活在地球的哪个角落,只要有网络覆盖,就有信息的交流。

(2)大数据对资源的影响

数据与信息作为新兴战略资源,其内容组织和服务能力的水平构成了数字环境下一国综合竞争力的重要组成部分,美国、欧洲、日本、韩国等众多国家和地区都将信息资源管理和服务能力作为国家战略予以推进。2012 年 3 月 29 日,美国政府宣布"大数据研究与发展先导计划",将"大数据"从市场行为正式上升为国家科技战略。此外,大数据环境还使得人们固有印象中的信息资源的空间结构和时间结构发生了大的变化。

从空间结构上来看,2005 年以前,业界一直认为政府是信息资源的最大保有者(80%左右),信息机构(信息中心和图书馆等)是信息资源体系中的核心节点,但是,麦肯锡公司在 2011 年的报告却改变了人们的这一想法。报告显示:政府拥有约 848 PB 数据,占信息资源总量的 12%左右,而信息机构的信息资源总量更是远远低于信息服务商的数据总量。因而在大数据环境下,信息资源的空间结构分布更加扁平化与多样化,如何在竞争如此激烈的数据丛林中寻求信息资源服务的智慧化具有重要现实意义。

而从时间结构来看,信息生命周期理论是信息资源管理的核心理论,大数据环境也在某些方面突破了传统信息资源管理的理念。一直以来,信息资源管理理论集中于信息资源的采集、加工和处理阶段;而大数据环境更加凸显了数据产生的管理(物联网)、数据汇集和交换效率(云计算)以及数据存储(云存储),并使得不同生命阶段的数据之间的内部关联性大大增强,信息生命周期模型逐渐从一个描述信息资源管理理念的"概念模型"演变为可行的"架构模型"。因此,大多数环境下数字信息资源的纵向与横向关联更加紧密,如何在全生命周期管理过程中强化信息资源服务质量,促进数据、信息的转化也是当前面临的核心问题。

(3)大数据资源的搜寻方法

①选择合适的搜索引擎

鉴于因特网上信息资源的分散性和丰富性,一些通过 www 形式的网络信息资源检索工具已经被广泛地应用。如果搜索的目标不明确或搜集的信息资源较为宽泛,则应充分地发挥搜索引擎的作用和功能。

目前国内外搜索引擎的种类颇多,它们在查询范围、检索功能上都有各自的特点。常用的搜索引擎提供关键字、主题词或自然语言查询,这种检索方式是最被人们所熟知的。在检索过程中,正确地使用检索功能是与查询结果的相关性和准确性密切关联的。

②选择有偿信息机构及图书馆网站

虽然搜索引擎是网上查询信息资源的主要途径,但是由于网上的信息量相对庞大,所以还要通过其他的方法和手段来加以补充。对科技情报信息资源来说,有一些有偿信息机构会出版和编辑学术期刊论文,同时还收集和整理网络文献及学位论文,例如,中国知网、万方数据、重庆维普等网站,它们不仅有完善的检索系统和分类系统,而且还免费提供检索及其他附加信息供学术研究者交流和学习。此外,各个大学的图书馆或公共图书馆也是获取学术信息资源和知识的重要渠道。众多大学的图书馆和公共图书馆都将学术期刊论文作为重要的虚拟馆藏资源之一。例如,清华大学图书馆网站的"电子期刊"专栏,按照"能获得文摘的电子期刊""能够获得目次的电子期刊""能够获得全文的电子期刊"三大类编排,提供大量的学术信息资源。

③选择成熟的电子商务信息提供平台

在经济价值与利益的推动下,电子商务信息提供平台应运而生。以 58 同城为代表的信息平台提供商渐渐地走进了人们的生活,赶集网、前程无忧、百合网等以全面的生活信息资源、种类齐全的生活信息分类来为人们的生活提供服务。租房、找工作、相亲等人们的日常生活需要在网站的查询搜索中变得简单、明了。同时,网站通过提供平台向发布信息的企业和中介收取费用,反过来也促进了电子商务信息提供平台的蓬勃发展,达到了双赢的目的。

（4）大数据资源的利用原则与应用领域

①大数据资源的利用原则

A. 针对性原则

利用大数据资源的根本目的是为了合理使用资源，因此，利用应该具有针对性，以网络信息资源为例，利用前首先要对信息用户的类型、特点、信息需求特征及其发展等情况做深入了解和分析，力求开发出针对性强的、适合用户需求的信息，满足用户的各类需要，以避免开发利用中的盲目性。

B. 预测性原则

大数据背景下，资源的分布具有无序性、不均衡性、不稳定性等特点，没有形成完善的体系和结构，因此，对智慧性资源利用就应将空间跨度小、通俗时间跨度大的相关信息进行整合，运用定量分析和定性分析相结合的方法，掌握事物的脉络，预测事物的发展趋势和未来实际需求。

C. 共享性原则

由于资源在共享中能够实现资源增值，因此，大数据时代下，智慧性资源利用应坚持共享性原则，突破"信息孤岛"，以实现资源的高效融合共享。此外，各个信息平台资源的共享还有利于提供综合的信息服务、跨领域跨部门的交互式服务和专向定制服务。[97]

②大数据资源的应用领域

A. 政界

未来的政府信息资源共享度将达到新高，不同的部门、数据类型界限将被打破，新型信息平台将这些不同数据进行多维分析和利用。如果政府将拥有的这些宝贵的信息资源共享给其内部和社会利用，则会创造更多的价值。例如，大数据时代下，城市建成政府信息资源中心后，经济普查只要上门核对已掌握数据，工作效率大大提高；公布某地区所有艺术培训机构的名录、地址等信息，希望从事行业相关事业的人，便可以创造更多价值等。

政府将合适的信息资源公开于网络，不仅有望打破政府内部协同的"鸿沟"，降低政府运行成本，还有利于当地技术的进步和经济的发展。同时，这也将是未来信息资源开放的发展趋势。

B. 商界

2012 年,瑞士达沃斯论坛上发布的《大数据大影响》报告称,数据已成为一种新的经济资产类别,就像货币或黄金一样。对企业来说,数据正在取代人才成为企业的核心竞争力,决策行为将日益基于数据分析而不再是凭借经验和直觉。丰富的资源为企业获取数据提供了便利,这些资源为企业进行大规模、精准化的消费者行为研究提供了机会。但企业在受益于大数据时代带来的机遇的同时,也要应对如数据安全、个人隐私保护和有序竞争等问题,运用大数据安全技术、数据监管技术、黑客防范技术等建设信息安全体系。

C. 教育界

大数据是对技术领域发展趋势的一个概括,是对大量复杂数据进行收集、挖掘和分析,进而做出趋势预测,并以容易理解的方式呈现出来,为人类提供发现世界和制定决策的新方法。借助大数据的力量,教育界正处于接近个性化学习普及的时代,例如,通过在线学习系统、在线数据挖掘等,学生可以选择网络上关于某一课程的资源进行学习,在学生与资源交互的过程中,相关数据被用来持续更新系统,以显示该学生到底掌握了多少这门课程的内容。在利用大数据进行个性化学习时,还需要一些技术的支持,如数据挖掘和分析技术、数据分析可视化技术、学习分析技术等。而教育数据挖掘是评价个性化学习效果的重点,通过发现数据中的模式和规律,探索建立预测模型,进而掌握和预测学生如何学习。

D. 信息服务业界

中国科学院研究生院管理学院副院长吕本富认为:商业模式是大数据真正的推动力,大数据时代为信息服务业提供更好商机。中国电信集团政企客户部高级顾问张明天在分析移动互联网时代运营商如何改进客户服务时表示,目前的服务用户与过去相比有很大的差别,其特点可归结为"方便、快捷、互动、分享",而淘宝网则真正树立了用数据服务客户的典范。2012 年 12 月 12 日,所有的淘宝用户登录账号后,系统都会弹出一个框,上面详细记录了用户 8 年来的购买记录:第一次登录是哪一天? 第一次购买的东西是什么? 寄给了谁? 这些流逝的美好回忆使得许多用户有很深的感触。

可见,大数据资源的商业价值在于从海量的数据中发现新的知识,创造新的价值,从而通过对数据的深度描述为用户提供个性化的服务,以达到智慧性资源利用。[98]

6.2.3　智慧性资源的利用

毋庸置疑,大数据资源对于高等教育来说也是一个巨大的挑战。但是应用合适的工具和策略,做到智慧性资源利用,大数据也能提供难以置信的丰富资源,用于提高学生留存率,调整课程设置,并以无数种方式支持学生、教师和管理者。[99] 未来的学习会以大数据资源作为新的驱动因素,未来学习分析系统将以学生为中心点,学生、教师、家长、机构四类用户群被有机整合在学习管理系统里,使课堂教学、家庭辅导和自主学习集于个性化的一体。[97]

目前在高等教育中,大数据有两种截然不同的应用层面,一种是把大数据看作负责收集、管理和组织大范围结构化和非结构化数据的科研机构的成果,另一种是把大数据看作预测分析的资源。前者并非新现象,只不过数据流的来源和速度正在扩展和加快,而后者则是对数据采用统计技术来预测可能出现的结果,它也不是一种新过程,但现在的不同之处是应用更大规模的数据资源,帮助引导学生沿着课程和学位的路径前进。

数据分析技术和算法预测趋势的方式比过去任何方式都要复杂很多。原因很简单,大数据集涵盖的数据点远远超越简单的量化测量。数据的多样性是第一个障碍。例如,高校里面,许多不同的自制系统收集了不同类型的数据,即使学校已经部署了数据仓库,也不太可能集中所有的数据以支持实质上的挖掘。今天,学校决定收集什么数据往往是基于合规性需求,而不是为了满足使用数据预测的愿望。实时并连续的规模化处理数据的能力对于很多高校也是一个严峻的挑战。学生频繁使用技术,使数据的产生越来越快速。因此,数据收集的速度也会变得更快。人们现在将更多转向从大量不同的应用程序中以实时、连续流的方式采集数据,这也让很多高等教育机构疲于应付。在一定程度上,学校得益于其所拥有的大量学生信息,学生信息储存在关系数据库中,这使得数据很容易被切割和分析。高等教育中的大部分数据具有明显的结构化特征,特别是在学生信息系统(SIS)中有所有学生的准确信息,即他们是谁、在哪个班、成绩如何、最近几个月表现怎样。

不幸的是,虽然完善的结构能够使得学校更加容易地分析学生数据,但却不符合大数据基本理念的灵活性。通常情况下,一旦建立一个数据库,改变起来则会变得十分困难和昂贵,这是传统数据库设计的关键性局限。大数据要求能以多种方式使用数据库,并以很少的成本变换数据库使用的方式。不过,现在新的大数据工具——Hadoop,已能满足这样的要求。其实,对于浅层次的分析来说,关系型数据库已经工作得很好了。传统上,高等教育的分析倾向基于标准对信息进行切割,如种族、地理以及经济状况。这种方法可以识别在公平性和有效性上的大的差距,但它不是真正的预测。展望未来,这种大刀切的做法是不太可行的。从社会责任角度看,高等教育正面临着很大的压力——真正提升学生的学习成果,才可以证明经费花得有价值。这个压力促使学校寻找更好的方法,以便从学生信息系统、学习管理系统以及社交媒体中获得更有价值的数据。

美国普渡大学投入巨资开发自己的系统,以便能利用这些类型的数据资源。不过,仍有大多数高校只是仅仅触及大数据分析的表面。事实上,每所高等教育机构都有这样的数据,就好像是坐在"金矿"上一样,而所要做的不仅仅是管理数据,而是要寻找大数据工具,把"黄金"挖掘出来,做到智慧化数据利用,将数据转变为资源,从数据中提炼出真正的价值。虽然从大数据中提取价值并不像"西部淘金"那么狂热,但已经有一些高等教育机构决定放手一搏,如评估第三方的大数据系统、为跨机构的预测分析测试新的环境、开发自己的内部大数据工具等。

1. Course Signals(课程信号)

美国普渡大学是最早的大数据"淘金者"之一,该学校不仅自行开发了一套大数据分析工具,并且已经成功地将其商品化。普渡大学的"课程信号"项目于2009年秋季推出,是一个基于Hadoop的系统,旨在跟踪学生学业进展和实时提醒学生,帮助学生顺利完成课程学习。

某个学生可能到中途才意识到自己无法完成某门课程,但这个时候对于大多数学生来说,采取补救措施为时已晚。"信号"(signals)被设计来对学生前面的问题进行大数据分析,该系统允许教师早在课程开始的第二个星期就能预测某个学生能否成功完成这门课程。因此,教师可以更早地实施干预措施,避免学生在课程学习中失败。普渡大学声称,在课程中采用"课程信号"系统的学生,在评估中获得了更多的B和C以及更少的D和F,并且在某些课程中,获得A和B的学生数量增加了多达28%。2009年,普渡大学授权其"信号"系统于金仕达高等教育机构(ellucian),以用于商业发行。

此外,普渡大学还开发了一个被称为 Hotseat 的应用程序,用于捕捉学生通过 Facebook 和 Twitter 账号发布的课堂评论,该程序允许每个人(学生和教师)在课堂上使用,以进行实时课堂教学反馈。

另一个普渡大学的课程工具——Mixable,是一个以课堂为中心的社会化学习环境,它允许学生们用 Facebook 创建在线研究群组,以及用 Dropbox 云储存分享文档。来自这两个应用程序的数据流将被收集整合进“信号”系统,以创建更丰富的信息源。目前,这些工具还在不断完善中。

2. Degree Compass(学位罗盘)

2011 年,美国田纳西州的奥斯汀佩伊州立大学(APSU)在比尔和梅琳达·盖茨基金会的资助下自主开发了大数据分析系统——“学位罗盘”。这是一个课程推荐工具,能从不同的学生信息系统和学习管理系统中提取信息,并在学位要求和预测成绩的基础上推荐课程。在提出建议时,系统会利用到以下数据集,如学生以前的成绩,包括大学、高中、SAT 成绩。数据集包含几十万学生成绩的数据库,不同课程成绩间的相关性,以及主修专业的要求。

类似于普渡大学的“课程信号”系统,“学位罗盘”也会向教师和学习顾问提出警告,显示学生存在的潜在问题。不同的是,它提供的预警比“信号”系统更早。基本上,系统能预测一个学生在课程目录中的某门课程可能取得的成绩,学生则利用这些预测来选择他可能更容易成功拿到学分的课程。

该系统的设计师特里斯·坦登利是 APSU 的数学教授和教务长。据《纽约时报》的报道称,“学位罗盘”的预测被证明在有效范围内可用。目前,田纳西州已有其他三所高校使用“学位罗盘”作为大数据试点方案。据报道,ASPU 考虑把系统授权给第三方供应商,以实现“学位罗盘”的商业化。

3. Civitas Learning(学习社区)

大数据的基本规则之一是数据集越大,分析的结果就越有洞察力。目前,普渡大学和奥斯汀佩伊州立大学的大数据工具是独立运作的,而“学习社区”的创始人兼首席执行官查尔斯·索恩伯格认为,从协作生态系统发展而来的大数据系统将更加强大。为此,他位于得克萨斯州奥斯汀的教育分析公司已经开始建设他所描述的社区——由多家机构组成,并利用大数据对学生的学习周期进行预测。

"我们已经看到了一些学校独立建成了非凡的大数据解决方案,比如'学位罗盘'。"索恩伯格说,"但是他们真正可以前进的只有两条路——作为特定工具在校园内自得其乐或出售给第三方供应商。而我们正在努力创建第三条路。"

"学习社区"是一个新网络社区,将多种机构(四年制大学、社区学院和在线大学)的大数据解决方案链接到一个为跨机构建立的规范化的数据模型。数据整合后将成为一个更丰富、更有用的资源,为社区中的每个成员所用。数据集来自学生信息系统、学习管理系统、客户关系管理系统和其他任何系统,这些系统中包含的学生学习数据与预测学生成功的可能性密切相关。从本质上讲,"学习社区"是把跨越不同类型机构的数据集联合在一个共同的分析基础设施上。不过,它也能够缩小为一个单一的校园解决方案。"学习社区"的另一个目标是创建一个前端应用程序的生态系统,把预测、分析、见解转换为具体的建议,可以直接影响到学生的学习成果。

教育不是一个"零和游戏",许多学校面临的挑战都是相似的,所以需要合作与共享。到目前为止,"学习社区"已经与六个机构展开合作,前期测试包括了奥斯汀社区学院和马里兰大学学院综合大学。

吸引马里兰大学学院综合大学进入"学习社区"的不是数据集的大小,而是其整合不同数据集的潜在价值。因为这样能够建立更完善的预测模型,并带来更准确的分析结果。

马里兰大学学院综合大学是一所非传统意义上的大学,它侧重于成人教育,号称全球最大的在线大学。从大数据的角度来看,这是它的优势。"因为我们是在线收集,因此我们可以捕捉更多的数据。"该校商业智能专家达伦·卡塔拉诺说:"这就像一个在线零售商店和实体商店的区别,在线零售商店会知道更多有关其消费者的情况。"马里兰大学学院综合大学的最终目标是提高学生的学习成果,因此,马里兰大学学院综合大学在为实现这一目标积极探索解决方案。学校目前正在与第三方供应商开发预测模型,目的是运用其所收集的大数据全面了解学生。卡塔拉诺说:"先进的分析使我们有更好的预测能力。其结果是一个更加个性化的学习体验和更好的机会让学生成功,这意味着更高的学生留存率和更高的学生毕业率,这是我们的使命。"

联合来自不同类型机构的数据的想法是另一大数据项目的心脏——预测分析报告框架(PAR,Predictive Analytics Reporting),由美国的 WICHE 教育技术合作组织在去年开始实施。PAR 的数据集来自 6 个参与机构,包括超过 64 万名匿名学生的记录,超过 300 万的课程水平记录,关注于 33 个常见变量。参与学校包括公立、私立、两年期、四年期大学和专有教育机构。PAR 和"学习社区"之间也有协作和互补的关系。著名的网络课程 MOOCs 项目平台 edX(由哈佛大学和麻省理工学院联合发布)宣布,于 2013 年 6 月 1 日通过 Github 释放源代码,提供给世界各地的机构使用。斯坦福大学也宣布支持 edX,并将旗下的开源 MOOCs 平台 Class2Go 的功能整合到 edX。行业评论认为,这也是为了收集整合更大范围的数据源,为未来的大数据分析服务。虽然有很多高等教育机构希望获得大数据的预测优势,但有些高校认为,开发大数据工具并不是大学的核心使命,因此,他们正在寻找其他机构来提供解决方案。

走在学生数据分析前列的美国亚利桑那州立大学就是一所这样的学校。亚利桑那州立大学已经外包其电子邮件服务,托管了其企业资源计划和学习管理系统到云中。"当思考大数据时,我们的问题是,为什么我们需要数据中心业务?为什么我们需要一个大的 Hadoop 集群?"该校的 CIO 和商业智能战略专家约翰·罗马问道:"如果第三方的供应商能做到这一点,我们可以更专注于自身的核心使命。"亚利桑那州立大学是全美高校中首批建立数据仓库,并维护大数据和 Hadoop 工作组的机构之一。学校整合来自学习管理系统,以及网络日志、刷卡和社交媒体中的数据,从中发现学生未满足的需求。另外,亚利桑那州立大学还提供了先进的数据可视化仪表盘。"我们知道大数据蕴含着很大的机会,因此,我们打算充分利用它们。"罗马总结说:"我们也知道未来的挑战若隐若现。大数据企业每天都在敲我的门,我们要去看看哪些是拿着解决方案来,并真的想与我们合作的。"

4. Learning Catalytics

虽然很多高等教育机构在追逐使用大数据,但实际上利用大数据信息来提高教学和学习还是有些神秘——从世界各地的教室中收集的数据,大部分进入"黑洞"中消失。哈佛大学物理学教授埃里克·马祖尔认为,大数据是高等教育不容错过的机会。他自己也在积极努力,试着在课堂上把大数据的作用发挥出来。"在利用大数据来提高教育质量的承诺下,我一直细致地在课堂中收集数据,并逐年对其进行分析和比较。"马祖尔说。例如,他会利用数据的帮助,在课堂讨论中对学生进行配对,具体来看,马祖尔利用 Learning Catalytics 公司提供的互动课堂管理解决方案,基于能显示学生将在课堂中如何表现的数据,为学生们选择最适合的讨论伙伴。该系统分析学生实践测验及其他相关数据,然后再结合每个学生的座位,并发出类似的提示"请你与约翰·史密斯(在你前面)和埃里卡·约翰逊(在你左边)讨论你的问题"。

"我们能根据配对学生的情况和他们提供的回答,继续收集数据。"马祖尔说,他仍在课堂上跟踪这项大数据应用。初步分析表明,相对于让学生们自己选择讨论伙伴,基于大数据的学生配对方式大大提高了学习效果。在大班额的课堂上,一对一交互常常不可能,也不实用。大数据能帮助教授准确找到没有理解学习材料的学生群体,然后适当地重新分配教学资源。"系统能提醒教师并准确显示答案不正确的学生群体。"马祖尔说:"大数据不但有用,而且可见和可操作。"目前,以马祖尔为首的哈佛大学团队开发了基于大数据分析的学习促进平台,主要功能是协助课堂上的一对一教学,并提供实时的反馈信息。[99]

6.3 智慧性商业模式

6.3.1 商业模式的内涵

新生企业的创业者往往都具有野心,任何一家新生企业都希望自己能够在未来谋取进一步发展,而不是"安稳度日"。并且就目前的形式来看,包括新生企业与处于成熟期的企业,若不选择发展,则意味着选择"死亡",那么,如何发展、如何成功地发展就成为了摆在所有企业面前的共同问题。是技术,还是模式;是高新技术,还是商业模式?答案一定是模式——商业模式。不可否认,高新技术的确是所有企业的"硬件",它能够在各个方面为企业提供帮助,如节省时间、节省金钱等,而商业模式是企业的"软实力",它虽然融于企业内部且看不见,但却真正是引领企业走向发展的一大"法宝"。换句话说,如果将高新技术比喻成一种"手段",那么,商业模式就是一种"思想",这种"思想"是能够令企业在其领域中长期立足的关键。

商业模式画布将商业模式划分为了九个构造块,分别是客户细分(CS)、价值主张(VP)、渠道通路(CH)、客户关系(CR)、收入来源(R$)、核心资源(KR)、关键业务(KA)、重要合作(KP)以及成本结构(C$)。

客户细分(Customer Segments)构造块是用来描绘一个企业想要接触和服务的不同人群或组织;

价值主张(Value Propositions)构造块是用来描绘为特定客户细分创造价值的系列产品和服务;

渠道通路(Channels)构造块是用来描绘企业是如何沟通、接触其客户细分而传递其价值主张的;

客户关系(Customer Relationships)构造块是用来描绘企业与特定客户细分群体建立的关系类型;

收入来源(Revenue Streams)构造块是用来描绘公司从每个客户群体中获取的现金收入(需要从创收中扣除成本);

核心资源(Key Resources)构造块用来描绘让商业模式有效运转所必需的最重要因素;

关键业务(Key Activities)构造块用来描绘为了确保其商业模式可行,企业必须做的最重要的事情;

重要合作(Key Partnerships)构造块用来描绘让商业模式有效运作所需的供应商与合作伙伴的网络;

成本结构(Cost Structure)构造块用来描绘运营一个商业模式所引发的所有成本。

而将上述九个构造块组合在一起,才成为一个完整的商业模式,具体如图 6-2 所示。

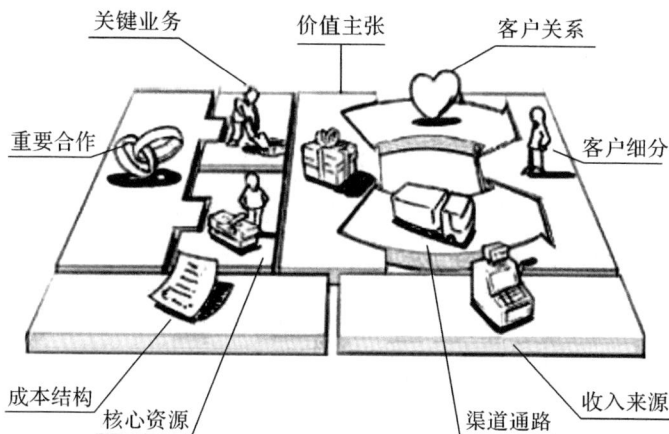

图 6-2　商业模式画布

资料来源:[瑞士]亚历山大·奥斯特瓦德:《商业模式新生代》,机械工业出版社。

6.3.2　商业模式的智慧化

1."互联网＋"时代下的商业模式

在竞争如此激烈的今天,如何形成智慧性商业模式? 又或者说,商业模式创新如何被认为是当前企业经营的重要趋势? 产品创新、过程创新、组织创新等原来的创新领域,都是针对企业某个部分的创新;在当前信息化、全球化、知识化经济条件下,单靠某个部分的创新已经不能满足企业的生存与发展的需求,对企业的商业模式进行创新成为适应经济环境、获取竞争优势的主要方式。想要使企业有生存空间并且能够持续地盈利,就必须依靠系统的安排和整体的力量,即商业模式的设计。因为商业模式的竞争将是企业更高形态的竞争,是企业竞争致胜的关键。简单地说,商业模式就是描述企业如何创造价值、传递价值,以及获取价值的基本原理,这是一个企业的核心,也是新生企业最初应该思考的问题。

未来"互联网＋"的商业模式主要有三种,即圈定用户和针对性营销、用户的关联性分析,以及完全个性化的定制。在"互联网＋"时代,营销将会更多地依赖数据,从而更精准地找到用户。根据不同平台搜集的数据进行挖掘和分析,找到这些数据所对应的群体,并由此展开个性化的营销服务。大数据时代下的网络信息技术能够对用户搜索的内容进行关联性分析,然后,给用户推送用户有可能需要的内容,以促进新交易的达成。

大数据技术的核心是预测,在这个背景下,企业可以基于庞大的数据库资源分析出商品乃至整个行业的发展趋势和方向,为经营决策提供参考。例如,国内著名电子商务公司阿里巴巴的淘宝数据魔方就是利用淘宝网上的大数据,分析出商品的行业宏观情况、销售情况、市场份额情况等,从而为其提供经营决策依据。商业领域"大数据"的价值不是数据本身,而在于从庞杂的数据中发现新的知识,对数据进行深度描述,创造新的价值,进而为用户提供个性化的服务。[97]

2.大数据与商业模式

(1)大数据对商业模式的影响

智慧性商业模式的基础来源于数据,而大数据对商业模式的影响越来越大,目前已成为商业模式创新的基本时代背景,因此,分析大数据对商业模式创新的影响变得越来越重要,仅从产品、企业、产业和行业四个层面来看,产品层面主要是重新配置产品或改变产品组合方式,企业层面是重新定义边界和价值链的定位,产业层面主要是大数据产业链的构建和定位,行业层面主要是降低交易成本和跨界经营。

①产品层面

通过大数据挖掘消费者对产品的预期价值,重新配置产品和服务或者改变两者的组合方式进行商业模式创新。对大数据定义的描述,目前大家比较认可的是它的 4V 特性的描述,其中最具代表性的一点是实时处理特性。众所周知,消费者的需求具有复杂性、易变性、隐蔽性和情景依赖性,利用历史的、静态的和结构化的数据很难把握消费者的真实需求。企业得到的顾客信息更多的是非结构化的,而其原有的商业模式还不具备从大量动态的非结构化信息中及时提炼出反映顾客真实需求的信息并加以应用的能力,但是,大数据技术使企业能生产出真正能满足顾客真实需求的产品。

大数据对消费者的浏览记录、兴趣爱好、性格等信息进行收集处理,及时把握当前消费者对产品的需求,并预测其未来对产品的需求走向,将产品或服务进行重新配置或者将两者进行有效的整合,以此来满足消费者对产品的预期价值,培养客户忠诚度。大数据带来的各种非结构化信息的及时处理促成了产品的实时、准确和动态定位,数据的收集、分析以及反馈可以在极短的时间内完成,这一改变赋予了企业一种新的竞争优势,企业可以准确地为自己的产品找到最适合的顾客群并高质量地满足顾客的真实需求和潜在需求。

零售业就是一个比较有代表性的数据驱动定制化的行业。当前,网络零售商已经可以利用实时数据向消费者进行准确的商品推介,这种现象非常常见。零售商已经可以根据消费者在网上的浏览记录来追踪消费者的购物情况,再利用大数据分析他们的偏好、性格,以建立一个动态的实时模型模拟顾客的消费行为,及时准确地识别出消费者在什么时候发生购买行为,然后随时向其推荐首选商品以促使交易成功的机会大大增加。

②企业层面

通过大数据重新定义企业的边界,改变企业结构或者企业在价值链中的地位。大数据不仅仅是一种新技术,还是一种思维方式,它改变了企业生存所需要的资源环境、技术环境和需求环境,引发了企业对资源、价值、结构、关系、边界等传统观念的重构,企业需要对自己的商业模式进行重新思考。在互联网技术日趋成熟的当代,企业的边界已经越来越模糊,特别是大数据技术的应用,使得企业开始重新定义边界的范围。例如,原来只是做视频网站的乐视公司,通过分析自己网站上客户的点击率、留言之类的非结构化和结构化的信息,分析出客户对电视的清晰度和厚薄有自己的要求,进而跨界经营,生产出乐视超薄高清电视,一举取得成功,扩展了企业的边界。

在大数据时代,企业层面的创新主要有以下四点:顾客价值主张创新、内部结构创新、盈利模式创新和与外部利益相关者关系的创新。其中,价值主张创新主要是利用大数据的4V特性来了解并掌握消费者的真实需求和潜在需求,在此基础上进行消费者细分。需要特别指出的是,大数据可以将每一个消费者细分或一个利基市场,然后生产最接近消费者需求的产品来满足他们的价值主张。内部结构创新就是将大数据融入企业的业务活动中,将大数据技术应用于企业的核心业务及其流程,提高企业应对外界动态环境的能力,甚至改变经营模式,进军新的经营领域。

③产业层面

企业在依据大数据所形成的产业链上的不同定位,进行不同商业模式的创新。

首先,该产业链的核心是大数据产品在其上的流动与交易,这一般要经历如下过程:大量未经加工的原始数据——提炼总结出数据信息——形成知识。大多数原始数据都有一定的有效期,所以需要及时加以利用才有价值,而大数据的实时处理能力可以在瞬间将原始数据转变成企业所需要的信息,这就在很大程度上提高了大数据产品的专用性。不同企业由于具有不同的核心业务和资源,因而企业价值创造的依据不同,对大数据产品的利用方面和程度也就不同,最后导致企业在价值链上的定位也不同。

由于大数据技术的应用并不是每个公司都有能力承担以及企业面对业务的方向不同,它们所需要的数据资源本身并不具备或者数据量有限,因此,出现了提供数据产品的租赁公司。而这些大数据产品由于在价值链上的定位不同,所以,其提供的租赁方式也不一样,有的公司只提供原始数据,有的公司将原始数据整合成信息资源提供给其他企业,还有一些公司则会利用手中海量数据结合公司实际情况提供完整的解决方案。这些公司依靠大数据技术形成的大数据产业链,冲击了原有产业链模式,给企业商业模式创新注入了新的活力,形成了智慧性商业模式。

④行业层面

行业层面主要体现在基于大数据的以企业核心能力和资源为基础的跨行业商业模式,以及以追求降低交易成本为目标而出现的交易内容、机制和结构的创新。

一方面,大数据驱动跨界模式的发展和普及。企业边界是指企业以其核心能力为基础,在与市场的相互作用过程中形成的经营范围和经营规模,其决定因素是经营效率,大数据技术和思维的普及引起企业对原有边界的重新界定,将大数据技术与企业的核心业务融会贯通,不仅对企业经营效率的提高具有决定性的作用,也为企业提供了一种与以往不同的跨行业扩张的方法。现在许多企业在经营过程中积累了大量的顾客信息,而它本身的生产经营活动并不需要这些信息,它们可以依靠大数据资源将这些信息作为商品出售给那些有需要的企业,扩展企业的价值,甚至可以在危机时刻给企业提供一种与原来完全不同的经营方式以解救企业于水火之中。此外,一些软件公司对大数据的利用更加彻底,它们实现跨界经营的方法是利用大数据技术以完全不同的方式来解决一些传统行业所面临的难题,开拓本行业之外的新的业务,成为那些传统行业中的“黑马”。应用大数据进行跨界经营最具代表性的就是 Google,既可以定性它为一个客户平台,也可以说它是数据平台,甚至是技术平台,它的业务范围覆盖面非常广泛,由于为个人客户端提供完全免费的服务,因而它可以获得非常精准的客户资料。作为反馈,公司的产品线越来越丰富,产品越来越能抓住顾客,公司的经济价值就越来越高。

另一方面,大数据促进并发展了平台商业模式。大数据技术的普及使企业的交易成本越来越低,交易频率的激增导致平台式商业模式的出现。这种商业模式通过“大数据”将各方参与者进行连接与聚合,以此来节约交易成本。香港利丰公司就是采用这种商业模式进行生产经营,公司借助大数据这种中介组织,采用平台战略,将与公司产品有关的一系列公司连接到平台上,自己作为平台领导者对其他参与者进行整体把控,最终带来公司利润的连年递增。

目前对商业模式创新的研究主要集中在内涵、动力和途径方面,而且单独研究公司的个案比较多,其他企业难以直接借鉴、套用。在大数据时代,基于此的智慧性商业模式则为企业指明了方向,要求企业以大数据为线索重新审视自身商业模式的构成要素、机制、结构等,构建和提升企业的核心资源和能力,在大数据产业链上找到自己的位置,创造企业的竞争优势。

大数据的 4V 特性彻底颠覆了企业对数据信息的认知与应用,实时处理能快速反应,及时处理各种类型的数据并整理分析成企业需要的信息知识;海量数据的内容和获取对动态的数据变化与静态的历史数据以及结构化和非结构化数据进行收集与整理,诸如此类的特性给企业的智慧性商业模式提供了一条可行的道路。未来企业应用大数据技术和资源进行商业模式的设计还与企业本身的内外部环境及企业的核心业务有关,基于大数据的智慧性商业模式的研究只是为企业提供了一个行动方向的框架。[100]

(2)智慧性商业模式的应用领域

随着互联网技术的发展,信息、通信技术日趋成熟,越来越多的企业纷纷转向智慧性商业模式,出现了像亚马逊、Google 等一批辉煌的公司。对这些典型公司应用的商业模式进行分析可以发现,它们大多都以顾客为中心,与跨界和互联网技术有关。在当今时代,随着 IT 技术、云计算等的发展,大数据成为智慧性商业模式的大背景,企业只有不断创新商业模式,才能保证其生存和获得长远发展。

Magretta 认为,商业模式创新实际上包括对参与者及其角色的识别、对价值的认识,以及对市场运作和市场关系的把握。郝秀清和张力平等将商业模式创新界定为企业通过现有商业模式的调整或改变,优化组合商业要素,创造出更多的价值。麦肯锡公司(2011)发布《大数据:下一个创新、竞争和生产力的前言》,系统阐述了大数据概念,详细列举了大数据核心技术,并分析了大数据在不同行业中的应用。李文莲、夏健明提出大数据对商业模式创新驱动的三维视角,即大数据资源与技术的工具化运用、大数据资源与技术商品化推动大数据产业链形成、以大数据为中心的扩张引发行业跨界与融合。袁鹏飞提出大数据通过改变我们的思维方式,改变着企业的管理和商业模式。刘丹、曹建彤、王璐将商业模式创新分为价值发现、价值创造、价值实现三阶段,提出企业在使用大数据进行商业模式创新的不同阶段和不同的侧重点往往会给企业带来不同的商业模式创新。[100]目前,在大数据的影响下,企业主要可以从以下几个方面发展智慧性商业模式。

①转换利润中心

在大数据环境下,利润来源逐渐从出售(出租)、授权许可等收费领域转向免费领域。企业利润中心转向免费,相比传统获利方式更容易吸引顾客、扩张顾客基础规模和锁定顾客。例如,Google 公司提供免费软件吸引大量顾客使用和访问网站,利用顾客使用软件、访问网站留下的海量数据推送精准广告,将公司利润中心从软件转换到广告。Google 这种免费获利的进攻令微软等传统软件巨头无法应对,即便是苹果这样的智能手机巨头,在 Google 安卓系统(Android)的免费冲击下也感到了巨大压力。

②重塑业务组合

从大数据到企业的智慧性商业模式,它所提供的机会是重塑业务组合、扩展盈利空间及提升竞争力。企业在经营历程中积累的海量数据,可以通过大数据分析将其价值释放,给企业带来调整、增加业务单元的选择机会。劳斯莱斯是世界著名的飞机发动机制造商,出售发动机是其传统盈利方式。现在,劳斯莱斯运营中心利用大数据监控全球范围内超过 3700 架飞机的引擎情况,能在故障发生之前发现问题。大数据帮助劳斯莱斯实现智慧性商业模式,从简单制造转变成了制造与高附加值服务的组合:出售发动机并以按时计费的方式提供有偿监控预警、维修和更换服务。

在大数据的影响下,其他领域的企业也具有重塑业务组合,逐渐转向智慧性商业模式的潜力,例如,VISA 和 MasterCard 公司,能够从自身服务网络获取大量交易和消费数据,通过分析该数据,其业务组合就从单纯支付处理转变为支付处理与基于数据分析结果应用的业务组合。

③渗透新业务

一些特定业务具有吸引力但经营风险大,被公认为有潜力却难以开展。而大数据提供的分析结果可以帮助企业化解经营风险,为企业提供以全新的商业模式经营该业务的机会。例如,电子商务小微企业,它是虚拟企业,其本身并没有实物资产,因此,对其开展信用评价较为困难。阿里金融采用大数据分析方法,将阿里巴巴公司在电子商务平台上积累的客户数据映射到企业和个人的信用评价中,对企业的还款能力及意愿进行较准确的评估,建立多层次微贷风险预警和管理体系,向无法在传统金融渠道获得贷款的弱势群体批量发放"金额小、期限短、随借随还"的小额贷款,顺利渗透进信贷业务领域并能有效地控制贷款风险。

④发展新交付方式

大数据还催生了新价值交付方式,进一步拓宽了企业智慧性商业模式的途径,这些交付方式可以统一用"××即服务"来表示。

一种典型大数据创新是"分析即服务"。例如,百分点公司依靠百分点推荐引擎(BRE)和百分点分析引擎(BAE),分析全网消费偏好,为电子商务企业提供精准的营销服务。顾客使用其推荐和分析引擎即可完成顾客服务交付,其服务对象包括凡客诚品、库巴网、唯品会、芒果网等。"分析即服务"创造顾客价值,为顾客提供分析的同时,利用顾客数据资源不断强化自身数据分析基础。目前,百分点的消费偏好平台已有超过 1.4 亿网购消费者的消费偏好,超过 200 亿个消费偏好标签。此外,Farecast、Opera 等公司的交付方式也属于"分析即服务"。

另一种典型创新是"管理即服务"。该创新与"分析即服务"差异在于为顾客提供大数据的集中管理,即可完成顾客价值交付。数据即服务、数据库即服务等与上述"××即服务"具有本质上的一致性,可视为大数据领域的价值交付方式创新。[96]

6.3.3 智慧性的商业模式

尽管学者对于商业模式的要素构成存在一些不同的意见,但大部分的学者都认同商业模式的核心要素包括:产品、供应链、客户和盈利模式,对商业模式的创新大多也是以商业模式构建要素为基础。陈文基等(2011)对商业模式及其创新进行了定义和解析,并将其划分为价值发现、创造和实现三个部分,认为商业模式创新是一种基于市场环境的反应,价值发现、价值创造和价值实现是商业模式创新的核心逻辑(见图 6-3)。

具体来说,价值发现创新是指以客户为导向从而获取企业价值活动的相关信息,通常是指市场环境、社会环境、技术等产生变化,导致企业商业模式产生的变化;价值创造创新是指进行企业生产并创造价值,因为企业的内部环境包括组织、流程、成本等,以及合作模式、合作伙伴、生产模式的改变而导致企业商业模式产生的变化;价值实现创新是指创造的价值必须在客户和企业之间进行分配从而实现各自价值。价值实现指的是客户关系、分销渠道、收益模式的变化导致的目标客户的改变进而导致的企业商业模式创新。

大数据对企业的影响基本包括了从内到外的一系列企业行为,对内可强化内部治理,提升财会业务,加强对产品的功能检测和监视,进行基础研究;对外可提升销售、扩大客户,提升客户服务水平,实现决策自动化,这些作用正是大数据应用的价值所在。

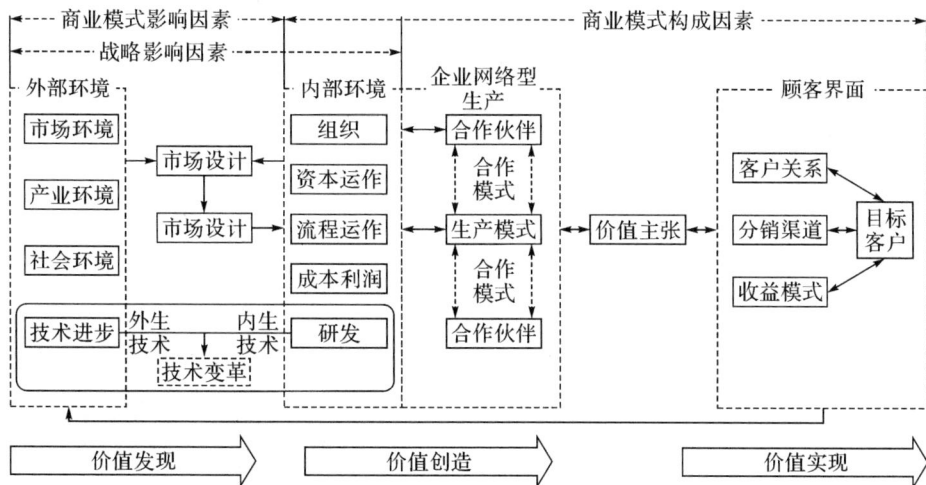

图 6-3　商业模式创新的核心逻辑

因此,总的来看,大数据可以帮助企业了解外部环境,发现客户价值,改变生产模式、合作模式使企业实现价值,改变客户关系、分销渠道、收益模式,帮助企业创造价值,进而引发企业发展智慧性商业模式。

1. 乐购公司(Tesco)

乐购公司采取俱乐部会员卡制度了解客户购买的商品情况,并据此有针对性地开展网上促销活动。

乐购利用收集到的客户购物信息,将客户按照生活方式划分为几类,例如,每周购物一次、会购买打折商品、会使用公司通过信件邮寄的优惠券的女性顾客被认定为追求价值型客户;一周购物三至四次,所购商品均为方便食品,而且无论是否有促销活动,购买的商品几乎不变的男性顾客,则被认定为追求便利型客户。基于对客户的了解和划分,乐购会根据客户偏好和兴趣来定制促销活动,每年选择不同的目标人群,有针对性地发放优惠券。与直接营销行业 2% 的优惠券回复率相比,这样做的结果是,乐购公司优惠券的兑换率高达 20%。通过对客户数据的完全掌握和精细化挖掘,乐购实现了极高的客户忠诚度,将财务业绩提升至市场领先的地位。

2. 百思买公司(Best Buy)

百思买公司通过与客户互动来获取大量信息,利用数据改进营销策略,提高销量。

过去几年中,百思买为了提高零售店的效益,将几家零售店建成了实验店,以便找准每个细分市场真正有意义的价值主张。与此同时,公司收集了6000万个美国家庭的相关数据,利用大数据分析影响价值产生变化的主要因素。然后,将数据分析的结果和实验店的测试结果结合起来,开发出针对每个细分市场的新兴零售店经营模式。公司还根据大数据建立起预测性的分析工具,帮助企业了解客户购买的物品以及购买行为的生命周期,促进客户在初次购物之后再次购买其他商品。

百思买公司以大数据分析为基础,开拓智慧性商业模式,最终,其以客户为中心的经营模式为公司带来了极佳的经济收益,针对特殊目标人群建设的新型商店实现的销售额是传统模式的两倍。

3. 美国哈拉斯娱乐公司(Harrah's Entertainment)

美国哈拉斯娱乐公司利用企业搜集的大量信息,从事客户心理分析的研究,从而更好地了解客户并迎合其心理,提高盈利能力。

哈拉斯集团的各个赌场都为客户配备会员卡,会员卡记载了客户所有的行为数据,这些数据不仅包括年龄、性别、家庭住址,还包括客户喜欢玩21点还是老虎机,玩了多长时间,多久来一次赌场,在赌场内如何用餐,是否过夜等。营销和经营部门使用这些数据对客户进行实时分析,这样不仅能够差别化定价,还能设计出赌场的最佳客流方向。例如,一个客户在很短的时间内输了很多钱,数据分析系统即可识别并自动给该客户发送信息,如"看上去您需要休息一下,奉上一张20美元的代金券",通过这种方式引导客户消费,提高满意度。

哈拉斯对大数据的利用已经不仅仅是简单的汇总,也不只是对数据进行动作迟缓的事后分析,而是能够实时收集数据、实时分析数据,并对数据的行为实时做出反应。为了确保从大数据中发现价值,哈拉斯每年在数据上的投资超过1亿美元,如今已经成为全球最大的博彩公司。

4. 三星公司

三星公司利用大数据存储及分析技术,开发内部营销系统,设计和开展多渠道营销活动,即依据对产品或地理市场潜力等大数据的系统分析,分配营销资源,而不再仅仅是根据历史经营业绩。该公司利用大数据技术,收集多种不同产品类别与国别组合的具体信息,用于改进其营销活动。该内部营销系统不仅能够存储大量的数据,还可以对大量数据进行分析。员工利用该系统可预测不同的资源分配状况将产生的影响,利用假设情景分析方法来测验未来的投资方案,该系统揭示出公司的一些营销投资方案无法实现高额回报,从而为公司节约了数百万美元。

5. JCPenny 公司

JCPenny 公司是一家服装公司,公司采用大数据分析工具,实现了对企业内部流程的全面提升,包括全面实现价格优化和流程管理,灵活实现即时分析计算,缩短工作周期时间,提高数据质量和预算业务流程的效率,并利用数据分析工具灵活调整动态预测信息,将组织货源、定价优化以及供应链等环节整合在一起,这种方法使公司的毛利增加了 5 个百分点,将库存周转率提高了 10%,连续 4 年实现了经营收入和可比商店销售额的增长,公司的经营利润也实现了两位数的增长。

6. Farecast 公司

Farecast 是一家新兴的大数据技术应用公司,主要利用大数据技术预测机票走势,为消费者搜索各家航空公司的最低票价,还能帮助消费者预测未来一段时间票价将上涨还是下跌。

消费者可以根据 Farecast.com 给出的预测决定现在买机票或是在将来用更低的价格购票。Farecast 的预测是基于海量数据做出的,它容量超过 5TB 的数据库中存有超过 500 亿条从 ITA Software(一家专门从事价格数据销售的公司)购得的数据。Farecast.com 对每条航线的价格应用了超过 115 个每天更新的变量做出新的预测,不仅分析历史的价格模式,也考虑了诸如航油价格、天气等其他能够影响票价的因素,甚至会考虑都有哪些运动员参加"超级碗比赛"等信息。据称,Farecast 的预测准确率能达到 75%,并为该预测推出一项叫做 Fare Guard 机票价格保险服务。举例来说,消费者可以付 10 美元"锁定"一张现在价格是 300 美元而 Farecast.com 预测一周内价格将要下跌或持平的机票。在一周内不论什么原因这张机票价钱上涨了,而乘客不得不购票,Farecast.com 为购买保险的消费者补偿购票时实际支付的机票价格与 300 美元"锁定"价格之间的差价。

7. Netflix 公司

Netflix 是一家提供影片租赁业务的互联网公司,该公司通过收集客户数据和分析客户行为,从而进行精准的影片推荐预测分析。

顾客每个月支付固定的费用,在互联网上订阅自己喜欢的影片,Netflix 则通过美国的邮政网络将碟片寄送给客户。基于顾客产生的大量数据,Netflix 有一个专有的影片推荐引擎 Cinematch。Netflix 为影片分类,分析客户的评价及客户的网页浏览行为。根据分析的结果,Netflix 为每个访问网站的顾客展现个性化的网页,海量数据和基于海量数据的精准分析能够确保 Netflix 推荐给顾客的影片的确是他们喜欢看的。数据显示,顾客租赁影片中的 2/3 都是由 Netflix 推荐的,顾客满意度得到显著提升。

8. 阿里巴巴

随着大数据在集团战略地位的日益提高,阿里巴巴集团旗下的淘宝平台开始推出多种商业大数据业务。

(1)阿里信用贷款

阿里信用贷款是基于采集到的海量用户数据,阿里金融数据团队设计了用户评价体系模型,该模型整合了成交数额、用户信用记录等结构化数据和用户评论等非结构化数据,加上从外部搜集的银行信贷、用电量等数据,根据该评价体系阿里金融可得出放贷与否和具体的放贷额度的精准决策,其贷款不良率仅为 0.78%。阿里通过掌握的企业交易数据,借助大数据技术自动分析判定是否给予企业贷款,全程不会出现人工干预。截至 2013 年 5 月,阿里巴巴已经放贷 300 多亿元,坏账率约 0.3% 左右,大大低于商业银行的坏账率。

(2)淘宝数据魔方

淘宝数据魔方是淘宝平台上的大数据应用方案,淘宝商家一年支付 3600 元的费用,可以直接获取自己品牌的市场状况、消费者行为、行业宏观情况等信息,但是不包括竞争对手的数据,然后据此做出相应的经营决策。商家依据数据魔方关于热词的各项数据变化,及时调整优化商品标题,提高宝贝排名,进而获取更多流量,提高销量。

(3)天猫聚石塔平台

天猫携手阿里云、万网联合推出的聚石塔平台,为天猫、淘宝平台上的电商及电商服务商等提供数据云服务。聚石塔应用是阿里首次联合全集团的大数据力量打造的一款大数据商用产品,它提供数据存储和数据计算两大类服务。针对商家的海量订单导致网页拥堵甚至错单、漏单的现象,商家可入驻聚石塔平台,以云计算作为"塔基",

商家所有的 CRM/ERP 等系统将集约化统一于云端,打破不同系统间的信息孤岛现象,并获得数据集成、弹性升级、数据推送等安全稳定的云端服务,确保消费者最终获得的服务质量。在商品平台层面,商家可使用"商品管理"工具基于平台数据,以消费者为中心,进行商品、价格、渠道、促销的管理;在会员平台层面,商家可使用"ECRM"基于平台数据和服务,对消费者(C)、客户关系(R)进行挖掘(M)、管理(M)、营销(M),从而提升消费者对商家的满意度和忠诚度;聚石塔可实现二者之间的联系和集约化。商家可以对消费者购买行为的数据进行详细分析,包括订单流转量、跨店铺点击、点击量,甚至旺旺聊天信息等。

综上所述,由大数据引发的智慧性商业模式基本可以分为四类,分别是大数据自有企业智慧性商业模式、基于大数据整合的智慧性商业模式、基于数据驱动战略的智慧性商业模式和新兴的创业公司出售数据和服务,有针对性地提供解决方案。具体来说:

①大数据自有企业智慧性商业模式

诸如亚马逊、谷歌和 Facebook 等这类拥有大量的用户信息的公司,通过对用户信息的大数据分析实现精准营销和个性化广告推介,改变传统的营销模式,探索智慧性商业模式。

②基于大数据整合的智慧性商业模式

例如,IBM 和 Oracle 等公司,通过整合大数据的信息和应用,为其他公司提供"硬件+软件+数据"的整体解决方案。这类公司将改变管理理念和策略制定方法。

③基于数据驱动战略的智慧性商业模式

企业开始意识到数据是企业的核心竞争力和最有价值的资产,希望能够对企业内部和外部的海量非结构化数据进行及时的分析处理,以帮助企业进行决策,产生了基于数据驱动的智慧性商业模式。

④新兴的创业公司出售数据和服务,有针对性地提供解决方案

这些公司更接近于把大数据商业化、商品化的模式。这些智慧性商业模式的成功实现,促使越来越多的企业深刻思考如何获得大数据带来的商业价值,最终赢得独特的竞争优势。[101]

传统企业智慧转型之路

第₇章

当互联网的浪潮传向中国，无数新生企业诞生之际，传统企业再也不能只遵循自己的老路，不接受新思想"闭门造车"了。同时，传统企业明白在竞争如此激烈的市场环境中，企业的总体战略只能选择发展战略，若是选择稳定战略，或是收缩战略，那么意味着企业正踏上死亡之路。"与时俱进，谋求发展"，是企业能够安稳度日的唯一方式。从目前的形式来看，传统企业不能只等待着国家的政策扶持，而是要自求出路。越来越多的传统企业开始期待通过互联网的力量，借力使力达到转型的目的，无论是选择"互联网＋"，还是"＋互联网"，传统企业都希望依托现有资源来拓展自己的服务范围，以吸引更多的客户群。企业想要生存并获得更多的发展空间，就必须紧跟信息化深入发展的大趋势。当今的企业不再仅仅是一个简单的盈利机构，更应该被看作是一个具有灵敏嗅觉的生命体，能感知市场上的细微变化，同时做出一系列的应对性动作，而智慧化就是赋予企业生命的最重要元素。企业已进入变革的新时期，需要在国家信息化推进的同时，开拓符合自身发展的信息资源，提升组织生产的能力，在智慧化背景下推进自身的信息化建设，提升企业的信息化水平，用智慧武装企业。

本章根据企业日常运营过程中所涉及的核心环节，挑选出研发、生产、采供和销售四个最为重要的环节进行深入剖析，探讨传统企业怎样在大数据环境下转型，怎样灵活地运用企业内部有利的资源，怎样利用市场上大量的信息来提升企业的业务能力，以及怎样转变企业的经营策略来提升企业在行业中的竞争力等，分析并诠释传统企业的智慧转型之路。最终，形成本章的四个基本小节，即研发智慧化、生产智慧化、采供智慧化和营销智慧化。

7.1 研发智慧化

7.1.1 基于大数据的研发转型

由于大数据是对所有的数据进行处理,而不只是样本数据,它可以反映出数据的真实性。因此,大数据不是采用随机算法进行分析,而是对所有的数据进行分析。大数据的核心是预测,它通常被视为人工智能的一部分,或者被视为"机器学习"。大数据不是要教机器像人一样思考,而是把数学算法运用到海量数据上以预测事件发生的可能性,比如,明年某产品流行什么颜色、样式、特性……这些预测能够成功都是建立在海量数据的基础上。此外,随着系统接收到的数据越来越多,它们可以聪明地选择最好的判断模式来改善判断与决策性能。

在不久的将来,单独依靠人类判断力的领域会被大数据决策所取代,例如,目前最成功的语言翻译系统来自 Google,其翻译性能的保证来自数万亿的语料库,而不是人类语言专家,专家的专业价值日渐萎缩。再以苹果为例,产品的创新性与用户体验完美结合,其决策来自与苹果公司合作的全球电话服务商,他们提供了海量的全球电话客户的体验数据。

因此,数据的核心是预测与帮助企业进行决策,对于制造型企业而言,产品研发决策是公司成败的关键,如何使得研发过程智慧化是其中最为重要的一点。[102]

1. 人数据对研发方向的影响

随着移动互联网、大数据的兴起,亿万公众参与到数据生产中,数字信息呈现出爆炸式的增长,数据成为有价值的公司资产、重要的经济投入和智慧性商业模式的基石。智慧时代的到来,对于电信运营商来说是一次难得的历史机遇,要抓住这次机遇参与其中并引领发展,首先要做的不是技术更新、软硬件升级,而是重构现有的产品研发体系,将整个研发过程智慧化。但面对新的时代环境,用户消费需求、产品研发模式、数据思维方式与以往相比都发生了很大的变化,这些变化将影响未来电信运营商产品研发的方向。具体如下:

（1）用户消费需求的变化

iPod、iPhone、iPad 的畅销，PC 销量的下滑，从一个侧面反映了更多的人利用更多的时间通过按键、触屏获取资讯，进行数据消费，而不再借助 PC 键盘生产数据。同时，大量的手机/平板应用实现的是数据分类、整理、分析和展现功能，而不是让用户频繁录入、生成数据，如新闻聚合、限免应用推荐等应用。

（2）产品研发模式的变化

一直以来，产品研发都是先了解用户需求、明白用户想要什么，然后再进行设计开发。以诺亚为例，诺基亚的产品设计理念是"以人为本"，通过在人类学、群体调查上的巨大投入研发符合用户需求的产品。互联网/移动互联网的发展，产生了大量用户行为数据，给用户需求的研究带来了革命性的变革，用户调研的传统需求收集方式已经落伍，通过大数据剖析用户的要求可能比用户自己更了解自身需求，用户消费的趋势也不再是满足实际需求，而是不断追求被制造出来的、被刺激起来的未知的、新的欲望和需求。以苹果公司为例，其产品设计研发关注"创造需求"，通过革命性产品引导用户，而不是迎合用户。

（3）数据思维方式的变化

大数据与"小数据"时代的不同源于三个方面的变化：一是分析与某事物相关的所有数据，而不是分析少量的数据样本；二是接受各种杂乱无章的数据，而不是追求精确性；三是从探求难以捉摸的因果关系转向关注事物的相关关系。这些思维观念的转变，使得大数据中蕴含的价值被发现。

2. 数据产品化

要实现综合信息服务提供商的战略目标，解决电信运营商产品同质化、信息割裂缺乏共享的问题，适应大数据背景下用户消费需求、产品研发模式、数据思维方式的变化趋势，首先必须建立基于大数据的数据产品化的新理念，这也是重构现有产品研发和运营体系的基础，即数据产品化是一种智慧化的产品研发模式，也是符合用户消费需求的变化，同时还能够实现产品研发的多样化、个性化、快捷化。具体来说：

（1）数据产品化是一种智慧化产品研发模式

数据产品化是指有效运用数据分析实现产品的过程，是一个新的概念。与以往经常提到的数据应用相比，本质的区别就是，数据产品化是从新的视角考虑产品研发，从研究用户需求转变为研究数据,以数据驱动,而不是以用户需求驱动,因此,数据产品化强调的是"创造需求"而不是"迎合用户需求",不是大量的用户调研和预先设定用户需求,而是更多地考虑数据的加工和展现,发现大数据中对用户有用的信息。而这些信息即便随需求的用户也可能并未感知到,通过数据产品化后推荐给用户使用,将超出用户期望,从而极大地提升产品体验。

(2)数据产品化符合用户消费需求的变化

数据产品化不关注生产数据,而是聚焦在如何利用已有数据研发新的产品上,因此特别适合手机、平板触摸屏用户的数据消费类需求,具有广泛的应用前景。同时,数据产品是介于具体解决方案和厂商数据工具软件之间的标准化应用形态,工具仅提供一种能力,没有和具体数据结合,而解决方案需要大量定制化咨询设计,难以标准化推广,随着中小企业和公众对数据需求的不断提高,相比工具和解决方案,数据产品化将能够更好地适应市场的这一变化。

(3)数据产品化实现产品研发的多样化、个性化、快捷化

面对移动互联网的爆发式增长及物联网的兴起,大数据时代可供处理的数据量是非常庞大的,因此,基于数据加工形成的数据产品也是海量的。而随着信息化水平的不断提升,传统的面向业务和流程的应用产品已经逐渐成熟,新的开发需求越来越少,数据产品化将是未来新产品研发的趋势。另一方面,数据产品化的方法和相对标准,主要集中在数据采集、加工和展现上,不需要和业务流程进行深入的结合,因此,只要具备数据处理能力,数据产品化的研发过程将会非常迅速。研发智慧化后,新产品推出不再是一个长期的过程,与传统电信产品很少下线相比,数据产品在过了有效期或用户反映不好时,可以快速退出市场,这也符合移动互联网时代产品快速上/下线、版本更新频繁的特点。[103]

3. 大数据与研发的智慧结合

(1)数据分类展示

通过对数据进行组织和分类,将结果包装成产品提供给用户,可以采用复杂的挖掘分类算法,也可简单地按一定规则进行分类,如按科技、娱乐、游戏等分类标签聚合新闻数据等。

（2）数据预测

通过分析与事物相关的所有数据，从并不精确的海量数据中探索发现事物之间的相关性关系，如行业竞争分析和流失预警、流感等流行病预测、电商产品价格变化预测、基于上网行为的用户消费预测等。

（3）个性化数据推荐

面对每天产生的海量互联网数据，用户需要的不是全部数据，而是很小一部分感兴趣的信息，即个性化数据产品，可以通过推荐或发现引擎由平台为用户推送其可能感兴趣的数据。个性化数据推荐是数据预测的一种应用，如通过预测用户心情，推荐适合其当前心情的个性化音乐供用户点播下载。

（4）数据分发和搜索

借助大数据产品服务平台，提供全网范围的数据分发、分布式存储和计算以及搜索服务。

（5）数据跟踪、研究

通过采集特定的数据源，借助大数据产品服务平台的数据支撑，开发数据跟踪、研究和预测类产品，如电信运营商智能管道数据分析和流量经营、网络用户行为监测、网络舆情市场监测等。[103]

7.1.2　基于云计算的研发转型

数据中心的硬件和软件就是人们常提到的"云"，当云以现用现付方式提供给一般公众时，被称为"公共云"；被出售的服务称作"公用计算"；"私有云"指代那些商业企业或其他组织的不对公众开放的内部数据中心。因此，云计算是 SaaS 和公用计算的合集，但一般不包括私有云。通俗的说，云计算就是"硬件＋软件＋服务"，但是，这三者并不是简单的相加。对于研发信息化而言，云计算应该定义为，适应研发需求的硬件与软件合理搭配，并为研发提供易用、高效、低成本的信息服务。从企业内部来讲，"私有云"是现代企业研发信息化发展的趋势之一。

1.云计算在大型企业研发信息化的应用

（1）"桌面云"

研发人员每天都要通过计算机的桌面系统进行交互操作参与研发活动。传统的做法是根据研发人员的需求,每人配置一台笔记本、PC 或工作站作为终端机,操作系统大部分是 Windows 系统。随着硬件价格的不断降低,这种做法的成本也随之降低,但传统的桌面方式存在较高运营成本和安全隐患。这些桌面系统是分布在研发各科室、各部门的,难以集中管理。数据保存在个人终端机的硬盘中,而这些硬盘往往没有很好的容灾措施(如病毒、硬盘坏道)等,数据安全得不到保证,同时也无法保证终端机数据的物理安全。桌面台式图形工作站,以及安装在上面的各类研发类 CAX 商业软件,目前仍是研发工程师的必需装备。但企业花巨资购买的这些软、硬件分散在研发各科室各部门,其使用率很可能并不饱满。例如,3D CAD 设计和工程仿真需要专业 3D 加速卡,如果台式图形工作站分布在个人的桌面上,则使用者如果不是每天都在用 3D 软件,昂贵的 3D 图形加速卡和工作站将闲置。再比如,某个科室可能根据某项目重金采购了某工程仿真软件,如果只安装在这个科室,那么一旦项目结束,此分析软件可能就闲置,即使别的科室有项目需求,也很可能不方便使用。

"桌面云"能够把软、硬件放到企业的数据中心,让硬件和软件都通过企业资源调度系统,配置合理的配置策略,让用户远程使用。这使软、硬件的使用记录及统计、管理和维护(如空调、电力等)水平、数据的安全等都得到革命性的提升。各 IT 厂商都提出了类似的"云"桌面解决方案。例如,HP 的 CCI/VDI/SAM/RGS 方案和 Sun Ray 等。

(2)"计算云"

工程仿真在企业研发中得到越来越多的应用,如何以更短的时间求解更大规模、更复杂问题,目前仍然是很多研发人员头疼的问题。单台工作站往往无法满足此类软件高性能计算的需求,越来越多的企业已经或正在考虑建设工程仿真高性能计算(HPC)系统。选择适合自身的计算资源调度软件,与工程仿真软件"亲密"集成,配置优化计算调度策略,让最重要、最迫切的计算任务优先得到软件许可证和硬件计算资源。对硬件资源的调度,目前相对成熟,无论商业的或开源的都可以做得很好,但对软件许可证的调度,由于应用软件的种类繁多、许可证格式五花八门,很可能需要做一些定制或代码开发工作。例如,HPC 系统与工程仿真软件前后处理、数据管理软件、流程管理软件等的接口。工程仿真平台是企业研发平台的重要子平台。如何将 HPC 系统嵌入到工程仿真平台中,让使用者以最方便易用的方式调用 HPC 系统进行求解，也需要一些定制或代码开发工作。

如果 HPC 系统能很好地解决上述性能优化、资源（包括许可证）调度及统计、与前后处理和数据及流程管理软件集成三方面问题，那么，就可以把此 HPC 系统称作企业内部的"计算云"。

（3）"存储云"

数据是信息的载体，研发信息化的相关数据与一般的企业信息化应用的数据相比，数据块更大（如以 GB 计的大工程仿真数据），对数据读写的性能要求也更高，安全性要求也更高。一些 IT 厂商提出的数据生命周期管理的概念值得考虑，例如，从性能上，将正在研发的相关数据放在性能最好的存储器上，供研发人员快速读写（如基于万兆以太网、光纤或 InfiniBand 的存储），将旧的研发项目数据放在性能一般，但容量较大的存储器上（如大容量的 SATA 盘阵，用 iSCSI 协议等），将长期不用的数据用光盘库或磁带库进行永久保存等。

存储还应与桌面应用、计算应用，以及基于 Web 和数据库的应用相集成。例如，工程仿真传统的做法，是利用 Windows 图形工作站进行前处理，生成求解所需的输入文件，然后上传到 Linux HPC 系统进行并行求解后下载结果到本地，不仅文件的上传下载耗费网络带宽，还容易造成磁盘空间的重复占用。如果将图形工作站或刀片工作站放在数据中心，就有可能与 HPC 系统高速共享一个并行文件系统，无论是 Linux/Unix 还是 Windows，都能够让计算节点和前后处理节点（工作站）像读写本地硬盘一样读写统一的存储。这样就避免了文件的传输问题，而且统一的存储可以很方便地进行磁盘限额及数据备份。

如果充分考虑了企业研发所需存储的性能、容量、安全，以及与桌面及计算等应用软件的集成性和易用性等因素，就可以将其称之为企业研发的"存储云"。

（4）"可视化云"

研发中如果遇到需要用到海量图形处理，而一台图形工作站无法满足要求的情况，例如，内存不够、3D 图形加速卡处理能力不够等，则很可能需要用一台性能更好的服务器或集群配合多块 3D 加速卡来处理海量图形数据。"可视化云"的服务器与"计算云"的一部分，在没有"可视化"需求时应用于普通的浮点计算。

2.研发信息化公共云计算平台的特点

云计算并不是全新的概念，它与 GRID、ASP、SOA、SaaS 等概念或方法有很多类

似的地方。除了具备"私有云"的特征以外,研发信息化公共云计算平台还要考虑如下几个特点:

(1)网络带宽

研发信息化涉及的数据块往往较大,数据在最终用户客户端与数据中心服务器之间的传输需要稳定的带宽,远程图形操作(如 3D)需要较低的网络延迟。随着 Internet 基础设施不断扩容,Internet 接入的带宽、质量不断提高,成本不断降低,尤其 3G 无线通讯的迅速普及,将使移动宽带变成现实。3G 的带宽最高达 $7\sim8\mathrm{Mb/s}$ 左右,甚至超过了普通的家用有线宽带(目前大多 2M)接入。

(2)数据安全

研发的数据越来越成为企业发展的命脉之一,如何保证公共服务平台上的数据的安全性,是需要重点考虑的内容之一。一般的中小制造型企业不会花费巨资购买成熟的网络安全和数据安全相关软、硬件,容灾、备份等设备、手段和制度往往与专业的数据中心相差很远。因此,放在数据中心的数据应该是更安全的。中小企业建"私有云"的成本也比较高,存放数据的硬盘往往就在研发人员的桌子上的图形工作站里,人员的流动会造成潜在数据丢失的隐患,太苛刻的 IT 安全管理制度有可能会造成人员信任上的危机。使用公共服务平台,数据全部在数据中心,可有效避免上述弊端,反而使企业重要的研发数据更安全。

(3)费用结算

研发信息化公共云计算平台将采用类似 token 的计点的方式计费。通过对用户对硬件资源(如图形工作站的登录和注销、使用计算服务器的数量和计算时间)、软件资源(如软件模块许可证使用的数量及时间)、存储资源(占用的存储空间)的使用记录的统计,结合可调整的 token 的计点算法,计算每次使用的 token 值。token 还可应用在用户平台内其他服务的消费,如 e-learning 及技术交易等。[104]

7.1.3　基于研发智慧化的应用

1. 消费类产品

产品生命周期管理(product lifecycle management,PLM)/集成产品开发(integrated product development,简称 IPD)两者的源头都是需求,针对需求很重要的

就是市场管理,这也是目前 PLM 系统里面非常弱的一面。以往的做法,需要各行业专家针对产品战略、市场信息、客户反馈、竞争信息、技术趋势和产品组合等大量内容进行抽样、样本分析,确定基线化的需求说明书,但所有这些都是基于小数据情况下的分析及决策,这也给企业产品研发决策带来了大量的隐患。经常出现的情况如下:

一是样本数量不够,造成预测错误;

二是决策因子的权重取决于感性,而不是全部数据;

三是决策时间过长,与瞬息万变的市场脱节;

四是无法确定是否应该停止某些研发项目的投资……

以上这些情况的发生,都使得企业不知道客户需要什么样的产品、产品需要在多长时间内上市才会占有市场先机,而这些都会阻碍企业尽快做出正确产品研发决策。

根据以上的问题与现状,依靠现有的 PLM 系统无法进行决策,那么,就需要依靠大数据来帮助企业决策。目前,有以下大数据方式可以帮助进行决策:

一是通过与社交网站合作,分析特定区域客户浏览习惯、交友年龄、性别等,了解潜在用户的喜好、习惯;

二是多年的数据分析,实现数据的再利用,例如,分析客户在订购网站多年的订购习惯等过时数据,以了解客户需求变化趋势;

三是针对由于用户错误或者产品设计错误的反馈数据,了解客户真正需要的用户体验;

四是利用交互式技术集成企业 PLM,让用户访问企业的 PLM 系统,收集客户访问交互式网站的体验及反馈,进行新产品决策。

对于消费类产品来说,产品与时代潮流相符,市场瞬息万变,等到某类产品流行了再做产品研发及变更都会使企业丧失先机。如何能预测市场趋势,提前做好产品研发呢?必须提前准确预测未来产品的趋势,这就需要通过大数据来进行决策。

传统的做法是通过委托调研公司进行市场抽样调查,但是,这种做法存在着成本高、响应速度慢于市场变化、并且样本数量有限,难以反映市场真正的缺点。因此,企业可以通过虚拟化技术嵌入社交网站,通过分析人们的浏览习惯、使用者的性别、年龄、职业和上网习惯等进行详细分类(这些都是在客户不知情的情况下被服务商所收集的数据)。例如,采用与 SolidWorks Enterprise EPM 集成的 Composer 设计的企业交互式网站展示未来产品的雏形,发布到各个社交平台,通过用户访问的频次、停留时间(而不是通过客户投票选择)等浏览习惯来判断客户的喜好;将不同的手表样式、颜色等不确定信息设计成多种交互式动画展示于社交平台,通过社交平台提供一定时间内的客户浏览习惯、客户分类等信息进行手表流行趋势预测(见图 7-1),然后通过PLM 系统快速进行新的项目管理与研发,在最短的时间内将新产品推向市场,实现高盈利,并领先竞争对手。[102]

图 7-1   基于 Composer 的用于社交网络的交互式体验平台

2. 电信运营商

基于大数据的数据产品化理念付诸实施,需要电信运营商从战略角度重新审视企业最重要的数据资源,统一规划、组织和管理,将大数据产品化工作纳入企业数据发展战略,同时根据需要成立大数据产品研发和运营组织或团队,制定研发和运营流程,保障战略的有效执行。在具体执行层面,从以下三个方面进行调整和完善:

(1)汇聚整合数据源,建立大数据资源池

随着三网融合、移动互联网的发展,电信运营商未来面对的竞争已经不再局限于行业内,电信、媒体和信息、互联网内容和应用、终端制造、电子商务等行业间的"围墙"已经"倒塌",行业竞争伙伴开始相互进入对方的领域。对于电信企业来说,仅依靠自身的网络数据,很难提供有吸引力的增值服务,因此,特别需要与第三方数据源进行整合,拓展电信运营商大数据的范围,这样才能打造跨行业、有竞争优势的大数据产品和服务,从而真正将基于大数据的数据产品化工作落到实处。通过汇聚整合各类数据源,能够逐步形成电信运营商的大数据云存储资源池,这些数据不仅可用于支持自身的新产品研发,还可通过服务封装的方式安全地开放给第三方合作伙伴使用,直接创造价值。

(2)构建数据平台,提供大数据产品和服务

基于大数据的研发和运营离不开平台的支持,平台不仅是大数据产品的运行环境,也是自身和第三方合作伙伴进行产品研发和服务运营的载体。大数据产品服务平台的架构分为门户层、数据产品层、数据加工层和数据源层。(见图7-2)

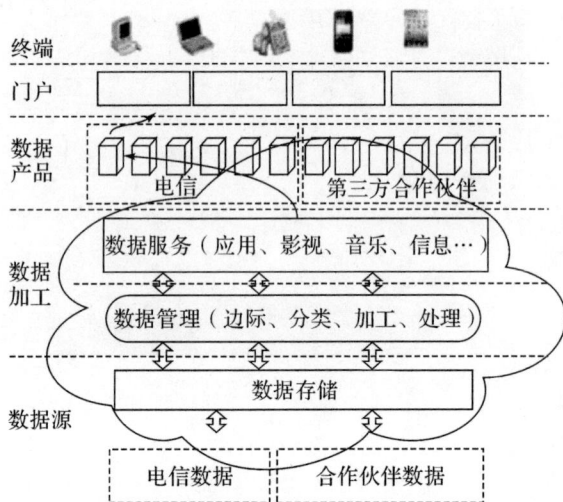

图7-2　大数据产品服务平台的参考架构

(3)数据驱动创新研发,打造围绕大数据资源的产品线

基于大数据进行数据产品化,以数据驱动研发,与以往"拿来主义"和"迎合用户需求"的研发模式完全不同,是通过对大数据的采集分类、分析挖掘,提供超出用户期望、让用户意想不到的创新产品。移动互联网的发展为研发数据产品提供了借鉴,移动互联网产品不再是以前那种收集需求、设计、开发、测试、上线的"瀑布式"长流程,而是"短频快"、容许犯错的迭代式开发模式,这与大数据产品研发是一致的。基于海量数据能够快速研发出大量数据产品,通过上线使用更新产品功能或淘汰不受欢迎的产品,以快速适应市场变化。在变革电信运营商自身产品研发模式的同时,还需要积极引入第三方合作伙伴的数据类产品,形成一个围绕电信运营商大数据存储池和大数据平台的产品生态环境,从而最大限度地挖掘大数据的潜在价值,引导用户需求,提升数

据运营水平。[103]

3.医药行业

在科研资源相对有限的前提下,如何提高药物研发的投入产出比,最终为全社会提供安全、有效和廉价的药品,是一个对我国生物医药基础和应用研究均具有重大意义的问题,面对国际上原创新药研发投入逐年增高,失败风险逐年增大的趋势,挖掘已有药物新的适应症(旧药新用或药物重新定位)能够在一定程度上有效规避研发风险、降低研发成本、加快药物上市的步伐从而迅速满足临床用药的需求,因而成为众多国际制药企业重视和采用的一种战略。随着药物生物信息学的发展,药物重定位策略正从依赖临床观察的经验性研究,朝着基于大规模组学和医药大数据分析的系统性研发转变。

药物重定位,也称旧药新用,是指利用相关的技术方法对已有的药物进行重新筛选、组合或改造从而发现其未知新用途的过程,长久以来都是一个不可或缺的药物开发方式。相比于从零开始的新药研发,药物重定位基于已有药物的重新开发能够节省大量前期研发投入(如药靶发现、化合物筛选、安全性测试等),因而既可能令一个失败的药物"起死回生",也可能进一步扩大一个成功药物的适应症范围和销售市场。同时,相对于传统的新药发现,药物重定位能够把药物研发的周期从 10～17 年缩短到 2～12 年,因此,越来越受到政府部门、制药企业、学术机构等方面的关注。

传统的旧药新用主要通过观察来偶尔发现药物引起的未知表型变化。这种传统方法往往具有很大的非理性成分,所以,相关的研究方法并不能被大范围推广并从根本上改善药物开发的效率。

现代药物研发需要系统性的和可重复的药物重定位创新方法,而药物生物信息学很可能是解决问题的钥匙之一。药物生物信息学是指对药物和疾病相关的高通量组学(如基因组、转录组、蛋白组和代谢组等)以及医药大数据进行挖掘和分析,进而为药物研发提供有质量的假说和线索。在药物重定位方面,可通过组学数据挖掘或电子病历用药记录及病人表型的挖掘,提出全新的"药物—疾病"对应关系,从而为后续实验指明有希望的验证方向。

与传统的药物开发相比,基于药物生物信息学的系统性药物重定位虽然有很多方法和技术上的创新,但在研发的内在逻辑上却有很多相同之处。两者都是通过联通靶点和疾病、或表型和疾病,从而打通从药物道疾病的联系(见图 7-3)。区别在于打通这一联系的过程中,后者可实现通过系统性和客观性的高通量筛选,并且受人为主观偏好影响相对更小,因此能提高效率并降低成本。[105]

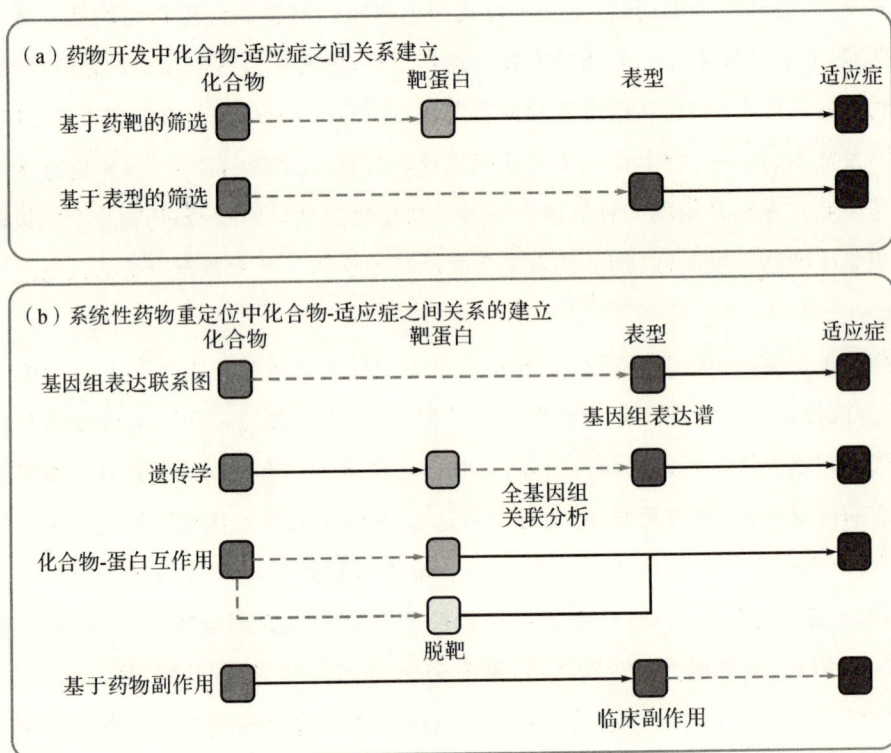

图 7-3 药物开发

(a)与基于药物生物信息学的系统性药物重定位 (b)在联通化合物和适应症之间关系的策略

两者在本质上具有很多共同的逻辑,都是通过各种手段打通药物、药靶、表型和疾病 4 个节点之间的路径。图中实线表明已有的关系,而虚线代表有待建立的关系。

7.2 生产智慧化

7.2.1 基于"互联网十"的生产再造

基于电子商务的生产方式是需求拉动型的生产,互联网、大数据技术将生产企业和消费者紧密联系在一起,使消费需求数据、信息得以迅捷地传达给生产者和品牌商。生产者根据市场需求变化组织物料采购、生产制造和物流配送,使得生产方式由大批量、标准化的推动式生产向市场需求拉动式生产转变。拉动式的生产并不一定要对市场需求进行精准的预测,关键是供应链各方面有更紧密的协同,以实现更加"柔性化"的管理。

拉动式生产、柔性化供应链对于企业价值巨大。但在过去 30 年里,只有极少数企业有洞察力也有资金采取这种模式。它们是制造业的丰田、流通业的沃尔玛、服装业的 ZARA,它们的共同点在于对终端数据的掌控、敏捷的供应链体系,以及远高于竞争对手的营业利润率。没有互联网的时代里,要实现"拉动式柔性供应链"耗资巨大,注定只能成为企业巨头的专利,让中小企业可望不可及。

但在互联网时代,云计算的普及,大数据的成本大大降低,中小企业也可以采用这种模式。特别是电子商务企业,由于交易、营销活动的在线化,可以利用大数据精准地进行市场调研、细分,选定目标客群,评估天花板。另一方面,电商企业不需要再用"猜"的方式预测市场,而是可以用小批量来测试市场,再利用灵活的试销、AB 测试等方式,从销售相关数据中找到潜力款,然后根据生产周期与销售周期多频次小批量补货。最重要的是,在市场需求发生突然变化的时候,以数据趋动的 C2B 柔性供应链,可以灵活应对。[106]

7.2.2 基于大数据的生产转型

作为一个广受关注的热门词汇,"大数据"没有统一的定义,其中,麦肯锡全球数据分析研究所的观点认为,大数据是指大小超出了典型数据库软件工具、存储、管理和分析能力的数据集。从形式上说,它包括各种数字、文字、符号、图像、音频和视频等形式的文本、信息或信号，多是不便用数据库二维逻辑表来表现的非结构化数据。据此，可以做如下引申理解。

所谓大数据，除了表示数据量之大，更关键的是强调一种新的数据存在形态。今天，人们已经毫无抵抗地被编织进一张漫无边际的数据大网中，在现实生活中，人们总会悄无声息地留下各种社会化的存在"痕迹"，诸如微博更新状态、网上购物行为、医院体检记录、在线观影过程、谷歌搜索内容、地理位置状况、浏览器收藏网页、电话簿分组信息等，甚至包括日常生活中一切可供数据化记录的行为习惯和生活方式，这些"痕迹"都构成了时代极度迷恋的大数据形态。

大数据只是一个相对的概念，是相对传统数据而言，大数据在数据量的大小尺度上已经超越了传统意义上的尺度，到了一般硬件和软件无法承受的地步。大数据不仅是一个尺度的概念，还是一个变动的概念，因为数据的"大"和"小"都是相对的，今天的大数据明天可能就是"小数据"。大数据还是一个具有应用价值的概念，如果大数据不加以应用，它就没有任何价值。在医疗行业，大数据具有预测和防治流感等流行病的功能；在金融市场，基于大数据分析可以预测股票的波动走势；政府部门可以利用大数据分析网民信息的"舆情温度"；网店可以基于大数据分析商品销售趋势、走向和定位；在新闻业，基于大数据可以绘制出"今日图表"、全球"经济脉动""时尚流行趋势"……

1. 大数据改变了传统新闻生产的理念

2013年9月，《华盛顿邮报》的网站上推出一款名为"Truth Teller"的新产品，点击进入，一段段视频跳出，其中一个是关于众议院共和党议员 Kevin McCarthy 的，他声称给富人加税将损失70万岗位，话音刚落，视频下方红色的"错误"标志跳出，同时附上了《华盛顿邮报》事实核查人 Glenn Kessler 击破此观点的文章链接，这被称为"事实检测"。实现这种功能的原理是将语音自动转录为文字，再根据数据库数据验证其真实性。这种运用统计思维整合大数据的探索远不止于此，大数据技术和思维颠覆了传统媒介的生产和操作理念。

大数据技术已经深刻影响了人们的生活、生产甚至思维方式，对传统媒体长期沿袭下来的新闻生产理念产生了革命性的影响，基于大数据技术的思维，已深入到新闻生产的方方面面。

传统新闻业的新闻生产，是由特定的专业组织即新闻媒体完成的，普通大众几乎无法直接参与新闻生产的过程,而在媒体内部,新闻生产又具有一定的自主性,不同媒体有不同的报道取向。更重要的是,在社会体系中,权力组织对媒体新闻生产的介入和控制无处不在。新闻机构以"条线"给记者分工,记者们所报道的绝大部分新闻都是从相应的政府部门、企事业机构那里得到的,这些机构形成了新闻生产中可靠而稳定的新闻来源。实际上新闻报道并不一定是真正中立的,因为提供报道的从业者有基本生存的需求,依赖于"国家"力量,置身于机构权力之下,受制于所属组织的约束,在这种背景下,新闻生产自然也就成了一种自觉不自觉偏向于权力的倾向性生产。比如,新闻报道中的跑线记者往往受制于其所报道的行业机构、主管部门,其新闻报道不能摆脱新闻来源的控制等。

大数据时代,大量生产方式完全不同于传统媒体的社会化媒体迅速崛起,它们与传统媒体争夺受众市场,空前稀释传统媒体的影响力,改写上述新闻生产的格局;互联网海量的信息,远远超出了人们正常消化信息的能力,带来信息严重"超载",在这种情况下,传统媒体所生产的有限新闻资源,被埋没在互联网形成的大数据中,其提供的信息变得相对式微,新闻效度大幅降低。

此外,在传统时代,媒体人的角色是信息采集者,主要工作是报道事实,但在大数据时代,在人工参与编辑的基础上,这样的工作有可能由机器来完成。美国 Narrative Science 公司,是一家专门训练计算机编写新闻报道的公司,由计算机专家与美国西北大学麦迪尔新闻学院共同合作,它运用 Narrative 算法,大约每 30 秒就能够撰写出一篇新闻报道,类似文章已在如《福布斯》等知名媒体的网站上发表。Narrative Science 预计未来计算机撰写的新闻稿将占总数的 90% 以上,那些具有持续的数据形成机制的行业或领域(如体育、金融业、交通通讯业等),信息的采集和加工,将在较大程度上实现自动化。人机协作很可能成为未来新闻生产的一个趋势。

当然,在新闻生产中,机器不可能完全替代人的观点。机器人还无法做到全知全能,哥伦比亚大学媒体创新研究所所长 Mark Hansen 认为,"数据并不是完全中立的,并且,所用来分析数据的各种算法也不是中立的,数据所讲述的故事通常是不完整、含糊的,没有记者对数据的分析和思考,如何区分新闻的好坏?"

2. 大数据改变了传统新闻的生产方式

大数据时代,人们可以通过多种途径快速获知周围发生的事情。这也使得数据新闻成为新闻业突出重围的一个突破口,采集、过滤和分析肉眼可见的事实背后的原因和意义尤为重要。通过数据的整理和挖掘,新闻从业者可以发现独特的视角和选题,并以更加客观和透明的姿态报道新闻。

(1)新闻生产的跨领域合作

BBC新闻网负责数据新闻生产的团队由20多位记者、设计师和开发者组成,除了负责数据项目和可视化之外,该团队还负责制作所有的信息图和交互式多媒体特写,这个团队中并没有专门的"数据记者",但每位编辑成员都能够使用基本的表格工具进行数据分析。数据项目的核心依赖于团队开发者的专业技术与建议,以及设计师的可视化制作技巧。由于呈现方式的转变,记者使用单一的文字或图片都无法完成数据新闻的制作,这就需要记者增强跨界合作的能力。

当然,不同的新闻机构在生产数据新闻时,可以采取不同的策略,有的要求记者具备编程能力,而有的则是外包给软件公司;有的购入专门定制的软件工具,有的则使用免费的网络工具。以《卫报》为例,目前,其数据新闻的分析与可视化的不少工作都可以采用开放源代码的软件工具实现,如用于互动图表的 Google Chart、Google Maps、IBM Many Eyes、Tableau、Spotfire;用于基于时间顺序的时间线类作品的 Dipity、Timetoast、Xtimeline、Timeslide;用于基于地理信息的 Google Earth、Quanum GIS;用于网络分析的 Spicynodes、VIDI、NodeXL;用于社交媒体可视化的 Storify;用于文本可视化即标签云的 Wordle、Tagxedo 等。

目前,记者的技能可能不足以单独完成一个数据新闻项目,因此,需要与很多人合作,如编辑、摄影师和设计师,还有产品经理、工程师和数据科学家。而让记者走出新闻编辑室,到技术部门和 IT 部门去寻找拥有相关技巧的人,是非常必要的。创办于2009年的 Hacks/Hackers 是一个跨四大洲、有超过50个分部、成千上万个会员的草根组织,其使命是为记者、程序员、设计师提供一个跨领域交流的平台和网络,以促进知识、信息、想法的传播,进而推动媒介革新。

(2)"数据驱动新闻"和"数字优先"

数据新闻(data journalism),又称数据驱动新闻(data driven journalism),指通过对数据进行分析和过滤,从而创作出新闻报道的方式。采用统计或量化方法分析数据并生产新闻的方式与理念,在新闻学界早已有之,精确新闻报道在 20 世纪 60 年代末和 70 年代风行于美国新闻界,后传遍世界各国新闻界。精确新闻是指记者在采访新闻时,运用调查、实验和内容分析等社会科学研究方法,来收集资料、查证事实,从而报道新闻。20 世纪 90 年代以来,计算机辅助新闻报道(Computer Aided Journalism/Reporting)在美国也逐渐普及,与这些概念不同的是,大数据时代的数据新闻,至少在数据量级和格式、互动式可视化效果、新闻生产方式三个方面有所突破和发展,是将社会科学研究方法引入新闻实践的典型案例。数据新闻整合了从传统的调查新闻到统计、从设计到编程的若干个专业领域,基于可以公开获取的数据从事新闻制作,数据在先、文字在后,以数据驱动新闻,试图在大量繁杂的数据中,找出相关性,发现新的报道线索和选题,然后通过数字化等操作方式生产出新闻产品。

在数据新闻的探索方面,英国《卫报》实行了"数字优先"策略。2009 年,《卫报》开创了"数据博客"(http://www.guardian.co.uk/news/datablog),这个设于《卫报》网站上的独特栏目,从上线至 2013 年 5 月,共制作各类数据新闻 2500 多则,涵盖政治、经济、体育、科技、健康等不同领域,采取的形式有图表、地图及各种互动效果图,数据类型既有量化数据也有质性数据,还有两者兼顾的混合数据。网络平台或其他数字平台已经不仅仅是信息发布的平台或工具,而同时有了信息收集的功能,在另一个特色栏目"新闻博客"中,该博客对于突发事件的报道采用滚动方式,将读者在社交媒体上对事件的文字报道、图片、视频,甚至通过电子邮件发来的评论整合,成为报纸网络上不断更新的报道的一部分。

在数据新闻的报道中,记者并不需要挖掘最新的数据,因为有时,已被公开的数据资料并未被深入分析。欧洲新闻学中心(European Journalism Centre)和开放知识基金会(Open Knowledge Foundation)共同推出了《数据新闻学手册》(*The Data Journalism Handbook*),其中给出了一些检索数据的建议:

①搜索数据时,需要包含数据的内容以及信息的格式或是来源。如需要的文件是电子表格,在检索时可以添加"格式:XLS"或"格式:CSV",在检索地理数据时,添加"格式:SHP",数据库抽取为"格式:MDB,文件类型:SQL,文件类型:DB"等。

②从网络的专用数据端口、数据中心以及其他数据站点获得数据,如政府部门网站、基金会网站、世界银行和联合国的网站等。

③除了直接搜索内容外,那些提供大量原始数据资料的网站和网络论坛,也是值

得注意的。

在大数据时代,计算机技术的进步满足了大量数据分析的可能性,在分析数据时,需要注意数据的分布情况如数据的平均值、中位数、众数等集中程度指标和数据的离差、标准差、偏度等离散程度指标。[107]

7.2.3 基于生产智慧化的应用

1.炼化企业

目前,随着中国石油炼化一体化业务的发展,行业正处于从传统企业向数字化企业转变的关键时期,企业管理数字化、信息化、网络化是社会发展的必然趋势,数字企业则是信息化社会的主体。从横向看,整个炼化企业的业务层次又可分为三个主要层次,即生产运行管理、以 ERP 为核心的运营管理和日常办公平台。

信息系统应用于炼化企业的整个产业链,除了上述业务应用系统外,还建立诸如安全、网络、数据中心等基础设施平台及相应的信息系统运维管理系统,从而构建出一个完整的业务信息系统支撑体系。根据上述炼化企业自身特点,结合信息化建设的现状,提出炼化企业的云计算理论模型。(见图 7-4)

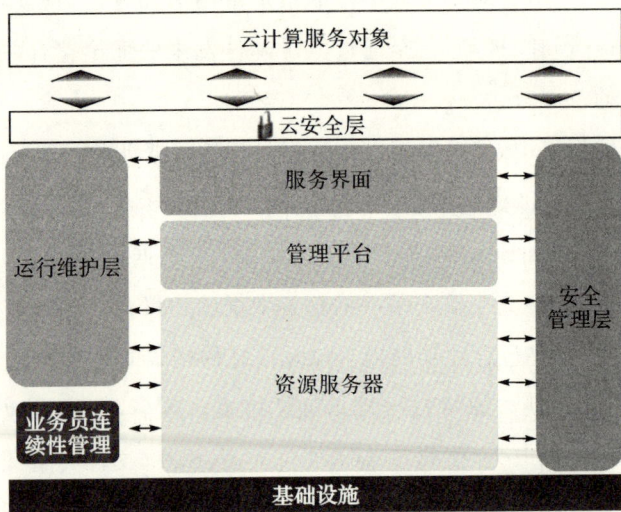

图 7-4 云计算理论模型

总体上看，云计算平台分为"资源服务层""管理平台""服务界面"三个逻辑层次。这三个层次共同组成了云计算的功能核心，实现自底向上的云服务供应与监控。为保证云计算核心功能的正常运行，云计算平台还包含了"安全管理层"和"运行维护层"两大辅助管理层，这两大辅助管理层的服务涵盖了云计算平台的整个核心。安全管理层为核心的三个层次提供安全支持，实现高可用、安全议问、用户隔离和权限分配等服务。运维管理层为核心的三个层次提供运行维护的支撑，包括资源用量度量和用户管理等服务。然后，进行基于理论模型的实践，具体过程如下：

(1)建立炼化企业的云计算管理平台

建立一个可对企业各统建应用系统所使用的服务器、存储、网络、平台、中间件、应用软件等资源进行虚拟化管理、监控管理、资源调配管理、风险管理、运维流程管理，并提供管理门户。

统一规划和部署硬件资源，提高硬件使用率，降低硬件成本。通过服务器虚拟化、存储虚拟化和网络虚拟化等技术将相关的硬件资源进行整合，形成统一的硬件资源池。根据应用系统的需要分配必需的资源，实现服务器的快速部署并且可以根据应用系统实际工作负载动态调整资源分配，保证应用系统的正常高效运行。通过资源的整合实现绿色数据中心的建设，发挥集中统一信息系统的优势，减少信息系统的运行能耗，持续降低总体拥有成本。

(2)建立包含基础设施、平台的统一规划和资源部署平台

建立包含基础设施(IaaS)、平台(PaaS)即服务的全面的云计算服务结构。基础设施即服务指的是为用户提供服务器、存储、网络等硬件资源的服务；平台即服务指的是为用户提供平台、中间件等资源的服务。

根据炼化企业内部各系统对各类基础软件的不同需求，将操作系统、中间件和数据库等系统软件定制为标准模板，快速为应用系统的开发、测试和部署提供包含技术资源、存储资源、操作系统、中间件等模板的运行平台。简化应用系统的开发、测试和部署。以客户为中心，通过服务交付的方式将 IT 基础架构的计算能力提供给不同类型的客户，提高软硬件资源的使用率，简化应用系统的维护工作，提高工作效率。

(3)建立炼化企业生产、灾备数据中心的云计算架构

建立炼化企业内部数据中心的云计算架构，分别是生产云、同城云和异地云。生

产云以在线数据中心为基础,主要提供用于生产系统的资源;同城云以同城灾备数据中心为基础,和生产云之间为互备关系,主要用于与生产系统互备的资源;异地云以异地数据中心为基础,主要提供用于备份生产系统的资源。

(4)建立为用户提供 NT 平台资源和 Unix 平台资源的云计算平台

建立为用户提供 NT 平台(虚拟)资源和 Unix 平台(虚拟)资源的云计算平台,首先进行 NT 平台虚拟化试点,纳入相关系统;试点完成后,再对所有同类应用系统进行 NT 平台虚拟化推广;在 NT 平台虚拟化实施完成后,对所有除 NT 类系统以外的系统进行 Unix 平台虚拟化实施。[108]

2. 油田出产行业

油田出产行业所触及的行业和学科种类比较繁多。计算技术的运用,是油田安全生产的重中之重,是油田生产达到高效率的过渡阶段,也是油田达到数字油田的必经之路。云计算是依托物联网和互联网计算数据信息的处理方式。在油田的出产过程当中,各类温度、电流环境、气体浓度等都是计量的重点。

(1)感知层创建

油田出产要想真正实现数字化,必须要在出产过程当中加大数据信息的处置本领。而感知层最主要的目标便是对信息进行搜集。在油田的出产过程当中,各类温度、电流环境、气体浓度等都是计量的重点。工作人员可以随时随地进行监测,读取各个监测口的各项数据及画面。

(2)网络层创建

收集层首要作用是对手机的各项数据进行整合。而这收集层面的扶植首要依托互联网的支持。每天,油田的施工人员比较多,但是这些施工人员常常不熟悉自己部门的数据情况,经常由于技术上的失误导致整个装置损坏。

(3)应用层建设

对于油田生产来说,物联网应用层的建设涉及了监控室的应用软件的建设。在软件的利用中,要想将检测信息进行主动阐发,主动体系的优化必须做到最佳。[109]

7.3　采供智慧化

7.3.1　基于大数据的企业管理

　　MIT 沙龙主编与 IBM 商业价值协会通过对 100 个国家 30 多个行业的近 3000 名公司执行者、管理者和数据分析工作者进行调查,基于调查结果为公司提供了 5 条建议,其中提出对于每个机会,企业需要从问题而不是数据开始,所以应该先定义满足商务目标的问题,然后识别那些可以解答问题的数据。《经济学家》杂志 2010 年的一项调查显示,经营大数据已成为企业管理的热门话题,但大数据的应用目前还处于初级阶段。2013 年 3 月,IBM 的大数据调研白皮书《分析:大数据在现实世界中的应用》显示:"大数据"将带来蓬勃商机,63％的受访者表示大数据和信息的分析使用为其组织创造了竞争优势,47％的受访者称当前应用处于早期规划阶段,28％的受访者正在开发试点项目或已经实施了两项甚至多项"大数据"解决方案。利用大数据将成为公司的一个竞争关键和增长基础。从这个角度看,所有公司都需要利用大数据提升企业竞争力。大数据环境下的管理决策对于企业不仅是一门技术,更是一种全新的业务模式和决策方式,企业必须适应大数据环境对管理决策的新挑战。

　　大数据所蕴藏的巨大价值势必将掀起一场商业模式和管理决策上的深刻变革,其影响力将渗入企业的每个细节,企业管理者应转变思维,变革企业管理模式。大数据时代下的企业不仅要掌握更多更优质的数据,还要有足够的领导力,先进的管理体系,才能在竞争中游刃有余。大数据对企业管理的变革将体现在以下方面:

1. 清晰定义数据需求

　　有人认为大数据时代下,管理者的经验、直觉和视野所起到的决定作用将日益减小,但恰恰相反的是,大数据时代所需要的商业领袖是那些能够发现商机、开拓市场、有敏锐创新思维并说服员工投入其全新想法的领导者,能针对企业的众多管理决策做出变革。

2. 广泛的实时用户定制

　　大数据实现了用户定制的质的飞跃,使得实时个性化成为可能。在大数据时代,个性化将颠覆一切传统商业模式,成为未来商业发展的终极方向和新驱动力。大数据为个性化商业应用提供了充足的养分和可持续发展的沃土,如基于交叉融合后的可流转性数据、全息可见的消费者个体行为与偏好数据等,未来的商业可以通过研究分析这些数据精准挖掘每一位消费者不同的兴趣与偏好,从而为他们提供专属的个性化产品和服务。

3. 数据技术人员的管理

大数据时代下,数据技术人员的价值将极为凸显,其中最重要的莫过于能够处理大数据的"数据科学家"。对于数据科学家来说,统计技术是必不可少的,但比统计技术更重要的是清理和组织大型数据的能力,因为大数据时代的数据格式往往是非结构化的。最好的数据科学家要能够懂得"商业语言",帮助管理者从数据的角度理解企业所面临的挑战。

4. 数据跨职能跨部门的流动

高效的企业需要把信息和决策分配给不同的部门。大数据时代,企业应具有一个灵活的组织架构,最大化企业跨职能的合作。管理者需要为各部门的决策人员提供合适的数据和懂得相关技术的专家。同时,IT规划与运维应得到管理者的足够重视,健全的企业IT架构有助于解决孤岛问题。

5. 基于数据的运营与决策

大数据将催生由信息驱动的商业模式,在企业的价值链中发挥中间作用,通过商业交易创建极具价值的"排出数据";数据驱动的决策制定,利用可控实验,企业能够验证假设、分析结果以指导投资决策及运作改变;利用大数据进一步提高算法和机器分析的作用,避免成本高昂的人工干预,节约成本,提高效益。

除此之外,大数据还会对企业的营销、绩效、人力等方面有深刻的影响。企业要抓住大数据时代的机遇,除了注重技术与人才的培养,还必须敢于变革,采用更为先进的管理模式,才能在信息时代蓬勃地发展。[110]

7.3.2 基于互联网十的采购模式

1."电子商务十"采购管理

电子商务已不再是一种新兴技术,电子商务已经成为人们日常生活的重要组成部分。目前,很多传统行业,如农业、制造业等都在借助电子商务这个平台去展示和销售产品。采购管理也应结合电子商务,发展属于自身的电商平台如今已是大势所趋,通过电商平台的"集群"和"竞争"效应来促使管理水平的提升。

传统的货物采购,一般采用协议供货形式与特定供应商达成合作意向,之后按照协议要求进行供货。协议供货虽然为通用和标准化货物的采购提供了较为便捷的采购方式,但是,由于其对市场反应存在滞后性,采购结果往往不尽如人意。电子商务采购平台利用其自身技术优势,向广大供应商敞开大门,有效整合了资金流、信息流、物流,用户采购从线下转移到了线上,商品名称、介绍、价格等所有信息在平台上都能一目了然,用户注册后只需点击鼠标和填写购物清单就完成一笔订购,之后货物将会通过物流及时送达给用户,整个过程方便、快捷。

电子商务采购平台怎么建? 如何建? 与传统电商平台又有哪些区别? 这些问题都是要重点关注和思考的。

(1)关于怎么建设电子商务采购平台

对于大型企业,可以自建符合企业实际情况的电商平台,一方面更契合企业实际采购需求,企业原有的一些供应商也可以得到有效保护;另一方面在平台上的所有采购信息都能保存在企业内部数据库中,保护了数据隐私,也方便了后期统计和分析。

对于小型企业,由于采购量较小,加上自身资金实力有限,可以在一些专业电商平台中开通企业账号,企业只是一个终端使用者,所有商品展示、采购、物流等环节都交由专业电商平台来运营,目前很多电商企业,如京东、苏宁易购等,都有面向企业级客户的专属订购平台。

(2)关于如何建设电子商务采购平台

自建电商平台由于受众面较窄,对供应商缺少足够的吸引力,而且物流配送不专业也是一大问题。可以考虑将自有电子采购平台与专业电商平台进行系统对接,这样不仅可以将专业电商平台中的供应商"引进来",还可以把物流配送"带出去",充分发挥专业电商平台商品多、技术强与物流快等方面的优势。

电子商务采购平台也有其特殊性,与传统电商平台不同的是,它结合采购管理实际,增加网上竞价、电子反拍等功能,进一步激发供应商热情,增强企业采购议价能力,有效控制采购成本。

2. "云计算＋"采购管理

目前,受到国家《电子招标投标办法》的指导,很多企业都建立起了符合自身采购流程的采购管理信息系统,但是大多功能雷同,缺乏统一标准,并且重复建设造成资源浪费。云计算技术的发展,恰恰为采购管理系统的统一提供了解决方案。

云计算提供了一种"按需使用"的模式,将系统进行"云化"处理,所有计算资源都运行在云端,使用者以租用付费形式按需使用,大大提高了资源利用率。企业可以考虑设计并部署一套采购管理云系统,云采购系统上实现了原有采购管理信息系统的主要功能,包括供应商库管理、专家库管理、全流程采购电子化管理、采购合同管理等,使用者根据自身需求,向云采购系统提出申请全部功能或部分功能的使用权,经系统审批通过后自动为其分配独立账户和资源空间,这种"按需定制"的云计算平台,既保证了功能的使用,又降低了资源的浪费。另外,为避免产生"数据孤岛",云采购系统需预留接口,方便与外围系统对接,云采购系统已是当下采购管理信息系统发展的一种趋势。

3. "移动互联网＋"采购管理

随着智能手机和平板电脑的广泛使用,各互联网公司围绕用户生活场景在移动端正在大张旗鼓地布局。采购管理在移动技术浪潮的驱动下,也能有所作为。比如,将采购管理信息系统进行移动端改造,方便在移动端进行操作和管理;基于先进通信技术的采购管理通信平台,可减少沟通成本,提升服务质量;基于位置的采购信息收集系统,大大提高了采购管理决策水平。移动互联网下的采购管理时代已经到来。

4. "物联网＋"采购管理

物联网是通过智能感知、识别技术与普适计算等通信感知技术来实现物物相连的互联网,它是互联网的应用拓展。众所周知,库存量大小是采购的重要依据,可为货物统一配置廉价的微型传感器,当货物入库或出库时,通过库房的无线传感器网络将当前库存量数据实时推送给采购管理信息系统,以此完成精确化采购;又如,在采购货物验收时,可以利用射频识别技术来完成自动化验收。

5. "大数据＋"采购管理

大数据时代已经来临,未来世界将由"信息驱动"转向"数据驱动",如何在浩瀚的数据中挖掘出价值是当前一项紧迫又重要的任务。采购管理也可以通过"大数据"来提高其精细化管控能力,进而提高采购决策水平。比如,将积累多年的采购数据进行加工、处理而后进行统计、分析,从结果中可得到如采购总量、采购项目分布情况、资金节约率等关键数据,以多维度分析助力采购决策以利采购战略的实现。[111]

7.3.3 基于大数据的采购成本控制

1. 传统采购成本控制方法基本问题

传统企业采购成本控制的研究由来已久,从内容上来看,采购成本控制有以下四种方法,即根据定义分析采购成本进行控制、根据价格管理对成本进行控制、根据产品的分类对成本进行控制,以及战略性采购成本控制。传统采购成本控制方法基本问题可以归纳如下:

(1)企业采购成本控制只与采购部门相关

就企业传统的采购管理来说,其成本控制的最初参与权和最终决定权,都在采购管理人员手里或采购经理手里,并没有真正融入到能够对采购成本控制作用的实质性工作中,这种管理局限性在于很大程度上降低了企业采购成本的控制力度,也是当前企业应该摈弃的。

(2)一味强调价格,且价格渠道获取单一,反馈不及时

传统采购活动中,绝大部分采购管理人员认为成本的控制就是价格的降低,极少考虑到采购成本控制与商品的质量、属性、采购人员费用等。同时,采购价格信息获取途径的不快捷,导致获取的信息往往是过时的。

(3)关注眼前利益,缺乏对供应商的管理

在传统的采购成本控制中,只看到了眼前的利益,并没有考虑企业长远目标,与供应商合作大都是暂时性的,对供应商的评估办法没有真正做到客观准确,采购企业与供应商互相封锁消息,导致信息不对称,在价格谈判、物资质量、商品属性,以及交货时间等增加了企业采购成本,不利于企业的长远发展。

2. 企业供应链的机遇

大数据在很多行业业务发展中,是实实在在应用的重要武器,相信伴随其他行业大数据的快速发展,供应链管理中的大数据也会迅速跟上来,那么,大数据究竟会给供

应链管理领域带来哪些好处呢?

(1)库存优化。利用大数据的及时流通性和共享性,通过从需求变动、采购提前期、采购订购批量、采购变动等方面综合考虑,监理优化的库存结构和库存水平设置,降低库存持有成本。

(2)从供应链渠道,以及生产现场的仪器或传感器网络收集了大量数据,创造经营效益。利用大数据对这些数据库进行更紧密的统计与分析,可以帮助改善库存管理、采购流程的效率,以及对设备的连续监控。利用大数据结合现代管理软件预测企业物资消耗,采用及时采购和全球性采购,大数据将是制造业降低采购成本的主要方法。

(3)企业间的无缝对接,实现更高的协同效率。大数据为企业本身的上下游企业提供全面的供应链电子服务,不仅使得企业在库存管理、物流配送等层面实时数据交互,而且使得流程衔接更为紧密,面对异变市场环境,企业将与供应链相关的各方有效连接起来,帮助企业减少库存成本、降低财务费用及提高管理效率。同时,利用大数据能够高效整合 B2B 电商供应链,使得海量数据支持和跨平台、跨公司的对接成为可能。

(4)物流平台规模发展。不管是 B2C 或是 B2B 商业模式都已基本成型,当前最大的瓶颈就是物流执行平台的建设。利用大数据的数据量大和处理速度快等特点搭建第三方平台,驱动整体销售供应链的整合,有效协调供货周期、库存周期、配送时效、物流操作要求等,打造智慧物流。当前我国物流现实问题主要有跨区域物流配送、城乡差异等,而利用大数据平台融合多源物联网、北斗导航等数据,实现物流数据共享服务,建立基于大数据的现代物流服务体系。

3. 企业采购成本控制改善策略

大数据环境下,企业采购就是利用大数据的特点,结合当前先进的企业管理技术,来获取企业所需物资的一种采购形式。它从根本上摈弃了传统采购的不足,实现了时间和空间上的统一,使得企业的采购活动效率更高、成本更低、更加便捷和更加透明。虽然之前供应链已经使用大量的结构化数据,一部分企业也部署了先进的供应链管理系统,然而,当前大数据的概念远远超出了传统信息化数据,出现非结构化数据的范围,数据量呈爆炸式增长,数据内容也出现多样化,企业采购系统的配置部署将面临更大的挑战。

（1）企业内部层面

①采购的数据化管理，培养专业人才，增强专业管理能力

A. 采购人员数据化采购意识

采购的数据化管理实际上是一种管理观念的革新，需要企业决策层持续、有效的支持，企业管理者对于数据化管理的充分认识是其可以充分执行的先决条件。采购员工手中都有参与项目的数据、中标项目的数据、采购金额的数据，等等。采购部门员工应主动将所参与数据输入采购系统进行整理统计分析，用数据说话，努力为企业节约成本。此外，企业还应该培养或引进更多的大数据管理方面的人才，高素质的人才应该同时具备很多条件，拥有较高的计算机水平，专业的采购管理知识，能够很好地运用电子商务采购，只有同时具备以上的条件，才能提高企业的信息化管理水平。

B. 采购部门与企业其他部门实现协同一体化

企业内部各部门实现大数据实时流通共享是实现协同一体化的基础。企业可以利用智能自动化管理系统实现项目、合同审批等流程的自动化，从而使采购部门与技术部门、财务部门、项目部门等协同，方便合同管理的统一化、网络化管理，在实现无纸化办公的同时提高工作效率。数据化管理使得采购数据能够在财务部门、采购部门和供应商之间流通共享，也可以帮助财务部门及时清欠账款、避免坏账损失，减少了企业在经营上的财务风险。

②建立新的采购系统，增加有效的采购成本数据化评估模块，使系统更加智能化

传统的企业采购系统主要问题是缺乏管理过程量化标准、缺乏公开和透明度、缺乏有效的监控。面对当前大数据时代，企业应该重新建立一个新型的采购系统，例如，在 SAS 系统原有基础上添加企业适应的模块，继续开发系统的数据统计分析功能，如采购信息比较分析、采购成本降低分析、采购成本差异分析、采购价格与采购比例对照分析等。在很多企业中，每一位采购人员都有很多项目的各种数据，而这些数据大部分都处于保存状态，而非利用状态，采购人员把相关数据输入到系统，实现数据的流通共享，才能出具更多有价值的信息数据。

此外，系统不仅包含询价模块、议价模块、质量模块、合同管理模块等，还应包含采购成本数据化评估模块，该模块能够及时调取其他模块的数据做简单的成本分析。当然，系统需要有权限的设定，系统内信息并不是每一位采购员工都可查，在中标前，只

有参与项目的采购前端人员可查阅；中标后工程部负责人、项目主采和辅采被添加权限，可以查阅。这些都给企业的采购成本控制提供了依据，使采购成本控制信息化起来，更加便捷、快速、高效。

（2）外部层面

①供应商管理的数据化

A. 建立供应商数据库

供应商数据库里一般应包含有主要供应商数据、经常合作的供应商数据以及新的供应商数据，这个供应商数据库模块应依附于企业新型采购系统，且供应商的等级应分为一级、二级、三级和四级，即重要合作的供应商、偶尔用到的供应商、一般合作的供应商，以及有待审核的供应商。这些供应商的数据应该含有合作的项目信息、优良记录、季度的评价结果等因素，以便采购人员及时查阅合作账期进行谈判，定期进行供应商的评价；也使采购人员直接可视到值得发展以及需要发展的供应商。方便、快捷、高效的数据化供应商管理，这也是大数据最基本的价值所在。

B. 建立供应商数据化评价模块

对供应商每个季度评价内容应包含有价格保护、项目报备、价格支持、响应度等方面，且采购人员每个季度必须准时完成评价并输入系统，最终系统会根据输入数据汇总输出总体结果。这个结果不仅内部公开也要在外部公开，只是显示内容会根据内部人员不同级别和外部供应商不同等级显示不同内容，能够让供应商为获得采购方的好评而不断提供更加优质的服务。这种公开透明管理供应商的方法，使得大数据能够充分运转，实现数据共享，采购方与供应商达到竞合状态，也只有将供应商纳入企业采购管理的整体规划中，双方才能实现在沟通与合作上的质的飞跃，这也会促使双方发展成为战略合作伙伴的关系。

②全面展开数据化交易平台

目前，采购信息化的三种模式分别是独立应用的采购系统、一体化采购系统和电子商务采购平台，独立应用的采购系统已经开始逐渐被淘汰，一体化采购系统是目前的主流，而电子商务是当前也是未来的发展趋势。企业要抓住大数据带来的机遇，搭建连接内外的平台，通过平台充分共享大数据的价值。采购人员通过搭建的平台选择合适的供应商，但前提是平台要有供应商选择模型。

此外,全面开展大数据平台交易也是实现采购管理向供应链管理的转变,供需双方可以通过电子商务的采购模式进入供应链。采购方可以快速地将采购需求信息通过商务网站或方式传送给供货方,并及时对需求进行调整,使供货方能够及时准确地了解产品信息,保证供货质量与及时性,更加有利于满足采购方的供货要求,从而使整个供应链的总成本降低。

在大数据时代,企业采购活动应该与大数据相结合,走数据化管理的道路,从而最大限度地控制采购成本。成本控制历来都是企业的重点工作,当今大数据在企业内部、外部都时时产生,采购人员仔细分析就可以将企业的采购成本控制进行量化,而不是像传统那样只停留在定性分析的基础上。当然,企业在利用大数据分析过程中要时刻注意保护隐私,包括供应商、消费者、同行的隐私,确保能够愉快地竞合,从而使大数据为企业带来更大利益。[112]

7.3.4　基于采供智慧化的应用

云计算技术主要是通过互联网服务为多个外部用户提供一个资源共享和使用量交付费用的模式。其不仅能够快速对资源进行部署,而且在管理和服务交互方面更为方便。云计算技术以一种虚拟化的方式综合着网络上分布的各种资源,例如,计算和服务构件、存储和网络软件。在提供方便快捷的服务给用户的同时,还能有并行处理分布式计算和存储的能力。以借助网络实现相互连接的资源为基础,构建计算资源池,并实行统一化管理,根据用户实际需求向其提供服务,这便是云计算的中心理念。具体而言,云计算有狭义和广义之分,狭义的云计算指的是以实际需求为依据,借助互联网获取相关资源,是交付及使用信息技术基础设施的模式;广义的云计算指的是以实际需求为依据,借助互联网获取相关服务,是交付及使用服务的模式,依托于云计算平台的分布式应用优势主要体现为可靠性高、灵活度高及可扩展性能优越。

1. 煤炭企业

在煤炭企业中,云计算技术的应用不仅具有高可靠性和可扩展性,而且还具有较高的灵性,其这种分布式应用的优势十分显著。包含着 IaaS 和 DaaS、PaaS 和 SaaS、云安全和虚拟化应用等内容,以及虚拟化和云存储技术、云数据管理等分布方式。虚拟化技术是一种使计算机工作效率得到提高的技术,是以云计算技术为基础,在提高计算机硬件使用率与简化软件配置的前提条件下,为企业提供一种托管式虚拟、自动化的 IT 设施;云存储技术则是以高传输率和高吞吐率,为了确保企业在数据存储的过程中达到高效可用、经济可靠的目的,通过利用分布式和冗余式的存储方式对数据进行存储,以保证数据的可靠性和存储副本性,并在大量满足用户实际需求的同时为用户提供服务;云数据管理技术主要是通过云计算系统实现对数据及时与准确的处理和分析,从大量数据里集中高效寻找和管理,以及解决数据问题。这种技术所实现的数据读操作频率远远超过了对数据更新的频率,是云计算数据管理方式中最为优化的。

煤炭企业生产过程中,云计算技术应用非常广泛。在这里以煤炭企业中的电子采购系统为例,介绍云计算技术的应用。为了能够合理分离程序中的代码与实现松耦合,使系统运行效率和维护得到提高,该系统利用 SSH 框架技术通过表现层和业务逻辑层,以及数据持久和数据库层来实现技术的架构。(见图 7-5)

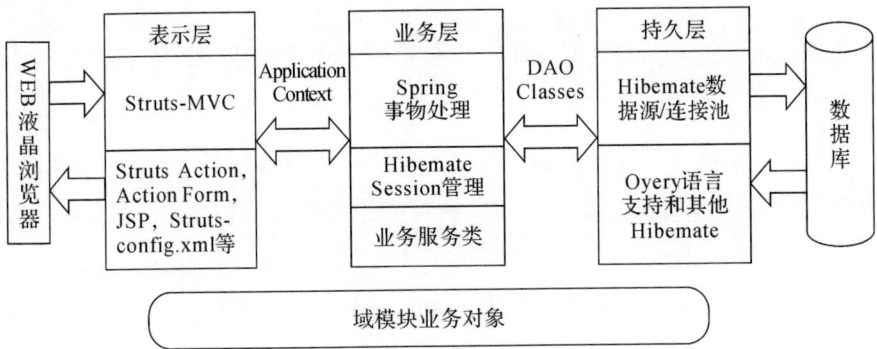

图 7-5　技术架构图

煤炭企业基于云计算技术的电子采购主要是通过计算机技术和网络技术,以互联网和电子商务为准,利用 EDI 支付工具和安全保障系统完成交换和交易的一种采购活动。这样不仅改善了煤炭企业的经营模式,还提高了煤炭企业的运营效率与收入,使煤炭企业与自己的合作伙伴关系更为融洽。将以往的煤炭采购模式转换成为电子平台上的模式,统一煤炭企业采购的物流和资金流及信息流,在获取详细咨询信息的优越条件下,节约煤炭企业的人力、物力及财力。由于我国煤炭企业信息化水平较弱,煤炭企业采购的种类较多,使资源采购的环境受到了诸多因素的影响,因此,为了在降低采购成本的基础上使采购效率得到改善,应用云计算技术构建电子采购系统,在整个煤炭企业采购中有着重要的意义。在构建基于云计算技术的电子采购系统后,整个采购的流程都将网络化,只要通过 EDI 方式就能够使煤炭企业间的单据进行传递,云计算技术将整个煤炭企业采购供应链紧密相连,煤炭企业采购部门依据煤炭企业各生产部门通过对库存的实际情况给出物资需求计划进行综合,如果某些煤矿物资没有价格依据,通过网络就可以使供应部门与供应商沟通后以招投标的方式定价与送货,使采购流程更加透明,同时成本也得到了降低。

随着煤炭企业的发展,根据目前的采购现状,整个煤炭企业的采购管理流程都是在相互制约与协作的形式下,以招标投资中心和系统管理员、供应商和物资供应公司等工作单元来实现。其中,前两者主要是完成招标并对企业各信息的管理与维护;后两者则是在供应商进入系统后,对信息的查询和维护,以及采购各种物资。由于煤炭企业在网络采购物资的过程中对系统性能的要求很高,因此,基于云计算技术的采购系统所提供的网络平台,不仅能够提高煤炭企业资源的利用率和节约企业成本,还能够满足企业对系统性能的需求。其云计算技术构建的煤炭企业采购系统如图 7-6 所示。

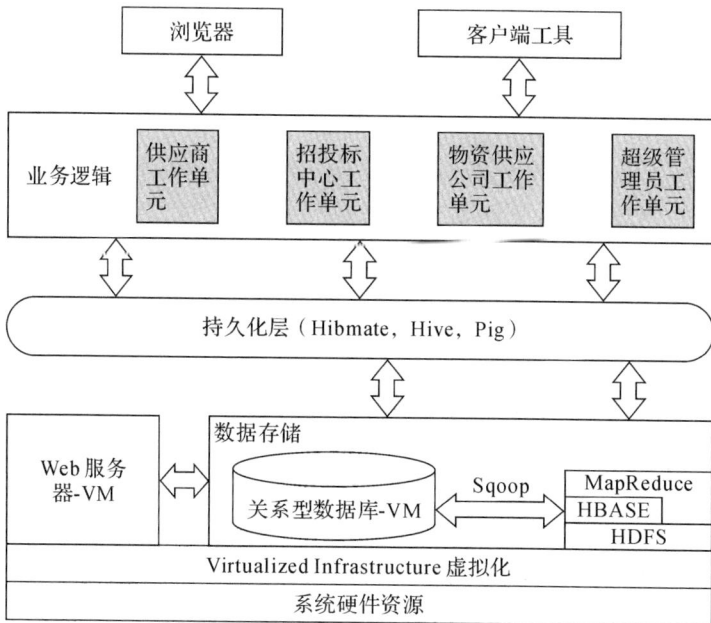

图 7-6 煤炭企业云计算采购系统

该系统以 SSH 与 Google 云计算技术开源的 Hadoop 技术为主。其核心部分主要由分布式的 HDFS 和 Map/reduce（计算框架），以及 Hbase（数据库）构成。而 Hbase 主要是对各种非结构化的数据进行存储和存放，以确保数据在关系型数据库中的一致性，并实现对大量数据的访问。在各层平台完善建立后，在持久层中对关系数据库的访问将采用 Hibernate 技术和 Hive 与 Pig 框架进行，而各业务逻辑层则选用 MVC 架构的 Action 来实现。当用户进行 URL 的各种访问时，要利用拦截器对 URL 访问进行过滤后，通过相对应的 Action 调用返回访问资源。其中，整个系统中所使用的 java 类都是在 Spring 环境运行，以实现采购流程各类别的管理与分配。[113]

2. 中石化

电子采购通过网络将企业和供应商联系在一起，使企业的各部门、各单位能够理顺采购流程、减少中间环节，以达到降低采购成本和提高采购效率的目的。对于中石化这样的企业，电子采购网络在保存主业现有的流程、关系、价格和合同的同时整合采购能力。在企业考虑独立采购过程和关系时，电子采购网络能够合理地理顺集团或子公司通过一个购买者对多个销售者的采购流程。建立在互联网基础上的电子采购对传统采购活动提出了巨大挑战，传统产业迫切需要运用网络信息技术提高应变力和竞争力。建立"公开公正、快捷高效"的电子采购系统就是中石化利用先进信息网络技术，提升和改善传统产业的重大战略举措。

中石化电子采购系统的建设立足于我国国情、石化特色和物资采购特点，树立中石化开放、公正、规范、快捷、高效的采购形象。通过网上发布需求信息、网上询比价、网上选择供应商，规范采购流程，实现阳光交易。通过采购交易信息、供应商信息、产品及库存信息等的快速处理和传递，实现采购价格、采购绩效的分析和供应商考评。中石化电子采购系统既是物资采购交易网，也是物资采购信息网，同时还是中石化集团内部物资采购管理网。为充分利用电子信息技术提升和改造中石化传统采购理念和模式，提高采购效率，降低供应链运行成本，中石化从 2000 年开始与当时的康柏公司合作，独立自主开发中石化电子商务系统，并于当年 8 月 15 日投入运行。

在传统模式下，企业的采购流程是先由采购人员组织供应商的认证工作，通过上门调查、产品认证、试生产、供货跟踪等手段，最终确定几个供应商。之后，在某一约定的时间段内，通过电话询问或招投标的方式，得到供应商的报价，挑选其中报价最合理的作为中标者,并与之进行后续的合约工作。这一采购过程长、工作量大,还存在暗箱操作的问题。此外,传统模式的报价方案无法及时适应价格变化,往往会使买卖双方在经济上受到损失。

借助实施电子采购系统,中石化传统物资采购模式实现了深刻的变革。传统的物资采购订货会制度被全面废除,电话、传真、邮件等传统的沟通方式逐渐被网上交流所代替。中石化已经建立了网上提报采购需求、网上询价、报价、比价和网上评价并确定供应商全新的流程化、标准化的采购模式。

电子采购的实施最核心的优势是降低了采购成本和费用,大幅度提高了采购工作效率。由于使用的是统一的采购平台和相同的采购处理流程,供需双方在公开、公平、公正的环境中进行实时的信息交流、商务谈判和报价,供应链运行效率明显上升,成本显著下降。电子采购的收益主要是通过强化营运成本管理来实现的。采购的开支节约来源于在处理采购订单时的流程优化和规模采购,使供应商最大可能地从折扣中获益,降低库存使资源能够更好地运作。电子采购的核心是企业利用自身的规模优势和行业优势,通过网络开展"一(企业自身)对多(多家供应商)"的采购活动,以获取最大的利益。此外,电子采购进一步加强了采购监管,并实现过程与结果的适时监控。[114]

3. 养猪企业

传统农业主要依靠自然资源和低廉的劳动力成本,效率低、工作量大且难度高,已不能满足现代农业的高产、优质、高效、安全和生态的要求。随着无线传感器网络、物联网技术在农业中深入应用,生产环境和过程数据的获取将更加高效、便捷,实现以信息网络为中心的精细农业模式,逐渐地从以人力为中心、依赖于孤立机械的生产模式转向以信息和软件为中心的生产模式,使农业生产实现自动化、网络化、智能化。

(1)养猪管理流程

从可追溯角度看,养猪管理流程是指从养猪场到消费者的餐桌的全过程;而从养猪企业效益角度看,养猪管理流程不是起始于养猪场,而是开始于养猪规划或计划,需要根据饲料、人工、防疫和肉价等信息进行全面评估分析才能确定。不管从哪一个角度来看,养猪管理流程可分为场内管理流程和场外管理流程。

集约化的养猪企业一般分为行政、财务、技术、销售和后勤等管理部门。除了技术部门外,其他部门与一般企业的管理工作相类似,技术部门的管理流程如图7-7所示,图中虚线方框内表示场内。场内管理流程具体来说,分为引进种猪(引种)管理、种公猪管理、种猪线管理(又称种母猪管理)、测定站管理、商品线管理,以及周转仓管理。生猪停留或经过场内的"舍"或"站"将产生大量的数据,要实现各项工作的精确管理离不开各项数据一致、准确和完备的收集。由于竞争加剧、成本提高,养猪业已经进入到"微利"时代;肉价和饲料价格的波动,养猪业已经进入"波动"时代;饲料非法添加和疫病不定期爆发,养猪业也已经进入了较高"风险"时代,因此养猪业的盈利不仅取决于场内管理,而且还取决于场外管理。场外管理包括风险管理、可追溯管理和联合育种管理。

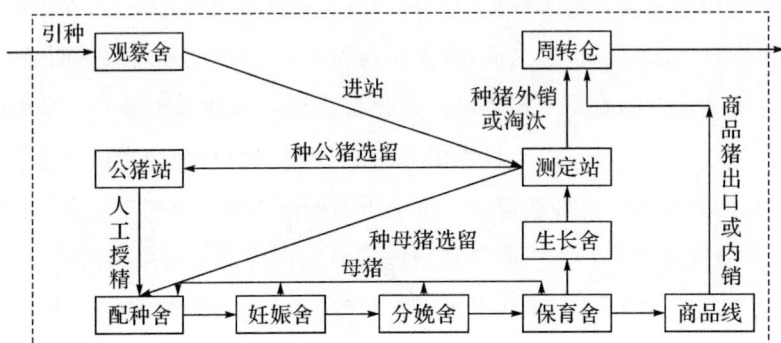

图 7-7　场内技术部门管理流程

(2)云计算与养猪管理

传统的养猪模式,不论是散养,还是集约化、工厂方式的养殖,养殖环境的变化和生猪行为变化依赖于人员感知,生产管理依赖于经验,因而,制约了养猪业进一步发展。智慧养猪是建立在对环境参数、生猪行为参数的动态感知、数据的及时分析、挖掘和结合专家系统的推理的基础上,及时诊断、防疫、保健、护理和治疗,关注生猪福利的条件下精确地个性化饲喂和可追溯管理,实现高效和安全养猪的新方法。智慧养猪包括数据采集和传输、数据存储、智能化分析和信息利用等方面。

①数据的自动化采集和传输

养殖环境的温度、湿度和有害气体的浓度等参数数据,生猪行为参数数据,饲喂、免疫、保健、治疗及生产过程数据依赖于人的观察、记录难以保证数据的准确、一致和实时,因而必须应用无线传感器网络、物联网和移动网络,周期性地自动采集、及时准确地传输至数据存储设备。这方面已经有了一些成功的案例,如自动饲喂、发情自动鉴别、智能分离和智能通风、降温等系统。随着传感器种类增多、精度更高、成本更低,更加复杂的环境和更多的生猪行为将能更真实地被监控。

②数据存储

图 7-7 所示生猪在场内需要经过多个阶段、进出不同的栏舍或在不同栏舍中流转,同样的事件可能重复发生,譬如,采精、人工授精和分娩等,因而,一头生猪从引进或出生到销售或到消费者的餐桌将产生大量的数据,另外,随着环境和行为的变化还将有不少的参数数据被采集和传输过来。如何合理和高效地存储数据就需要解决数据标准统一和存储可扩展性问题。

③数据的智能化分析

在当今"数据爆炸"时代,拥有大量的数据已经不困难,而困难的是如何从海量的数据中发现有价值的信息。云计算平台为养猪企业提供了可扩展的数据存储技术,消除了企业的信息"孤岛",应用专家系统、数据挖掘和并行计算不仅能够对企业内部管理进行智能化分析,而且可以实现企业间的数据共享和综合分析,如联合育种评估、肉价预测。

④信息的高效利用

随着后 PC 时代到来、三网融合趋势的发展、"端"的多样化与便利化,整个 IT 架构在发生大的变化,从最早期的完全集中式走向分布式,产业催生了"云计算",软件、数据、信息和安全都是作为一种服务。用户利用手持终端(如手机)能够随时随地获取需要的信息。[115]

7.4　营销智慧化

面对互联网的浪潮,传统行业受到冲击在所难免,易观 CEO 于杨曾说过,"传统行业接入互联网不一定能成功,但是如果不接入互联网,则一定会失败。"可以看出,传统行业加速进程是唯一出路,但是面对日新月异的互联网速度,传统行业的出路在什么地方,下面简单总结下传统行业在互联网浪潮下的出路。

1. 要改变商业模式

小米手机 CEO 雷军曾经说过小米的成功之道就是利用互联网思维。所以传统行业转型首先应具备互联网思维,整合资源,从创新服务入手,利用互联网来完成自己新的商业模式设计,例如,实现线上线下一体化销售,店内 O2O,提供好的购物体验或者优化购物环境等,最终实现吸引客户和留住客户的目的。

2.转型更贴近消费者,凝聚口碑

传统行业如果能够做到处处以用户为中心、注重用户体验、挖掘用户需求,就一定能够发挥自己的优势,并得到用户的认可。例如,零售业应该发挥自己实体店的优势,为用户提供体验式消费服务,并可以结合互联网,为用户提供就近送货服务等,坚守为顾客服务的本质,必将得到用户的认可。

3.渠道销售由原有的层次性向扁平化转变

对于企业来说,销售渠道是非常重要的环节,也是企业投入成本、精力最多的环节,但是销售渠道的投入产出一般都不成比例,投入巨大,但是收益有限。在互联网时代,销售应直接面向用户,因为互联网已经将用户与产品连接在了一起,企业可以通过互联网直接向用户展示他的产品,为用户提供体验,而用户也可以直接对产品的体验结果进行反馈,形成一个高效的销售模式。

4.积极采用先进的互联网技术

很多企业觉得与互联网沾上边,就实现了"互联网＋"的想法是十分错误的。"互联网＋"本身就是创新,没有固定模式,传统企业一定要在众多互联网应用中找到适合自己的互联网技术,不能求高大全。

"互联网＋"时代的到来,传统行业必将面对巨大的挑战,传统行业模式已经不能满足时代的需求,传统行业的变革势在必行。同时,互联网也为传统行业带来了机遇,越来越多的行业都接入了互联网,经过一段时间的发展,"互联网＋"模式必然会成为常态,成为新的商业模式标准。[116]

7.4.1 基于大数据的营销创新

随着互联网的日益普及,新技术、新媒体的广泛应用,互联网技术已经渗透到人们生活的各个方面,由此带来新的市场营销理念——"精准营销"。大数据时代,精准营销作为一种新型网络营销模式,因其精准定位及个性化营销,营销效果有了一定的提升,受到越来越多企业的热捧。许多企业不惜投入重金加入到这一营销的行列中,认为只要拥有大把的数据就能为企业效益提供不竭的动力。实际上,大数据的精准营销理念也遇到了新的困难,比如,个人隐私的保护,网民对页面广告过多过滥的厌恶,等等。如何做到"以客户为中心",考虑客户的真正需求?如何安全合法地利用这些数据?如何保持精准营销的效果又避免因自身缺陷产生的负面作用,真正把握营销的根本,更好地满足客户的需求,实现商业利润和客户满意的双丰收?这些问题摆在了各大公司的面前。因此,必须探索新的整合营销模式,改善大数据营销的困境,"效果营销"便是一种有效的方法。它要求企业整合营销模式,完成从精准营销到效果营销的转变。

1. 大数据营销的特点

(1)时效性强

在互联网快速发展的今天,大量网民的消费行为、购买方式及消费欲望可能在短时间内发生变化。在网民需求欲望最高的时候,如果能及时进行营销,就显得非常重要。全球领先的大数据营销企业 AdTime 对此提出了一个新的概念——时间营销,通过技术手段充分了解网民的需求,并及时响应每一个网民当前的需求,让他在决定购买的"黄金时间"内及时接收到商品广告。

(2)个性化营销

在互联网时代,电商企业的网络营销理念已从"媒体导向"向"受众导向"转变。以往的营销活动需以媒体为导向,选择知名度高、浏览量大的媒体进行投放。如今,电商企业逐渐开始以受众为导向进行营销。因为大数据技术可让他们挖掘潜在用户群、分析用户偏好、定位用户需求,从而实现对消费者的个性化营销。

(3)性价比高

百货商店之父约翰·沃纳梅克曾经说过,"我的广告费有一半浪费掉了,可我不知道是哪一半"。这就是传统广告的弊端。相比之下,大数据营销在最大程度上,让电商企业的广告投放做到有的放矢,并可根据实时性的效果反馈,及时对投放策略进行调整。

(4)关联性紧

应用大数据技术,在数据分析过程中可快速得知网民关注的内容,以及在网上的互动情况,这些信息可让广告的投放在网民中形成一种消费关联性,即网民间可对所看到的广告进行深度交流,形成隐性消费,最终达到消费者最大的需求及企业利益的最大化。

2.实现精准营销的要点

精准营销(precision marketing)就是在精准定位的基础上,依托现代信息技术手段建立个性化的客户沟通服务体系,实现企业可度量的低成本扩张之路,是有态度的网络营销理念中的核心观点之一。

(1)客户精准分析

数据的价值在于被分析,利用大数据技术,可以对互联网中用户的行为,即用户的网络消费习惯和行为模式进行深入研究。

一是互联网站利用 Cookie 技术捕捉和定位用户 ID,同时锁定该 ID,追踪他在其他类型的网站的行为轨迹。用零散片段拼合出该用户的特征,如地域属性、兴趣喜好和消费习惯等。再根据用户的注册身份和互动分享内容,判断其身份特征、生活方式和关系圈子,最后再借助移动互联网技术分析其实时的地理位置,绘制出更立体、更实时的用户行为。

二是建立企业与用户间的新型互动关系。打破以往的"自上而下""一对多"的线性关系,建立个体间的"一对一"实时互动,比如,微博、微信平台上的互联网账号。用户可以主动选择关注一些媒体账号,获取信息和服务,直接发起私信对话和回复评论。社交平台为媒体和用户搭建了平等、交互的传播关系。

三是构建新型用户关系。利用社交网络平台(SNS),让具有不同地域属性、身份属性、兴趣爱好、生活方式的用户群,自主建立起不同的交互关系。对于电商来说,需把握新媒体中的用户关系,对用户实现更深层次的精准把握。

(2)消费需求精准预测

大数据的核心是建立在相关关系分析基础上的预测,即把数学算法运用到海量数据上,量化两个数据值之间的数理关系,通过相关关系的强弱来预测事物发生的可能性。大数据的预测功能源于海量数据的集成处理和关联分析。具体到广告传播上,大数据根据消费者的"行为轨迹",分析其消费需求,能够进一步判断其关联需求,挖掘其潜在需求,对其消费需求进行预测;再通过具有针对性的关联推荐,促成有效购买和消费。比如,零售业巨头沃尔玛通过分析大量消费者的购买记录,发现男性顾客在购买婴儿尿布时,常常会顺便搭配几瓶啤酒来犒劳自己,于是推出"啤酒和尿布"捆绑销售的促销手段,直接带动这两样商品的销量,成为大数据营销的经典案例。

(3)DSP 技术的应用

DSP 即 Demand-Side Platform,广告需求方平台,是大数据营销最重要的表现,帮助电商从以前找订单、找流量变成找人。

一是精细定位。用户在打开互联网时就产生了行为习惯、浏览目的,基于一个访问广告位的具体用户,这个用户会有自己的年龄特点、兴趣爱好、朋友圈等,广告如果能够投其所好,就能产生最大的收益。DSP 技术能在每天全互联网的几百亿 PV(页面浏览量)的流量下,在中间把各种可能需求的人群分离出来。

二是精准广告投放。通过定位找到新客户后,利用 RTB 技术(Real-Time Bidding,实时竞价),实施竞价投放。消费者浏览一个网站时,网站根据消费者浏览的情况,把信息反馈给所有接入的 DSP,由多家代理方对该来访进行竞价,出价最高的企业广告可以瞬间将广告投放到来访者的网页上,实现精准的目标广告投放。而这一系列的动作用时不会超过 100 毫秒,丝毫不影响用户的访问质量。

三是回流客营销。回流客,就是曾经在网站买过一次东西以后很长时间都没有来过的客户,DSP 技术能够在海量的数据中把回头客找出来,唤醒他们的记忆。以购物车为例,当一个客户把产品放到购物车而没有购买,当客户在浏览某一个网站的时候,DSP 系统会把相应的物品或广告展示给客户,客户看到这个广告并没有购买,几天以后再变换其他策略,根据客户所浏览的媒体,把广告再展示在客户的面前,最大可能地提醒客户,以促成消费。

3. 精准营销的瓶颈

像其他传统营销手段一样,基于大数据的精准营销也遇到一些困难,甚至有些困难还是致命的。用户在享受免费的信息推送时也会收到铺天盖地的"垃圾"信息,一定程度上影响了用户的感受,甚至怀疑自己是"裸体"的。这些现象不利于互联网的发展,偏离了精准营销的初衷。

(1)数据采集分析的局限性

在大数据时代,数据是复杂的、多样性的,谁拥有数据,谁就有可能掌握市场的主动权。

第一,数据规模虽然很庞大,但这些数据的拥有者还是相对独立的,数据的来源完全取决于数据拥有者的释放程度。企业对于数据的采集显得相当困难。有时,不一定能获得想要的关键数据。

第二,数据是海量的、无规律、分散的。第一层是核心数据,第二层是外围数据,第三层是结构化数据,第四层是社会化的,以及各种非结构化的数据。

对于企业来说,关键是建立自己的核心数据。在数据分析过程中,从外层向内层延伸,一层层地建立有价值的数据,形成自己的数据体系。这种数据分析能力和挖掘技术需要更多的信息作为支撑,技术条件的制约使企业很难形成清晰的消费者形象。有时,大量数据分析到某个程度,达到某个指标时,仍然得不到有价值的信息,这就会造成一种浪费。

（2）数据碎片整合的艰巨性

大量数据存在碎片化的缺陷,这也是现在企业进行大数据网络营销需要攻克的一个重要难点及挑战。在大数据时代,有些企业往往不缺少数据,问题在于数据的碎片化。海量的数据散落在不同的地区,散落在互不连通的数据库中,而且相应的数据技术也都存在于不同的部门中。将这些零散的数据进行连通,实现技术上的有效共享,才是最能体现大数据的商业价值的关键。营销者在企业内部需要打通所有环节,把这些数据进行整合,建立一个完整的数据挖掘、整合、传递、分析、应用系统链条,最大化榨取大数据价值,带来更新和更好的产品和服务,这是一个复杂艰巨的系统工程。

（3）数据安全的合法性

当前,大数据营销面临一个很大的问题,用户上网痕迹被计算机保留,移动终端、社交网站、网络交易、在线支付、物流配送等每个环节都涉及个人数据的收集、利用和转移,进而被互联网统计、传播,使得个人信息暴露于外,极可能造成个人隐私泄露。企业通过大数据技术采集这些信息是否侵犯了消费者的个人隐私,践踏了消费者的个人空间,是否合法,如何保证每个人的隐私不被非法利用,将会是大数据需要面对的一个严峻的问题。目前,英国已经开始全面施行不默认Cookie追踪,互联网不能主动监测用户使用网络的痕迹。这些措施使得未来的精准营销必须做出调整。

4. 如何实现效果营销

面对大数据时代带来的商业利益和安全隐患双重矛盾,企业在已收集并存储了所有的数据后,如何安全合法地利用这些数据就成了营销的关键。新的整合营销模式——效果营销正式出炉。

效果营销是一种反向溯源的品牌推广方式,其核心是从客户的需求出发,借助优质媒体资源力量,为客户创造真正有价值、有效果的品牌营销。一方面是为客户提升品牌美誉度,寻找产品差异化,拓宽市场机会,为客户创造价值;另一方面,则是抛弃灌输式量化信息积累,在传播上求质,适应每位目标客户需求,促使客户自愿主动关注品牌信息,增加客户对客户品牌的认同感。

(1)精准信息筛选形成数据链

依托已经建立的完备信息数据库,对用户进行分层管理,了解年龄结构、性别、兴趣爱好、品位追求、购物喜好、消费方式、触媒习惯等,利用大数据技术对这些非结构数据进行系统筛选,对每一个潜在客户进行"立体画像",从而确定潜在客户及直接目标客户,形成有效的数据链,进行有针对性的个性化的广告投放,提升广告传播效果。

(2)收集用户需求建立信任感

利用新媒体力量,针对目标客群设定话题吸引关注,分析出用户的喜好与购买习惯,同时传达实用信息,建立初步联系,尽力做到"比用户更了解用户自己"。另外,"一切以客户为中心",要改善用户体验,将大数据用于增加体验式营销,真正了解用户及他们所使用的产品的状况,做最适时的提醒。同时,在传统媒体中精选优质资源进行品牌信息占位,双线加固消费者好感,增强用户的信任感。

(3)主动获取信息推送优品牌

取得了用户的信任和好感后,用户一般会主动获取信息,此时,便可以定时向客户推送实用优质品牌信息,用户也乐于接受这种人性化的品牌推送,甚至还会将信息在新媒体上与朋友分享。这样,企业就会慢慢建立起潜在的客户群,再次复制这种推送方法,吸引更多客户主动参与进来,真正实现精准有效传播。[117]

7.4.2 基于大数据的营销体系

1. 全媒体环境下,既有广告与营销体系的失效也有新营销可能的诞生

1969 年,互联网的雏形诞生并在之后的数十年内迅速发展,进一步推动了传媒产业融合化的趋势。这种传媒产业的发展格局对于传统广告与营销体系来说,则产生了巨大的冲击,此后的一系列连锁反应正逐渐让传统广告与营销体系失效。

(1)传统营销广告测量体系失效,新的模式和方法亟待建立

通过近百年的努力,广告与营销的"科学性"逐渐建立,并在 20 世纪 80 年代达到了全面的成熟。其科学性主要通过三个层面来建立,其一是能够帮助营销者实现有效地控制信息,并对这些信息进行相关的包装、策划;其二是能够精准地瞄准受众,利用恰当的媒体渠道及营销手段直达目标受众,实现最终提升销售的目标;其三是这些手段、方法能够重复进行。基于这三项基础,传统的广告与营销一直试图通过科学的手段探知受众并把握其需求,做出市场预判,并通过大众媒体进行有效的、低成本的传播,最终帮助生产者进行适销对路的生产,同时满足消费者的各种需求,实现生产与需求之间的匹配。这种科学性最终表现为能够大量的进行,并以数据信息为核心点给予媒体和企业一定的决策支撑,将营销决策的过程从"经验"转变为"科学"。

在这样的过程中,探知需求、了解市场无疑需要建立在大量数据分析的基础之上,市场调查与分析也成为了营销的重要组成部分。于是,在整个营销流程中,各种相关的数据调查和数据库纷纷出现。例如,索福瑞的电视收视率和广播收听率,CTR 的广告投放监测数据、消费行为调研,AC 尼尔森零售研究、新生代消费行为研究,电通和奥美的消费者深度洞察等,这些数据库的建立,以及数据分析的工作帮助传统的广告与营销体系实现了最高程度的科学化。

大量的广告与营销机构、咨询公司由最开始的普查、抽样,到建立起自身的信息系统和数据库,然后制定一系列决策系统,并形成多样化的工具和软件用以服务相关的企业和机构。例如,国际知名的广告公司电通运用自建的数据库包括广告作品数据库、广告发稿量及费用统计数据库、电视家庭收视率数据库、电视个人收视率数据库、广播个人收听率数据库、消费者生活意识及实态、媒体接触数据库、广告效果数据库,等等。基于这些数据库,电通建立了 CSP 模式,这是作为更有效地制定媒体计划方案的工具而开发的一种计算机模式,从而与广告效果的判定相对应(见图 7-8)。

在这些相关机构的探索与推动下,数据与营销之间的关系变得牢不可破,也证明了只要有合适的数据收集方法,正确的数据处理手段,就可以帮助营销者建立起更加科学、有效的营销手段。然而,类似电通 CSP 模式这样的工具只有在社会结构相对稳定时才能够发挥最大的作用,当社会结构出现不稳定的碎片化时,当传播渠道变为平

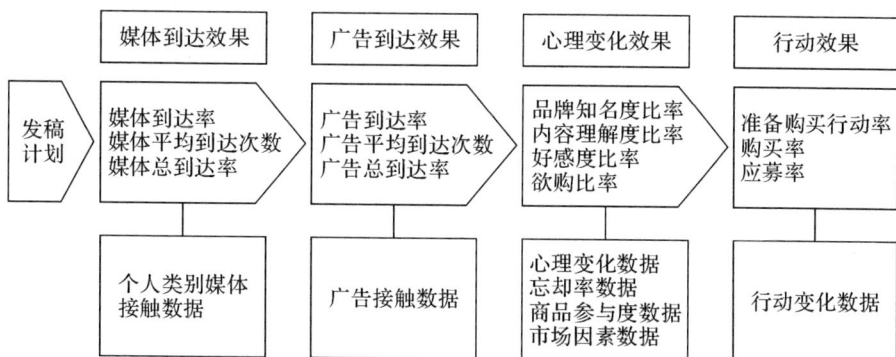

图 7-8　电通的 CSP 模式

台化时,这些工具、软件也就失灵了:受众的碎片化让原本的消费者研究方式无法保持应有的真实性,无法再利用这些方法来捕获受众的真实需求与欲望;社会结构的改变使得日臻成熟的抽样调查面临艰难的抉择,维系原来的抽样设计难免误差失控,扩大样本数量无疑可以控制误差但导致成本抬升而难以为继;虽然质化的洞察手段在此时出现,但是却因为无法大范围的推广和复制而不能推及全体;再加上目前各类户外媒体、网络媒体还没有在业界获得公认的权威性的效果测量体系和工具……

因此,在全媒体时代的整个营销体系中,媒体到达效果、广告到达效果、受众心理变化效果,以及行动效果都无法再用传统的手段和方式来获知,既有的营销与广告体系也因此而崩塌了。

(2)受众的碎片化与重聚

"碎片化"是近年来社会学领域的一个关注焦点,在消费领域同样也存在这样的"碎片化"趋势。大众品牌影响力的下降和大众媒体接触的减少是大众市场"碎片化"的两大特征。2006 年,黄升民与杨雪睿撰写的《碎片化背景下消费行为的新变化与发展趋势》一文中也曾经描述:"在阶层'碎片化'的基础上,消费、品牌、媒介、生活方式也正朝着'碎片化'方向发生着相应变化。从研究者的角度来看,这是一种不可避免的社会发展趋势;从消费者的角度来看,这是追求自我、追求个性的必然发展方向;从生产者的角度来看,这是未来产品宣传、品牌定位、媒介选择的主要依据。"这种碎片化所带来的受众变化表现在媒体接触上就是将消费者原有的媒介接触时间、接触习惯完全打破,单一媒体垄断转化为多种媒体并存发展,"权威"坍塌而自我意识崛起。随着互联网以及新媒体技术的不断发展、社会生活质量的不断提升、受众心理的不断成熟,这种碎片化的趋势在当下愈演愈烈。信息技术的进步无疑也会让受众碎片化的速度不断提升。

(3)全媒体:丰裕、互动、平台,改造传媒产业链

《三网融合背景下的全媒体营销构建》一文中曾经提出,当下的媒体环境不仅仅是"融合"可以概括的,这是一个内容无限丰裕、传播渠道高度互动、数据信息平台化的时代,这三点共同组成了"全媒体"的核心要素,并改造了整个传媒产业链。

从传统角度来看,传媒产业主要有三个环节,即生产、传输和终端服务。在互联网诞生之后,"信息爆炸"的时代到来,传媒产业链条的三个环节也随之被颠覆,稀缺被丰裕所取代,传播者与接受者的界线及身份都开始模糊,内容生产者数量剧增,信息的传播者与接收者之间的沟通实现了即时性,超大型传媒机构出现,用户 UGC 内容崛起,内容从稀缺走向丰裕;在传输环节中,网络融合带来庞大的网络,这些网络和媒体强调的就是"互动";在终端服务环节,一个巨大的市场正在形成,平台化成为信息沟通、交流、获取和生产的全新模式。

传统营销体系的科学调查基于抽样,并以抽样数据进行分析和推断,然而,当社会环境急剧变动,出现了前所未有的传播平台之后,既往的抽样方法应对如此复杂环境显得力不从心,再也无法进行精准的推断和预测。所以,这种全媒体的变革给媒体方、营销者带来了新的挑战。

2. 大数据所赋予营销体系参与者的新力量

在营销体系中,大数据带来的影响不仅是数据量几何级的增长,还有从量变到质变的颠覆性变革,大数据从媒体、消费者、广告与营销战略策划、效果评估四个层面影响了传统营销体系,也给营销体系参与机构赋予了新的力量与可能。

(1)数据成为媒体生存与发展的基石

在互联互通的网络支持下,任何受众在接触媒体时都会留下痕迹,其行为都可以被监测,这些数据都与该媒体的受众息息相关,所有的数据也都来自于受众,这是互联网环境下媒体生存的基石,也是大数据时代营销重构的基础。

例如,Facebook 在全球拥有 9 亿用户,其中日常活跃用户达 5.26 亿。每天新增 25 亿条分享内容,32 亿条评论,27 亿条"赞",3 亿张照片,每天会采集到多于 500TB

的数据。亚马逊的独立用户数量达到了 2.822 亿,位居全球第一;开放平台上的第三方卖家超过 200 万,采用 FBA 业务的卖家在亚马逊的仓储物流中心预备了超过 100 万件商品。我国的淘宝网最高单日独立用户访问量超 1.2 亿,注册用户数量超过 4 亿,在线商品数量达到 8 亿,页面浏览量达到 20 亿,每天产生 4 亿条产品讯息,每天活跃数据量已经超过 50TB。百度公司每天会抓取三千亿个中文网页,数据量大概是 10 ~50PB;日志的数据量达到 100 个 PB 以上……诸如这样的案例多不胜数,大数据对于媒体的重要性不言而喻。

(2)基于海量数据的数据服务公司诞生

在数据服务公司层面中,海量数据也催生了全新的业务范畴和调研手段,让所有数据得以展现新的营销可能。例如,尼尔森网联已经可以利用从机顶盒回传的海量数据,提供百万户级普查以及万户级的海量样本收视行为测量;艾瑞可提供基于超过 20 万中国网民样本的网络行为监测数据,覆盖 3000 多家网站和 1000 多个软件;Bluefin Labs 提供关于超过 11000 个电视节目的评论信息,统计的评论信息超过 50 亿条;GNIP 则可以提供社交网络 API 聚合,通过多个 API 将数据聚合成统一格式,为 Twitter、WordPress、Facebook、YouTube、新浪微博等网站挖掘数据。这些事实已经清晰而明显地证明,在互联互通的网络环境下,所有媒体、受众的数据都可以被有效地记录、监测和搜集整理,通过对这些数据的挖掘和分析,大数据时代的营销体系完全可以重新构建。

(3)利用大数据帮助品牌提升营销效果的广告营

目前,易传媒大平台的核心引擎 AdManager 每月覆盖 5.10 亿互联网网民,2.75 亿移动网民,在线调研平均每月投放量达到 20 万份;MediaV 开发的营销工具 AdViva 每天都在对超过 4 万个在线电子商务订单提供全程营销观测和效果优化计算,对超过 100 万次网上营销行为提供全程观测和标识,对超过 1 亿次网络广告曝光提供定向判断决策;秒针系统日均处理数据超过 2TB,拥有日均处理 1000 亿条广告请求的数据处理能力,累计存储、处理数据超过 2PB,拥有近 500 台服务器和 160 多名专业研发人员。这些实证案例表明,媒体数据,以及第三方的监测数据已经开始被运用在广告与营销策略的执行当中,并且切实地提升了广告与营销的效果,为互联网环境中的全媒体营销提供了可供参考的范例。

3. 大数据基础上全媒体营销构建的可能

当媒体融合带来混媒与终端革命，全面改变整个媒体产业结构、传统受众接触与传播范式的同时，也在将受众重聚在网络之上，并且使得受众的反馈更加及时，信息更加全面，形成海量数据的聚集，大数据也就在这个时候重构了营销体系，让全媒体营销的构建成为可能。全媒体营销体系的构建基于两大基石，一是海量数据库，二是共创性的传播平台。依据这两大基石，受众被重新勾勒轮廓，并且根据兴趣与需求被重新分类，在虚拟网络上得以重聚，根据社区信息实现了虚拟与物理的匹配，在提升营销精准性、科学性的同时，也带来了全新的盈利模式与可能。

（1）信息平台的构建：数据信息与营销的匹配

2005年，学者在研究数字电视和手机媒体的过程中，注意到了数字化和网络建设两大因素在影响媒体产业链条、引起信息量的巨变、引发受众媒体使用行为全面改变等方面的重要作用。在这一条研究线索上追踪下去之后，就进入了对于信息平台的全新研究领域，也发现了大数据所带来的新的可能。

这种新的可能主要表现在四个方面：一是数据量的增加已经实现了从量变到质变的转换；二是这些数据包含大量由互联网络技术带来的接近实查行为记录，受众所使用的这些终端就相当于一个记录仪器，将其所有真实行为连同真实信息都一一记录下来；三是技术的变革使得通过这种接近实查的抽样获得数据的成本极为低廉；四是这些数据也包含了大量来自用户主动发布的信息，是互动的数据。海量的数据、互动的沟通方式、平台化的传播，被归纳成为"信息平台"，并完成了个人信息平台和家庭信息平台方面的初步研究成果。

在实际的营销体系中，信息平台所担负的正是将数据信息与营销相匹配的工作。例如，在以有线数字电视互动双向网络为支撑、以数字电视终端为介质的家庭信息平台建设中，数字内容库与用户数据库形成了并行的两大营销资源，前者为营销者提供各种营销资源和广告平台；后者则提供了可寻址的、真实的各项用户信息、行为及反馈信息。那么，根据用户的真实人口统计信息，以及通过数字电视终端和网络得来的用户行为与反馈信息数据，就可以为营销提供无限接近真实的用户需求。如果进一步对这些数据进行挖掘和处理，营销者即可实现有针对性的营销、广告推广，完成精准营销。

个人信息平台的操作原理也与此相同，只是更加精准地将营销目标锁定为个人。

利用以智能手机为代表的个人媒体终端构建起个人移动数据库,通过记录使用者的各类信息搜索与使用数据并对这些数据进行分类和打包,结合电子商务平台向广告营销机构、广告主及媒体输出,让后者可以有针对性地为这些个人受众提供适配的广告信息、媒体内及产品服务信息,从而有效地提升营销的精准性。

社区信息平台构建于"社区"这一概念之上。除了包括互联网社交媒体上的"社区"之外,更有现实生活中的"社区"。一个 1000 户家庭的小区即意味着巨大的需求集合,健康、教育、医疗、餐饮、购物等无所不包,如果能够围绕这样的社区建立起一个双向互动的信息平台,同时针对不同的需求提供精准的营销服务,结合物联网以及物流配送体系,一个直接、有效的营销闭环也就随之形成。

个人信息平台、家庭信息平台和社区信息平台的交互利用及其带来的营销突破的可能,正是全媒体营销的重要价值。

(2)大数据与全媒体对抽样的"重塑"

全媒体时代强调的是平台化的传播方式,事实上,强调的是能够与受众互动,意识到受众能够主动"发信"的可能性时,其实也是在探析这个时代、这样的环境、大数据的技术是如何能够"重塑"抽样的。

一直以来,因为考虑到成本问题,人们用科学的抽样来代替普查。然而大数据的出现颠覆了传统的抽样,是因为平台化的传播方式和碎片化的社会结构让抽样难以"准确",难以用"样本"体现"全部",难以具备足够的代表性,当然,大数据不否认抽样本身的科学性和可操作性,只是需要通过新的方式和手段重塑抽样。

营销的核心理念是激发需求、掌握需求和满足需求,抽样与普查的出发点就是通过数据了解需求,然后去激发和满足需求。过去通过抽样的数据来推断、预判需求,现在则利用互动平台、大数据技术清晰地获得需求的信息,而不是去推论,因此其精准性也得到了极大的提升。可寻址技术、物联网又将这些数据与实体相连接、相匹配,让需求以个人、家庭、社区的形式出现,并被记录、鉴别、挖掘、设计和营造,同时其成本又相当低廉。可以说,这是大数据与全媒体对抽样的重塑。

(3)数据信息得以向数据产品的过渡

在大数据改变整个营销体系构建基础、提升营销体系精准性的同时,全新的盈利模式也应运而生。这种盈利模式的重要表现就是,数据已经可以直接形成产品。按照上文的逻辑推理,在互联互通的网络条件下,用户在各类信息平台上会留下海量的数据,而这些数据又可以在大数据处理技术之下进行不同的分类整理和重新聚合。这些聚合性的数据信息包含极高的商业价值,并且具备了销售的可能。

例如,淘宝网在采集和存储了海量交易数据之后,自建云存储系统 OceanBase,实现数据的产品化,从而实现从交易平台到"生态圈"基础服务提供商的角色转变,完成由平台销售向数据销售的盈利模式的转变。目前,通过专业的海量数据挖掘,淘宝已经形成了面向进驻商家的多项数据产品。此外,利用淘宝开放数据平台所产生的第三方的数据开发产品还包括为非淘宝的其他电商网站提供的数据产品及软件,为各类网站及社区提供社会化电商的解决方案,可为淘宝卖家提供的各类优化工具,以及为消费者提供的各类优化工具等。

因为数据所描述的正是"需求",所以如果能够利用数据构建需求与销售之间的桥梁,全新的商业模式也将随之诞生。

(4)营销体系各个环节都面临着挑战及新的空间

具体到营销体系的各个环节,不同的机构也已经开始基于全媒体营销,以及大数据处理带来的新要求,获得了新的发展空间。

一方面,大数据对于营销体系中的相关机构提出了全新的要求,对于数据服务公司来说,需要能够掌握实时/海量数据检测技术,具备构建大数据挖掘模型的能力,增强大数据分析能力;对于媒体机构来说则需要能够记录信息痕迹,建立海量数据库,能够运用大数据分析和优化自身的内容、产品与营销服务;对于广告营销机构来说,则需要能够以多样化的手段追踪广告效果,应用大数据分析媒体的广告价值,优化广告营销服务;对于第三方技术公司来说,则需要能够提供大数据的采集、存储和分析的技术支撑,同时提供大数据挖掘技术的解决方案。总的来说,数据挖掘能力和应用能力是全媒体营销时代必备的能力。

另一方面,在适应了新时代的营销要求之后,这些机构也逐步通过大数据提升自身的营销价值。例如,目前世界最大的社交网站 Facebook 利用用户的基本属性、粉丝、兴趣来找出潜在的用户群,基于这样的广告模式,Facebook 的广告投放系统也基本上以自助式为主。自助广告投放先由自定义受众开始。Facebook 提供三种方式:第一,11 个维度的人口统计特征来定义受众的基本属性;第二,根据粉丝页进行筛选;

第三,根据用户设定的兴趣进行筛选,然后,广告主需要提交广告活动的总预算和每天的预算额。系统会根据广告主设定的受众条件,运算出目标受众群的人数,然后根据广告主选择的广告方式(CPM/CPC)给出建议费用的范围,通过后台数据,广告主可以在广告投放系统上了解数据动态,随时更改策略。

(5)全媒体营销涉及的隐私问题同样亟待解决

如上文所述,大数据的处理和营销体系重构,不可避免地会涉及到受众个人的信息,随之而来的就是这种信息安全、隐私信息保护的严峻问题。不可否认,可寻址技术、物联网技术在给我们带来高度真实的受众信息的同时,也作为双刃剑面临着伦理道德方面的拷问。

据相关媒体报道,从全球范围来看,目前已有 50 多个国家依靠法律形式规范个人信息数据的管理与使用。如美国通过了一批保护个人信息的法律,包括《隐私权法》《信息保护和安全法》《防止身份盗用法》《网上隐私保护法》和《消费者隐私保护法》等;加拿大制定了《隐私保护法》和《个人信息保护及电子文档法案》;英国制定了《数据保护法》;日本制定了《个人信息保护法》;欧盟先后制定了《关于涉及个人数据处理的个人保护以及此类数据自由流动的指令》《关于个人数据自动化处理之个人保护公约》等。

在我国,由于相关方面的法律保护意识较弱,国家也尚未出台相关的法律政策对个人信息数据库进行统一保护,因此,关于受众信息数据与营销的探索反而更容易进行,然而这样的发展方式也带有事物萌芽期粗暴发展的印记,最终面临的仍然是管制和规范化。下一步,全媒体营销的构建及大数据处理技术的应用,也必然需要考量关于受众信息以及隐私保护的问题。[118]

7.4.3 基于"互联网+"的营销模式

大数据对于传统行业营销的影响显而易见的。营销是企业存在和发展的基础,在传统企业,不仅知道营销的结果如何,还可以通过多维度和精细化的 BI 分析工具,得知不同产品不同区域甚至单个客户的销售结果,溯因分析和纵向挖掘都不成问题。但对产生这个结果的过程一无所知,因为人们不知道客户在买自己的产品之前是如何做决策的,所以,需要不断尝试用各种广告策略和促销方式来引导客户。不过从很多营销活动失败的事实来看,显然人们的尝试有很多错误,否则就不会有"不知道哪一半广告费是浪费的"。传统企业的营销管理还有另一个缺陷,那就是"对事不对人",也就是说,只能对业务数据进行分析,如销量、营销投入、渠道等,但对客户这个"人"的分析却无从下手。毕竟购买决策是客户做的,而客户是一个个活生生的人,他自己的七情六欲的每一点都有可能影响决策。我们天天谈"客户关系管理",却无法对客户这个"人"有着具体的描述,不能不说这是件令营销人员尴尬的事情。这些信息都是进行客户关系管理、客户购买决策分析等最基础的数据,但传统的手工采集数据方式在准确及时性方面往往不靠谱,而且成本又高。与传统企业不同,互联网企业可以根据"搜索记录""浏览记录""评价记录"等进行"用户行为分析",从而可以侧面了解客户的购买决策过程及顾客的关注点。由于一个用户的购买可能会受数千个行为维度的影响,随便一个中型电商,每天所产生的用户行为数据都是多类型的海量数据,大数据就在这里展现了它的存在和价值。[119]

1. 找到营销的精准数据

在"互联网+"时代,企业要学会充分利用数据来挖掘消费者的偏好,进而制定有效的营销策略。要做到这一点,首先应该收集数据。企业营销所需要的精准数据主要通过以下几个方面来获得:

(1)企业自身经营数据

企业自身经营数据是指企业自身的各种管理系统产生的数据,如企业 ERP 系统及网上支付系统等,这也是企业最主要和传统的数据来源。这些数据是企业独有的珍贵资产,因其是企业内部产生的数据,它们能够更为快速地转化为对企业决策有效的信息。

(2)网络数据

网络社交平台记录大量的数据,包括消费者的兴趣爱好、年龄、职业、所在地等个人信息。由于网络上的数据较为杂乱,不是所有的信息都对企业有用,这就要求企业具备较强的数据搜集、筛选能力。据统计,Facebook 上每分钟有 68 万个帖子被分享,全球每分钟有 2 亿封电子邮件被发送,Twitter 上每分钟会发布 10 万条推特。这么多的数据自然会成为企业搜集精准营销数据的重要来源。企业想要进行精准营销,首先就要搜集到精准营销所需的数据,而搜集数据的基础首先是在企业内部进行。互联网虽然具有海量的数据,但需要企业具备一定的筛选能力。

2. 构建属于自己的营销数据库

在互联网时代,信息传播速度如此之快,加上现在的竞争基本上处于透明化,任何企业都面临着激烈的市场竞争,即使是在行业中处于领先地位的企业,稍有不慎也会被激烈的市场竞争所淘汰。能够熟练借助大数据力量的企业,相对来说会更容易获得成功。企业在搜集到营销所需的精准数据之后,就应该构建属于自己的营销数据库了。数据库相当于企业的原料贮存库,而企业所搜集到的数据就是企业生产所需的各种原材料。购进原材料之后,企业首先做的就是要将原料分类贮存,从而提高处理效率。企业收集数据也是同样的道理,这就是企业构建自己营销数据库的意义。

3. "互联网＋"时代企业的营销新手段

(1)"整合营销云",提高营销效率

整合营销就是将企业中相互独立的营销整合成一个整体,以产生协同效应,其中相互独立的营销主要包括广告、销售促进、直接营销、人员推销和消费者服务等销售单元,企业通过整合内部营销体系,制定出适合企业自身的整合营销策略。

"互联网＋"时代的营销是以数据为驱动的,消费者每一次的购买行为,都可以作为企业营销策略的依据。通过对这些数据的分析,企业可以找到数据之间的相互关联,找到消费者的消费偏好和行为趋势。根据分析结果,企业可以对目标消费者进一步细分,制定出更具针对性的营销方案。这些方案的成功实施,不仅需要企业通过严格的筛选来获得更多数据,更需要企业将内部各个部分整合起来,以防数据的效用在各部门的衔接中出现损失。因此,企业不光要做到整合营销,更要打造"整合营销云",以提高企业的反应速度。

(2)为消费者量身打造个性化产品

在"互联网＋"时代,信息的传播速度更快,信息也变得更透明。电子商务的发展,使消费者在购物时有更多的选择。当所有企业提供的产品趋同时,消费者自然会选择性价比最高的。在这种情况下,企业失去了主导地位,为了赢得更多的消费者,获取更多的利润,企业在营销过程中只能采取低价营销策略。因此,当企业陷入同质化营销时,最明智的选择就是实行个性化营销。首先立足于大数据,找到企业的潜在消费者,了解消费者的需求;其次是当不同的用户关注同一媒体的相同界面时,根据用户的不同需求为用户推送不同的广告内容,打造个性化的营销方式;最后可以根据潜在用户的习惯、需求等个人因素,为用户量身打造个性化的产品。

(3)以个性化服务以打造消费者黏性

在"互联网+"时代,企业营销最核心的理念必然是为消费者服务。若企业仅仅是以消费者的物质需求为中心,虽然能够获得一定的竞争优势,但久而久之会被同行业其他企业赶超。良好的服务并不能够通过复制来获得。不同的消费者有不同的服务需求,有的需要高效、快速的服务,有的需要体贴入微、关怀备至的服务,有的则需要温馨、真诚的服务。对于不同的消费者,企业需要充分利用自己现有的数据,通过对数据的有效分析挖掘消费者的偏好,为其制定个性化的服务,满足不同消费者的服务需求,提高消费者对企业的忠诚度。要想在为消费者打造个性化服务方面占主动权,企业应该首先利用大数据提高其营销效率,其次就是为消费者量身打造个性化产品,使消费者的个性化需求得到满足,最终以优质化、个性化的服务使消费者成为企业的忠实用户。[120]

总之,搜索引擎的多样化、社交网络的普及性使得人们可以随时获取信息、发布信息,而从全球的视角来看,全球互联网上的信息总量正以每年30%~50%的增速不断暴涨,在这样的时代背景下,面对突如其来的爆发式增长的信息,传统企业如何从中挑取于自己有价值的信息才是进一步发展的关键。大数据时代里,数据无处不在,随便搜一搜就能查找到很多,而正是这种互联网时代中数据的非排他性导致其价值密度极低,想要找到对自己企业有价值的数据如同大海捞针一样,因此,传统企业要做的就是通过平台或方式对数据进行提炼、整理,以提升数据价值,或将无用的数据变成有用的数据等。只有这样,才能够让传统行业成功转型,在智慧经济下,找到自己所要针对的客户群,探索更适合自己客户群的营销方式。对于企业决策者来说,目前,大多能够找到的数据都是静态且孤立,并没有多少参考意义的"初级"信息数据。因此,将这些"无意义"的数据进行分析、整合,才能够挖掘出其潜在的意义,被企业营销部门所利用,为营销提供支持,使管理者能够对数据运筹帷幄,做出真正的智慧性营销决策。随着"互联网+"大数据时代的到来,企业需要适应"互联网+"时代下的营销新特点,利用互联网思维来建立企业自身的营销新模式。

7.4.4 基于营销智慧化的应用

在大数据时代浪潮中,传统企业通常会根据政府数据中心或企业的 CRM、BI 系统来对数据进行收集、整理,即便这样也只能采集到诸如客户资料、市场促销方案、广告活动等结构化数据。如果此时的企业认为拥有这些数据,就足以应对未来营销方案的设计问题,那么,企业就会不自然地忽略掉社交媒体数据等非结构数据。事实上,较结构化数据来说,非结构数据在智慧性营销方面的作用更大。企业决策者需要大数据技术,营销管理者也需要大数据技术,这样的分析不仅可以对结构化数据如历史数据进行分析,同时还能对 Web、社交网络及 RFID 传感器等非结构化的海量数据进行有效的分析计算,从这点来看,智慧经济下的营销,可以体现为在大数据背景下的跨结构提升。目前,适用于大数据的技术包括大规模并行处理数据库、数据挖掘电网、分布式文件系统、分布式数据库、云计算平台,以及互联网和可拓展存储系统。国际性社交网络方面,面对爆炸式的数据,就更加需要大数据技术来有效解决市场信息的问题,而社交网络中占据龙头地位的 Facebook、Twitter 等已经开始使用 Hadoop(分布式程序系统)基础架构或 NoSQL(非关系型数据库)等。而将目光聚焦于中国,作为国内的网购平台——淘宝网,也开始使用大数据技术,即"淘宝数据魔方"(见图 7-9)。入驻淘宝网的商家可以通过淘宝数据魔方来了解平台上本行业的宏观情况、自己店铺品牌的销售情况及市场排名,还有消费者行为情况等,并以此为依据,进一步探索优化自身的营销策略。

图 7-9　淘宝数据魔方

在当前的市场环境中,若想要提升传统企业的销售额已经不能简单地通过低价竞争来实现,还要利用其他非价格因素,如个性化设计和定制等。传统企业在分析自己的目标客户分布在哪里的时候,往往通过调查问卷的方式,可是,当结果出来的时候,由于时效性等原因,调查结果或许早已不再适用了。

传统企业在谋求转型的同时,不仅会遇到技术工具方面的问题,更重要的是传统企业要转变自身经营思维与组织架构,只有这样才能从思想上进行转变。在对大数据进行分析的时候,研究人员会特别注重数据的衡量标准与如何将数据进行可视化的问题,目前的数据,虽然从量的角度来看,数量非常多,但是数据多呈碎片化状态,数据与数据之间并没有联系起来,而大数据系统就是将这些孤立且错位的数据打通,使它们能够相互关联,最终实现技术共享。想要做到营销智慧化,数据的有效分析便是亟须攻克的难题,新兴技术方面,传统企业所使用的信息技术 CRM 系统只能分析出过去时,即"发生了什么",而现在,很多数据系统都可以将分析结果推移至现在时或将来时,即"为什么会发生"或"将要发生什么",并最终达到能够判断"用户想要发生什么"的结果。但是,企业若想要做到这点,就必须将用户当作研究对象,对其进行相对完整的分析描述,包括用户曾经所进行的网站浏览数据、社交平台数据及地理追踪数据等,大数据平台通过自身所收集到的实时数据,进行在线分析,对相关资料随时进行更新,这能够让研究人员对消费者的行为做出更加完整的描述,对消费者各方面的信息进行充分挖掘,以便能够对其提供更具针对性的服务,最终形成"主动式营销"。

1. 沃尔玛公司

首先,营销管理人员要将不同数据源及不同结构的数据整合起来,然后研究并探索数据背后的价值,这也是传统企业转型的关键,其未来能否通过转型营销成功就是在于能否在大数据库中挖掘出适合自己企业的营销价值,最后,企业高层可以根据分析结果,制定总体的营销指导纲领,这样才能够达到智慧性营销的目的。为了更加精准地设计企业的营销决策,诸如沃尔玛、家乐福、麦当劳等的一些大型连锁实体店,已经安装了有助于收集运营数据的装置。装置可以与客户互动,对店内客流及预订情况进行跟踪,同时,研究人员则要针对菜单设计、餐厅布置等因素是如何影响销售额的问题进行建模解释。然后,企业就可以将装置所收集到的数据与实际交易记录结合起来,利用大数据工具进行展开分析,并对企业应该销售哪些产品,以及如何对货品进行摆放等问题给出建议。有这样一个经典的案例,故事发生在全球最大的零售商沃尔玛身上。在很早以前,沃尔玛管理者就注意到了海量数据收集和挖掘的重要性,他们在总部建立了一个海量信息的存储中心,能够存储三年以上的销售数据,每天深夜,分散在世界各地的连锁店就会以网络传输的方式将海量的数据传送到总部,经过整理后,排序存储在计算机中。数据存储之后的工作自然是分析了,一次数据分析之后,他们惊奇地发现:每到周末,超市中啤酒和尿布总是被同时售出。为什么会出现这样奇怪的事情呢?经过市场调查,真相大白了!原来许多美国的年轻母亲都喜欢利用周末来放松一下身心,而这个时候既是丈夫的休息时间,又是孩子尿布需要大量补给的时候,因此,照顾孩子与购买尿布的差事自然就落到了丈夫的身上。而年轻父亲在超级市场里购买尿布的同时,总是不会忘记拎几罐啤酒作为自己周末的消遣。了解确切情况后,沃尔玛很快就做出了反应,每到周末超市就会将原本分置在不同地点的啤酒和尿布摆放在一起,从而大大增加了销量。此外,沃尔玛又根据不同的数据分析结果,对超市中其他物品的摆放位置做出了调整。仅这一点小动作,使得沃尔玛超市连锁店当年的销售额同比上涨了 30%。

2. Nike 公司

近年来,媒体和业界对大数据讨论得如火如荼,但真正利用大数据进行有效的营销尝试的案例却屈指可数。然而,耐克作为一家提供传统消费品的企业,早就先知先觉地开始捕捉与挖掘新时代的消费者行为特征。Nike+通过大数据已经取得了营销成功。

Nike+是什么?面对这一问题,很多人的第一反应或许是:哦,我听说过的,那个很有名的运动官方社区。然而,科技发烧友和运动达人们很可能会给出不同的答案:Nike+是耐克这两年推出的跑步应用和运动腕带。实际上 Nike+远不止上面提到的这些,表 7-1 是 Nike+近年推出的全部产品线。在对其进行充分了解的基础上,我们可以进一步挖掘耐克深耕数字化战略的根本动机。

表 7-1　耐克的运动数字化进程

2006 年 5 月	耐克与苹果公司在纽约联合发布了 Nike+iPod 运动系列组件
2008 年 3 月	苹果公司的 App Store 上线,Nike+成为首批登陆 iOS 的应用之一

续表

2010 年	成立独立的运动数字部门(Digital Sport)
2010 年 9 月	对 Nike＋Running 应用升级,支持 GPS 功能,使用户无需在运动鞋底放置 Nike＋传感器,也能完成运动数据的收集
2012 年 1 月	发布 Nike＋Fuelband 电子运动腕带;推出具有战略意义的能量计量单位 NikeFuel
2012 年 2 月	发布 Nike＋Basketball、Nike＋Training 应用及产品
2012 年 6 月初	全新升级的 Nike＋官网上线;与 TomTom 公司合作推出 Nike＋运动腕表
2012 年 6 月底	将 iOS 平台上的热门应用 Nike＋Running 移植到 Android 平台;与微软合作推出 Nike＋Kinect Training 健身娱乐软件
2012 年 12 月	与美国第二大孵化器 TechStars 合作,推出 Nike＋Accelerator 创业项目
2013 年 10 月	发布 FuelBand 第二代产品 FuelBand SE
2013 年 11 月初	针对 iPhone 5s 里内置的 M7 动态协同处理器,在 App Store 上推日常活动记录应用 Nike＋Move;在中国推出针对跑步人群的微信公众服务账号 Nike＋Run Club

(1)Nike＋的数字化进程

①Nike＋是 Nike＋iPod

Nike＋的前身,是耐克与苹果公司于 2006 年 5 月在纽约联合发布的 Nike＋iPod 运动系列组件。这款组件旨在将运动与音乐结合起来。

首先,跑步者必须先拥有一双 Nike＋的慢跑鞋。然后,再将 iPod 的芯片放置在鞋垫底下的芯片槽里。在跑步时,通过芯片进行无线感应,可以将各种跑步的信息,如距离、速度、消耗的热量等数据传输至跑步者手中的 iPod nano 里,借助语音回馈,就可以得知各项信息 。

在运动过程中,跑步者可欣赏事先设置的激励歌曲。运动结束后,跑步者可将 iPod nano 与电脑连接,登录 Nike＋网上社区,上传此次跑步数据,或者设定各项分析的功能。另外,还可以关注朋友的跑步进度,也可以查看世界各地拥有这款产品的人的运动信息及排行榜。深受青少年喜爱的 Nike 跑鞋加上风靡全美的 iPod,这次合作大获成功。

②Nike＋是数字化运动战略

然而,随着智能手机的崛起,Nike＋iPod 开始陷入市场危机。RunKeeper 和 Endomondo 等一批功能类似的运动类应用开始崭露头角。随着用户数量的增长、高额风投的涌进,这些创业公司开始推出自营品牌的便携设备和运动服饰,与耐克形成直接竞争。与此同时,Facebook 和 Twitter 等社交媒体从 2004 年兴起,移动互联网的发展趋势也愈演愈烈。青少年开始逐渐习惯数字化的生活方式,而耐克的主要消费群体正是这些走在时代前端的青少年们。

因此,对于耐克而言,数据的重要性开始突显,其中蕴藏的商机无限。此时,由于数据在 Nike＋iPod 中曾经扮演着重要角色,耐克开始调整 Nike＋的定位与思路。耐克于 2010 年率先成立了与研发、营销等部门同属一个级别的数字运动部门(Digital Sport)。至此,运动数字化正式成为耐克的战略发展方向。

③Nike＋发力运动电子产品

耐克在 2012 年开始发力,率先推出重量级产品 FuelBand 运动功能手环。与以往不同的是,这款产品旨在面向非运动人群,几乎能够测量佩戴者所有日常活动中消耗的能量。

紧接着,耐克还推出了拥有自主知识产权的全新能量计量单位 NikeFuel。这是一种标准化的评分方法,无论性别或体型,同一运动的参与者的得分相同。

为什么要抛弃通行的计量单位卡路里呢？根本原因还在于 Nike＋的主要竞争对手。现有的运动类 App 的基本功能同质性很强,用户在不同产品之间的转换成本很低。举例而言,Nike＋的主要竞争对手 RunKeeper 允许用户自行输入运动数据。如果耐克沿用通行单位卡路里,长期使用 Nike＋的跑步爱好者在改用 RunKeeper 时就无需担心会丢失自己原先的数据,通过手工设置即可完成数据迁移。因此,本质而言,NikeFuel 是耐克为其对手设置的竞争壁垒。

④Nike＋布局数字运动王国

如果说 FuelBand 运动手环和 NikeFuel 是耐克布局大数据时代的最初举措,那么其之后发布的多种产品,则进一步巩固了耐克的数字运动王国。

2012 年 2 月,耐克将 Nike＋从跑步延伸到了篮球和训练产品上,推出了 Nike＋ Basketball 和 Nike＋Training 应用,构建起两套全新的运动生态子系统。就功能而言,与之配套的运动鞋可以测量如弹跳高度等更多的运动数据。

另外,耐克与知名导航产品供应商 TomTom 合作推出的具有 GPS 功能的运动腕表、FuelBand 第二代产品 FuelBand SE 等,都是对其数据补给线的进一步完善。

值得注意的是,作为运动服饰品牌的耐克缺乏互联网基因,需要借助外部力量来提升实力。

一方面,耐克将合作范围从苹果公司扩大到其他平台,进一步扩大用户基础。2012 年 6 月下旬,耐克将自己在 iOS 平台上最受欢迎 Nike+Running 软件移植到了 Android 平台上,同时展开与微软的合作,推出 Nike+Kinect Training 健身娱乐软件。2013 年 11 月,耐克也瞄准微信的广大用户群体,在中国推出了公众服务账号 Nike+Run Club,提供跑团组建功能。

另一方面,耐克剑指未来,与美国第二大孵化器 TechStars 合作推出了 Nike+Accelerator 项目,鼓励创业团队利用 Nike+平台开发出更加创新的应用,以期在运动数字化浪潮中一举确立领导地位。

盘点至此,我们可以看到,Nike+的诞生并非基于大数据浪潮的时代背景,而且耐克的运动数字化历程也比我们想象得更为久远。同时,我们也应该对 Nike+有了比较清晰的认识,Nike+是耐克公司顺应大数据时代趋势、发展运动数字化战略而推出的系列产品线,包括各类可穿戴设备、Nike+应用软件、Nike+运动社交平台等等。用户对 Nike+使用,使耐克公司能够对数据形成从产生、收集、处理、分析到应用的 O2O 闭环。

⑤Nike+社区:让消费者与品牌关联

"Nike+的核心价值在于所构建起来的庞大的线上社区,它的最大功能在于社交。"耐克大中华区传播总监黄湘燕如此认为。如果 Nike+不与消费品建立品牌关联,不能与消费者建立起紧密的情感联系,无论其电子产品的设计有多精良、性能有多优越,品牌消费者永远不会愿意使用这些产品,而 Nike+也就永远得不到推广。

以 Nike+Running 为例,它诠释阐释 Nike+社区是如何与消费者产生联系的。

这款 App 的界面非常人性化,操作也相当简单。一打开主页,软件即可以通过 GPS 记录个人跑步的次数、公里数、平均速度及消耗的能量数,以便用户安排私人运动计划。另外,内置的徽章激励制度还给跑步运动平添几分趣味,也使用户产生了自我突破的动力。软件在加强社区间的互动关系、提高使用热度和频率上也做足了功夫。

首先,用户除了能够自行察看运动数据与虚拟成就,也可将运动记录图像实时分享至 Twitter、新浪微博等社交网站,附上心情符号与文字解说,吸引好友关注,满足交际需求与展示欲望。排行榜更是激发好友们不断挑战运动记录、互相鼓励较劲的有趣设置。

其次,Nike＋社区本身也携带社交功能。一旦用户发布开始使用 Nike＋Running 的动态,好友可进行留言,同步为跑步者加油。这是对社交功能的进一步放大:跑步这项私人性很强的运动被公开到其他爱好者眼前,好友们的激励则更让跑步者投入到运动过程中。

最后,用户还可通过设定需要完成的公里数、邀请特定好友参加挑战、共同完成挑战目标。现实中处于不同地域的好友能够同时参与到运动中来,增添了陪伴感和督促力度。进一步地,Nike＋还可作为世界各地跑步爱好者的虚拟组织中心,利用强大的号召力吸引素昧平生的运动发烧友们参与各种线下活动。2008 年,近 100 万用户登录并加入了由耐克公司同时在全球 25 个城市发起的 10 公里长跑比赛。

在中国,微信的强大力量在此为 Nike＋注入社交血液。2013 年"双十一"期间,微信公众服务账号 Nike＋Run Club 上线,短短 10 天就吸引了数以万计的跑步爱好者。通过账号内置的跑团组建功能,这些用户迅速创建了超过 1000 个跑步主题的微信群组。目前,耐克还在积极推进自己的篮球公共账号。

著名的品牌营销学者 Kapferer 曾经指出,在互联网革命的推动下,品牌成为社区建设者。对于身处 Web2.0 时代的消费者而言,聚在一起并分享经验是另一种形式的奖励。因此,品牌需要通过共同的目标或理想将人们联结起来。

Nike＋社区粉丝们的互动给耐克公司带来两点好处:第一,客户主动上传的大量运动数据,为耐克深刻理解消费者行为奠定了厚实的基础。第二,让人们之间建立起非常牢固的关系,强化了品牌忠诚度,并在一定程度上转化为购买力。据耐克公司负责全球品牌管理的副总裁 Trevor Edwards 介绍,通过 Nike＋iPod 计划,40％的 Nike＋用户选择了耐克运动鞋。当然,这与 Nike＋在其应用软件中设置"记录每次跑步所穿的鞋"的选项及新推出的"购买 Nike"电商功能也有关系。

（2）Nike＋的更多可能性

围绕 Nike＋构建的品牌社区，其最重要的作用是吸引忠实粉丝源源不断地向耐克公司贡献身高体重、运动信息、社交账户数据等海量用户数据。除此之外，人们还主动传达自己的经验与建议。耐克由此掌握了对消费者个体的深刻洞察。那么，这些数据的价值究竟何在？可以将其归纳为营销模式创新和商业模式创新两种类型（见表7-2）。

表 7-2　Nike＋用户数据的若干应用方向

类型	方向	内容
营销模式创新	维护用户关系	如果研发出新产品，公司可通过 Nike＋与用户迅速产生互动
	改进产品	指导耐克对未来产品的设计；推出新产品或增添新功能时，可以根据信息反馈做出设计上的适时调整
	精准营销	对用户进行社会化行为分析，了解目标客户的兴趣与偏好，优化营销策略
	精准投放	在用户的跑步路线上投放户外广告；在精准时间段内针对目标客户最青睐的网站或社交媒体进行广告投放
	发现代言人	根据用户的运动数据，找到具有良好运动天赋的人并资助他们，使其成为忠实用户甚至是未来的运动明星，为未来的营销计划及潜在用户的培养做好准备
商业模式创新	预测市场需求	构建一定的数据模型，了解用户运动总量的变化，适当调整产能和营销计划，同时为整个运动行业提供预测报告
	打造健身计划	为用户量身打造健身计划，帮助耐克从单纯提供运动鞋服的"硬件厂商"变为"服务供应商"
	联合营销	将从 Nike＋上获得的数据出售给其他品牌；在用户的跑步路线上设立休息站和广告位，再将这些广告位出售给其他品牌

①Nike＋营销，融入用户中

在营销实践上，Nike＋让耐克真正触及到自己的用户人群，了解他们的运动行为，进入他们的社交生活，追踪他们的消费需求，明确产品和服务的改进方向，实施精准有效的营销计划，和用户建立起长期的紧密联系，从而让聚焦客户关注、提升产品销量成为可能。

例如，通过对 Nike＋的用户构成及其社交行为进行分析，耐克公司发现自己的目标群体在 Facebook 和 Twitter 等社交网站上有较高的活跃度,也进一步了解了他们集中关注的体育明星、经常出现的跑步路线和场合等信息。正是基于这些深度洞见,2011 年底,耐克公司为推出可穿戴设备 Nike+FuelBand,成功发起了社交营销战役"Make it Count"。圣诞节前,耐克公司在 Twitter 上注册了公共账号"@ Nike",同时通过公司旗下的所有 Twitter 账号发出号召:"How will you MAKE IT COUNT in 2012?"(你会如何将 2012 过得有意义?)预告公司将发布革命性产品。12 月 29 日,根据用户喜好而筛选出的耐克代言明星在各自的 Twitter 账号上发出"Make it count 2012"宣言。这些宣言内容还被制作成户外广告或海报,张贴在运动爱好者经常出现的路线或场合。31 日,在 Twitter 上产生了 24347 条关于"Make it count"话题的会话,耐克官方账号的粉丝数达到 22.7 万,当天在 Youtube 上发布的预热视频也被播放了 6.2 万次。FuelBand 在正式发布前便汇聚了众多关注。

根据《财富》杂志的报道,2009~2011 年间,耐克公司在美国的电视和印刷广告上的支出下降了 40%,而其总营销预算则稳步攀升,2011 年甚至达到 24 亿美元。这是耐克倚重数字营销的生动证据。然而,耐克数字运动部门的副总裁 Stefan Olander 的说法却颇有深意,"最初,Nike+Running 是作为一个市场营销概念推出的。但是,它现在已不仅是营销概念,而已经成为我们的经营理念。"确实,从 Nike+社区成员上传的数据及其社交分享的分析中,耐克公司发现了新的商业模式。

②Nike+平台,融入价值链

在互联网时代,平台概念迅速席卷全球。平台商业模式让来自不同行业的许多企业得以连接多个特定群体,为其提供互动机制,满足所有群体的需求,巧妙地从中赢利,甚至取得多方位利润。亚马逊、阿里巴巴、Netflix 等新兴的互联网公司,正是借力于这种商业模式的优秀代表。虽然出身于传统消费品行业,耐克推出的 Nike+也初具平台模式雏形,但仍有其独特之处(见图 7-10)。

通常情况下,采用平台战略的企业就是架构中心。例如,亚马逊网站通过整合读者和出版社资源而获得盈利。与之不同的是,Nike+平台发源于传统行业,其创造者耐克公司则是平台连接的一方。这也是 Nike+在短时间内能吸引大量用户关注及使用的重要原因:通过网上社区,原本就与消费者建立了密切关系的耐克能够轻易汇聚与自身品牌精神本就一致的忠诚用户,实现同边网络效应,最终累积大量与品牌和运

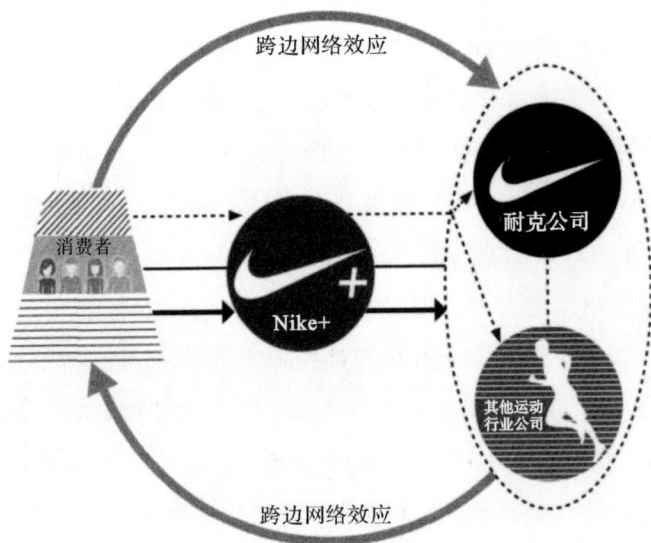

图 7-10   Nike＋的平台架构

动体验有关的高质数据。这些数据正是 Nike＋宝贵的战略资源。

不同于 Netflix 将对用户数据的挖掘结果回馈于主营的视频业务本身,也不同于淘宝网单独推出的数据魔方咨询服务,Nike＋数据带来的赢利将可能是多样的。

一方面,通过对用户数据的分析,耐克能够获得关于消费者的更深邃洞察,将这些发现应用于营销活动的各个环节,全面实现数字营销化,从而享受到顾客忠诚度增强、销售收入上涨等喜人成果。

另一方面,数据也为耐克开辟了可能的新利润来源。耐克完全能够发挥原有品牌资产的杠杆力作用,将对顾客行为的全面理解融入到运动计划制定、健身软件开发、运动型可穿戴设备设计等与消费者运动生活有关的各项业务中,从传统的服装行业进军到更加新兴的"蓝海"领域。同时,同处于运动产业的其他公司也可受益于 Nike＋平台积累的用户数据。耐克甚至可以开辟行业咨询服务,发展更多的盈利可能。

但是,如何发掘现有丰富的 Nike＋用户资源,加强跨边网络效应,吸引同业公司参与其中,开拓新的盈利模式,是耐克接下来需要思考的重要问题。

身处数据充斥时代的很多企业,目前仍停留在空谈概念或是手握大把数据但不知从何用起的阶段。Nike＋的案例却生动地说明,品牌确实能直面大数据浪潮并受益其中。据耐克年报,2012～2014 年三年间,公司盈利一直呈增长趋势,而增长动力则正包括 Nike＋旗下的各类产品及由此带来的日益紧密的消费者—品牌联系。正如耐克首席执行官 Mark Parker 所说:"对耐克而言,运动数字部门是至关重要的,它将成为消费者体验耐克产品时的关键因素。"[121]

第8章

智慧产品与服务

在物联网环境下,产品的发展表现出智慧化的趋势,与传统的产品概念相区别,智慧产品具有环境感知、自身识别、信息接收和行为决策等智慧特征。智慧产品的表现形式也不再局限于单一的实体产品、软件产品或者互联网产品,集成物联网技术的系统性智慧产品也将更好地为人类服务。

随着物联网、云计算等智慧产业关键技术的应用逐渐进入人们日常生活,被人们认知和接受,并受到越来越多的关注,越来越多的产业领域开发出了智慧产品和服务,也有越来越多的领域开始应用智慧产品和服务。例如,小的方面包括与人们生活息息相关和最贴近人们生活的智慧穿戴、智慧家居、智慧校园、智慧医疗、智慧旅游、智慧交通等,大的方面包括智慧金融、智慧城市、智慧农业、智慧地球,等等。

本章从智慧穿戴、智慧交通、智慧医疗、智慧城市、智慧体育和智慧艺术这六个和人们生活息息相关,也最贴近人们日常生活的方面入手,分别介绍各自的定义、发展历史、发展现状、相关产品以及发展前景等几个方面,使读者能够对智慧产业的产品与服务有一个基本的了解和认识。

8.1 智慧穿戴

8.1.1 智慧穿戴的定义

智慧穿戴(又称可穿戴设备、穿戴式智能设备等),泛指内嵌在服装中,或以饰品、随身佩带物品形态存在的电子通信类设备,是一种可以穿在身上或贴近身体并能发送和传递信息的计算设备,它可以利用传感器、射频识别、全球定位系统等信息传感设备,接入移动互联网,实现人与物随时随地的信息交流。[122]智慧穿戴把信息的采集、记录、存储、显示、传输、分析、解决方案等功能与我们的日常穿戴相结合,成为我们穿戴的一部分,如衣服、帽子、眼镜、手环、手表、鞋子等。智慧穿戴具备两个特点:首先,它是一种拥有计算、储存或传输功能的硬件终端;其次,它创新性地将多媒体、传感器和无线通信等技术嵌入人们的衣着当中或使其更便于携带,并创造出颠覆式的应用和交互体验。广义穿戴式智能设备包括功能全、尺寸大、可不依赖智能手机实现完整或者部分的功能,例如:智能手表或智能眼镜等,以及只专注于某一类应用功能,需要和其他设备如智能手机配合使用,如各类进行体征监测的智能手环、智能首饰等。随着技术的进步以及用户需求的变迁,可穿戴式智能设备的形态与应用热点也在不断地变化。

加拿大滑铁卢大学工程学院的研究生研制了一款名为"AIRO"的手环。它可以追踪使用者的营养、压力、锻炼和睡眠情况。它最大的"优点"是借助光谱学技术追踪使用者的热量摄入。同时,AIRO 手环用微型 LED 等提供光源,然后将光谱扩散到血液以检测其中的能量物质。这样,它可以同时检测糖类、脂肪和蛋白质三大类营养物质,其原理是三类物质不同的光学特性。[123]

随着人们的关注和技术的发展,智慧穿戴技术在不同领域中取得了显著的进展。根据易观智库的分析,中国智慧穿戴计算领域市场规模将由 2015 年的 135.6 亿元,发展到 2017 年的 300 亿元人民币,市场潜力巨大。与此同时,智慧穿戴的应用理念也逐渐在消费者中形成价值认可和市场追捧,随着 Apple Watch 等产品的推出后,智慧穿戴产业面临着又一次革命性的转折。[124]

目前各大机构对可穿戴设备市场十分看好(见表 8-1)[125]。根据 HIS Technology 的研究显示(见图 8-1)[126],2012 年全球可穿戴技术市场的营业收入约为 85 亿美元,预计到 2019 年有望达到 320 亿美元[127]。

表 8-1 可穿戴设备出货量预测　　　　　　　　　　　单位:万台

机构	2016 年	2018 年
ABI	35000	48500
IMS Research	17000	NA
Juniper	5800	NA
BI Intelligence	18000	30000

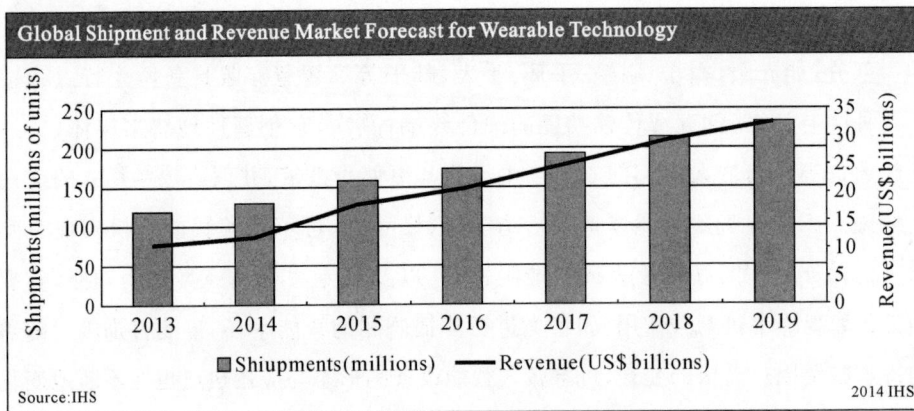

图 8-1　全球可穿戴设备出口数量及营业收入预测

穿戴式技术在国际计算机学术界和工业界一直都备受关注,只不过由于造价成本高和技术复杂,很多相关设备仅仅停留在概念领域。随着移动互联网的发展、技术进步和高性能低功耗处理芯片的推出等,部分穿戴式设备已经从概念化走向商用化,新式穿戴式设备不断更新,谷歌、苹果、微软、索尼、奥林巴斯、摩托罗拉等诸多科技公司也都开始在这个全新的领域深入探索。

案例:智慧布料——真正的"可穿戴"

用手势操作可穿戴设备或许听起来很未来,不过 2015 年在 Google I/O 大会上,专攻前沿技术的 ATAP(先进科技与计划)团队展示的另一个用衣服进行交互的方式看起来更新奇:Project Jacquard 智慧布料项目。

Project Jacquard 的基本思路是在纺织品中加入电路,这样的话,衣服、裤子、汽车坐垫、窗帘都变成可交互的媒介,人们可以通过它控制手机、计算机、可穿戴设备甚至家电等等。此前不是没有过类似的尝试,但重要的是如何让这种布料实现量产。

Project Jacquard 采用电容式纤维技术,能与棉、毛或人造纤维等原料一起混织在衣服中,通过良好的设计,能让人从外表上几乎分不出来有什么差别。在展示中这些混织布料就如同 Macbook 计算机上的触摸板一样,能直接在上面滑动

318

操作各种装置,甚至能感应到手掌碰触的压力变化。且由于耗电量不大,藏在布料暗袋里的电池能提供一周的触控续航力。

技术上存在的挑战主要有:如何将生产过程融入到纺织品的工厂制作流程中,以及如何保证电子电路和芯片不怕熨烫的高温、不怕洗衣机的水泡、不怕用户在穿戴过程中拉扯的破坏,还有,如何让衣物能够尽量精确地识别一些手势。

Google 的计划是为厂商和开发者提供应用和 API,推动这项技术的发展。目前,ATAP 团队已经与日本一家布料厂合作,将导电的线路与棉线编织到一起并保留柔软的触感,支持不同色彩、棉质/化纤/丝质的质地。另外,他们还与 Levi's 合作设计了一款搭载了 Project Jacquard 的棉质外套,外套的触摸感应区可以识别多点触摸,并支持一定距离内的隔空操作。[128]

智慧穿戴发展至今,只完成了登上历史舞台的第一步,在产业模式、产品类型和关键技术突破上还有许多壁垒。[129]虽然智慧穿戴的普及仍需要假以时日,但随着可穿戴设备的便携性能优势,物联网、云计算等技术应用的深入,一定会为智慧穿戴市场提供增长和发展的动力。[130]

8.1.2　智慧穿戴的发展历史

穿戴式智能设备拥有多年的发展历史,思想和雏形在 20 世纪 60 年代即已出现,而具备穿戴式智能设备形态的设备则于 70−80 年代出现,史蒂夫·曼基于 Apple-II 6502 型计算机研制的可穿戴计算机原型即是其中的代表。美国麻省理工学院、卡耐基梅隆大学、日本东京大学的工程学院,以及韩国科学技术院等研究机构均有专门的实验室或研究组专注于穿戴式智能设备的研究,拥有多项创新性的专利与技术。而中国学者也在 20 世纪 90 年代后期开展穿戴式智能设备研究。在机构与相关活动领域,美国电气和电子工程师协会成立了可穿戴 IT 技术委员会,并在多个学术期刊设立了可穿戴计算的专栏。1997 年召开了第一次国际穿戴式智能设备学术会议,这标志着智慧穿戴正式诞生。该会议自 1997 年首次召开以来,已成功举办了 18 届。

而后,随着计算机标准化软硬件及互联网技术的高速发展,穿戴式智能设备的形态开始变得多样化,逐渐在工业、医疗、军事、教育、娱乐等诸多领域表现出重要的研究价值和应用潜力。2012年谷歌眼镜的发布轰动一时，2013年智慧穿戴产业呈现爆发式发展，从此智慧穿戴的概念被广泛普及。[131] 随着谷歌、三星和苹果等相继投入大量资金研发智慧穿戴产品，2013年层出不穷的智慧穿戴产品出现在人们的视野内，这预示着智能终端产品形态开始由可携带设备向可穿戴设备演变。[132]

而在中国，智慧穿戴市场也随之蓬勃发展。在国家自然科学基金委员会的支持下，由中国计算机学会、中国自动化学会、中国人工智能学会等主办的全国可穿戴计算学术会议到2015年已经是召开的第五个年头了。另外，国家自然科学基金委员会和国家"863计划"也支持了多项可穿戴式智能设备相关技术产品研发项目。

8.1.3 智慧穿戴的发展现状

目前，已面市的智慧穿戴设备产品形态多样，其中以智能手环、智能手表和智能眼镜最为常见，三者约占据2014年全球智慧穿戴设备出货量的70%以上。智能手环普及程度最高，功能简单；智能手表平台和方案众多，功能多样；智能眼镜技术门槛高，实现的功能也最为复杂。[133]

中国是智能可穿戴设备的新兴市场，2012年市场规模为8.9亿元。随着智能手机和物联网技术的成熟，到2015年，中国智能可穿戴设备市场规模达26.1亿元，2012年至2015年复合增长率为30.9%。从细分市场看，生活健康类智能可穿戴设备最为热门，2012年至2015年复合增长率为33.5%；信息资讯类智能可穿戴设备虽然在2012年只有2.8亿的市场规模，但随着谷歌眼镜的发布将迎来市场爆发点。从电子终端演进趋势上来看，智能手机已经步入成熟期，厂商陷入了硬件参数比拼之中，产品形态和功能并未有颠覆性的创新。而作为新兴的智能可穿戴设备，为用户提供了更多想象的空间，并且符合用户"高便携性"的需求，极可能成为下一代主流的电子终端产品。[134]

自2012年谷歌眼镜发布以来，智慧穿戴设备已成为IT界新的关注焦点。但时至今日，虽然越来越多的智能手表、智能手环等产品上市销售，但消费者大多持观望态度，智慧穿戴设备市场呈现出叫好不叫座的窘境。究其原因，无论是国内还是国外的可穿戴智能产品，仍处于缺乏实用的、革命性产品的尴尬境地。

8.1.4　智慧穿戴的产品应用

目前,智能可穿戴设备主要有两种分类方式,一是按照应用领域来划分,一是按照主要功能来划分。

按照主要功能的不同,智能可穿戴设备产品可以划分为以下几类:运动健康类、信息咨讯类、医疗健康类和体感交互类,每类设备针对不同的细分市场和消费人群。[135]其中,运动和医疗健康类设备有运动、体侧腕带及智能手环,主要消费人群为大众消费者;信息资讯类设备有智能手表和智能眼镜[136];体感交互类设备有智能眼镜等,消费人群以年轻人为主。从目前来看,医疗和运动健康类设备的用户较多。[137]

按照应用领域的不同,可分成资讯娱乐、运动健身、医疗照护、工业/军事用四类。尤其以资讯娱乐、运动健身为市场成长最快的领域。[139]在军事上,可穿戴技术主要用途有侦察、作战指挥、通信、复杂武器系统的操作与维护及仿真演习等,如美国科学家在乔治亚州的军事演习试验基地成功地举行了可穿戴计算系统的模拟仿真试验。[140]在工业领域,可穿戴计算设备被应用于室外、野外、水下,以及复杂狭小和危险环境中的避险操作,如日本东京电力工业中心研究所基于可穿戴计算机构建的企业消防和电力设备维护作业训练。[141]

1. 谷歌眼镜 Word Lens

一家名为 Quest Visual 的公司为谷歌眼镜开发的名为 Word Lens 的应用,可以把看到的外语翻译成用户的母语,并显示在屏幕上。例如,当用户看到一个警告牌或指路牌时,只要对所佩戴的谷歌眼镜说"OK,眼镜,翻译一下这个",谷歌眼镜便会把指示牌上的内容信息翻译成用户的母语显示出来。

据介绍,谷歌眼镜 Word Lens 应用可以实时工作,而且还可以随时访问本地数据。每种语言都会在本地存储约 1 万个单词,以便用户在无法使用网络数据时,仍然可以顺利享受该应用提供的翻译服务。这还是可穿戴设备在翻译领域的初级表现,未来真正的潜力还在于对世界各地的语言进行同声翻译,而这其中还将衍生出语言包开发的商业机会。[140]

2. First Warning 癌症检测内衣

美国数字健康公司 First Warning Systems 目前研发了一款可检测癌症的内衣（见图 8-2），它带有生物温度变化传感器（CBRTM），可通过监测癌细胞所导致的微小代谢温度变化来发现早期的乳腺癌，并将数据分析结果推送至用户手机上。到目前为止，已经有超过 500 名患者在测试中成功被提前检测出患有乳腺疾病，而这对个人健康来说则是一项非常重要的技术进步。[141]

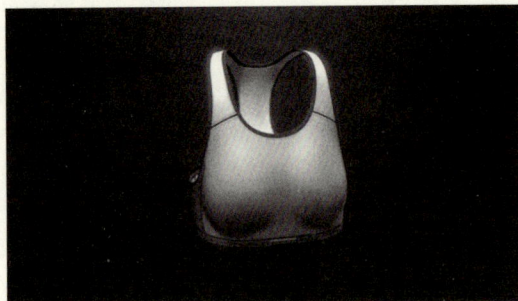

图 8-2　First Warning 癌症检测内衣

3. Casio—DATA Bank 手表

在各种穿戴式装置中，"智慧手表"是曝光度最高的产品之一。其实智慧手表的概念早就出现了。在 1972 年 Seiko（精工）便推出了第一只可显示 24 位数字的数位可程式化手表，随后 1980—1990 年，卡西欧推出了 Casio—DATA Bank 系列的各式电脑手表（见图 8-3），具有计算机、游戏等功能。

图 8-3　Casio—DATA Bank 手表

4. 摩托罗拉智能手表 MOTOACTV

2011 年 10 月 19 日全球首款基于 Android 系统的智能手表 MOTOACTV 发布。MOTOACTV 是摩托罗拉公司生产的将运动 GPS 手表和 PMP"整合型"产品(见图 8-4)。2014 年 3 月 18 日摩托罗拉继 MOTOACTV 之后又发布了一款智能佩戴设备 Moto360。而在 2015 年 9 月摩托罗拉发布的新一代智能手表第二代 Moto360 已经越来越看不出腕式电脑的样子,而是越发接近于传统手表的外观,只是在其中整合了电脑元素而已。新一代 Moto 360 新增了一组表耳,配以快速释放机关,可以迅速更换表带。这种看似细微的变化实际却使得 Moto 360 与传统手表的外观更加接近。[142]

图 8-4　摩托罗拉智能手表 MOTOACTV

5. 苹果智能手表 Apple Watch

Apple Watch(见图 8-5)是苹果公司于 2014 年 9 月公布的一款智能手表,有 Apple Watch、Apple Watch Sport 和 Apple Watch Edition 三种风格不同的系列。Apple Watch 采用人造蓝宝石水晶屏幕与 Force Touch 触摸技术。这款设备采用曲面玻璃设计,可以平展或弯曲,内部拥有多个通信模块,用户可通过它完成多种工作,包括调整播放清单、查看通话记录和回复短信等。当然,它内部采用的自然是本家的 iOS 系统,同时拥有各种各样的个性化表盘,由你随心改变、自定义的设置。在自定义的表盘上,可以增加天气、下一个活动等实用信息,也可以显示用户的心跳信息。Apple Watch 与 iPhone 配合使用,同全球标准时间的误差不超过 50 毫秒。

正如 iPhone 重新定义了手机,iPad 开启了平板电脑时代一样,Apple Watch 被认

图 8-5　Apple Watch

为很可能是苹果的下一个颠覆性产品。不过有分析人士指出 Apple Watch 并不会取代 iPhone,更多的只是作为 iPhone 的补充及扩展其他设备的功能,让用户使用苹果设备变得更方便。例如当用户不知道其手机在哪时,可以通过 Apple Watch 的 Siri 功能,让 iPhone 发出声音并振动以让用户顺利找到手机。

6. 华为智能手表 Huawei Watch

在 2015 年,华为推出其首款智能手表 Huawei Watch(见图 8-6)。该设备采用了最接近于传统手表直径的尺寸 42mm,同时采用了传统圆形手表最富造型的 3 个元素:表冠、表耳和表圈。华为的智能手表采用的是 ClearPad 电容式触摸控制器,该控制器成熟可靠、功耗很低,而且具备高度灵敏的人机交互性能,用湿的手指触控,效果依然良好。华为设计师还要求实现经典的圆形表盘,而 Synaptics 是唯一能够提供完

图 8-6　华为智能手表 Huawei Watch

全圆形触控界面的提供商。Huawei Watch 激活了内置扬声器,除了确保蓝牙通话和微信语音消息播放功能外,还能播放手表内置的本地音乐。Huawei Watch 还内置了语音助手,只需一个口令,就可以实现信息搜索、地图导航,以及语音启动等功能。

7. FitBit Blaze 健康腕表

FitBit 的健康腕带已经享誉业内。最新的 Fitbit Blaze 健康腕表(见图 8-7)是一款拥有彩色触控屏幕、可换表面图案、纤薄设计和多种表带的智能手表。

Blaze 的功能包括来电管理、信息、日历提醒和音乐控制的功能,此外当然还有 Fitbit 最拿手的健康监测包括 GPS、持续的心率计和按运动类别而提供不同的监测模式。通过 SmartTrack 功能,Blaze 更能自动辨认出使用者正在做哪种运动并记录在 Fitbit 专属应用程序中。睡眠监测和震动闹钟也被加入其中。续航力方面则有着 5 天的使用时间。[143]

图 8-7　FitBit Blaze 健康腕表

8. 小米手环

智能手环是新兴起的一个科技领域,它可以跟踪用户的日常活动、睡眠情况和饮食习惯等,并可将数据与 iOS、Android 设备同步,帮助用户了解和改善自己的健康状况。2014 年 7 月 22 日,小米年度发布会上第二款产品——小米手环(见图 8-8)亮相,小米手环延续了小米产品一贯的高性价比,定价仅为 79 元。

小米手环的主要功能包括查看运动量、监测睡眠质量、智能闹钟唤醒等。人们可以通过手机应用实时查看运动量,监测走路和跑步的效果,还可以通过云端识别更多

图 8-8　小米手环

的运动项目。小米手环能够自动判断佩带者是否进入睡眠状态,分别记录深睡及浅眠并汇总睡眠时间,帮助用户监测自己的睡眠质量。小米手环配备了低功耗蓝牙芯片及加速传感器,待机时间可达 30 天。另外,它具备 IP67 级别防水防尘性能,意味着日常生活,甚至是洗澡都无须摘下。

9. 谷歌眼镜(Google Project Glass)

谷歌眼镜(见图 8-9)是由谷歌公司于 2012 年 4 月发布的一款"拓展现实"眼镜,它具有和智能手机一样的功能,可以通过声音控制拍照、视频通话和辨明方向,以及上网冲浪、处理文字信息和电子邮件等。

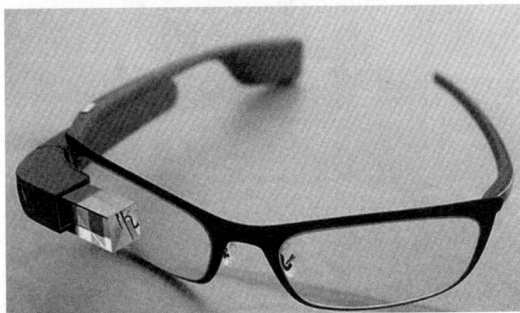

图 8-9　谷歌眼镜

谷歌眼镜集智能手机、GPS、相机于一身,通过电脑化的镜片将信息以智能手机的格式实时展现在用户眼前,用户只要眨眨眼就能完成拍照上传、收发短信、查询天气路况等操作。用户无需动手便可上网冲浪或者处理文字信息和电子邮件,同时,戴上这款"拓展现实"眼镜,用户可以用自己的声音控制拍照、视频通话和辨明方向。

但是随后谷歌眼镜也产生了诸多问题。例如成本过高,导致谷歌眼镜难以得到大范围的推广;谷歌眼镜还缺少展现它技术潜力强而有力的代表性应用;黑客还能够通过谷歌眼镜盗取手机的密码,以此获取用户更多的个人信息,等等。因此,2015 年 1 月 19 日,谷歌停止了谷歌眼镜的"探索者"项目,这一项目被取消。

10. SONY 头盔显示器

索尼 HMZ-T1 头盔显示器(见图 8-10)是索尼(SONY)公司于 2012 年 2 月 23 日在日本发布的一款产品,之后,索尼公司又推出了"索尼 HMZ-T2""prototype-sr"等后续机型。这款设备不仅具有极为科幻的外观,更重要的是它使用了最先进的 OLED 显示技术,戴上之后的效果就如同在 20 米的距离内观看 750 英寸巨型银幕的效果。而索尼 HMZ-T1 头盔显示器除了具有真实生动的画面体验、相当便携的体积以外,还为体验者带来了超宽的视角、极为丰富的画面色彩以及环绕的音响效果。索尼 HMZ-T1 头盔显示器能提供犹如身临其境的游戏体验,还可提供 3D 电影的观看。

图 8-10　索尼 HMZ-T1 头盔显示器

11. BrainLink 智能头箍

BrainLink 智能头盔(见图 8-11)是由深圳市宏智力科技有限公司专为 iOS 系统研发的配件产品,它是一个安全可靠、佩戴简易方便的头戴式脑电波传感器。它可以通过蓝牙无线连接手机、平板电脑、手提电脑、台式电脑或智能电视等终端设备。

BrainLink 引用了国外先进的脑机接口技术,其独特的外观设计、强大的培训软件深受广大用户的喜爱。可穿戴头箍依据类似于体检中使用的心电图仪或血压计的原理,采用对人体安全的金属铜传感器来检测人体表皮上的生物电信号。人体的脑电波信号都集中在头部,而最利于检测脑电波的区域位于没有毛发遮挡的前额区域,因此 BrainLink 在前额设置了一个单点金属传感器来采集生物电信号。BrainLink 会对这些信号进行处理,例如杂波过滤、降噪和分析计算,然后通过蓝牙将分析后的脑波状态传送到 iPad 等智能终端设备。它能让手机或平板电脑即时了解到用户的大脑状态,例如是否专注、紧张、放松或疲劳等。用户也可以通过主动调节自己的专注度和放松度来给予手机平板电脑指令,从而实现神奇的"意念力操控"。

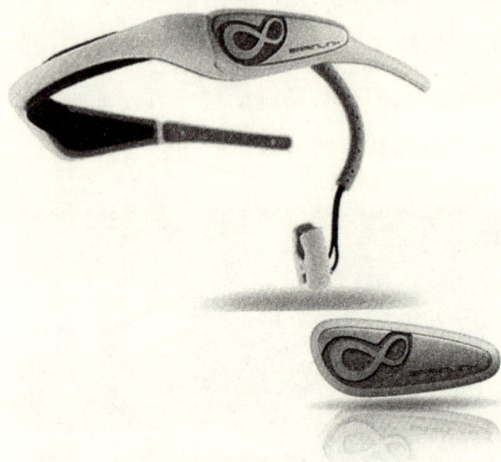

图 8-11　BrainLink 智能头箍

12. 谷歌智能鞋

这款会说话的鞋(见图 8-12)由 Google 和创意设计机构 YesYesNo,以及 Studio 5050 合作完成,是 Google"Art、Copy、Code"项目的一部分,旨在用比较诙谐的语言将运动数据传达给用户并且分享给朋友。

它内部装配了加速器、陀螺仪等装置,通过蓝牙与智能手机进行连接,从而可以监测到用户的使用情况。另外,鞋子还配有一个扬声器,安置于鞋身各个部位的传感器可以收集鞋子的运动信息并发出俏皮的语音评论,智能鞋同时也可以与手机应用进行连接,绑定用户自己的 Google＋主页,实时由鞋子通过手机在用户的 Google＋个人页

图 8-12　谷歌智能鞋

面更新状态,让关注他的好友随时知道你的运动状态。甚至,用户如果久坐不动,那么鞋子会告诉你:"好无聊的时间,你需要动起来。"

13. 小米智能鞋

　　智能手机和智能手表早已面世,而国内的小米科技也推出一款智能鞋类产品(见图 8-13)。2013 年 3 月 18 日,小米科技 CEO 雷军表示要卖小米牌的智能帆布鞋。小米智能鞋将与小米手机搭配使用,未来穿上小米智能鞋,与小米手机连接在一起,就可以测算用户的跑步距离,以及测算跑步时的心率等情况。而在 2016 年 3 月 17 日上午,90 分智能轻跑鞋正式登陆小米众筹,售价 169 元。据介绍,这双鞋全面兼容小米

图 8-13　小米 90 分智能轻跑鞋

运动 APP,能够记录跑步路线、距离以及卡路里消耗,还能够分享到微信朋友圈。

互联网正全方位进入人们的生活,挡都挡不住,未来人身上带的全是互联网的产品,也就是说可穿戴的互联网时代已经到来,最重要的是创业者需要发挥想象力,不光可以做耳环、做戒指、还可以做智能鞋。小米已看清未来趋势,并建立起自己的品牌,再基于品牌做周边延伸。未来小米很容易延伸到手表、眼镜、鞋、戒指、耳环这些周边产品,而这些周边产品一旦加上互联网因素就会使其爆发出巨大价值,并吸引用户购买。

14. 可穿戴医疗设备

手腕式血糖控制仪:基于 Bio-MEMS 技术,由提取血液的微泵,带血糖传感器的电极和通过气压差推送药物的微泵组成。其工作原理是通过微针检测血糖浓度,再由微泵来注射药物,维持血糖水平的正常。其吸引人之处在于可根据血糖水平自动调节用药方案,避免了胰岛素治疗中常见的低血糖状况:如果检测的血糖水平低于正常值,则自动注射葡萄糖;如果监测的血糖水平高于正常值,则自动注射胰岛素。

声波加速体内胰岛素分泌器:通过声波身体的特定部位进行长时间的刺激,借助特定频率(用户可以根据情况调节)诱导胰岛素分泌,从而降低糖尿病患者的血糖。临床实验显示,在 4 小时声波刺激后,血糖浓度明显降低。

可穿戴除颤器:目前已用于临床,主要由贴身背心式电极带和除颤器组成。电极带里含有感知电极和除颤电极,而除颤器由脉冲发生器、检测器和报警器组成。另外还有可人工启动和取消的手动开关。当检测到异常时,报警器会通知医护人员进行除颤或自动除颤。

可穿戴式交变电场:以色列理工学院的一个研究小组将一个小型电池和带有导线的绝缘绷带电极组成的设备带在脑瘤患者头上,利用电场阻止癌细胞生长分裂,使脑癌患者存活时间提高了 1 倍;并且此设备对正常细胞没有副作用,潜力巨大。

电离子透入疗法:电离子透入疗法是将药物通过皮肤,由直流电流驱动渗入人体体内的治疗方法,可以对局部应用高剂量的药物,提高药物疗效并减少因全身用药带来的副作用。过去电离子透入疗法需要大量的电子元器件、专业医务人员监测电流以保证安全;但随着开关式电源设计和高性能的微控制器的诞生,电离子透入疗法已进入可穿戴时代,患者可以通过自助式电离子透入贴片对头痛、晕动病、皱纹等进行治疗。

智能眼镜：它可以帮助阿尔茨海默病患者唤起记忆。日本科学家发明了一款智能眼镜，可以识别 60 种日常用品，可以记住佩戴者最后一次看到提包、钥匙、手机、音乐播放器等日常用品的地点。智能眼镜的镜片上有微型摄像头和小型反光镜，可以拍下佩戴者所见的物品，第一次摄像头聚焦于物品上时，佩带者说出该物品的名称，名称会保存到小型智能电脑处理器，佩戴者如果再次寻找该物品，只要念出其名称，智能眼镜即会在显示屏上显示它最后一次出现的地点。这一功能可以给记忆衰退的阿尔茨海默病患者带来很多生活上的便利。

8.1.5 智能穿戴的发展前景

穿戴式智能设备的本意，是探索人和科技全新的交互方式，为每个人提供专属的、个性化的服务，而设备的计算方式无疑要以本地化计算为主——只有这样才能准确定位和感知每个用户的个性化、非结构化数据，形成每个人随身移动设备上独一无二的专属数据计算结果，以此直达用户内心并找到真正有意义的需求。

穿戴式智能设备虽然已经从幻想走进现实，它们的出现将改变现代人的生活方式，但是智慧穿戴产品在具有广阔未来发展前景的同时还存在着许多需要解决的问题。

在未来，苹果手表或者谷歌眼镜将成为人体的一部分，就像皮肤、手臂一样。在更远的未来，手机可能只需向人体植入芯片，而 Siri 将能直接通过对话帮你打电话，帮你订餐馆，了解你的一切隐私，跟你的亲密程度甚至超过你的家人——可能谷歌眼镜和苹果手表都不再是植入人体的芯片了，它们已经成为人体基因的一部分，可以参与人类的繁衍和进化。

建立在移动互联、大数据及云计算的基础上，未来智能穿戴在运动健康管理中的发展模式可能为"智能穿戴"＋"智能终端（手机）"＋"云服务器"三者之间的相互串联，智能穿戴设备收集监控数据并将数据传输至智能终端，再推送到云服务器，云服务器在大数据的基础上进行综合分析，得出即时性或阶段性的评估报告，最后将评估结果反馈到智能终端。在这个过程中，智能穿戴产品也可以直接将数据传送至云服务器，由云服务器分析后再将评估结果反馈至智能终端，对于装载着智能系统并有显示屏幕的智能穿戴，也可以直接在智能穿戴与云服务器之间进行数据传输，即"智能穿戴"＋

"云服务器"的运行模式。

现阶段对于智能穿戴类设备的怀疑仅仅局限于智慧穿戴产品的形态和成熟时机而已,对于其即将引领终端市场的大趋势,业界还是持一致认同态度。智能穿戴的推出在移动智能终端前进的道路上终究是具有划时代意义的,况且物联网与移动互联网的融合已成必然趋势,穿戴智能设备在今后的发展中不仅扮演移动互联网延伸的角色,同时也是物联网信息摄取的一个重要节点。

在智能终端逐步走向成熟的路上,一些关键技术是否能取得突破也会影响到智慧穿戴走向成熟的进程。智慧穿戴发展至今日,在产业模式、产品类型和关键技术突破上还存在着诸多未知和壁垒。诸如苹果和微软等 ICT(Information Communications Technology,简称 ICT,信息、通信和技术)巨头,也尚未推出应用于智能穿戴领域的成熟产品,这已充分表明业界对这一领域的发展与成熟时机尚抱有观望态度。除了谷歌领衔的智能眼镜类产品外,市场上成熟商用的产品多为年轻公司推出的健康医疗类设备和一些传统 IT 巨头推出的智能手表。前者虽然用户体验较好,但是其智能化程度还存在较大发展空间;而后者的功能越丰富,在用户体验方面却往往越被诟病。可见智能化与用户体验两方面皆让用户满意的产品在市场上仍未出现。此外,处理器和能源技术的协同发展将直接左右智能穿戴的实用性和可操作性,而新型显示技术的创新应用则对今后智能穿戴的形态具有举足轻重的影响。

智慧穿戴将真正把人体作为大数据时代入口,将电子产品使用频率从分钟级提升至秒级,在各方市场力驱动下,可穿戴技术在硬件设备和软件应用方面发展的井喷已成必然。智慧穿戴设备将是消费电子产业下一步发展方向。智慧穿戴设备要求随时随地接入互联网,将数据发送到云端,进行大数据分析,再将数据指令返回到智能穿戴设备,操纵设备进行人机互动,因此智能穿戴设备产业的发展对物联网、云计算、大数据、智慧家居、智慧电网、健康医疗、互联网金融等产业具有很强的拉动作用。未来,继浏览器、智能终端、移动应用商店之后,智慧穿戴设备将在移动互联网领域占据至关重要的地位,彻底改变人类的生活方式。[146]

在美国科技专栏作者迈克·艾尔甘看来,穿戴式科技会是一项颠覆性技术。在过去数个世纪以来,人类都在寻求增强人体机能的人工方法,比如能让人看得更清楚的隐形眼镜。

业内目前有一种普遍观点认为,正如智能手机毁灭了翻盖手机,平板电脑毁灭了传统个人电脑,穿戴式智能设备的崛起将毁灭智能手机和电脑。独立市场研究机构 Forrester Research 判断,可穿戴的科技会引领下一场计算革命。"它让人们以不同的方式看待技术,人们正迈向一个新世界,即技术与人们互动。人们不仅仅是盯着屏幕,它会提出建议。例如,你该出去散步或购物了。这是电脑和智能手机都很难做到的。"

不过,穿戴式智能设备也引发了人们的种种忧虑。比如,它会让人们过度地依赖科技。就像智能手机曾经做到的那样,这样的设备将对人们的交流、导航和效率等方面产生重要影响,但也让人们更加迷恋科技,更容易忽略周围的存在。当人们与数字世界互动的门槛降低之后,人们肯定会花更多时间在上面。又如,穿戴式智能设备可能会涉及一些隐私和个人安全问题。开车的时候打电话是危险的举动,但如果开车的时候玩几下智能手表或者看一眼智能眼镜呢,那就更加危险了吧。西弗吉尼亚州议会已经提出了针对某现有法案的一个修正案,目的是把"在驾驶机动车时使用带有头戴显示器的穿戴式电脑定为违法行为"。就像任何一次重大技术变革一样,穿戴式智能设备的出现肯定会引发各种问题,因为新的技术总会走在法律和人们的礼节之前。但不管人们是否准备好了,穿戴式设备的时代已经到来了。

8.2 智慧交通

8.2.1 智慧交通的定义

交通被形象地称之为城市的"血脉"。仅靠多建道路、增添"血管"已不能解决城市交通拥堵的痼疾,还要加快"血流"的速度,提高交通的效率。随着社会的进步,现在我国家庭或者个人所有的车的数量越来越多,而公路的拓展数量有限,这就造成了交通压力越来越大的现状。在这里,一套有效的能够提升交通效率的系统的出现就显得很迫切了,智慧交通系统就是在这样的背景下应运而生。

智慧交通是在交通领域中充分运用物联网、云计算、人工智能、自动控制、移动互联网等技术,对交通管理、交通运输、公众出行等交通领域全方面,以及交通建设管理全过程进行管控支撑,使交通系统在区域、城市甚至更大的时空范围具备感知、互联、分析、预测、控制等能力,以充分保障交通安全、发挥交通基础设施效能、提升交通系统运行效率和管理水平,为通畅的公众出行和可持续的经济发展服务。智慧交通系统基于物联网把车辆、道路、交通管理部门通过物联网连接起来,让车辆、道路都变得有智慧起来。它可以自动根据交通情况和车流量来调节交通,从而提高道路交通的效率,做到能充分地利用有限的道路资源,来实现交通的最优化。[144]

随着城市化高速发展,现有路网及交通出行方式已无法满足人们的出行需求,智慧交通成为智慧城市建设最为迫切的需求之一。目前,北京、上海、深圳、宁波、佛山等多个城市先后开展了智慧交通建设,其智慧交通总体构架、建设模式已成为个城市智慧交通建设成败的关键。[145]

作为"互联网+交通"的产物,智慧交通被视为交通业实现跨越式发展、缓解资源和环境压力的有效途径。交通运输部总工程师周伟表示,交通运输部提出了加快综合交通、智慧交通、绿色交通和平安交通"四个交通"的建设理念。其中智慧交通是"四个交通"发展的关键。《国家中长期科学和技术发展规划纲要》(2006—2020年)也明确提出,要把智能交通管理系统作为交通运输领域的六个优先发展主题之一。

智慧交通也被广大企业视为新的市场机会。截至2013年5月份,中国的一级城市百分之百提出了"智慧城市"的详细规划;有80%以上的二级城市也明确提出了建设"智慧城市"的想法。智能交通是智慧城市的重要组成部分,各地对智能交通的投资力度逐步加大。此外《交通运输信息化"十二五"规划》出台,智能交通受到政策持续扶持。来自第三方市场研究机构的数据显示,2014年城市智慧交通市场规模达246.4亿元,同比增长25.3%,2010年至2014年复合增长率达24.6%。英特尔物联网事业部中国区总经理陈伟表示,英特尔的物联网战略落实在4个主要的垂直领域,交通正是其中之一。[146]

8.2.2　智慧交通的发展历史

智慧交通的前身是智能交通系统(Intelligent Transport System,简称ITS),ITS是20世纪90年代初由美国提出的理念。到了2009年,IBM提出了智慧交通的理念,智慧交通是在智能交通的基础上,融入物联网、云计算、大数据、移动互联网等高新IT技术,通过高新技术汇集交通信息,提供实时交通数据下的交通信息服务。它大量使用了数据模型、数据挖掘等数据处理技术,实现了智慧交通的系统性、实时性、信息交流的交互性以及服务的广泛性。

1. 智能交通

智能交通系统是指将先进的信息技术、数据通讯传输技术、电子传感技术、卫星导航与定位技术、电子控制技术,以及计算机处理技术等有效地集成运用于整个交通运输管理体系,而建立起的一种在大范围内、全方位发挥作用的,实时、准确、高效的综合运输和管理系统。其目的是使人、车、路密切配合达到和谐统一,发挥协同效应,极大地提高交通运输效率、保障交通安全、改善交通运输环境、提高能源利用效率。

20 世纪末,随着社会经济和科技的快速发展,城市化水平越来越高,机动车保有量迅速增加,交通拥挤、交通事故救援、交通管理、环境污染、能源短缺等问题已经成为世界各国面临的共同难题,无论是发达国家,还是发展中国家,都毫无例外地承受着这些问题的困扰。在此大背景下,把交通基础设施、交通运载工具和交通参与者综合起来系统考虑,充分利用信息技术、数据通信传输技术、电子传感技术、卫星导航与定位技术、控制技术、计算机技术及交通工程等多项高新技术的集成及应用,使人、车、路之间的相互作用关系以新的方式呈现出来,这种解决交通问题的方式就是智能交通系统。

智能交通系统中的"人"是指一切与交通运输系统有关的人,包括交通管理者、操作者和参与者;"车"包括各种运输方式的运载工具;"路"包括各种运输方式的道路及航线。"智能"是 ITS 区别于传统交通运输系统的最根本特征。

2. 智慧交通

前面提到城市化水平越来越高,机动车保有量迅速增加,交通拥挤、交通事故救援、交通管理、环境污染、能源短缺等问题已经成为世界各国面临的共同难题。[147]

解决上述交通问题的方法可概括为两种:建、疏。"建"是指对高速公路、城市轨道交通、城际交通设施建设等道路硬件进行投资,同时也包括建设智慧交通等为代表的智能化解决方案的管理设施建设,缓解交通压力。"疏"就是指充分发挥智能交通的技术优势和协同效应,结合各种高科技技术、产品,提高交通运输系统的效率。过去传统的解决方法即采用加大基础设施建设投资,大力发展道路建设。由于政府财政支出的有限性和城市空间的局限性,该法的发展空间逐步缩小,导致近年来北京、广州等城市相继实行了汽车"限购""限牌"政策,寄希望于"禁"的手段来减缓城市交通压力。但这种抑制人们刚性需求的做法饱受诟病。

专家也呼吁"禁"不如"疏",发展智慧交通是提高交通运输效率,解决交通拥挤、交通事故等问题的最好办法。从各国实际应用效果来看,发展智能交通系统确实可以提高交通效率,有效减缓交通压力,降低交通事故率,进而保护环境、节约能源。

电子信息技术的发展,"数据为王"的大数据时代的到来,为智慧交通的发展带来了重大的变革。物联网、云计算、大数据、移动互联等技术在交通领域的发展和应用,不仅给智慧交通注入新的技术内涵,也对智慧交通系统的理念及其发展产生巨大影响。随着大数据技术研究和应用的深入,智慧交通在交通运行管理优化,面向车辆和出行者的智慧化服务等各方面,将为公众提供更加敏捷、高效、绿色、安全的出行环境,创造更美好的生活。

案例:银江股份——城市智慧交通全管控与指挥系统

随着智慧交通行业日趋成熟,银江股份不断将新技术(包括移动计算、云计算、智能识别、信息融合等)融入到主营核心业务领域之中,构建先进智慧的交通支撑体系;以提供一流的集成解决方案来满足客户不断变化的需求,有效缓解了交通拥堵和改善了交通环境;让城市运作更安全、更高效、更便捷、更绿色。

银江城市智慧交通全集成与指挥系统(见图 8-14)是一个具有开放体系结构的面向交通管理部门的市城综合交通控制、指挥调度和信息服务平台系统。该系统综合城市道路各大应用系统、整合动态交通信息,提升一体化城市路网协调控制管理能力,提高城市交通枢纽公众出行服务水平,为城市交通管理部门提供一体化的全集成应用平台。银江城市智能交通诱导系统是综合运用先进的信息、数据通信、网络、自动控制、交通工程等技术,改善交通运输的运行情况,提高运输效率和安全性,减少交通事故,解决停车问题,从而建立一个智能化的、安全、便捷、高速、环保、舒适的综合交通运输系统。

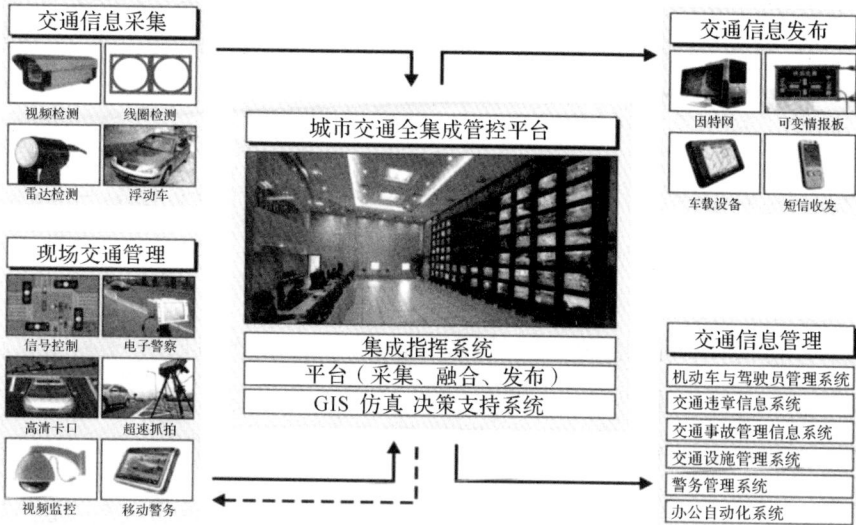

图 8-14　银江城市智慧交通全集成与指挥系统

8.2.3　智慧交通的发展现状

多年来,国家和政府高度重视交通行业的发展。2000 年,科技部会同国家计委、经贸委、公安部、交通部、铁道部、建设部、信息产业部等部委相关部门,专门成立了全国智能交通系统协调指导小组及办公室,组织研究中国智能运输系统的发展;《信息产业科技发展"十一五"规划 2020 年中长期规划纲要》将"智能交通系统"确定为重点发展项目;《交通运输"十二五"发展规划》中提出:"十二五"时期要推进交通信息化建设,大力发展智能交通,提升交通运输的现代化水平;在国家八部委起草的《关于促进智慧城市健康发展的指导意见》中,智能交通被列为十大领域智慧工程建设之一;2014 年交通运输部杨传堂部长在全国交通运输工作会议中所做的报告《深化改革务实创新加快推进"四个交通"发展》则提出将"四个交通"(综合交通、智慧交通、绿色交通、平安交通)作为今后和当前一段时期交通运输发展的主旋律;杨部长又在 2015 年全国交通运输工作会议上的讲话中两次提到"以智慧交通为主战场"。

目前,中国智能交通系统已从探索阶段进入实际开发和应用阶段。接下来将从应用领域、行业规模和企业分布三方面来阐述我国智慧交通已经取得的巨大成就。

交通运输部近年来高度重视智慧交通发展,提出了要建设交通基础设施和信息化基础设施两个体系,将信息化提升到和交通基础设施同等重要地位。智慧交通扛起了引领交通现代化的大旗,是未来交通发展主要趋势之一。工信部将"智慧交通"列为十大物联网示范工程之一。工信部提出的是"智慧"而不是"智能",两者的本质区别在于"智慧交通"是利用现代化科技手段,实现人、车、路和环境的和谐关系,使交通发展更加具有现代化的意识,更好地节约能源,减低环境污染,改善交通秩序和交通环境的全新交通发展形态。

从应用领域来看,目前我国智慧交通主要应用在公路交通信息化、城市道路交通管理服务信息化以及城市公交信息化领域。

在公路交通信息化方面:北京实施了"科技奥运"智能交通应用试点示范工程,广州、中山、深圳、上海、天津、重庆、济南、青岛、杭州等作为智能交通系统示范城市也各自进行了有益的尝试;在公路收费领域中,全国 14 省市高速公路 ETC 正式联网运行,京津冀、长三角地区正逐步展开跨省区的收费系统的建设。

在城市道路交通管理服务信息化方面:南京市城市智能云交通诱导服务系统通过综合分析人、车、路等交通影响因素,利用各类信息发布手段,为道路使用者提供最优路径引导信息和各类实时交通帮助信息服务,为众多出行者优化路径。厦门市智能交通指挥控制中心则通过检测设备、视频巡逻、电话、微信、微博等多元化渠道采集道路交通信息,通过室外诱导屏、网站、手机等方式及时发布信息。

在城市公交信息化方面:37 个城市入选公交都市建设示范工程创建城市,在提高公共交通系统的吸引力、调控城市交通需求总量和出行结构、提高城市交通运行效率等方面进行了积极探索并取得了一定成效。

1. 百度地图正全面打造"互联网＋智慧交通"新模式

最近一段时间以来,百度地图频繁与各地交通主管部门展开合作,为江苏、广东,以及贵阳、西安、海口等省市提供"标准化＋定制化"的地图服务,这一切实改善民生的战略为百度地图赢得了更多青睐。截至 2016 年 6 月 30 日,百度公司第二季度财报显示,百度地图月活跃用户达到 3.43 亿,同比增长 13%,政企共建"互联网＋智慧交通"的新模式已经开始取得成效。

2016 年第二季度,在全百度的战略布局当中,百度地图正发挥越来越重要的作用。海外市场方面,百度地图加速开拓,已登陆亚太、欧洲和南美 63 个海外国家和地区;在国内市场方面,百度地图则更注重"精耕",凭借着领先的技术优势和出众的用户体验,百度地图以政企合作的方式逐步打造了"互联网＋智慧交通"的新模式。

2016 年 5 月,百度地图与海口交警达成战略合作,双方在基于数据开放融合的交通出行服务就政企共建、大数据决策分析管理应用研究、交通便民服务创新等领域展开深度合作,满足民众对交通出行的多元化需求,提升公共资源的配置效率。7 月,百度地图与成都市公安局交通管理局、成都交投集团签署合作协议,正式建立战略伙伴关系,三方合作聚焦治理成都市交通拥堵"城市病",推动建立基于互联网、大数据、云计算技术的成都公众交通出行信息服务和交通管理决策支持系统,致力于为成都市民定制更便捷的出行方案。政企之间优势互补、资源共享,正助力更多城市的交通进行转型升级。[148]

从行业规模来看,2011 年中国智能交通行业应用总体市场规模达到 252.8 亿元,比 2010 年的 201.9 亿元增长了 25.21％,2012 年随着各地智慧城市建设的推进,在智能交通行业 IT 应用投资方面加大了力度,2012 年比 2011 年增长了 25.59％,规模达到了 317.5 亿。2013 年受政府投资推动智慧城市建设的影响,智能交通行业应用投资增长至 408 亿元,增长率则高达 28.5％。预计到 2020 年国内智能交通领域的投入将达到上千亿元,智能交通产业将进入新一轮的快速发展轨道。[149]

从企业分布来看,目前国内从事智能交通行业的企业约有 2000 多家,主要集中在道路监控、高速公路收费、3S(GPS、GIS、RS)和系统集成环节。近年来的平安城市建设,为道路监控提供了巨大的市场机遇,目前国内约有 500 家企业在从事监控产品的生产和销售。高速公路收费系统是中国非常有特色的智能交通领域,国内约有 200 多家企业从事相关产品的生产,并且国内企业已掌握了具有自主知识产权的高速公路不停车收费双界面 CPU 卡技术。在 3S 领域,国内虽然有 200 多家企业,但能够实现系统功能的企业还比较少。尽管国内从事智能交通的企业"鱼龙混杂",但一些专注于特定领域的企业,经过多年的发展,已在相关领域取得了不错的成绩。一些龙头企业在高速公路机电系统、高速公路智能卡、地理信息系统和快速公交智能系统领域占据了重要的地位。

2. 日本智慧交通建设的借鉴

智慧交通能够有效治理与预防城市交通阻塞问题,大中城市推进智慧交通重在解决已经发生的拥堵问题,小城市推进智慧交通建设则以预防拥堵为主。

日本对智慧交通的研究较早,且技术先进。为了解决城市交通拥堵问题,日本推进智慧交通建设经历了四个阶段:一是加强道路基础设施建设,大力推进市内道路改造和高速公路建设,提高道路通行能力。二是推进智慧交通控制的研发应用。1973年,东京都率先采用全自动智慧交通控制系统。三是提升智慧交通信息服务水平。1991年,日本警察厅、通产省、运输省、邮政省和建设省联合开发了新一代"车辆信息与通信系统"。四是发展智能交通产业。1994年,由警察厅、通产省、运输省、邮政省、建设省五个部门牵头,成立官、研、企"三位一体"智慧交通(ITS)推进协会,以丰田、本田、东芝等大企业为龙头,协同推进智慧交通产业发展。

8.2.4 智慧交通的技术应用

智慧交通系统主要解决四个方面的技术应用需求:第一,交通实时监控。获知哪里发生了交通事故、哪里交通拥挤、哪条路最为畅通,并以最快的速度提供给驾驶员和交通管理人员。第二,公共车辆管理。实现驾驶员与调度管理中心之间的双向通信,提升商业车辆、公共汽车和出租车的运营效率。第三,旅行信息服务。通过多媒介多终端向外出旅行者及时提供各种交通综合信息。第四,车辆辅助控制。利用实时数据辅助驾驶员驾驶汽车,或替代驾驶员自动驾驶汽车。

数据是智慧交通的基础和命脉。以上任何一项应用都是基于海量数据的实时获取和分析而得以实现的。位置信息、交通流量、速度、占有率、排队长度、行程时间、区间速度等是其中最为重要的交通数据。据不完全统计,当前交通运输行业每年产生的数据量在百 PB 级别,存储量预计可达到数十 PB。以北京市交通运行监测调度中心(TOCC)为例,目前 TOCC 共包括 6000 多项静动态数据、6 万多路视频,其静动态数据存储达到 20T,每天数据增量达 30G 左右。面对增长迅速的海量数据,在云计算、大数据等技术支撑保障下,未来的交通管理系统将具备强大的存储能力、快速的计算能力以及科学的分析能力,系统模拟现实世界和预测判断的能力更加出色,能够从海量数据中快速、准确提取出高价值信息,为管理决策人员提供应需而变的解决方案,交通管理的预见性、主动性、及时性、协同性、合理性将大幅提升。

物联网通过各类传感器、移动终端或电子标签,使信息系统对外部环境的感知更加丰富细致,这种感知为人、车、路、货、系统之间的相互识别、互操作或智能控制提供了无限可能。未来,智能公路、智能航道、智能铁路、智能民航、智能车辆、智能货物、智能场站等将快速发展,管理者对交通基础设施、运输装备、场站设备等的技术运行情况和外部环境能够更加全面、及时、准确掌握。例如:通过用户 ID 和时间线组织起来的用户行为轨迹模型,实际记录了用户在真实世界的活动,在一定程度上体现了个人的意图、喜好和行为模式。掌握了这些,对于智慧交通系统提供个性化的旅行信息推送服务很有帮助。

服务是交通运输的本质属性,随着移动互联网、智能移动终端大范围应用,信息服务向个性化、定制化发展。信息服务系统与交通要素的信息交互更加频繁,系统对用户的需求跟踪、识别更加及时准确,能够为用户提供交通出行或货物运输的全过程规划、实时导航和票务服务,基于位置的信息服务和主动推送式服务水平大大改善。

8.2.5　智慧交通的发展趋势

加快推进绿色循环低碳交通运输发展,是加快转变交通运输发展方式、推进交通运输现代化的一项艰巨而紧迫的战略任务。近年来,国家层面通过出台相关政策、开展城市试点等方式积极推进绿色交通建设。2010 年,启动了"车、船、路、港"千家企业低碳交通运输专项行动。2012 年,交通运输部颁布实施了《关于贯彻落实〈国务院关于城市优先发展公共交通的指导意见〉的实施意见》,随后便启动了公交都市建设工作。截至 2013 年年底,全国有 37 个城市入选公交都市试点城市。2013 年,交通运输部印发了《加快推进绿色循坏低碳交通运输发展指导意见》;同年,颁布了《关于推进水运行业应用液化天然气的指导意见》,组织无锡等 10 个城市开展低碳交通城市区域性试点工作。

"十三五"期间,随着科学技术的不断创新、国家政策的强力支持,绿色交通将成为交通运输发展的新底色,节能减排将成为智慧交通发展的关键词。大力发展车联网,提高车辆运行效率;重视智能汽车的发展,提升车辆智能化水平,加强车辆的智能化管理;积极采用混合动力汽车、替代料车等节能环保型营运车辆;构建绿色"慢行交通"系统,提高公共交通和非机动化出行的吸引力;构建绿色交通技术体系,促进客货运输市场的电子化、网络化提高运输效率,降低能源消耗,实现技术性节能减排。

车联网是智慧交通发展的新动向。随着国内汽车保有量的迅速扩大,我国正在步入汽车社会,与汽车相关的社会问题和矛盾也日益凸显,其中汽车与道路、汽车与环境、汽车与能源、汽车与行人之间的矛盾日益突出。这些都表明我国车联网市场蕴含着巨大空间。

车联网是物联网在智能交通领域的运用,车联网项目是智能交通系统的重要组成部分。21世纪,物联网、智慧地球、智慧城市等概念兴起,具体到交通领域的应用便产生了智慧交通、车联网的概念。物联网的概念,在中国早在1999年就提出来了,当时不叫"物联网"而叫"传感网",物联网概念的产生与物联网行业的快速发展同步,与智能交通交汇融合,产生了智能交通行业的新动向——车联网。

车联网就是汽车移动物联网,是指利用车载电子传感装置,通过移动通讯技术、汽车导航系统、智能终端设备与信息网络平台,使车与路、车与车、车与人、车与城市之间实时联网,实现信息互联互通,从而对车、人、物、路、位置等进行有效的智能监控、调度、管理的网络系统。只与"人—车"相关的部分在国外叫车载信息服务系统(Telematics),也就是"狭义"的汽车物联网。Telematics是以无线语音、数字通信和卫星导航定位系统为平台,通过定位系统和无线通信网,向驾驶员和乘客提供交通信息、紧急情况应付对策、远距离车辆诊断和互联网(金融交易、新闻、电子邮件等)服务的综合信息服务系统。

"十二五"规划已将车联网作为物联网十大重点部署领域之一,是实施国家科技重大专项,是科技工作的重中之重,车联网有关项目已被列为我国重大专项重要项目。车联网项目作为物联网领域的核心应用,第一期资金投入达百亿级别,扶持资金集中在汽车电子、信息通信及软件解决方案领域。工信部从产业规划、技术标准等多方面着手,加大对车载信息服务的支持力度,全力推进车联网产业全面发展。[155]

然而,由于产业结构、商业模式、安全法规等瓶颈的存在,我国车联网目前依然处于初级阶段。"十三五"期间,随着国家层面对车联网政策红利的逐步释放、技术水平的不断提升、互联网思维的逐步渗透,车联网将迎来爆发式增长期。据银河证券数据,2015年,中国车联网用户渗透到1000万,占当时汽车用户总数的10%左右。5年内用户数将达到4000万,有望渗透率突破20%。

8.3　智慧医疗

随着大数据、云计算、物联网等技术的发展,医疗健康问题的处理变得越来越智慧化。2015 年 3 月 10 日,在苹果公司万众期待的新品发布会上,除了 Macbook 和 Apple Watch 如期赴约外,苹果新的医疗研究平台——ResearchKit 也吸引了很多人,尤其是医疗工作者的注意,并被认为有可能成为一款引发医疗变革的产品。

目前,纵观全球的互联网医疗市场,各类应用不断推陈出新,除了比较基础的智能眼镜、智能手环外,关于孕妇分娩、癌症治疗等真正的医疗健康领域的应用也不断推陈出新。目前大部分的可穿戴医疗设备收集的数据通常包括佩戴者的心率、血压、运动量等。诚然,从医学研究的角度来说,此类数据的价值有限。但是,随着科技的进步,智慧医疗设备具有的功能将会越来越强大,而且只是带一个手环就可以检测心脏等器官的情况,并将检测的结果实时传送给医生,这对真正有需求的患者来说,实在具有莫大的吸引力。

对比美国、德国等互联网发展较早且对各个行业的渗透率更高的国家,我国互联网医疗行业的发展还处于比较初级的阶段。但这个千亿级别的市场已然吸引了大量互联网巨头、医疗企业和创业者的加入。"互联网＋"时代,席卷全球的科技医疗革命正在兴起,医疗健康的生态圈正在重构。

8.3.1　智慧医疗的定义

智慧医疗是最近兴起的专有医疗名词,是指通过打造健康档案区域医疗信息平台,利用最先进的物联网技术,实现患者与医务人员、医疗机构、医疗设备之间的互动,逐步达到信息化。2009 年,在医疗卫生信息与管理系统协会(HIMSS)大会上,国际商业机器公司(IBM)中国地区政府与公众事业部经理刘洪对智慧医疗的主要内容进行了概括,指出智慧医疗包括数字化医院和区域卫生信息化两部分。其中,数字化医院部分包括临床信息管理中心解决方案、医院运营管理中心解决方案、IT 技术支持中心解决方案;区域卫生信息化部分包括区域卫生 IT 规划咨询和信息平台及数据中心建设,实现支持社区"六位一体"的服务和公共卫生服务管理,以及区域内医疗机构的互联互通、业务信息共享、业务流程协作。[150]

"颠覆"正成为近年实业界和资本市场的关键词,基于移动互联、穿戴式设备、大数据等新一代技术正在快速颠覆各行业的生存状态,在迅猛发展的医疗领域,这些新兴技术与新商业模式的结合正在全面颠覆我们以往对医疗的认知结构,可以预见,医疗的各个细分领域,从诊断、监护、治疗、给药都将全面开启一个智能化的时代,结合商业医疗保险机构,全新的医院、患者、保险多方共赢商业模式也在探索中爆发,基于医疗大数据平台的诊断与治疗技术也将把个性化医疗推向一个前所未有的空间,传统的医疗器械和医院的商业模式或将被全面颠覆,我们定义为"智慧医疗"。

高效、高质的智慧医疗不但可以有效提高医疗质量,改善医护业务流程,更可以有效阻止医疗费用的攀升。智慧医疗使医生能够随时搜索、分析和引用大量科学证据来支持临床诊断。从大的范围来看,通过搭建区域医疗数据中心,在不同医疗机构间,建起医疗信息整合平台,实现个人与医院之间、医院与医院之间、医院与卫生主管部门之间的数据融合、信息共享与资源的交换,从而大幅提升了医疗资源的合理化分配,真正做到以病人为中心。

案例:"春雨掌上医生":国内 mHealth 概念拓荒者

2011 年成立的春雨天下软件有限公司是一家专注于移动健康业务的互联网公司,其手机客户端"春雨掌上医生"向用户提供免费的自诊和问诊服务,上线 5 个月就吸引了 180 万用户。

春雨医生支持 iOS 及 Android 系统。对于妇科和儿科相关的问题,春雨医生提供专业的在线问诊服务。用户可以通过自诊或问诊的方式,了解身体状况,与医院进行有效互动,并对身体状况实时跟踪。春雨医生还开启了私人健康信息推送功能,根据气候变化向特定患者推送相应的健康信息。该产品还支持 LBS 搜索,为用户提供本地化医疗信息搜索服务。

传统的医药电商经营模式与其他类型的电商一样,以流量为中心,而春雨医生打破了这一模式,开创了私人医生干预指导下的服务电商模式,以医患关系为纽带,以私人医生服务为中心。除了在线咨询、电子健康档案、社区等基于互联网的服务之外,春雨医生还经营健康产品和药品等产品。

这种模式下,用户对医药产品的采购很大程度上受医生的决策影响,而来问诊的用户不断,就形成了产品的持续购买。现在活跃在春雨医生平台上的用户已经有 4500 万人,每天解决的问题多达 6 万个,其中将近一半有购药需求。春雨医生的商业化步伐就此开启。2015 年年初,春雨推出了极具服务电商理念的春雨妈咪宝盒,已经在春雨医生开售,未来还将陆续推出其他新品。

2014 年下半年开始,医疗政策开始向移动医疗倾斜,春雨医生因而得到了资本市场的大量关注,获得了 5000 万美元的 C 轮融资。尽管受到了资本市场的一片看好,但移动医疗的盈利模式一直不明朗。作为移动健康领域的先锋,春雨也一直在探索可持续的盈利模式,利用数量庞大的用户和医生资源,努力实现平台的变现。[151]

8.3.2　智慧医疗的发展现状

与大多数国家类似,我国的智慧医疗建设处于初级阶段。目前,我国的医疗卫生体系正从临床信息化走向区域医疗卫生信息化的发展阶段,部分城市相继提出了智慧医疗的建设理念和方案,其中,上海市制定了覆盖医疗保障、公共卫生、医疗服务、药品保障的智慧医疗蓝图;北京市以智慧医疗建设为契机,建立了覆盖急救指挥中心、急救车辆、医护人员及接诊医院的全方位、立体化急救医疗信息协同平台系统;武汉市计划未来 5 到 10 年,建成智慧医疗卫生信息系统;苏州市推出了"智慧医疗手机挂号系统",市民既可通过手机登陆指定网站在市区部分大型医院付费挂号,又可实时监控医院的挂号情况;云南省携手 IBM 共同打造基于面向服务的架构(SOA)的"医疗信息化资源整合平台",缔造具有自身特色的智慧医疗体系。

在远程医疗方面,我国发展速度较快。由于远程医疗在信息标准、传输介质和技术要求上有其自身特点,我国三级医院在该领域大都有一定的尝试和成果。截至目前,我国已有卫星、光缆、电话线等多种媒体的远程医疗手段投入使用,该项技术在对偏远地区进行医疗对口支援和培训过程中起到了一定作用,受到好评。[152]

2016 年 8 月 17 日至 19 日,在中国上海举办了"2016 中国国际智慧医疗及可穿戴设备展览会"。它是中国最大最具影响力的健康行业展会。作为最具规模及影响力的智慧医疗领域盛会,"世博威·智慧医疗展"全面整合资源为来自世界各地的相关行业厂商、采购商、经销商、医院、教授、专家、学者等提供最佳的展示、交流和采购平台,畅谈企业经营之道,共谋合作发展大计。

从社会发展现状来看,人均寿命的延长、出生率的下降和人们对健康的关注,说明我国正迈入老龄化社会。据 BCG 和 Swiss Re 联合发布的报告预测,到 2050 年,60 岁及以上人口将增至近 4.4 亿人,占中国人口总数的 34%,我国进入深度老龄化阶段。而 65 岁以上老龄人口的冠心病、高血压、糖尿病、哮喘、关节炎等慢性疾病的患病率是 15~45 岁人口的 3~7 倍,对老龄人口进行慢性病监测、降低长期医疗费用尤为重要。

医疗资源的严重短缺,尤其是在偏远地区,人们在医疗上的需求及现实中医疗条件的不足形成冲突,而移动互联和大数据的高速发展为移动医疗的发展提供了必要条件。因此远程医疗、电子医疗(e-health)就显得非常急需,借助于物联网/云计算技术、人工智能专家系统、嵌入式系统的智能化设备,可以构建起完美的物联网医疗体系,使全民平等地享受顶级的医疗服务,解决或减少由于医疗资源缺乏,导致看病难、医患关系紧张、事故频发等现象。

在移动互联网的助推下,可穿戴设备之所以吸引人,是因为它可以使人类脱离电脑和智能手机的限制,催生新的移动网络入口。它把传感器、无线通信、多媒体等技术嵌入人们眼镜、手表、手环、服饰及鞋袜等日常穿戴中,可以用贴身的佩戴方式测量各项体征。可穿戴技术即将大规模进入普通人的生活,进入生活的每一个角落,为人类带来重大的科技变革,因此移动互联网与可穿戴设备的结合带来了一个全新的"智慧医疗"时代。

8.3.3 智慧医疗的组成部分

智慧医疗由三部分组成,分别为智慧医院系统、区域卫生系统以及家庭健康系统。

1. 智慧医院系统

智慧医院系统,由数字医院和提升应用两部分组成。数字医院包括医院信息系统(Hospital Information System,HIS)、实验室信息管理系统(Laboratory Information Management System,LIS)、医学影像信息的存储系统(Picture Archiving and Communication System,PACS)和传输系统以及医生工作站四个部分,用于病人诊疗信息和行政管理信息的收集、存储、处理、提取及数据交换。

医生工作站的核心工作是采集、存储、传输、处理和利用病人健康状况和医疗信息。医生工作站是包括门诊和住院诊疗的接诊、检查、诊断、治疗、处方和医疗医嘱、病程记录、会诊、转科、手术、出院、病案生成等全部医疗过程的工作平台。

2. 区域卫生系统

区域卫生系统,由区域卫生平台和公共卫生系统两部分组成。区域卫生平台包括收集、处理、传输社区、医院、医疗科研机构、卫生监管部门记录的所有信息的区域卫生信息平台;包括旨在运用尖端的科学和计算机技术,帮助医疗单位及其他有关组织开展疾病危险度的评价,制定以个人为基础的危险因素干预计划,减少医疗费用支出,以及制定预防和控制疾病的发生和发展的电子健康档案(Electronic Health Record, HER)。公共卫生系统由卫生监督管理系统和疫情发布控制系统组成。

3. 家庭健康系统

家庭健康系统是最贴近市民的健康保障,包括针对行动不便无法送往医院进行救治病患的视讯医疗,对慢性病及老幼病患远程的照护,对残疾、传染病等特殊人群的健康监测,还包括自动提示用药时间、服用禁忌、剩余药量等的智能服药系统。

从技术角度分析,智慧医疗的概念框架包括基础环境、基础数据库群、软件基础平台及数据交换平台、综合运用及其服务体系、保障体系五个方面。

基础环境是通过建设公共卫生专网,实现与政府信息网的互联互通;建设卫生数据中心,为卫生基础数据和各种应用系统提供安全保障。基础数据库包括药品目录数据库、居民健康档案数据库、PACS 影像数据库、LIS 检验数据库、医疗人员数据库、医疗设备等卫生领域的六大基础数据库。软件基础平台及数据交换平台提供三个层面的服务:首先是基础架构服务,提供虚拟优化服务器、存储服务器及网络资源;其次是平台服务,提供优化的中间件,包括应用服务器、数据库服务器、门户服务器等;最后是软件服务,包括应用、流程和信息服务。综合应用及其服务体系包括智慧医院系统、区域卫生平台和家庭健康系统三大类综合应用。保障体系包括安全保障体系、标准规范体系和管理保障体系三个方面。从技术安全、运行安全和管理安全三方面构建安全防范体系,落实保护基础平台及各个应用系统的可用性、机密性、完整性、抗抵赖性、可审计性和可控性。

8.3.4 智慧医疗的相关应用

1. 移动医疗

国际医疗卫生会员组织 HIMSS 给出的定义为,移动医疗是通过使用移动通信技术——例如 PDA、移动电话和卫星通信来提供医疗服务,包括远程医疗、预约平台、医院信息移动化解决方案等。

目前在全球医疗行业采用的移动应用解决方案,可基本概括为:无线查房、移动护理、药品管理和分发、条形码病人标识带的应用、无线语音、网络呼叫、视频会议和视频监控。可以说,病人在医院经历的所有流程,从住院登记、发放药品、输液、配液/配药中心、标本采集及处理、急救室/手术室,到出院结账,都可以用移动技术予以优化。因为移动应用能够高度共享医院原有的信息系统,并使系统更具移动性和灵活性,从而达到简化工作流程,提高整体工作效率的目的。

移动应用的另一个显著贡献是减少医疗差错。在对病人护理过程中,有可能出现护理人员交接环节的失误,以及在发药、药品有效期管理、标本采集等执行环节的失误。据美国权威机构的调查显示,每年有超过 1500 万例的药品误用事故在美国医院内发生。为了避免这些失误,就需要医护人员及时得到和确认患者的医疗信息,确保在正确的时间,对正确的病人,进行正确的治疗。

一方面,我国人口老龄化造成医疗需求的急剧增长;另一方面,我国医疗资源供给严重短缺,尤其是在偏远地区。供需缺口为移动医疗带来了一片蓝海,而移动互联和大数据的高速发展为移动医疗的发展提供了必要条件。例如,未来患冠心病、高血压、糖尿病等慢性疾病的患者将不仅仅接受药物治疗,还将接受包括远程监测、远程治疗方案调整、生活方式管理、可穿戴式给药在内的整体的疾病管理方案。全球范围,Epocrates、CardioNet、WellDoc、ZocDoc、Vocera 等公司已在移动医疗领域做出了成功的典范。而在中国,春雨天下、丁香园等公司也开始了移动医疗行业的探索。而随着可穿戴式技术的崛起,移动医疗的软件和硬件结合将带来市场的爆发式增长。

2. 智慧医院

医生资源在全世界范围内都仍属于稀缺资源,这种供求关系在一定程度上决定了病患看病难的问题,而我国医疗长期存在"重医疗,轻预防;重城市,轻农村;重大型医

院，轻社区卫生"的倾向，居民又过多依赖大型医院，更加加重就医矛盾，一号难求现象
频发。因此，便捷快速的预约挂号成为用户对医院资源最大的需求。智慧医院是在智
慧医疗概念下对医疗机构进行的信息化建设。从狭义上来说，智慧医院可以是基于移
动设备的掌上医院，在数字化医院建设的基础上，创新性地将现代移动终端作为切入
点，将手机的移动便携特性充分应用到就医流程中。

一站式就诊服务：国内已兴起的智慧医院项目总体来说已具备以下功能：智能分
诊、手机挂号、门诊叫号查询、取报告单、化验单解读、在线医生咨询、医院医生查询、医
院周边商户查询、医院地理位置导航、院内科室导航、疾病查询、药物使用、急救流程指
导、健康资讯播报等。实现了从身体不适到完成治疗的"一站式"信息服务。智慧医院
应用需要真正落实到具体医院、具体科室、具体医生，将患者与医生点对点地对接起
来，但绝不等于网络平台上跳过医院这个单位，直接将患者与医生圈在一起。国内代
表：浙江大学附属第一医院的"掌上浙一"。

个人健康档案管理服务：个人健康档案如何管理？患者如果想知道自己的历史就
医记录，除了翻阅一本又一本纸质的病历外，根本无从查阅。在哪家医院住了几天，用
过什么药，上一次怎么治疗等，每到复查或者犯病时，总是需要翻箱倒柜地去找病历，
时间久了还可能记不清或者记错。移动医疗的出现让每一个患者都可以通过手机应
用查看个人曾在医院的历史预约和就诊记录，包括门诊/住院病历、用药历史、治疗情
况、相关费用、检查单/检验单图文报告、在线问诊记录等，不仅可以及时自查健康状
况，还可通过 24 小时在线医生进行咨询，在一定程度上做到了"身体不适自查，小病先
问诊，大病去医院"的正确就医态度。国内代表：宁波市第一医院的"移动医院"。

移动的医学图书馆：多年前已实现的电子书、在线阅读无疑是给纸质类书籍、印刷
厂和线下书店的重重一拳。作为特殊领域的医学文献更是不像言情小说、科普杂志那
样随意就能在书店买到或是在百度就能搜索到，很多时候医学生需要上相关网站注册
付费才能阅读。智能手机和 pad 的不断发展使许多开发商去挖掘更多的固有资源从
而让自己的应用卖得更好。于是阅读不仅变得便捷、随兴，而且更为有效。来自权威
医学字典的药物库、疾病库、症状库查询，临床病例分析，甚至包括医学期刊的在线阅
读和下载等，都为医务工作者带来了极大的便利。国内代表：丁香园用药助手。

近两年来，智能手机、移动医疗开启了很多新的创业机会、应用场景，各类创业者

争相涌入,主要分为面向医院、医生的B2B模式和直接面向用户的B2C模式,前者以为专业人士提供医学知识为主,后者则是"自查＋问诊"类远程医疗健康咨询应用。智慧医院应用的问世对大众来说不仅能简化就医流程、降低医疗费用,更能增加被医生重视的感受;对医生来说,不仅能减少劳动时间,还能提高患者管理质量、提高诊治水平,在不断学习中得到患者认可;对医院来说,能更直接地了解患者需求,为患者服务,同时提高服务满意度,构建和谐医患关系。

案例:北京南城"智慧医院"揭晓四大智慧秘诀

"互联网＋"医疗、"智慧医院"逐渐成为热词,如何推进互联网与医疗的深度融合、如何建设有"智慧"的医院,成为社会各界关注的焦点。北京南城将迎来北京市首家从中心城区整体搬迁的三级甲等综合医院。作为北京市重点民生工程,中国建筑一局(集团)有限公司(中建一局)天坛医院迁建项目备受社会关注。

走进新天坛医院施工场地,深入接触"智慧医院"的智慧,不难发现,它有四大智慧秘诀。首先,"智慧医院"的智慧体现在建筑的全过程。进入天坛医院新院,水泥墙面上每隔一段就贴有一个二维码,用手机扫描一下,这段建筑的楼层、材料、验收时间等信息都"跳"了出来。"利用二维码技术,施工人员、检验人员可以随时了解工程情况,根本不用随身带着各种图纸。"负责医院工程一标段的中建一局陈展杨解释说。

其次,"智慧医院"的智慧表现在高科技的应用上。建设过程中,施工单位利用建筑信息模型(BIM)工作室,将大部分设备集成到统一的服务平台,通过互联网技术对设备和物品进行精确定位和智能监控。

同时,"智慧医院"的智慧反映在规划设计中,折射出医院建设者"以病人为本"的思想。在现场的探访中,记者发现连接医技楼和西侧几栋楼是三座钢结构连廊,连廊两侧设置了下沉庭院,既能美化医院环境、改善地下空间采光,也方便患者。

另外,"智慧医院"的智慧更重要的是实现了"互联网＋"与医疗资源的深度融合。新的天坛医院内实现4G和Wi-Fi信号全覆盖,病人进入医院后,通过手机便能实现自助挂号、自助预约、自动导航和自助交费,药品也可根据患者需要直接快递到家中。

8.3.5　智慧医疗的发展前景

智慧医疗的发展有三大推动力:养老需求、移动互联、政府支持。

1. 养老需求

我国正迈入老龄化社会,根据全国老龄工作委员会办公室发表的《中国老龄事业发展报告(2013)》,2013 年我国老年人口数量达到 2.02 亿,老龄化水平达到 14.8%;BCG 和 Swiss Re 联合发布的报告预测,到 2050 年,60 岁及以上人口将增至近 4.4 亿人,占中国人口总数的 34%,进入深度老龄化阶段。而 65 岁以上老龄人口的冠心病、高血压、糖尿病、哮喘、关节炎等慢性疾病的患病率是 15～45 岁人口的 3～7 倍,这造成了医疗资源的严重短缺。对老龄人口进行慢性病监测、降低长期医疗费用尤为重要。

2. 移动互联

移动互联的高速发展为医疗行业带来了巨大的空间,根据据 IDC 发布的中国医疗卫生十大 IT 趋势,移动医疗已成为 2013 年重点建设的 IT 系统之一。远程预约、远程医疗、慢病监控、大数据综合解决方案等的出现将会改变现有的医疗健康服务模式。

3. 政府支持

由于慢性病远程监护可降低总体医疗费用,具有明显的经济学优势(例如美国糖尿病患者研究表明,远程监护使医疗费用降低 40% 以上),可以让现有医疗资源得到最大化利用(我国医疗资源浪费占医疗费用比重超过 30%),解决偏远地区医疗资源严重不足的问题,我国政府对于移动医疗持明确的支持态度。国家相关部委出台了系列文件和政策来鼓励、支持移动医疗的发展。工业与信息化部、科技部等分别将个人医疗监护、远程诊断等列入了"十二五"规划的发展重点,并且提供相应的资金资助。卫生部也发起和赞助了一些合作医疗服务示范工程内的移动医疗示范项目,包括病例记录、疾病数据和健康质量监控等移动医疗解决方案。

高效、高质量和可负担的智慧医疗不但可以有效提高医疗质量,更可以有效阻止医疗费用的攀升。智慧医疗使从业医生能够搜索、分析和引用大量科学证据来支持他们的诊断,同时还可以使医生、医疗研究人员、药物供应商、保险公司等整个医疗生态圈的每一个群体受益。在不同医疗机构间,建起医疗信息整合平台,将医院之间的业务流程进行整合,医疗信息和资源可以共享和交换,跨医疗机构也可以进行在线预约和双向转诊,这使得"小病在社区,大病进医院,康复回社区"的居民就诊就医模式成为现实,从而大幅提升了医疗资源的合理化分配,真正做到"以病人为中心"。在未来,当智慧元素融入整个行业时,医疗信息系统必将以前所未有的速度进化,并对医疗卫生行业,乃至全人类的健康产生重大影响。

案例:银江股份远程智慧医疗解决方案

远程医疗(见图8-15)利用现代化通讯技术、信息技术以及多媒体技术,与医疗技术相结合,实现医疗信息的远程采集、传输、处理、存储和查询,对异地患者实施咨询、分诊、监护、查房、协助诊断、指导检查、治疗和手术及其他特殊医疗活动。它是一种极其方便、可靠的新型就诊方式。在远程医疗领域,银江医疗集团立足智慧医疗,提供专业的国际、省、县市、社区医院四级远程会诊解决方案,且根据客户需求定制个性化解决方案,为传统医疗走向区域扩大化、服务国际化打下了坚实的基础,也为规范医疗市场、完善医疗质量标准体系和服务体系、交流医疗服务经验提供了新的平台。

银江远程医疗系统的功能设计遵循安全、实用、先进、易维护、可扩展等原则。系统对参与远程医疗的人员应有明确的角色界定及相应的权限分配,对所开展的服务项目有规范的业务流程和功能模块支撑,保障远程医疗各参与方实现信息对称和无障碍的沟通,以达到满意的应用效果。系统的业务数据库和服务器操作系统均应使用当前行业内的主流产品,尽可能降低系统维护的技术难度。[153]

银江电子病历系统(见图8-16)由银江联合微软共同合作开发,微软提供EMR关键技术架构支持及咨询服务,首先在中国首家通过JCI认证的公立医院(浙江大学医学院附属邵逸夫医院)应用,并且实时优化。银江电子病历功能完善、设计独特、操作性强,具有灵活的适用性和专业的技术安全认证保障体系,涵盖临床各业务部门,采集、汇总、存贮、处理、展现所有的临床诊疗资料,可以实现病历的快速、智能、全结构化录入,全模板化管理,并且将多媒体技术融入其中,实

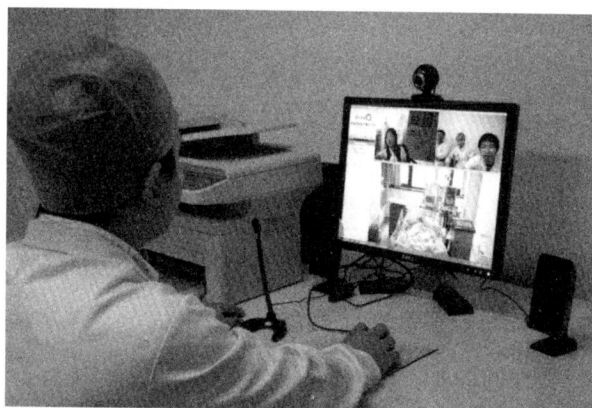

图 8-15　远程医疗

现了对医学图片的加工、处理、保存及回放。系统可以随时进行网络检索、调阅和进行医学统计,是医疗机构实现临床信息化的理想信息平台。

图 8-16　银江电子病历系统

随着物联网"十二五"规划的出台与各省市智慧城市的规划或落实,智慧医疗也被物联网和智慧城市的建设的牵引力拉着高歌猛进。中国移动还致力于推动医院诊疗服务向数字化、信息化发展。在医院信息系统与通信系统融合的基础上,中国移动通过语音、短信、互联网、视频等多种技术,为患者提供了呼叫中心、视频探视、移动诊室等多种功能,实现了医院、医生、患者三方的有效互动沟通。

物联网技术在医疗领域的应用潜力巨大,能够帮助医院实现对人的智能化诊疗和对物的智能化管理工作,支持医院内部医疗信息、设备信息、药品信息、人员信息、管理信息的数字化采集、处理、存储、传输、共享等,实现物资管理可视化、医疗信息数字化、医疗过程数字化、医疗流程科学化、服务沟通人性化,能够满足医疗健康信息、医疗设备与用品、公共卫生安全的智能化管理与监控等方面的需求,从而解决医疗平台支撑薄弱、医疗服务水平整体较低、医疗安全生产隐患等问题。

利用物联网技术构建"电子医疗"服务体系,可以为医疗服务领域带来四大便利:一是把现有的医疗监护设备无线化,进而大大降低公众医疗负担;二是通过信息化手段实现远程医疗和自助医疗,有利于缓解医疗资源紧缺的压力;三是信息在医疗卫生领域各参与主体间共享互通,将有利于医疗信息充分共享;四是有利于我国医疗服务的现代化,有利于提升医疗服务水平。

8.4 智慧城市

8.4.1 智慧城市的定义

人类社会由"体力时代"向"物力时代"、再向"智力时代"的进化发展,是文明不断升级的大趋势。当生产工具从农业机具向工业设备、信息化设备、智能设备发展时,社会形态就相应从农业社会向工业社会、信息社会、网络社会过渡,城市也从农业城镇、工业城市、数字城市走向智慧城市。因此,智慧城市成为城市发展的必然方向。

智慧城市是指充分运用物联网、云计算等先进信息技术手段,全面感测、分析、整合城市运行中的各项关键信息,通过提供智能化的服务,使城市的管理和服务更有效,为城市工商业活动和市民提供人与社会、人与人、人与物和谐共处的环境。智慧城市是新一轮信息技术变革和知识经济进一步发展的产物,是工业化、城市化与信息化深度融合的必然趋势,是综合解决"城市病"的一种有效途径,是一种可持续的城市发展模式。

智慧城市建设是在原有城市基础设施上,综合运用新一代的信息技术,赋予基础设施交互能力,对物体进行识别,感测城市运行的基本状况,实现物与物之间的信息传递;并对交互感知得到的信息通过云计算平台进行统一管理和调度,城市各相关部门根据所需提取信息进行智能处理、分析预测,形成诸多系统方案:智能交通管理系统、医疗信息系统、智能安防管理系统、智慧能源管理系统、水质环境监控系统、智慧校园管理系统、移动办公管理系统、智能票务管理系统、虚拟旅游管理系统等;通过打造一个统一的城市运营指挥中心,为城市管理者提供高效的城市管理手段和途径,从而为企业提供优质服务和广阔的创新空间,为市民提供更好的生活品质。

智慧城市的建设目标是充分利用科技创新,以"智慧"引领城市发展,打造环境生态宜居、产业健康发展、政府行政高效、市民生活幸福的城市。在城市信息化基础上,新一代信息技术进一步在城市运行的各个领域全面渗入,形成一个全面感知、广泛互联、相互协同的有机网络。

智慧城市是城市信息化当前发展阶段的核心与焦点,是全球城市化、经济全球化与社会信息化在特定历史时期相互交汇结合的产物,是以往城市发展理念的延续、整合与升华。2011 年以来,上海积极推动智慧城市建设,力求将基于网络的智能化公共服务基本涵盖全体市民,推动智慧交通、智慧健康、智慧教育、智慧养老、智慧文化、智慧旅游、智慧就业、智慧气象等专项建设;"智慧"所改变的领域,与人们的衣食住行息息相关;教育、卫生、社区生活服务等公众高度关注的民生领域,将逐步被方便易用的信息化服务手段覆盖。[154]

智慧城市＝数字城市＋物联网＋云计算。中国科学院、中国工程院院士李德仁教授曾撰文给智慧城市下定义,他认为智慧城市的内涵是数字城市、物联网与云计算三个概念的融合[155]。智慧城市的理念是把传感器装到城市生活中的各种物体中形成物联网,并通过超级计算机和云计算实现物联网的整合,从而实现数字城市与城市系统整合。智慧城市是城市全面数字化基础之上建立的可视化和可量测的智能化城市管理与运营,包括城市的信息数据基础设施,以及在此基础上建立网络化的城市信息管理平台与综合决策支撑平台。

智慧城市的核心是以一种更智慧的方法通过利用以物联网、云计算等为核心的新一代信息技术来改变政府、企业和人们相互交往的方式,对于包括民生、环保、公共安全、城市服务、工商业活动在内的各种需求做出快速、智能的响应,提高城市运行效率,为居民创造更美好的城市生活[155]。

智慧城市就是运用信息和通信技术手段感测、分析、整合城市运行核心系统的各项关键信息,从而对包括民生、环保、公共安全、城市服务、工商业活动在内的各种需求做出智能响应。其实质是利用先进的信息技术,实现城市智慧式管理和运行,进而为城市中的人创造更美好的生活,促进城市的和谐、可持续成长。

目前在全球范围内智慧城市建设开展得如火如荼,智慧城市所涵盖的领域范围遍及城市生活的方方面面,已经逐步涉及城市运营管理的各个系统,如交通、安防、电力、政务管理、应急、医疗、教育等。

智慧城市是继数字城市和智能城市后的城市信息化高级形态,是信息化、工业化和城镇化的深度融合。发展智慧城市对城市的经济转型、居民生活方式变革、环境保护和社会管理具有重要的战略意义。目前我国智慧城市建设存在"千城一面,缺乏特色""重项目、轻规划""重建设、轻应用""重模仿、轻研发",资源整合难度大等问题。[156]

随着人类社会的不断发展,未来城市将承载越来越多的人口。目前,我国正处于城镇化加速发展的时期,部分地区"城市病"问题日益严峻。为解决城市发展难题,实现城市可持续发展,建设智慧城市已成为当今世界城市发展不可逆转的历史潮流。

8.4.2 智慧城市的产生背景

在 2009 年全球金融危机的影响下,IBM 首先提出了智慧地球新理念并作为一个智能项目被世界各国当作应对国际金融危机、振兴经济的重点领域[88]。城市作为地球未来发展的重点,智慧地球的实现离不开智慧城市的支撑。智慧城市建设不仅可以提供未来城市发展新模式,而且可以带动新兴产业——物联网产业的发展,因此很快在世界范围内掀起了一股风暴,各主要经济体纷纷将发展智慧城市作为应对金融危机、扩大就业、抢占未来科技制高点的重要战略。

智慧城市经常与数字城市、感知城市、无线城市、智能城市、生态城市、低碳城市等区域发展概念相交叉,甚至与电子政务、智能交通、智能电网等行业信息化概念发生混杂。对智慧城市概念的解读也经常各有侧重,有的观点认为关键在于技术应用,有的观点认为关键在于网络建设,有的观点认为关键在人的参与,有的观点认为关键在于智慧效果,一些城市信息化建设的先行城市则强调以人为本和可持续创新。总之,智慧不仅仅是智能。智慧城市绝不仅仅是智能城市的另外一个说法,或者说是信息技术的智能化应用,还包括人的智慧参与、以人为本、可持续发展等内涵。综合这一理念的发展源流以及对世界范围内区域信息化实践的总结,《创新 2.0 视野下的智慧城市》一文从技术发展和经济社会发展两个层面的创新对智慧城市进行了解析,强调智慧城市不仅仅是物联网、云计算等新一代信息技术的应用,更重要的是面向知识社会的创新 2.0 的方法论应用。

智慧城市通过物联网基础设施、云计算基础设施、地理空间基础设施等新一代信息技术以及维基、社交网络、Fab Lab、Living Lab、综合集成法、网动全媒体融合通信终端等工具和方法的应用,实现全面透彻的感知、宽带泛在的互联、智能融合的应用以及以用户创新、开放创新、大众创新、协同创新为特征的可持续创新。伴随网络帝国的崛起、移动技术的融合发展以及创新的民主化进程,知识社会环境下的智慧城市是继数字城市之后信息化城市发展的高级形态。

从技术发展的视角,智慧城市建设要求通过以移动技术为代表的物联网、云计算等新一代信息技术应用实现全面感知、泛在互联、普适计算与融合应用。从社会发展的视角,智慧城市还要求通过维基、社交网络、Fab Lab、Living Lab、综合集成法等工具和方法的应用,实现以用户创新、开放创新、大众创新、协同创新为特征的知识社会环境下的可持续创新,强调通过价值创造,以人为本实现经济、社会、环境的全面可持续发展。

2010 年,IBM 正式提出了"智慧城市"愿景,希望为世界和中国的城市发展贡献自己的力量。IBM 经过研究认为,城市由关系到城市主要功能的不同类型的网络、基础设施和环境六个核心系统组成:组织(人)、业务/政务、交通、通讯、水和能源。这些系统不是零散的,而是以一种协作的方式相互衔接。而城市本身,则是由这些系统所组成的宏观系统。

随着信息技术的不断发展,城市信息化应用水平不断提升,智慧城市建设应运而生。建设智慧城市在实现城市可持续发展、引领信息技术应用、提升城市综合竞争力等方面具有重要意义。

1. 建设智慧城市是实现城市可持续发展的需要

改革开放 30 多年以来,我国城镇化建设取得了举世瞩目的成就,尤其是进入 21

世纪后,城镇化建设的步伐不断加快,每年有上千万的农村人口进入城市。随着城市人口不断膨胀,"城市病"成为困扰各个城市建设与管理的首要难题,资源短缺、环境污染、交通拥堵、安全隐患等问题日益突出。为了破解"城市病"困局,智慧城市应运而生。由于智慧城市综合采用了包括射频传感技术、物联网技术、云计算技术、下一代通信技术在内的新一代信息技术,因此能够有效地化解"城市病"问题。这些技术的应用能够使城市变得更易于被感知,城市资源更易于被充分整合,在此基础上实现对城市的精细化和智能化管理,从而减少资源消耗,降低环境污染,解决交通拥堵,消除安全隐患,最终实现城市的可持续发展。

2. 建设智慧城市是信息技术发展的需要

当前,全球信息技术呈加速发展趋势,信息技术在国民经济中的地位日益突出,信息资源也日益成为重要的生产要素。智慧城市正是在充分整合、挖掘、利用信息技术与信息资源的基础上,汇聚人类的智慧,赋予物以智能,从而实现对城市各领域的精确化管理,实现对城市资源的集约化利用。由于信息资源在当今社会发展中的重要作用,发达国家纷纷出台智慧城市建设规划,以促进信息技术的快速发展,从而达到抢占新一轮信息技术产业制高点的目的。为避免在新一轮信息技术产业竞争中陷于被动,我国政府审时度势,及时提出了发展智慧城市的战略布局,以期更好地把握新一轮信息技术变革所带来的巨大机遇,进而促进我国经济社会又好又快地发展。

3. 建设智慧城市是提高我国综合竞争力的战略选择

战略性新兴产业的发展往往伴随着重大技术的突破,对经济社会全局和长远发展具有重大的引领带动作用,是引导未来经济社会发展的重要力量。当前,世界各国对战略性新兴产业的发展普遍高度重视,我国在"十二五"规划中也明确将战略性新兴产业作为发展重点。一方面,智慧城市的建设将极大地带动包括物联网、云计算、三网融合、下一代互联网,以及新一代信息技术在内的战略性新兴产业的发展;另一方面,智慧城市的建设对医疗、交通、物流、金融、通信、教育、能源、环保等领域的发展也具有明显的带动作用,对我国扩大内需、调整结构、转变经济发展方式的促进作用同样显而易见。因此,建设智慧城市对我国综合竞争力的全面提高具有重要的战略意义。

8.4.3 智慧城市的发展现状

智慧城市的建设已经在国内许多城市和地区展开,并取得了一系列成果,例如智慧上海、智慧双流、智慧南京等。2014 年 8 月 27 日,国家发改委正式出台了《关于促进智慧城市健康发展的指导意见》[157]。三大电信运营商已经与 300 多个城市达成“智慧城市”战略合作协议。

2015 年是“十二五”和“十三五”规划制定的承上启下之年,“智慧城市”首次被写进国家政府工作报告,相关政策文件也层出不穷,李克强总理在国内、国际的会议中多次提及智慧城市,中国智慧城市的运营商也已走出国门。当前,智慧城市建设已然成为我国解决城市发展难题、实现城市可持续发展不可逆转的潮流。随着新型城镇化与两化融合的推进,“互联网+”、O2O、互联网金融、工业 4.0 等新机会、新模式、新理念的出现,我国智慧城市建设即将进入黄金发展期。

因此,科学衡量智慧城市建设成果已成为规范、引导我国当前智慧城市建设发展的一项重要工作。为了更好地把握国内智慧城市发展动态、分享建设经验、探索发展规律、打开发展新思路,国际互联智慧城市研究中心在总结前四届中国智慧城市评估工作的经验基础上,组织展开了“第五届中国智慧城市发展水平评估活动”,对 151 个城市进行长达半年的数据采集、整理和分析,希望通过定量分析我国的城市“智慧化”程度,更好地掌舵智慧城市发展方向,增强智慧城市建设信心,帮助城市明确自身建设情况,找出差距,优化决策,以评促改,以评促建,推动我国智慧城市快速、健康、有序地发展。

《2015 中国智慧城市发展水平评估报告》显示,智慧城市发展水平排在全国前五的城市为无锡、上海、北京、杭州和宁波。本评估样本共有 151 个城市,分析发现我国 2015 年智慧城市评估总体呈现纺锤型结构,获得较高和较低的城市数量较少,分数在 30—50 分区间的城市占多数,其中得分在上游的城市数量偏少,中等及偏下水平的城市所占比例过大。我国城市智慧化程度整体偏低,智慧城市建设水平有待进一步加强(见图 8-17)。[158]

从《2015 中国智慧城市发展水平评估报告》的分析可知,我国七大区域的智慧城市建设水平也存在着不小的差异。华南地区与华东地区平均成绩高于全国平均分数,

2015年智慧城市总体得分趋势图

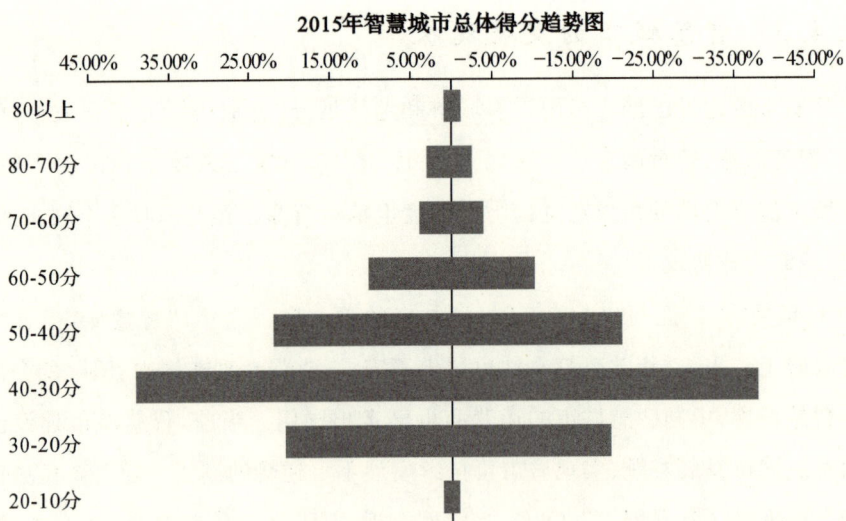

图 8-17　2015 年智慧城市总体得分趋势图

得分率分别为 43.66％和 42.63％,其智慧城市建设水平显著高于其他地区;而东北、西北、西南等相对偏远区域,平均成绩也相对较低,得分率分别为 30.73％、30.12％和 32.66％,智慧城市建设水平较为落后。究其原因,是由于我国幅员辽阔,从东到西、从沿海到内陆,人口密度、经济水平、基础设施等方面均存在较大层次差异,导致智慧城市建设水平不同(见图 8-18)。[159] 此外,各省平均得分也基本符合东中西递减规律,东部沿海地区智慧城市发展水平处于第一梯队,其中广东、浙江得分超过 50 分,福建、江苏、山东等省均高于 40 分;贵州、湖南、江西、安徽等内陆省份智慧城市发展水平属于第二梯队,成绩略低于东部省份,高于西部省份;云南、四川、甘肃、陕西、山西、新疆、内蒙古、黑龙江形成第三梯队,青海、西藏得分较低,形成第四梯队。

目前我国已有 311 个地级市开展数字城市建设,其中 158 个数字城市已经建成并在 60 多个领域得到广泛应用,同时最新启动了 100 多个数字县域建设和 3 个智慧城市建设试点。2013 年,国家测绘地理信息局在全国范围内组织开展智慧城市时空信息云平台建设试点工作,每年选择 10 个左右城市进行试点,每个试点项目建设周期为 2 至 3 年,经费总投入不少于 3600 万元。在不久的将来,人们将尽享智能家居、路网监控、智能医院、食品药品管理、数字生活等所带来的便捷服务,"智慧城市"时代即将到来。

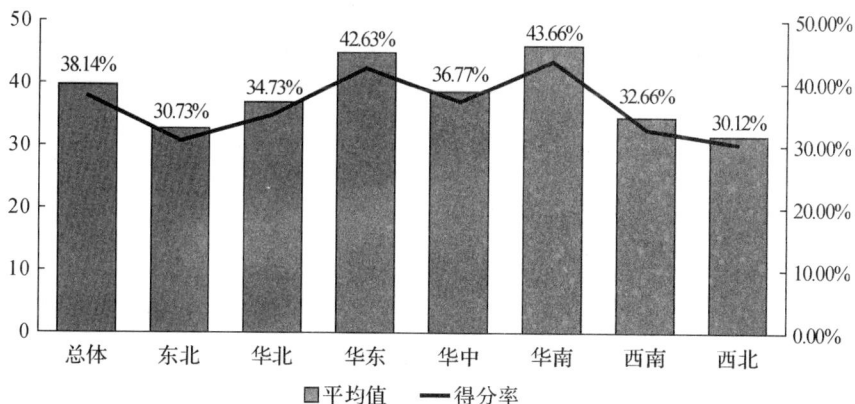

图 8-18 2015 年各区域智慧城市得分情况示意图

8.4.4 国内外智慧城市案例

1. 无锡

2009 年,无锡创立了国内首个传感网创新示范区,并投入近百亿元大力发展物联网产业,自此开启了进军智慧城市建设的征程。经过多年的努力,无锡已经逐步明确自己的目标定位,初步形成自己的发展路径,并产生多项改善民生服务、优化政府职能和促进产业升级转型的智慧应用成果,取得了一系列的辉煌成就。

作为智慧城市的排头兵,无锡已连续四年被评为中国智慧城市发展第一名,在建设智慧城市方面已逐渐形成独特的“无锡模式”。在无锡市物联网工作会议上,《无锡市推进智慧城市建设三年行动计划》已形成征求意见稿。从 2012 年到 2014 年,无锡启动“智慧城市”计划,在全市九大领域开展 30 多项重点示范工程建设,让物联网全面融合到市民生活当中。

2011 年,根据中国电信集团与江苏省人民政府签订的《“十二五”信息化战略合作框架协议》,江苏省经信委与江苏电信就智慧城市统一门户建设、运营达成的一致意见,由江苏省经信委主办、江苏电信承办江苏省智慧城市门户,简称“智慧江苏”。“智慧无锡”门户作为“智慧江苏”门户中的一个重要组成,成为政府、企业乃至个人开展创新的实用平台,为城市发展提供智力支持,创造优质的创业服务环境。“智慧无锡”门户作为“智慧江苏”门户 13 个市分站当中的一个重要分站,是智慧门户在无锡进行本地化应用的落地。其本身不是一个网站,而是一个基于云计算技术搭建的开放应用平台、电子商务平台、信息发布平台。"智慧无锡"门户突破了运营商的传统业务范畴,全网覆盖,持续为市政府、市民、企业提供全方位服务。

2014年3月,无锡市又发布了《智慧无锡建设三年行动纲要(2014—2016)》,明确指出了无锡市开展智慧城市建设的总体思路和发展目标。智慧无锡建设的长远发展目标是:通过"一中心、四平台和N个应用"的建设,即无锡城市大数据中心、电子政务综合服务平台、城市管理综合信息服务平台、经济运行综合信息服务平台、民生服务综合信息服务平台和各行业各领域的智慧应用建设,努力把无锡打造成为具有国际影响力的智慧城市建设先行示范区、具有一流竞争力的智慧经济发展产业集聚区、具有较强辐射力的智慧民生服务创新先导区。

2. 上海

创建面向未来的智慧城市是上海"十二五"规划纲要中明确的重要任务。2011年9月和2014年10月,上海市委、市政府发布了《上海市推进智慧城市建设2011—2013年行动计划》和《上海市推进智慧城市建设行动计划(2014—2016年)》。截至2015年7月,上海市智慧城市建设基本完成行动计划明确的各项目标任务,上海信息化整体水平保持国内领先,移动通信、民生应用等领域正在迈入世界先进行列。上海在2013年中国信息化发展水平评估中排名全国第一。[160]

《上海市推进智慧城市建设行动计划(2014—2016)》中指出,大力实施信息化领先发展和带动战略,创建面向未来的智慧城市,是上海建设社会主义现代化国际大都市的重要内涵,也是上海适应全球信息技术革命新浪潮,加快推进信息化与城镇化、工业化、农业现代化同步发展和深度融合的重要举措。

虽然在过去的几年中,上海智慧城市建设取得了很大成就,但信息技术发展日新月异,对智慧城市建设不断提出新要求,同时国内外其他城市也在全力推进智慧城市建设,对上海形成很大竞争压力。从内部来看,随着智慧城市建设的深入,上海信息化建设体制机制中与智慧城市建设不相适应的地方也逐步显现。

根据上海市的发展规划,上海要在2020年基本建成四个中心和现代化国际大都市,根据城市发展中信息化建设应适度先行的原则,在"十三五"末期上海智慧城市建设将达到国际先进水平。从发展步骤来看,上海力争用三年左右时间,将智慧城市建设水平从目前在世界大都市中的中下游水平提升为中游水平,并力争在"十三五"期末,进入前三分之一。从发展内容上看,上海实现两个追赶,即在基础设施上追赶东亚国家城市(如首尔、东京、新加坡等),在智慧经济上要追赶欧美国家中心城市(如纽约、伦敦、巴黎等)。在规划内容上看,智慧城市建设各主要板块(包括智慧基础设施、智慧应用、智慧产业、智慧环境等)中,明确对照国外先进水平来设置目标和任务。

3. 北京

为加快推动信息化发展,落实《北京市"十二五"时期城市信息化及重大信息基础设施建设规划》,明确智慧城市建设重点领域的发展目标、行动计划和关键举措,有效指导政府、企业和社会开展工作,2012 年 3 月 7 日,北京市人民政府印发《智慧北京行动纲要》。该《纲要》分指导思想和发展目标、城市智能运行行动计划、市民数字生活行动计划、企业网络运营行动计划、政府整合服务行动计划、信息基础设施提升行动计划、智慧共用平台建设行动计划、应用与产业对接行动计划、发展环境创新行动计划、组织实施等 10 部分。

"智慧北京"是北京信息化发展的新形态,是未来十年北京信息化发展的主题。"智慧北京"的基本特征是宽带泛在的基础设施、智能融合的信息化应用和创新可持续的发展环境。

"智慧北京"的发展目标是,实施"智慧北京"八大行动计划,建成泛在、融合、智能、可信的信息基础设施,基本实现人口精准管理、交通智能监管、资源科学调配、安全切实保障的城市运行管理体系,基本建成覆盖城乡居民、伴随市民一生的集成化、个性化、人性化的数字生活环境,基本普及信息化与工业化深度融合、信息技术引领企业创新变革的新型企业运营模式,全面构建以市民需求为中心、高效运行的政府整合服务体系,形成信息化与城市经济社会各方面深度融合的发展态势,信息化整体发展达到世界一流水平,从"数字北京"向"智慧北京"全面跃升。

4. 杭州

2012 年 9 月,杭州市政府批复同意《"智慧杭州"建设总体规划(2012—2015)》。《规划》目标提出,杭州要努力在数字化、网络化、智能化、工业化、城市化相融合所带来的城市功能、运行效率和生活品质上有显著提升,城市竞争力得到较大提高,使城市运行更智能、发展更低碳、管理更精细、生活更便捷、社会更和谐,为"打造东方品质之城、建设幸福和谐杭州"注入新的动力、增添新的活力。

作为浙江省建设"智慧城市"的示范点之一,未来杭州将打造"智慧城市",主要从智慧交通、智慧城管、智慧医疗、智慧公共安全、智慧环保、智慧旅游等八个方面展开,为市民提供一个更美好的生活和工作环境,为企业创造一个更有利的市场发展氛围,为政府构建一个更高效的城市运行管理条件。目前,无论是在全国率先免费开放WiFi、在医院推行"先诊疗后付费",还是"智慧政务""智慧旅游""智慧社区"等智慧运用的蓬勃发展,杭州都走在了全国城市智能化的前列。

5. 国外案例

欧盟于 2006 年发起了欧洲 Living Lab 组织,它采用新的工具和方法、先进的信息和通讯技术来调动方方面面的"集体的智慧和创造力",为解决社会问题提供机会。该组织还发起了欧洲智慧城市网络。Living Lab 完全是以用户为中心,借助开放创新空间的打造帮助居民利用信息技术和移动应用服务提升生活质量,使人的需求在其间得到最大的尊重和满足。

2009 年,迪比克市与 IBM 合作,建立美国第一个智慧城市。利用物联网技术,在一个有六万居民的社区里将各种城市公用资源(水、电、油、气、交通、公共服务,等等)连接起来,监测、分析和整合各种数据以做出智能化的响应,更好地服务市民。迪比克市的第一步是为所有住户和商铺安装数控水电计量器,其中包含低流量传感器技术,防止水电泄漏造成浪费。同时搭建综合监测平台,及时对数据进行分析、整合和展示,使整个城市对资源的使用情况一目了然。更重要的是,迪比克市向个人和企业公布这些信息,使他们对自己的耗能有更清晰认识,对可持续发展有更多的责任感。

韩国以网络为基础,打造绿色、数字化、无缝移动连接的生态、智慧型城市。通过整合公共通讯平台,以及无处不在的网络接入,消费者可以方便地开展远程教育、医疗、办理税务,还能实现家庭建筑能耗的智能化监控等。

新加坡 2006 年启动"智慧国 2015"计划,通过积极应用物联网等新一代信息技术,将新加坡建设成为经济、社会发展一流的国际化城市。在电子政务、服务民生及泛在互联方面,新加坡成绩引人注目。其中智能交通系统通过各种传感数据、运营信息及丰富的用户交互体验,为市民出行提供实时、适当的交通信息。

美国麻省理工学院比特和原子研究中心发起的 Fab Lab(微观装配实验室)基于

从个人通讯到个人计算再到个人制造的社会技术发展脉络,试图构建以用户为中心、面向应用的用户创新制造环境,使人们即使在自己的家中也可随心所欲地设计和制造他们想象中的产品,巴塞罗那等城市从 Fab Lab 到 Fab City 的实践则从另外一个视角解读了智慧城市以人为本可持续创新的内涵。

欧洲的智慧城市更多关注信息通信技术在城市生态环境、交通、医疗、智能建筑等民生领域的作用,希望借助知识共享和低碳战略来实现减排目标,推动城市低碳、绿色、可持续发展,投资建设智慧城市,发展低碳住宅、智能交通、智能电网,提升能源效率,应对气候变化,建设绿色智慧城市。

丹麦的哥本哈根有志在 2025 年前成为第一个实现碳中和的城市。要实现该目标,主要依靠市政的气候行动计划——启动 50 项举措,以实现其 2015 年减碳 20% 的中期目标。在力争取得城市的可持续性发展时,许多城市的挑战在于维持环保与经济之间的平衡。采用可持续发展城市解决方案,哥本哈根正逐渐接近目标。哥本哈根的研究显示,其绿色产业 5 年内的营收增长了 55%。

瑞典首都斯德哥尔摩,2010 年被欧盟委员会评定为"欧洲绿色首都";在普华永道 2012 年智慧城市报告中,斯德哥尔摩名列第五,分项排名中智能资本与创新、安全健康与安保均为第一,人口宜居程度、可持续能力也是名列前茅。

8.4.5 智慧城市的系统构成

1. 智慧公共服务

建设智慧公共服务和城市管理系统。通过加强就业、医疗、文化、安居等专业性应用系统建设,通过提升城市建设和管理的规范化、精准化及智能化水平,有效促进城市公共资源在全市范围共享,积极推动城市人流、物流、信息流、资金流的协调高效运行,在提升城市运行效率和公共服务水平的同时,推动城市发展转型升级。

2. 智慧城市综合体

采用视觉采集和识别各类传感器、无线定位系统、RFID、条码识别、视觉标签等顶尖技术,构建智能视觉物联网,对城市综合体的要素进行智能感知、自动数据采集,涵盖城市综合体当中的商业、办公、居住、旅店、展览、餐饮、会议、文娱和交通、灯光照明、信息通信和显示等方方面面,将采集的数据可视化和规范化,让管理者能进行可视化城市综合体管理。

3. 智慧政务城市综合管理运营平台

此类项目已有实际落地案例,天津市和平区的"智慧和平城市综合管理运营平台"包括指挥中心、计算机网络机房、智能监控系统、和平区街道图书馆和数字化公共服务网络系统四个部分内容,其中指挥中心系统囊括政府智慧大脑六大中枢系统,分别为公安应急系统、公共服务系统、社会管理系统、城市管理系统、经济分析系统、舆情分析系统,该项目为满足政府应急指挥和决策办公的需要,对区内现有监控系统进行升级换代,增加智能视觉分析设备,提升快速反应速度,做到事前预警,事中处理及时迅速,并统一数据、统一网络,建设数据中心、共享平台,从根本上有效地将政府各个部门的数据信息互联互通,并对整个和平区的车流、人流、物流实现全面的感知,该平台在和平区经济建设中为领导的科学指挥决策提供技术支撑作用。

4. 智慧安居服务

开展智慧社区安居的调研试点工作,选定部分居民小区为先行试点区域,充分考虑公共区、商务区、居住区的不同需求,融合应用物联网、互联网、移动通信等各种信息技术,发展社区政务、智慧家居系统、智慧楼宇管理、智慧社区服务、社区远程监控、安全管理、智慧商务办公等智慧应用系统,使居民生活"智能化发展"。加快智慧社区安居标准方面的探索推进工作,为今后全市新建楼宇和社区实行智能化管理打好基础。

5. 智慧教育文化服务

积极推进智慧教育文化体系建设。建设完善市教育城域网和校园网工程,推动智慧教育事业发展,重点建设教育综合信息网、网络学校、数字化课件、教学资源库、虚拟图书馆、教学综合管理系统、远程教育系统等资源共享数据库及共享应用平台系统。继续推进再教育工程,提供多渠道的教育培训就业服务,建设学习型社会。继续深化"文化共享"工程建设,积极推进先进网络文化的发展,加快新闻出版、广播影视、电子娱乐等行业信息化步伐,加强信息资源整合,完善公共文化信息服务体系。构建旅游公共信息服务平台,提供更加便捷的旅游服务,提升旅游文化品牌。

6. 智慧服务应用

组织实施部分智慧服务业试点项目,通过示范带动,推进传统服务企业经营、管理和服务模式创新,加快向现代智慧服务产业转型。

智慧物流:配合综合物流园区信息化建设,推广射频识别(RFID)、多维条码、卫星定位、货物跟踪、电子商务等信息技术在物流行业中的应用,加快基于物联网的物流信息平台及第四方物流信息平台建设,整合物流资源,实现物流政务服务和物流商务服务的一体化,推动信息化、标准化、智能化的物流企业和物流产业发展。

智慧贸易:支持企业通过自建网站或第三方电子商务平台,开展网上询价、网上采购、网上营销,网上支付等电子商务活动。积极推动商贸服务业、旅游会展业、中介服务业等现代服务业领域运用电子商务手段,创新服务方式,提高服务层次。结合实体市场的建立,积极推进网上电子商务平台建设,鼓励发展以电子商务平台为聚合点的行业性公共信息服务平台,培育发展电子商务企业,重点发展集产品展示、信息发布、交易、支付于一体的综合电子商务企业或行业电子商务网站。

建设智慧服务业示范推广基地。积极通过信息化深入应用,改造传统服务业经营、管理和服务模式,加快向智能化现代服务业转型。结合本市服务业发展现状,加快推进现代金融、服务外包、高端商务、现代商贸等现代服务业发展。

7. 智慧健康保障体系建设

重点推进"数字卫生"系统建设。建立卫生服务网络和城市社区卫生服务体系,构建以全市区域化卫生信息管理为核心的信息平台,促进各医疗卫生单位信息系统之间的沟通和交互。以医院管理和电子病历为重点,建立全市居民电子健康档案;以实现医院服务网络化为重点,推进远程挂号、电子收费、数字远程医疗服务、图文体检诊断系统等智慧医疗系统建设,提升医疗和健康服务水平。

8. 智慧交通

建设"数字交通"工程,通过监控、监测、交通流量分布优化等技术,完善公安、城管、公路等监控体系和信息网络系统,建立以交通诱导、应急指挥、智能出行、出租车和公交车管理等系统为重点的、统一的智能化城市交通综合管理和服务系统,实现交通信息的充分共享、公路交通状况的实时监控及动态管理,全面提升监控力度和智能化管理水平,确保交通运输安全、畅通。

8.4.6 智慧城市的发展趋势

随着国家智慧城市试点工作的推进和指标体系的逐步完善,也将规范和推动国内智慧城市的健康发展。一些城市将建设智慧城市当作数字城市的新包装,一些城市被企业营销牵着鼻子走,国内智慧城市虚火过旺和盲目贴标签的行为也被广为诟病。国家智慧城市试点工作将在试点探索和指标体系的实施过程中,对国内智慧城市建设存在的诸多误区和认识进行矫正和澄清。必须认识到,智慧城市引领的新型城市化是对传统城市发展的扬弃,它是低碳、智慧、幸福及可持续发展的城市化,是以人为本、质量提升和智慧发展的城市化。智慧城市建设不可偏废或仅仅是强调技术应用而忽视社会经济层面的创新,智慧城市的试点也必将规范和推动智慧城市的健康发展,构筑创新 2.0 时代的城市新形态,引领中国特色的新型城市化之。

案例:银江股份探路"互联网＋智慧城市"

在国内率先提出智慧城市理念的银江股份,正探寻"互联网＋"的切入口。银江股份目前的三大主营业务是智慧交通、智慧医疗、智慧城市。2014 年,公司共与 15 个城市的地方政府签订了智慧城市战略合作框架协议,项目金额累计 118 亿元,基本实现了智慧城市全国化布局的方略,为公司未来业绩的快速增长提供强有力的保障。智慧交通应用系统则覆盖了 30 个省市自治区的 139 个城市。智慧医疗应用系统已进入 1000 多家大医院(含区域医疗)。

由于互联网引发的产业裂变,银江股份在不断探索、创新业务管理模式和商业模式。随着大数据、云计算、移动互联网等技术的发展和智能手机的普及,互联网与智慧城市行业发展进一步撞击与融合。互联网等技术的发展,对银江股份原有商业模式既是机遇又是挑战。[161]

智慧城市是一个在不断发展中的概念,是城市信息化发展到一定阶段的产物,随着技术、经济和社会的发展不断持续完善,借助大数据、云计算、物联网、地理信息、移动互联网等新一代信息技术的强大驱动力,发展智慧应用,建立一套新型的、可持续的城市发展模式,从而勾勒出一幅未来"智能城市"的蓝图。

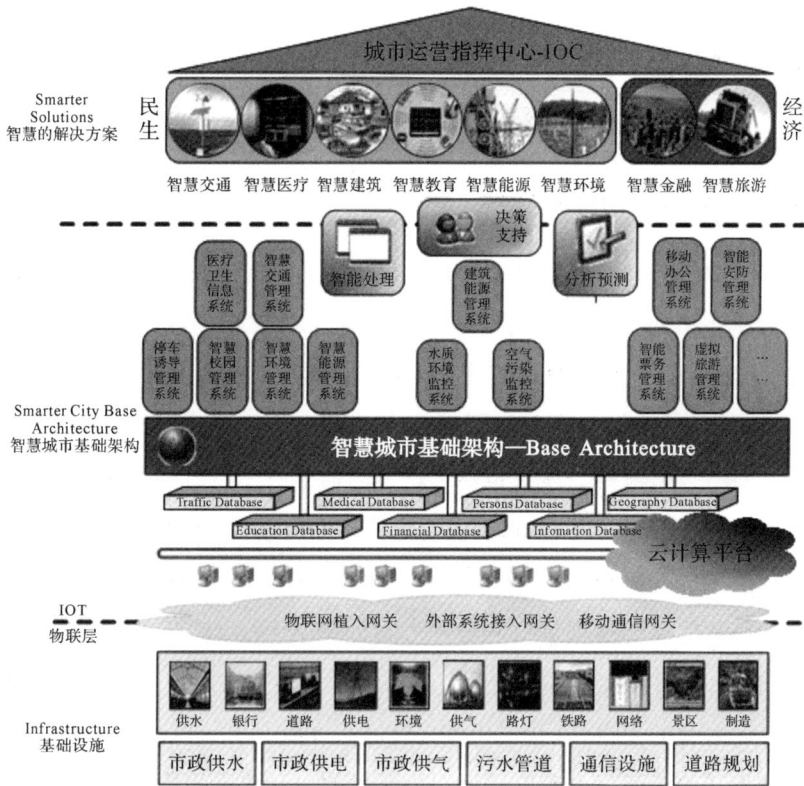

图 8-19　银江集团智慧城市整体解决方案示意图

资料来源：http：//www. enjoyor. net/solution-detail. asp？ cagid＝LDMyOSwzMzA&id＝NTIx

推动智慧城市有两个重要的驱动力，一是以物联网、云计算、移动互联网为代表的新一代信息技术，二是知识社会环境下逐步孕育的开放的城市创新生态。前者是技术创新层面的技术因素，后者是社会创新层面的社会经济因素。由此可以看出创新在智慧城市发展中的驱动作用。清华大学公共管理学院书记、副院长孟庆国教授提出，新一代信息技术与创新 2.0 是智慧城市的两大基因，缺一不可。智慧城市建设不可偏废或仅仅是强调技术应用而忽视社会经济层面的创新，智慧城市的试点也必将规范和推动智慧城市的健康发展，构筑创新 2.0 时代的城市新形态，引领中国特色的新型城市化之路。[162]

8.5 智慧体育

8.5.1 智慧体育的内涵

目前,关于"智慧体育"的界定还没有一个统一的说法。其中一种对智慧体育的解释是:智慧体育是让体育的服务与管理更聪明,它无处不在的各式传感器实现对各种体育行为的全面感知,利用云计算等智能处理技术,对海量感知信息进行处理和分析,如对竞技体育、全民健身、体育场馆及设施等各种需求做出智能响应和智能决策支持。[165]另外一种解释是:智慧体育是基于新型的信息技术,为满足体育参与者的个性化需求、丰富参与者的体验方式、提高参与者的运动质量,促进体育事业的可持续发展而实现对体育发展中各项资源有效利用的变革,从而为体育活动的参与者提供智能化、高满意度服务的一种新型运动参与方式。[166]2013 年 3 月"两会"期间,全国政协委员、山东泰山团体与产业集团有限公司董事长卞志良在接受媒体专访时曾表示:建设智慧体育,是新时代的要求,也是现代体育发展的方向。智慧体育是对包括竞技体育、全民健身、体育场馆设施等各种需求做出智能化响应和智能化决策支持的一种现代体育新模式。在国家大力促进竞技体育与全民健身共同发展的新形势下,全面促进我国体育信息化建设,推动智慧体育发展成为了体育事业发展的重要任务。"智慧体育"的本质是指包括现代最先进的信息技术在内的智能技术在体育业中的应用,是以提升体育服务、改善体育体验、创新体育管理、优化体育资源利用为目标,增强体育业竞争力,提高体育业管理水平,扩大行业规模的现代化工程。智慧体育是智慧地球及智慧城市的一部分。

当前"智慧体育"已经从理念构想转变成了我国体育改革发展实践进程的具象行动,尤其在当今移动互联网深入社会生活的诸多行业领域的融合发展时期,构建智慧体育显得更加实际与明晰。

案例:富阳:建设中国首个智慧体育特色小镇

2015 年 6 月 29 日,中国智慧体育产业联盟成立大会暨中国智慧体育产业基地(杭州)在富阳启动。3 年后,在富阳银湖新区,一座国内独一无二的智慧体育小镇将展现无穷魅力,游客可以体验各种室内外新型智慧体育健身娱乐活动,如 3D 高尔夫、3D 马球等。该项目依托富阳"国家运动休闲示范区""中国体育产业基地",拟以产城人文融合的特色小镇模式打造,规划面积 3 平方公里,建设面积 1 平方公里,项目一期用地约 300 亩。该项目总投资逾 50 亿元,其中基础设施投入 30 亿元,产业投资 20 亿元,涵盖智慧体育相关领域的总部经济业态、旅游休闲娱乐业态、产学研综合业态,建成投运后预计年产值 300 亿元。[168]

8.5.2　智慧体育的特征

1. 全面感测

各种传感器与智能设备共同组成了"物联网",能对现代化体育行为进行有效的测量及全面的监控与分析。

2. 充分整合

通过互联网与物联网的充分的连接与融合,使感知数据的传输、存储及管理实现智能化。通过各种信息的有效融合与云计算平台数据的有效整合,构建"智慧体育"的基础设施。

3. 激励创新

全面鼓励体育事业管理者及参与者在现代化信息基础上对体育业务进行创新与应用,从而提供新的发展动力,促进我国体育事业的全面发展。

4. 协同运作

在现代化信息基础设施上,通过构建一种新的服务体系机构或新的服务模式,并实现对大量数据的有效处理、挖掘及知识发现,为人们提供各种要求、不同层次的高效率、低成本的智能服务,使体育事业参与者能进行和谐高效的协调运作,促进体育行业的全面发展。[169]

案例：全国首个智慧体育健康平台"Me 动 APP"在宁发布

2015 年 9 月 19 日，南京慧动体育科技有限公司在香格里拉酒店召开发布会，宣称中国首个智慧体育平台——"Me 动 APP 公测版"上线。

健身，于中国民众而言，已经从"奢侈品""点缀"逐渐向"刚需"过渡。2014 年年底和 2015 年年初，国务院也多次发文明确"要加快发展体育产业、促进体育消费、推动全民健身"。在这样的背景下，拥有国企基因的南京慧动体育科技有限公司，主动承担了"Me 动 APP"——中国首个智慧体育平台的开发重任。

"现在的运动类 APP 大都是垂直型产品，延展功能很差，通常需要几个平台来回切换才能满足基本需求。我们的平台，最大的特色就是全方位化——从场馆预定到在线支付再到健身方案的私人订制，一站式服务满足所有运动人群。"南京慧动体育科技有限公司 CEO 李越笑称，"如果非要用市面上看得见的产品来形容 Me 动，那我们就是运动类的'大众点评＋豆瓣'！"

和市面上常见的运动类 APP 相比，Me 动究竟有何优势？ Ta 的智慧又体现在什么地方呢？

李越向记者介绍，首先 Me 动是修复健康的"重器"——具体来说，如果有用户体检时发现了"非器质性、可以通过运动康复或理疗手段缓解、治愈"的疾病，向"Me 动"上传相关资料，"Me 动"就会针对这名用户推送"有针对性的运动康复计划"。按照此计划进行锻炼，能帮助用户有效改善身体状况、避免或者降低相关疾病的发生。

其次，Me 动是便利订馆的"神器"。打开"Me 动"，首先映入用户眼帘的，就是完善的"场馆预定系统"。南京慧动科技有限公司掌握了"海量"的场馆资源，想要运动的你如果在黄金时段困扰于"无馆可定"，不用心烦意乱——打开"Me 动"，"在线预定系统"可以帮你轻松解决"无处打球"的烦恼。此外，据李越介绍，Me 动还推出了"校园版"和"企业版"，根据客户的不同需求为他们量身定制专属体育管理平台。

李越表示："从眼前看，Me 动已经做好了迎接市场检验和同行挑战的准备；从长远计，全民健身已经上升到一个国家高度，目前国内市场却依然处于一个碎片化的环境，Me 动的出现，势必推动体育产业的发展、引领运动整合的风潮。"[170]

8.5.3　智慧体育的应用

1. 智慧型体育场馆

随着科学技术的不断进步,体育馆更加注重智能化建设,通过将现有的信息技术与建筑硬件、软件等进行联接,实现建筑功能的高速运作,提高体育馆的经济收益,并提高体育馆的舒适性与合理性。以卡塔尔 2022 年世界杯体育场馆为例,作为智慧型体育场馆,该体育场馆能有效克服高温因素的影响,并通过各种传感器对场馆温度、湿度等情况进行全方位的监测,并利用智能型空调系统,使场馆始终保持在最适宜的温度、湿度中,不仅能提高运动员对环境的适应能力,还能提高观众的舒适度。

智慧运动场是一套利用互联网科技、软硬件集成的体育场地升级解决方案,可以应用于篮球、足球、网球、羽毛球等场地。由上海慧体网络科技有限公司提供搭建,目前与北京、上海、广州、深圳及其他二三线城市五千多家运动球馆保持合作关系。

2. 智慧型运动健康管理与服务

随着运动传感器技术的不断进步,各种传感器在健身器材上的应用越来越广泛,能对人体的运动信息进行有效、实时的监控,并将数据快速输送到运动健康管理中心,通过系统对运动信息数据进行全面分析与整合,为运动者提供相应的运动建议及反馈。

3. 智慧型运动员管理系统

随着智慧型运动员管理系统的建立,通过物联网及传感器技术,对运动员常规的生理生化指标进行测量,并对运动员的运动量及所处地区信息进行智能监控,以保证运动员的运动状态,并实现对运动员的有效、科学管理。以 2012 年伦敦奥运会为例,随着生物传感器与柔性显示技术的应用,运动员只需在比赛现场注册时领取信息卡,就能实时获取运动员证件、比赛安排及住宿安排等信息。另外还可以对运动员的生理生化指标进行实时监控,以免出现兴奋剂事件,保证比赛的公平性。同时,运动员还能通过信息卡及时了解比赛信息。

4. 智慧体育案例

(1)动享网

互联网时代的到来,除了给我们带来雨后春笋般的运动资源外,也带来了新生代的运动黑马——"动享网"——一个全功能运动社交 App(见图 8-20)。这是由杭州动享互联网技术有限公司开发的运动平台。杭州动享互联网技术有限公司是国内专业的健康运动大数据全服务提供商,通过为大众提供健康大数据服务和运动大数据服务,致力于打造全生态、全功能、全系统的智慧健康运动公社,以实现"智慧体育"的目标。

动享网旗下集合了全国千余家场馆资源,众多明星教练团队如奥运游泳冠军罗雪娟、羽毛球世界冠军王琳等,为杭州、南京、厦门、上海等近 30 个城市提供运动生活体验服务,并计划在全国范围内完成全面覆盖。

动享网立足于用户运动体验,解决用户"想运动"和"享运动"的核心问题,让用户轻松运动、快乐感受。它建立"找场馆、约教练、订课程、要挑战、享活动、去比赛"六大功能化自主服务平台,让所有运动烦恼被轻松扫光。

目前,平台总注册用户数超 100000,日活跃用户数约为 4000,活跃度超 4%;平均每天 App 启动次数近万次。据统计,截止 2016 年 9 月底,动享网总订单数超 5 万,总经营收入达人民币 3000 万,日均订单数超 200 个。动享网的使命是通过提供一站式运动平台服务,全过程健康管理,为用户打造绝佳的运动体验,让人们喜爱运动,享受健康,热爱生活。可以说,动享网是智慧体育的典型代表之一。

图 8-20　动享网 logo

（2）Keep（移动健身教练）

Keep 是一款专注健身的移动健身工具 App（见图 8-21），由北京卡路里信息技术有限公司研发。Keep 提供视频课程真人同步训练，用户可以根据兴趣选择课程，高阶健身用户还可 DIY 健身内容。Keep 具有一定的社交属性，用户可以相互交流讨论。

图 8-21　keep 的 logo

在互联网时代，健身运动文化正在觉醒，应该有更专业的工具，更纯粹的社区，让好身材来得更容易些。Keep 专注移动体育领域的应用开发，倡导开放共享的精神，不模仿，不跟风，只做酷的产品。

Keep 是一款优秀的社交型健身 App，曾成为"App Store 2015 年度精选"。轻巧、傻瓜化、随时随地是 Keep 的特点，不同层次、不同需求的用户都能找到符合自己需求的视频课程，得到相关的系统性指导，对入门者来说可以避免走很多弯路，科学且人性化的训练机制则可以帮助用户更好地坚持下去。

结束训练后，你可以"打卡"表示一天课程的完成，并评价自己的本次训练。根据这些行为数据，Keep 会分析你的健身习惯，不断精确算法，将最适合你的健身计划推送给你。同时，Keep 推出了跑步和电商两大功能，为用户提供更完整的运动体验。Keep 的跑步功能可记录用户的运动轨迹、速度及跑步里程并打卡，完成挑战可获得 Keep 跑步徽章。而该功能最大的特点在于，跑步可以和 Keep 的健身课程内容相结合。

（3）咕咚（Codoon）

咕咚（见图 8-22）是中国最大运动社交和赛事服务平台，由申波和司建铭于 2010 年创立，致力于通过游戏化、社交化和碎片化的方式，鼓励人们形成良好的运动习惯和生活方式，从而获得身体的健康。

图 8-22　咕咚 logo

在其发展历程中，咕咚经历了"硬件＋传统社区""智能手环＋咕咚 App"和"全民互联网运动社交平台"三个阶段，截至目前咕咚每天需要响应来自全球 87 个国家的数千万次运动需求。仅跑步量一项，咕咚用户每天的运动里程加起来就可以绕地球 600 多圈。

在乐视体育 2015 年 6 月颁布《乐视体育白皮书》当中，咕咚以 50.77％的市场占有率名列国内市场第一。

（4）悦跑圈

"悦跑圈"（见图 8-23）是一款基于社交型的跑步应用，是广州悦跑信息科技有限公司旗下的产品，上线于 2014 年 2 月。记录专业化跑步数据，在排行榜与全国跑友比拼，在独有的社交平台（跑友圈）与跑友分享交流，另外还支持微博、微信分享。

主要功能：

①记录跑步数据：悦跑在手，数据我有！路线图、距离、速度、消耗卡路里一目了然！

②以跑会友：通过独有的社交平台（跑友圈）分享跑步、约识跑友。还有"附近跑

图 8-23　悦跑圈 logo

友"功能！

③排行竞逐：社区内排行榜与跑林高手 PK，跑步悍将必闪耀全场！

④多平台一键分享：支持微博、微信、QQ 空间等多平台一键分享，跑步不再孤单！

（5）趣运动

趣运动（见图 8-24）是柠蜜科技开发的首个基于 iPhone、Android 和 windows 综合性运动服务平台，通过趣运动可以更加便捷地在当前地理位置周边发现运动场馆并快速在线预订，并可向附近球馆圈子的人发起约球活动、甚至约人陪练，降低了社交门槛。

图 8-24　趣运动 logo

不论羽毛球、足球、篮球、网球、还是游泳，都可以在趣运动上快速找到身边的专业场馆，甚至找到和自己有同样的运动习惯的伙伴，参与到属于自己的运动群体中，从此锻炼不再孤单。

(6)羽乐圈

"羽乐圈"(深圳市羽乐圈网络科技有限公司)是一个全新的羽球一体化服务手机App运营平台(见图8-25),为全国羽毛球爱好者提供一个活动互动,信息共享的平台。让球友更快乐的羽毛球活动平台,让中国的羽毛球运动更活跃,让更多的人参与进来,随时随地都能找到打球的组织,找到需要的各种羽毛球相关的资源与信息。让球友能随时随地找到附近的:球会、活动、球友、比赛、球馆、教练、穿线师。

图 8-25　羽乐圈 logo

(7)去动

去动(见图8-26),是由上海律动网络科技有限公司开发的一款健康健身类App,有 iOS 和 android 两个版本,各大应用市场均已上线。去动是具活力的全能运动社区,运动爱好者和专业教练喜爱的运动App。金牌导师量身定制最科学有效的运动课程及训练计划,运动指南经验分享,让你了解更多专业运动健身知识,帮你定制科学健康的生活方式。

图 8-26　去动 logo

（8）约运动

"约运动"是一款基于地理位置，主打活动的一款体育社交 App。它倡导十万运动达人等你来约，让运动不再孤单。

在群组的设计上，"约运动"强调 LBS，这是因为运动人群有很强的地理属性。同爱好的运动发烧友可以加入群组成为组员，在里面发起话题，讨论装备、技术等，当然，也可以在群组里发起运动，这里目标人群更加密集，通过 LBS 社区建立起来的信任感也让"约"这事儿更容易一些。不过目前建立群组尚需要联系客服。

"约运动"也有"附近的人"，它的特色在于每位用户填写了自己的标签，比如跑步、游泳、篮球等，这样其他用户可以根据标签"邀约"几个同好发起活动，跑步打篮球游泳等等。

8.5.4 智慧体育的发展策略

建设智慧体育，是新时代的要求，也是现代体育发展的方向。"智慧体育"是让体育的服务与管理更聪明，通过无处不在的智能传感器，实现对体育行为的全面感知，利用云计算等智能处理技术对海量感知信息进行处理和分析，是对包括竞技体育、全民健身、体育场馆及设施等各种需求做出智能化响应和智能化决策支持的一种现代体育新模式。在国家大力促进竞技体育与全民健身体育共同发展的新形势下，全面促进我国体育信息化建设，推动智慧体育发展成为体育事业发展的重要任务。

对于如何推动智慧体育发展，第一是国家要加大科技新场馆的投资力度，建设现代化、智慧型体育场馆。现代体育场馆建设要充分融入物联网技术和云计算技术，在场馆的每一个角落都有感知触角，并通过计算机技术将收集到的信息汇总到信息中心，信息中心将其作为服务向场馆内人员传达，根据客户的需求为他们设计贴心的服务。场馆内所有硬件设施都与场馆中心互联网连接，既收集信息，又对信息进行处理并做出决策。

第二是体育信息人才方面，要坚持引进与培养相结合，以培养为主。我国在体育信息化建设方面，远远落后于发达国家，在体育信息化人才培养方面也相去甚远，体育信息人才的匮乏是制约我国体育信息化建设的重要原因之一。体育信息人才是推动"智慧体育"的中坚力量。

第三是开展体育行业相关标准体系和标准化建设。国家体育总局参照国际标准、国家标准,设计新增体育行业标准,构建标准体系。要研究借鉴推广物联网和云计算应用的新成果,使"智慧体育"的建设、运行、服务和管理有章可循、有据可依。

第四是国家设立专项资金,加大科研投资力度,鼓励"智慧体育"的前后端研发,提供信息基础设施。智慧体育前端指体育行为监控的智能传感器网络研发,用于实现透彻感知和全面互联;后端指体育行为云决策平台开发及应用,用于实现智能处理和智能服务。"智慧体育在我国还是个新生事物,它的推动离不开国家政策和资金的扶持。"山东泰山体育产业集团有限公司董事长卞志良说。[173]

智慧体育的出现,突破了数字体育发展的瓶颈,更好地为参与者提供便利的服务。只要拥有运动软件和移动终端设备,人们可以随时随地获得合理的运动建议。智慧体育通过物联网把"数字体育"与"现实体育"联系在一起,进一步解决了网络城市"数字空间"与现实体育"物理空间"相分离的问题。具体而言,其意义如下:

一是改变参与者的运动方式。智慧体育的出现,使得原本模糊不合理的运动方式,变得更加合理化,通过人机之间的互动,运动者通过输入自己体质和运动方式,可以获得更加合理规范的运动强度和运动套餐。

二是促进新兴产业发展。"智慧体育"是体育业与科技融合发展的典范,智慧体育在国内外一些地区和城市已有建设应用,这影响着物联网、云计算等新兴信息产业的发展同时,将促进智能手机、平板电脑等移动终端产业,以及体育搜索引擎、在线服务、导航定位等相关产业的较快发展。

三是加快智慧城市建设。体育运动作为城市居民生活的方式,关系着人们的身心健康,智慧体育的建设和发展,必将成为体育信息化发展的方向,从而更好地为体育运动服务。

案例:无锡智慧体育产业园揭牌

2014年,无锡智慧体育产业园在感知中国博览园会议中心举行了开园仪式。江苏省体育局局长陈刚、无锡市市长汪泉在全国40余家媒体的见证下,共同为智慧体育园揭牌。

无锡智慧体育产业园是全国首个具有"互联网思维+物联网技术"时代特色

的综合性实体园区,也是国内首个体育产业的"众创空间"。智慧体育产业园以促进体育产业和科技行业的结合为宗旨,以科技园区模式来培育体育行业的高科技企业,鼓励和扶持传统体育产业服务商和生产商向信息化、大数据、物联网领域拓展,并逐步将相关技术成果推广应用到各类体育赛事和全民健身活动中,最终探索出体育和科技相结合的行业发展新模式。

陈刚表示,2014 年国务院出台的 46 号文件和 2015 年江苏省政府出台的 66 号文件推动江苏体育产业进入发展快车道,智慧体育是体育产业未来发展的一个方向。"希望更多的社会力量、企业参与进来。下一步,我们将从政策、市场开发、产业引导资金落实等多方面予以支持,希望能在智慧体育产业园走出一批有影响的智慧型体育企业。"

汪泉强调,智慧体育园有了良好的起步,后续的发展还要依靠更扎实的工作:要配合顶层政策设计,提高园区竞争力;要推进重点项目建设,形成产业集聚环境;要进一步推进企业招引工作,体现无锡特色智慧体育;要推进公共平台建设,做好企业服务工作;要稳健提高园区运营能力,加强团队建设水平。[174]

8.5.5 智慧体育的发展前景

中国体育产业近些年来有着高速的发展,但是整体发展水平还远远落后于发达国家。2014 年国务院 46 号文件提出要加快发展体育产业。"需求"加"政策",这无疑给体育健身领域的投资打了一剂强心针,也给创业者们带来了巨大的机会。

FellowData 研究了从 2013 年到 2016 年上半年,资本市场在体育产业的布局,该领域新创业项目数量已达到 667 家,获投项目 251 个,其中可统计时间的融资事件 239 起,披露的融资金额高达 217 亿。我们从 2013 年到 2016 年创投数据中分析发现,资本在体育产业已经出现了不少中后期投资行为,大众体育用品制造和体育赛事运营领域竞争已经非常激烈,但是其他细分领域仍有很多早期投资机会。据公开数据显示,2015 年中国体育产业增加值占 GDP 的 0.7％,远低于美国的 2.89％。2015 年,全球体育产业产值增加近 9000 亿美元,而中国体育产业的增加值仅为 4737 亿元人民币。不论从 GDP 占比,还是增长速度来看,我国的体育产业还有很大的发展空间。

国务院 46 号文件提出中国体育产业总产值目标为 5 万亿元人民币。随着国内人们生活消费水平的提高，以及越来越多的资本和创业者的参与，中国的体育产业将迎来黄金十年。据政府报告统计，2014 年中国体育及相关产业收入不到 3000 亿元人民币。面对如此巨大的体育市场，再加上大数据和物联网时代的全面到来，未来 10 年内，我们可预期"互联网＋"体育产业会迅速蓬勃地发展。

2013 年市场调查机构 IHS 发布报告称，运动及健身方面的应用程序将会越来越受欢迎，其下载量从 2012 年的 1.56 亿次增长至 2017 年的 2.48 亿次，增长率为 63％。IHS 消费者与数字健康部的高级经理桑尼·沃克（Shane Walker）说："越来越多的消费者意识到，健身并非仅仅去游泳馆锻炼身体，它还包括了记录锻炼目标、查询锻炼进展、了解身体健康状况等。当前，运动与健身方面的应用已经成为数百万移动用户日常生活中的一部分，他们利用智能手机就可以记录运动量、检测心律等。"

据 IHS 公布的数据显示，对运动及健身方面应用感兴趣的用户中，62％的人计划购买硬件设备，以更好地发挥软件性能。沃克说："对健身传感器的制造商来说，这是一个非常庞大的潜在用户群。"沃克预计，未来运动及健身方面的应用将能够支持无线技术与外部传感器和监视器通信，从而以更有意义的方式将传感器接收的数据展示给用户。此外，这些应用还将支持用户在社交网络上共享健身信息。当前，与运动和健身相关的应用程序超过 1 万款，但其中大多数应用从未被用户下载过。据 IHS 提供的数据显示，自 4 月份以来，排名前 20 位运动与健身方面应用的下载量达到 2.31 亿次，远远超过其他同类型应用下载量。

报告显示，阿里巴巴、乐视、PPTV 等互联网企业都已涉足"互联网＋"体育行业，不少传统体育企业也与互联网企业合作。比如 361°与百度、李宁与小米都展开了战略合作。另外，体育明星也加入"互联网＋"体育的创业潮，例如，吊环王子陈一冰创业做健身 App，足球解说名嘴黄健翔创业推足球培训 O2O 产品。"互联网＋"体育的新模式解决了传统体育痛点，成为未来趋势。互联网企业可以考虑通过引进赛事、自制比赛等吸引并汇聚用户构成用户群，或是引导用户通过 O2O 模式购买各种智能运动装备，构建"互联网＋"体育产业的生态模式。

案例：鸟巢、水立方打造"体育＋互联网"智慧场馆

作为北京奥林匹克园区主场馆的鸟巢和水立方正在致力于探索"体育＋互联网"的新形式，打造智慧场馆。其中鸟巢与阿里体育合作，启动了智慧场馆建设，打造面向个人用户的场馆集成化信息服务平台。利用场馆现有的 WiFi 设施，从售检票、停车和入座指引、直播互动、商品售卖、旅游讲解等方面研究智慧场馆建设，为观众和游客提供完美的体验。

而水立方也推出了"炫彩·水立方"App 应用，并打造创新型游泳培训管理平台。"炫彩·水立方"就是游客可以通过手机 App 点播场景，让水立方"流动"起来，从而将水立方外膜变幻色彩和图案，实现个性化定制。创新型游泳培训管理平台将涵盖产品介绍、线上购课、自动开卡、上课预约等功能，如果要查询水立方游泳馆实时状态和预约学习、为孩子报班，通过水立方游泳俱乐部微信公众号就可以实现。

8.6 智慧艺术

8.6.1 智慧艺术的概述

当今文化艺术发展进入了瓶颈时期，文化体制改革、文化产业化势在必行。文化艺术如何发展才能符合社会潮流，更能满足大众需求，更加有力推广，是亟待研究的课题。大数据的出现，将为文化艺术打造一个利用信息化高科技手段，充分了解文化艺术资源的特性，收集用户欣赏文化艺术的需求信息，建立动态分析的文化艺术资源库平台。

现有的文化艺术资源库只是文化艺术资源数字化的一种载体，没有任何分析价值，也不能对文化艺术产业产生决策依据。大数据技术很好地弥补了文化艺术资源库的一系列问题，通过收集民众对于文化艺术的感知，经过信息化的技术手段转化为数据进行存储和分析，从而产生一套系统、可靠、翔实的文化艺术研究基础资料。

文化艺术资源是体现一个国家文化实力的核心要素，也是国家文化及文化产业发

展的基础和源头。目前我国一方面正在加强对各类物质和非物质文化资源的数字化保护利用工作;另一方面大量新的不同形式的数字文化信息也在不断生成扩展,成为新的文化资源。如何进一步充分利用先进技术,特别是大数据分析等先进信息技术手段,加强数字化文化信息资源的分析挖掘与共享利用,进一步提高我国对于各类文化资源的有效保护保存和传播利用的水平,是促进我国文化及文化产业发展,保障国家文化安全的重要任务,也是发挥科技作用,促进文化与科技融合的重要环节。[175]

以传统艺术为例,此时的智慧艺术就是连接民间传说与当下生活和现代传媒的一座桥。智慧艺术是运用数字技术和计算机程序等手段对图片、影音文件进行分析、编辑,最终得到的升级作品。狭义上看,智慧艺术的核心是基于网络和"新媒体"的先锋艺术,它的关键词是交互性、影像装置、虚拟现实等。在大数据背景下,通过智慧艺术作品缔结民间传说与现代社会的再联系。第一,智慧艺术具有全媒体传播能力。比如,现代数字艺术通过电视、影院、网络、手机终端覆盖全媒体,具有强大的传播能力。民间传说经过艺术转化之后以数字艺术作品为载体进入各种形式的现代传媒,从而通过现代传媒强大的传播能力向广大受众进行传播。第二,智慧艺术拥有数量庞大的受众群体,此群体范围还在不断扩大。第三,丰富的民间传说资源是数字艺术创作强大的资源库。智慧艺术题材的广泛性和适应性,可以根据民间传说的特点选择相应的类型或题材。第四,智慧艺术表现形式多样,可以更贴合民间传说的艺术特色,例如,泥人偶动画、剪纸艺术动画、农民画、折纸动画,等等。第五,将文字语言转化成智慧艺术视觉图像语言,让语言的意义不再枯燥,而是变得生动、直观、明朗,从而超越了普通文字语言的叙述功能,即民间传说数字艺术化有利于全球化语境下的传播。第六,以文化产业发展为视角,作为文化资源的民间传说对文化产业发展有积极作用。[176]

8.6.2 智慧艺术实现方式

大数据与开发文化艺术资源的完美结合,要通过数据收集、数据存储、数据分析来实现。

1. 数据的收集

数据的收集可采用问卷调查法、信息检索法、网络信息收集法来实现。

(1)问卷调查法主要使用统一的、严格的调查问卷方式来收集数据。该方法是数据收集的重要环节,它涉及分析结果的科学性。调查问卷涉及问卷结构的确定、选择问题的表述、回答方式与量表类型等一系列问题。以调查问卷为参考,邀请文化艺术的大众参与答题,然后将所有的答题信息加以保存,并以一定的格式存储在数据库中。调查问卷主要包括单选项:您的性别、年龄、职业、经济收入;多选项:您喜欢的文化艺术资源门类(文学、曲艺、书法、篆刻、音乐、美术、视频、民俗等),文化艺术资源服务方式(组织活动、举办沙龙、提供培训、举办讲座等),文化艺术资源经营模式(公益性模式、经营性模式、公益与经营性相结合等)。通过调查可以统计出大众对文化艺术资源的关注、喜欢程度。

(2)信息检索法需要将现有的文化艺术资源进行分类存储,共分为四种类型,分别为文本、图片、音频和视频。以戏剧为例,分为京剧、豫剧、河北梆子、评剧等,而京剧类目下又分为各大流派,各个流派又有自己的代表作。将上述信息按标准的格式加以存储。该方法可以统计出该类型文化艺术资源的丰富程度、稀有度。

(3)网络信息收集法依托于文化艺术资源网,将文化艺术分类展示,吸引用户在线欣赏文化作品。在用户浏览网页的同时,记录用户的页面点击信息、页面的停留时间、页面的点击次数、用户登录的时间、用户退出时间等信息。大量用户登录并浏览网站,将产生巨量的有价值的数据,接下来便是存储和分析这些数据。

2. 数据的存储

大数据时代提出利用 Hadoop 技术对大量的文化艺术资源数据进行分析的方法。在搭建好应用环境后,将收集的数据结构化并存储到 HDFS 中,使用 HBASE 数据处理工具对每个用户登录系统的时间信息、点击页面的链接、停留每个页面的时间、欣赏了哪些文化艺术作品及其分类等一系列数据进行处理。

3. 数据的分析

数据的分析将存储数据通过 Flume 系统的处理输出汇总信息,包括用户的行为信息、系统的运行信息,以此来掌握资源的热度信息、系统的运行状态、用户对于文化艺术的感知信息。

编写相应的应用层系统,将 Flume 输出的信息进行处理,分析出一系列有价值的信息。主要包括:①分析每个用户欣赏文化艺术资源的时间段;②分析用户普遍欣赏文化艺术的时间段;③分析每个用户欣赏的文化艺术类型并分析出用户可能喜欢的资源及其类型;④将资源及其所属类型的受欢迎程度进行排序;⑤分析资源的受欢迎程度,将该资源进行突出展示。由此得到的一系列数据结果,有助于对用户想要查看的下一个文化资源进行预测,在提升点击量的同时传播更多的文化艺术资源,也给文化管理部门制定对于未来文化艺术发展战略提供依据。[177]

8.6.3　大数据对艺术的影响

现如今,大数据技术的应用已经贯穿于社会的各个领域,经过时间的检验,各行各业都不再怀疑大数据的能力,从一个模糊的概念到实际的应用,从结构化数据分析到非结构化数据分析及半结构化数据分析,大数据技术在不断地向前发展着。在影视行业中,好莱坞电影工业为世界电影产业的发展做出了巨大的贡献,好莱坞电影工业的成长法则就是创新再创新,从声音、特效到制作,好莱坞的创新脚步从未停止过,在互联网浪潮来临以后,通过信息技术与数字技术的运用,好莱坞电影再次将其恢弘的制作效果展现在观众面前,从而成为好莱坞电影的魅力所在。随着云计算和大数据的蓬勃兴起,通过大量的数据,挖掘观众的兴趣从而指导影视创作的手段已经引起越来越多专家学者的关注,2013 年,美国视频网站 Netflix 投拍的电视剧《纸牌屋》第一次将大数据技术运用于影视创作之中,并且取得了巨大的成功,自此全球的影视业都开始关注大数据在影视创作中的应用。

大数据时代下大量的专家和学者都针对大数据展开深刻的研究,预测我们的未来生活的各个领域都将很大程度上受大数据的影响。在传媒行业,大数据分析正深入到电影的创作环节,这对影视创作从剧本选择,到导演、演员的选择,再到拍摄和后期制作乃至营销,都将产生深刻的影响。大数据为影视行业可能带来深刻的影响和巨大的价值,这一点已经被传媒工作者所广泛意识到,通过高新科技技术产业,对大数据进行全面的搜集、挖掘、整理、归纳、提精,从而达到影视创作领域前所未有的创作成果。根据需求将影视创作规模化,推进了影视行业的发展。大数据分析是具有积极意义的,随着社交网络和聚合类电影网站的飞速发展,在这些网站上发布了很多关于电影的评论信息,通过大数据分析可以获得人们对某部电影的喜好程度或者是对某位演员、某位导演或者剧本的喜好程度,这样的分析并不仅仅是通过打分来实现的,而是通过语义分析来实现的,当前在大数据分析领域流行的主题模型就是语义分析的手段之一,并且仍然在不断地进步之中，这种分析获得的结果对电影创作所能够起到的指导性作用还是很明显的，但是这种分析手段科技含量较高，技术难度大，我国在这方面的研究还比较滞后，根据大数据分析产生的聚合类网站也不够多，能够获得的数据也有限，常常遭遇数据稀疏性问题，使得分析结果不够精准。在科技能力不够的情况下，我国电影行业的大数据分析依然停留在对票房的统计、对电影的简单评分等方面的研究，这种形式的大数据分析就有一定的消极意义存在，收视率高、票房好，代表喜爱这部电视剧的观众更多，收视率低、票房不好，代表喜爱这部电视剧的观众更少，这看起来并没有什么不对，但实际上这会为影视行业带来一定的问题，高的票房只能代表这部电影具有一定的商业价值，并不一定就能够说明这部电影具有很高的艺术价值，反之，低的票房只能代表这部电影商业价值比较低，并不一定就能够说明这部电影的艺术价值就不高，但是对于以追求利益为主的电影投资方来说，片面的大数据分析常常使他们只关注电影的商业价值，而把影视的艺术价值忽略了，虽然投资商能够保证盈利，但是这些为追求商业价值而拍出的影片并不能成为经典，并且会很快从人们的记忆中消失。[178]

张瑶指出，现阶段数据已经渗透到电影行业的所有业务职能领域，在电影的生产过程中，构思、制作、营销等各个环节都需要大数据所提供的信息作为指导，人们对于海量数据的运用将带动电影行业新一波的增长。

Manyika J 指出，在影视运营行业，很早人们就已经认识到数据分析的重要性了，但是当数据增长到一定程度以后，靠人工的或者是传统的数据分析手段人们已经难以解读数据中所蕴藏的奥秘，在这种情况下，必须要有新的收据分析手段。

Russom P 指出，影视运营大数据分析拥有三个最重要的特征，首先是收集到的数据量巨大，但这些数据中有有用的数据，也有无用的数据，还有一些是干扰数据；其次是数据种类多，需要在对数据筛选后进行分类，这样数据的脉络才能更清晰；第三是分析的速度必须要快，现在电影投资商都要求在最快的时间内出品高质量的电影，如果数据分析速度过慢显然无法获取到更好、更有利的效益。

戴志强认为，影视行业的数据的类别一般都包括影视作品本身的创作内容、销售信息和观众的反馈内容，在这三个大类别中，每种类别又都包含有许多小类别，比如创作信息包括故事题材、叙事方式、人物等，销售信息又包括票房信息、市场推广费用、渠道等。在进行影视大数据分析时,现阶段仍然难以做到面面俱到,只能根据分析目的的不同进行尝试,作者进而把三大类信息分别称作内容大数据、渠道大数据和用户大数据。

陈肃认为,每个观众都有不同的特性,每部影片也有其特定的观众群,通过大数据分析就可以知道这部影片的观众群的偏好,就可以定制最有效的传播方式,比如,电影《小时代》就做了类似的分析,《小时代》的女性观众占 78%,因此,针对女性的传播方式显得尤为重要。

李兴指出,对影视作品的收受效果,现阶段更多的是事后分析,但实际上,事前的预测分析也极为重要,它可以用于指导影片的创作,从而取得最好的效益,谷歌推出的电影票房预测模型在好莱坞电影创作中已经被广为采用。

8.6.4　智慧艺术产品应用

1. 智慧电影

面对艺术电影在传统发行、影院放映中屡遭市场瓶颈的尴尬,互联网企业的全面进入及在制、发、放层面上更高程度的参与及融合,也许会为艺术电影打开一扇天窗。

近年来,以 BAT 为首的互联网企业纷纷进入电影产业。在投、融资环节,阿里巴巴和百度等通过成立娱乐宝和百发有戏等众筹平台,使互联网金融资本进入电影业,大大降低电影艺术回归大众的门槛;制作环节上,基于已拥有大量用户的热门网络文学作品进行影视剧改编的事例在不断增多,实现了影视与文学、游戏、动漫等产业的进一步交叉融合;发行环节上,互联网俨然成为电影宣传营销的重要阵地和平台;放映环节上,以猫眼、格瓦拉等为代表的电商平台已占据中国电影售票数量的 80%,一些视频网站推出的互联网电视、互联网盒子、视频手机等产品,正在争夺观众和市场,由此我们看到无论是上游的融资或制作环节到中下游的发行、放映,几乎都有互联网企业的身影,这种"平台＋内容＋终端＋应用"的全产业链业务体系对传统的电影发展模式展开了直面挑战,也为电影市场向纵深化、多元化的发展提供了机遇。[179]

首先,由于互联网企业大多拥有自己的网络平台,基于其强大的数据库和云计算分析可以让他们在迅速掌握用户个人信息(包括用户性别、年龄、位置、上网时间、上网频率等方面)的同时,将其分类并精准定位。正如腾讯视频总编辑王娟所说,"互联网公司最大的优势是,在一系列数据分析基础上建立起来的对消费者需求的了解",这些需求包括消费习惯、偏好、趣味、消费能力、消费动机和消费方式等。结合了用户信息和消费需求的精准化定位,实现了点对点的 VIP 服务,既减少了无效信息的干扰,也为用户在获取信息资源的便利性、即时性、互动性上带来更好的体验。同时,针对艺术电影更细分化的市场类型,利用数据分析的结果去挖掘潜在受众群,通过寻找受众群体的契合点,使这些群体产生社交互动,可以帮助他们发现自己的喜好,培养他们的艺术品位,提升他们的用户粘性,并最终促成艺术电影未来在影片品质与市场表现上的匹配。

其次,互联网在跨越时间、空间上的传播手段极富弹性,其高度自由化的特征与网络用户时间的碎片化、场景的多样化需求相对接。在信息化时代的快节奏影响下,人们的时间正被无限分割,碎片时间具有的随机性、零散性、随意性、个体差异,让互联网可以在长尾效应的助力下去寻找合适的时间,用合适的方式,将合适的信息或产品推送给用户,相较于传统媒体的传播手段和方式来说,具有极强的适应性和灵活度。

最后,具备操作成本低廉、手段多样、融合性高等特征的互联网,其介入不仅使电影融资来源更加多元化、制作门槛进一步降低,还可以凭借较低的营销成本覆盖到尽可能多的用户,实现广而告之的目的,并不断创新基于互联网的新型宣传和发行模式,如在旗下的网站投放预告片、主创访谈、幕后花絮等视频内容,或利用微博、微信平台的转发获取关注度,从移动终端的配套 App 下载、主题音乐试听到在线购票、观后评价的互动等。而在传播途径方面,随着移动终端技术的成熟,未来付费点播和家庭影院等网络播放的便捷性会大大提高,尤其是针对并不以视觉冲击力、音响震撼、3D 技术等视效元素见长的艺术电影来说,这类影片在影院上的市场刚性需求并不高,利用网络院线的点播对于当前从投资到收益都举步维艰的艺术电影的生存现状来说,利自然远大于弊。因此,把互联网的优势转化成资源,以扭转艺术电影的发展困境具有重要的现实意义。

2. 智慧电视剧

(1)美剧

人们在分析美剧《纸牌屋》爆红网络的原因时,都注意到了这部剧集的生产与大数据之间的关系。这就是说,《纸牌屋》之所以成功,首先在于它的制作商基于大数据技术获得了确保生产成功的关键信息。作为网络视频传播渠道,Netflix 公司每天都能搜集到用户高达 3000 万个的暂停、回放、倒退、快进等行为信息,还有订阅用户近 300 万次的搜索行为和 400 万次的在线评价行为信息。通过分析这些海量信息,Netflix 公司注意到喜欢 BBC 政治剧、导演大卫·芬奇和演员凯文·史派西的用户存在一个庞大的交集,于是决定投资 1 亿美元买下已于 1990 年在 BBC 电台热播的政治惊悚剧《纸牌屋》的版权,请曾经担任希拉里·克林顿竞选助理和奥斯卡获奖影片《总统杀局》制片的鲍尔·威利蒙出任编剧,请大卫·芬奇任剧集开篇导演,请老戏骨凯文·史派西任男主角,请《阿甘正传》的演员罗宾·怀特为女主角,以美国首都华盛顿的政治生态为背景,以好莱坞电影为标准,重新拍摄《纸牌屋》。

Netflix 公司就是靠上述大数据提供的信息获得了巨大成功吗? 从哲学角度看,对这些大数据所提供的关键信息还需要进一步抽象,而抽象的结果最终必然是消费者的需求。"需求"(demand)不等于"需要"(need)。根据赫勒的研究,早在自由资本主义阶段的马克思就已经注意到,"需要"本来只与使用价值相关,它存在于人类社会的各个阶段。但在资本主义社会,"需要"却被用来实现交换价值,这使得"需要"成为异化的"需要"即"需求"。为了实现交换价值,也就是说,为了获取利润,资本家在组织生产时非常重视挖掘、制造并满足消费者的"需求"。正如马克思所言,资本家与消费者的关系就像宦官与君主之间的关系:"工业的宦官顺从他人的最下流的念头,充当他和他的需要之间的牵线人,激起他的病态的欲望,默默盯着他的每一个弱点,然后要求对这种殷勤服务付酬金。"[180]

(2)韩剧

韩国电影近几年来发展迅猛,无论是国内票房还是国际奖项方面均取得了不俗成绩,那么韩国电影何以在一个短暂的时期内获得如此巨大的爆发力呢? 实际上如果对近几年来韩国制作的几部卖座大片进行一个简单梳理的话,我们会发现这几部电影实际上都有着非常明显的大数据思维在里面,这点也可以作为韩国电影成功崛起的一个重要因素。

韩国电影体制的发展为大数据在韩国电影中的应用提供了良好的基础。我们都知道好莱坞电影的制作是以制片人为中心进行展开的,这种制片人中心制度可以造就比电影本身更大的商业化市场。然而在韩国的影视创作团队当中,制片人的地位相对比较低,相反他们更看重编剧的质量,一名编剧在剧组中的地位是很高的。这种制度使得编剧为了迎合观众而可以随时使用数据计算的结果而不用被体制制约。可以说大多数韩国电影从一开始就是建立在数据的基础上的,选题是以社会热点话题或者公众关注热点所产生的数据为基础、影片的叙事结构是以关注度高的影片数据参数为基础、演员的选取是以演员的话题指数作为基础等。

4. 智慧纪录片

在纪录片创作过程中利用大数据搜集、处理信息已经变得十分常见,大数据思维正被当作最为有效的工具,反复被众多纪录片创作者所使用。

《舌尖上的中国》系列纪录片可以说是中央电视台在 21 世纪以来致力于纪录片改革和创新所取得成果的最主要体现。《舌尖上的中国》的走红绝非偶然,它的成功建立在数据运算的结果上,这在某种程度上预示着中国电视纪录片进入一个全新的发展阶段。《舌尖上的中国》的创新正是对中国电视纪录片传统模式的一种突破和创新。通过数据计算出观众期望的元素并融入到纪录片内容中,就会得到观众想要收看的纪录片。应用大数据的计算结果作为拍摄依据,事实证明这样的发展方向无论是从整体还是从个体的角度来看都是符合受众需求的,并且是拥有广泛市场前景。

5. 智慧文化

杭州润庐文化艺术有限公司坐落在国家西溪湿地公园内,公司修葺风格古朴、格调古香、静雅别致,以国石文化为主导,所展之品涵盖中国玉石文化的各个领域,展示主体为昌化石,其独具特色的展示形式,系统地展示了国石的独特魅力。

润庐文化艺术得到业内相关专业协会的大力支持和充分合作。至今已与浙江省国石研究会、临安昌化石协会、杭州市昌化鸡血石鉴定中心、杭州西泠印社、浙派篆刻研究室等建立了友好的合作关系,并且聘请了国石雕刻大师钱高潮(鸡血石非遗传承人、昌化石协会会长、国家级大师)和篆刻名家余正(西泠印社篆刻研究室主任),作为公司的艺术顾问。同时,润庐文化艺术还不忘将中国传统文化的精髓融入到国石文化中,在传承的基础上加以创新,配以艺术家的神乎其技的画作和鬼斧神工的雕工,打造千年不朽的艺术精品。

润庐文化艺术正致力于打造国石艺术宣传的线上线下活动为一体,对艺术精品进行展示、交流探讨及销售,力求实现"互联网＋艺术品＋金融＋民生",并集鉴赏、交流、销售功能于一体,打造智慧艺术产业新平台。

6. 智慧戏曲

(1)大数据思维为影视二人转创作者提供新的使用资源方式

生活中无时无刻不在产生数据,这些数据以网络社交的方式被人们呈现在网络上,并且以"免费"的形式正在被我们接受。这些基数庞大的数据就可能是当今影视节目创作者创作素材的最主要来源。有时影视节目创作者皆是带着相同的问题出发,就是在海量数据中寻求答案,数据在验证其想法可行性的同时,也会间接地给出具体的实施方案。例如在我们期望得到2013年什么类型影片会"火"这个答案时,综合近几年各类型电影票房数据情况后,大数据就会给出"喜剧片"这样一个答案。数据总在帮助计算未来发生的可能,因此影视节目的创作也变得更简单了。影视二人转节目的创作也是一个道理,利用大数据思维来挖掘合理的创作信息已经成为一名合格的影视二人转节目创作者必须掌握的能力。

我们常说:大数据时代下绝大多数的数据都是免费的。这里的"免费"则是相对的,因为直至今天我们还不得不去缴纳登录网络的费用。但是当我们拿缴纳的费用与获得的信息价值相对比时,会发现那些费用的付出就变得微不足道。

免费的数据就意味着我们可以获得更多的信息,这些信息又孕育了无穷的可能。通过数据,创作者可以获知关于创作目标的近乎一切有用的信息,比如影视二人转收视分布情况、收视人群组合、不同影视二人转节目类型的收视情况、二人转演员的粉丝数量等,准确地掌握这些数据信息是进行实际创作的前提。那么创作者将如何获取这些数据呢? 这些数据的来源有很多,类似于电视台的收视率统计、二人转剧院的地区数量分布、不同二人转演员的网络点击量都是这些数据的最直接来源,影视二人转节目创作者要善于发现可能有价值的信息,生成有效的数据为将来的节目创作提供依据。

①影视二人转人数据素材的挖掘

开展影视二人转节目的创作就首先要学会如何在网络上挖掘资源。实际创作过程中,绝大部分有用的资源信息都是以分散的形式存于网络中。创作者可能基于各式各样的原因,诸如网络带宽的限制、数据的私有保护特性、数据的规模特性等,无法准确、便捷地把所有有效数据集中在一起,就更不用谈资源的再利用和再创作,所以快速和有效的数据搜集方法才能够保证影视二人转节目的高效创作。[181]

获取资源时,应该首先判断所需素材的基本功能,也就是说"我们需要的素材是去做什么用的"。影视二人转节目在实际创作前也要像新闻栏目创作之前选择新闻五要素一样,去选定影视二人转节目创作的五个要素。即五个"W",分别是:What(想创作什么)、Who(针对于什么群体或者受众是谁)、When(有什么时间限制)、Where(在什么地方演出)和 Why(为什么要创作这个题材)。有时候二人转艺术创作还要加上一个"H",即 How(怎么创作)。只有确定下来影视二人转节目的创作要素才能够决定最终挖掘数据的具体方式。只有针对性强的挖掘方式,才能够得到代表性强、价制度高的创作素材。

②影视二人转大数据素材资源的重组

获取大量的数据并不意味着创作行为的成功,今天那些所谓的"走夜路的明眼人"依靠的可并不只是这些所有人都可以得到的数据那么简单。已有的数据需要挖掘和重组,挖掘是开发数据内的剩余价值,发现数据不直接表达的信息。而重组则是将表达不同信息的数据关联化的操作,使两组或多组"平行"数据产生交集,这个交集所蕴含的价值远大于所有数据所蕴含信价值的总和。

自从互联网成为人们的社交主体后,几乎每一个互联网用户都养成了通过网络发表自身观点的习惯,那么这些观点就很能说明问题。它可以反映观众普遍的收视习惯,将这些"习惯"信息进行挖掘和重组后,就可以为具体的影视二人转节目创作提供参考。恰恰影视二人转就是一门急需受众反馈信息并做出及时调整的影视戏曲艺术,所以大数据时代下的信息资源整合的特点恰好迎合了影视二人转节目的创作需求。

数据的挖掘要从最容易产生的信息入手,因为最容易产生的信息最能够表达信息发出者的真实状态,通过挖掘和重组这些信息,才能够更确切地反映出信息发出者各项需求指标。以移动电话为例,移动手机终端几乎成为每人的必备工具之一,随之建立起来的社交网络规模也是相当惊人。每一个移动终端都代表一个客户,这些客户都可能变成提供创作资源的一员。客户通过社交网络表达自己的"情绪","情绪"里面就可能有影响艺术作品创作的元素存在。影视二人转导演则可以充分利用这些来自于网络的"情绪",对初步成型的二人转节目进行二次创作,来迎合观众的"情绪",达到增加收视率的目的。

事实上全部数据的信息经过重组这一过程是至关重要的,因为基本上观众的思维都是发散的,即使是再有经验的导演也无法把握一名观众心态上时刻发生的变化。可是数据却完全能够做到这一点,尤其是全部的数据。因为数据的记录是实时更新的,每一秒数据的变化就意味着观众心态的改变。

根据 EMC 公司 2011 年公布的统计:全世界的信息量每两年以翻倍的速度增长,2011 年产生和复制 1.8ZB 的海量数据,数据增长率超过了摩尔定律。仅就数据量而言:1.8ZB 相当于中国每个人每分钟发送 3 条微博,且连续 6217 年不间断;相当于超过 2000 亿个高清电影(时长超过 2 个小时),一个人 24 小时观看这些电影需要 4700 年。每天产生于我们身边的数据量是如此的庞大,那么存在于这些数据内部的信息数量可想而知。由此我们可以看出,即使在这么多数据之间搜集到了合适创作的信息,那么得到的信息量无疑也是巨大的。如何在这么多数据之间做出取舍,便完全取决于数据重组工作的进展情况。

(2)运用大数据思维进行影视二人转创作的模式分析

大数据思维是一条条通往成功的捷径,它不需要我们搞懂事物之间的因果关系,在大数据思维的引导下,创作者直接根据数据的结果展开创作做就可以了。身处于大数据时代,一切影视创作的行为的方式和思考方式都必将得到改变。

处于大数据时代下的艺术创作者有时候被迫需要换一种思考方式来看待问题,影视二人转就是一个很好的案例。大量数据使得影视二人转的获取资源方式产生了创新,自然也就改变了原有影视二人转节目的创作形式。在原有的影视二人转创作环境里,创作者是为"段子"服务的,大多数情况下,影视二人转创作者会围绕一个"段子"展开创作。可是如今,大量数据带给了影视二人转艺术创作者源源不绝的"段子",并且这些"段子"同样是来源于生活,具有相同的幽默性。所以这必将使得一些固有的影视二人转节目创作传统被打破。

①大数据思维的应用

随着互联网普及化的加深,网络社交渐渐成为了人们社交的主要途径。这也直接导致用户的言论和思想越来越不可控,把控舆论导向需要创作者不断增强的自身素质。因此影视二人转节目创作者很难再像从前一样,轻易地去断定一名普通观众收视心态上的变化。

我们正处于大数据时代,我们可以从网络中获取很多免费的信息,这些信息中蕴藏着大量的数据,通过数据间的运算,又会获得更多的信息,这种信息获取的方式是之前任何一个时代都不具备的。然而事实上,现今的影视二人转节目创作依旧存在着许多的问题,比如依旧采用着传统的创作观念实施创作,这就恰恰给广大影视二人转创作者一个发挥大数据思维特点的平台,通过大数据思维的应用来补充影视二人转发展中存在的短板。

思维的转变才是应用大数据思维的前提,影视二人转的创作要进步,首先要做的就是改变创作者的思维方式。用大数据思维去做事情需要时刻关注事物的进展、忽略事物的发生原因。近年来许多门户网站凭借自身掌握数据的这一优势,掀起了一股网络自制剧风。细数这些网站,它们无不是经过自身多年的运营,累积了大量的用户信息资源。来自于网站所提供的信息资源便是这些自制剧不断取得成功的关键。由于这些来自用户的大量数据,网站经营者轻松分辨出什么类型的节目会受到观众的喜爱,于是它们就直接投资拍摄这类的节目,那么这样做的结果就是一部拍摄成本极低的网络自制作品却取得了与其投资完全不成比例的高收益。

②影视艺术创作的"和而不同"

A. 艺术的相通性

数据可以为不同门类的艺术服务,大数据思维使得创作者可以根据用户的反馈信息及时在创作内容方面做出调整。不同艺术在创作时,创作者往往会有相同的思考,因此即使是存在巨大差异性的不同艺术门类之间,在其各自的筹备阶段还是具备一定的相似性可以互相提供参考。

从创作的角度看,就拿戏曲艺术与影视艺术为例,影视艺术时空关系的使用可以为戏剧艺术的创作带来启示,戏剧节目的表演形式只是局限在舞台平面内部,而影视艺术并非如此,影视作品的时间与空间可以经过蒙太奇处理被赋予导演主观情感,影视作品这种创作特性为戏剧发展突破时空限制提供了一个很好的借鉴。

从市场的角度来看,虽然艺术服务于人的精神世界,但是还是会被客观的经济市场所束缚,艺术作品的创作,创作者必须考虑艺术作品所产生的市场效应。拿戏曲创作与广告创作来说,即使二者在创作内容方面的相关性极小,但是关于观众注意力的把控这个问题上,两边的创作者都是极为看重的。

B. 通过受众看未来

社交网络的实际应用使每一名用户都处于大数据产业的中心地带,反过来社交网络也方便广大创作者观察每一名用户最具体的行为方式,这种信息接受方式的转变为数据的挖掘提供了资源。例如在广告的创作过程中,创作者会从冗杂、繁复的数据中挖掘数据所蕴含价值的信息,有时受众的一些习惯是对收视现状的最直观的反映,我们要做的就是及时记录、规划和总结这些习惯所产生的数据,如此一来,通过用户自身便足够帮助创作者看到自己作品的未来。

C. 不同的影视艺术门类都拥用共同的创作基础

不同的影视艺术门类的创作有时是有很多相同点的。比如在创作资源的获取方面,虽然它们的搜集渠道可能不同,但是都需要顾虑受众的想法,创作者永远不可能只根据自己的意图便进行主观的创作,是否符合舆论导向是评价一部作品成功与否的重要指标之一。

③大数据思维对影视二人转创作的影响

使用全部数据是运用大数据思维解决影视二人转艺术创作难题的先决条件,通过这些"免费"的影视二人转节目创作素材进行创作,原有的创作重心必将发生转移。比如说那些基于海量数据的调查中会出现的难题、挖掘合理信息过程中的困难都将被无限放大。影视二人转节目创作者几乎很难在大量的数据中总结出所有与影视二人转节目观众收看行为有关的因素,就更不要说再对有价值的数据的整合和再利用了。

(3)影视二人转创作者运用大数据思维的分析

在大数据思维的指导下,"数据"会直接告诉创作者答案,创作者再根据答案进行创造,在这个过程中创作者会从数据给出的结果出发,无需考虑导致现状的原因。当然这样做存在一定的缺陷。那就是我们很难从这么多的数据中分析出导致现状的根本原因,于是数据的时效性和持久性将变得尤为重要,倘若我们计算的只是陈旧的信息,那么得到的结果便不适用于当下。倘若我们只得到了局部的、片面的信息,那么得出的结果也是不准确的。

另外,一部好的作品离不开创作者的才能,大数据思维虽然可以告诉创作者具体的解决方案,但是要如何实现创作预期还是要看导演怎样执行。同样是一部作品、一样的演员、同样的剧情,不同的导演就会拍出不一样的效果,如何使自己的作品脱颖而出,对导演自身的才华提出了很高的要求。所以我们说即使在大数据思维的引导下,影视二人转艺术的创作中,创作者依旧占有着主导地位。

虽然具有同一个出发点,但是由于处理事情的方式不同,得到的结果也可能会千差万别,影视二人转节目的创作亦是如此。大数据只是促成影视二人转节目创作的众多工具之一,并不是解决当今影视二人转节目创作问题的唯一答案。

(4)大数据思维针对影视二人转创作方式的颠覆

处于大数据思维下,创作者的创作方式在不知不觉地发生着转变。"用户"思维是大数据思维强调的重点。这里的"用户"则是指最终用户或者是最末端的营销机构,他们是产品的使用者和接受服务的一方。从"用户"的角度出发,如今的创作过程正在逐步失去原有的创作特点,创作者正在酝酿一场全新的具有"大数据"特色的创作风暴。

①分享机制的出现

互联网已成为社会运作的基础设施之一,网络信息借助互联网的普及正在不断向社会各个角落、层面渗透。人们更加依赖以网络方式为基础的信息相互传递。"分享"实际上就是人的思维方式的一种转变,这种思维方式的转变必将改变整体的影视二人转创作模式。

分享是一个过程,试将自己的感受和感觉通过网络平台上的"群"或"圈"实现网状传播,不仅是你传播给朋友们,朋友们还会基于自己的朋友圈或者圈进行分享,一个好的感受可以形成"圈圈相套"的巨大传播效应。

在数据时代这种分享机制实际上也是互联网时代下的用户体验的一种额外创新。"分享"机制可以为二人转艺术的创作累积更多的资源财富,方便创作者搜集到更多、更适应观众眼光的素材,并且这些素材往往具有一定的真实性和社会性。真实感强的故事可以深层次地反映社会现实,抓住观众的眼球,从另一个侧面加深了影视二人转本身的艺术价值,使之获得发展成为一门颇具文学底蕴的艺术门类的可能,从而摆脱二人转艺术当下的"低俗"标签。

"分享"思维可以方便创作者了解观众的偏好,进而方便创作者实现具体的影视二人转节目创作过程。"分享"的实质就是用户在互联网络上交流心得,另外社交平台极强的参与性也在吸引越来越多的用户参与进来发表自己的意见。当然创作者也可以参与到其中,这些交流后产生的信息,完全能够再次成为新鲜的、有用的信息被我们保留、记录下来,因为这些信息可以充分反映用户(受众)的兴趣所在。从受众的"分享"过程中获取创作经验,就地取材,获取他们感兴趣的故事糅合进新的影视二人转节目创作当中,这种"分享"实际上也就是观众自己在创作自己希望收看的影视二人转节目。

②用户成为一切创作的主导者

就在互联网诞生以后,无论是社会、经济还是文化领域,其游戏规则都已经发生了改变。互联网用户可以上网搜集自己需要的资源,甚至可以十分便捷地在网上与其他用户相互交流、讨论,总之用户正在变得越来越有主动权、话语权。对于影视二人转的创作来说,观众完全可以成为未来节目创作的主导者。以传统二人转节目的创作为例,观众现在不满于二人转节目创作者的安排,比如固定的演员、固定的表演曲目甚至是现场收看的空间限定。观众希望点播收看喜欢的节目,也只有通过这种点播式的演出形式,才能满足观众的这种"不对称"的需求关系。

大数据时代下的信息分布是极不对称的,用户永远掌握着比创作者多得多的信息,这是弱化影视二人转导演在二人转节目创作过程中职能的一种表现,更是在某种程度取代导演部分创作职能的体现。这种导演职能的弱化与过去影视二人转节目创作中的导演职能的模糊是不同的。过去的二人转剧团里面,很少有二人转导演这一职称。在二人转节目编排的时候,往往采用"收集段子"的形式将流传于各地的笑话收集起来,一个二人转节目是由剧团内成员"东拼西凑"出来的。演出时也通常以演员的即兴演出为主,这种演出形式极为考验二人转演员的职业素质,但是反过来却更加淡化了二人转导演这一职位。然而今天这种处于信息分配不均匀情况下的影视二人转节目创作,与其说是推翻了从前的二人转节目创作形式,倒不如说是深化了之前的创作模式,只不过是由剧团内的每一名成员以"表演"的形式参与到节目创作转变为由二人转节目观众加上原有剧团内部成员共同参与到二人转节目的创作当中。这种创作方式与其说是模糊了导演的艺术职能,倒不如说是剧团成员与二人转观众二者共同承担了二人转导演的工作。[181]

6. 中艺库

中艺库的诞生并非偶然。它依托的是雅昌集团过去 20 年来在艺术资源方面的积累。

"我们致力于打造一个专业、全面、权威的艺术资源数据库。该数据库可以实现数字化艺术资料的自动采集、处理、存储和应用。"潘剑平介绍说,"我们的目标是将中艺库建成全球最大的中国艺术品图片数据库,利用大数据时代的先进技术手段,将艺术品的图文资料以数字化的方式永久保存,同时为广大国内外客户提供服务,共享艺术资源。"[180]

据雅昌集团中艺库总经理助理、产品与市场部总监苏晓燕介绍,中艺库中的图片通过先进的数字图像设备 Cruse 进行采集,并通过 Giclee＋输出技术进行输出,整个过程遵循 ACMS 色彩管理标准。雅昌集团在中艺库的运作中还采用了独有的 CISDO 版板管理机制,并建立了 Art Image 版权交易服务平台。

惠普公司为中艺库提供了底层基础架构平台以及输出设备,可以保证雅昌集团全面、高效、安全地采集和管理相关数据。中国惠普有限公司技术服务事业部大数据及企业信息管理咨询经理韩冬介绍说,"中艺库采用数据主从同步、网络集群、系统备份、异地容灾等多种技术手段,可确保中艺库中数据的准确、完整和安全。中艺库通过异地协同工作,实现了资源共享,同时提高了数据处理的效率,此外还实现了数据的一次加工、多次利用,从而加速了新产品的研发。"

目前,中艺库的数据达 3000 多万条,预计到 2015 年,数据总量将达到 8000 多万条。除了为中艺库提供高性能、大容量的存储设备以外,惠普考虑更多的还是如何保证数据的质量,这就涉及到产品的分类以及建立相关标准的问题。只有真实、可用且被授权的数据才可以入库。

8.6.5　智慧艺术发展前景

人们对于精神领域的追求不是一成不变的,我们要采取科学的方法来分析大众需求,采取有效措施吸引更多的年轻群体关注文化艺术的发展。文化艺术已经从传统的表演展览形式转向了数字化,通过网络平台摄取文化艺术精髓的人将越来越多。更多的人会由现场观看、收看电视转播逐步转向网上欣赏。借助大数据时代来临的契机,运用文化艺术平台强大的资源,发挥大数据技术的优势,对用户的需求行为进行科学收集。随着用户访问量的增大,使用大数据的工具进行大数据量存储,进行高效率的分析计算,挖掘出当前最流行的文化艺术,用户个体的关注度、浏览习惯和用户的年龄分布等一系列有价值的结果。从而将文化艺术进行合理化的推广,为用户推荐倍受欢迎的文化艺术资源,以建立有效的文化艺术传承体系。[182]

由于大数据需要以大量数据作为基础,建立一个强大的文化艺术平台将是促进文化艺术与大数据结合的关键。平台的前期需要经历大量而又繁重的文化资源收集整理工作,之后需要经历平台的宣传,最终才能得到理想化的数据量,经过大数据一系列分析从而促进平台的良性发展。

大数据技术与文化艺术资源平台的有效结合,使得文化艺术传播者对大众需求、查阅行为、欣赏情绪和文化资源评价等细节的量化成为可能,管理者可以对服务模式和服务内容进行实时调整和优化。树立以人为本的文化艺术资源服务理念,并以大众个性需求和大数据科学分析结果为依据,做到为大众提供满意且理想的文化艺术盛宴。

[1] 李蜀人,何小玲.当代技术革命的实质及特点[J].西南民族学院学报,2001,22(10):123-129.

[2] 王续琨.也谈科学革命、技术革命与产业革命[J].科学、技术与辩证法,1985(1):1-10.

[3] 冯之浚.世纪之交的国外科学学研究[M].杭州:浙江教育出版社,2000.

[4] 周春彦.历史上的技术革命[J].自然辩证法研究,2002,18(6):54-56.

[5] 尚林,林泉.论技术创新和制度创新的关系——从四次技术革命中得到的启示[J].中国科技论坛,2004(1):42-45.

[6] 温茂生.试议电子计算机的发展前景[J].科学导报,2015(13):260.

[7] 蔡跃洲."互联网+"行动的创新创业机遇与挑战——技术革命及技术——经济范式视角的分析[J].求是学刊,2016,43(3):43-53.

[8] 齐建国.循环经济与绿色发展[J].经济纵横,2013(1):43-53.

[9] 欧阳日辉.从"+互联网"到"互联网+"——技术革命如何孕育新型经济社会形态[J].人民论坛,2015(10):25-38.

[10] 芮明杰.新一轮工业革命正在叩门,中国怎么办?[J].当代财经,2012,5-12.

[11] Otis Port.分子机器并非幻想[J].王乃粒,译.世界科学,2000,(1).

[12] [美]尼葛洛庞帝.数字化生存[M].胡泳,范海燕,译.海口:海南出版社,1997.

[13] 沈骊天.21世纪科学技术革命展望[J].学术论坛,2006(6):1-8.

[14] 张建成.社会经济形态与技术社会形态研究之时代嬗变简述[J].2009(5):38-39.

[15] 靳方华.马克思社会经济形态理论与中国社会主义初级阶段[M].2003.

[16] 崔占峰,乔晶.从原始狩猎经济到生物经济——经济形态演变的政治经济学分析[J].重庆工商大学学报,2006,16(1):79-82.

[17] 王湘东.从信息经济到生物经济:经济形态变革的比较及对策[J].上海经济研究,2003(6):30-35.

[18] 李嘉.生物经济引论[D].长春:吉林大学,2010.

[19] 张其翔,吕廷杰.商业模式研究理论综述[J].商业时代,2006(3):14-21.

[20] 卢益清,李忱.O2O商业模式及发展前景研究[J].企业经济,2013(11):98-101.

[21] 刘向荣,孙红英.智慧经济—知识经济时代的下一个经济形态[J].商业时代,2010(31):14-20.

[22] 杨正宇.当前国内外智慧经济发展的基本形势探析[J].杭州周刊,2014(11):38-39.

[23] 庄渝霞.智慧经济:和谐社会下经济发展形态的一种新分析[J].发展研究.2005(6):70-71.

[24] 尹小明.基于价值网的云计算商业模式研究[D].北京:北京邮电大学,2009.

[25] 郑欣.物联网商业模式发展研究[D].北京:北京邮电大学,2011.

[26] 蓝蔚青.发展智慧经济要强化"大数据"意识[J].杭州科技.2014(4):42-43.

[27] 李文莲,夏健明.基于大数据的商业模式创新[J].中国工业经济.2013(5):83-95.

[28] 张幼文.知识经济的生产要素及其国际分布[J].中国工业经济,2002(8):20-23.

[29] 王大勇.我国经济形态规模与活性之间的关联性研究[D].长春:吉林大学,2006.

[30] 国家统计局.中国统计年鉴[M].北京:中国统计出版社,1999—2004.

[31] 童兆坤.我国宏观经济形态.武汉工业学院学报[J],2006,25(1):95-98.

[32] 丁渊.智慧企业的信息化测评思路—信息化企业巧实力框架研究[J].中国信息界,2009(3):20-22.

[33] 叶秀敏.基于"工业4.0"的智慧企业特征分析[J].北京工业大学学报(社会科学版),2015,15(1):15-20.

[34] 何素刚.五大趋势引领"智慧企业"发展[J].装备制造,2015(5).

[35] 史振华."智慧企业"建设研究与探索[J].福建电脑,2014(2):82-84.

[36] 李坚,余君立,吴鹏跃.谈新时代智慧企业建设[J].中国管理信息化,2013(16):67-68.

[37] 中国智慧企业移动应用联盟[DB/OL].

[38] 陈杨斌,李青,庄越挺.智慧企业中的智慧搜索[J].通信学报,2015(36):89-96.

[39] MANNING C D,RAGHAVAN P,SCHÜTZE H. Introduction to Information Retrieval[M]. Cambridge:Cambridge University Press,2008.

[40] 刘天寿,郭跃.探究企业智慧化演进—基于SMART维度的分析[J].经管研究,2013(7):90-93.

[41] 第4次工业革命:互联网改变未来工厂![EB/OL].移动信息化研究中心,2014-10-20/2016-8-10.

[42] 福布斯中文网.第4次工业革命:互联网改变未来[EB/OL].

[43] 于洪波.智慧企业模型研究[J].经营管理,2017(17):84-85.

[44] 葛焱.智慧企业的商业模式构建[J].商,2015(51):3.

[45] 邬雪梅."智慧企业2020":新时代的企业信息化之路[EB/OL].通信世界网,2015-4-27/2016-8-10.

[46] 冯洁."5+1"让企业智慧点——中国电信浙江公司全面推动"智慧企业智慧服务"[J].信息化建设,2013(11):63-64.

[47] 金江军.智慧产业发展对策研究[J].技术经济与管理研究,2012(11):40-44.

[48] 2014年物联网产业链现状分析[EB/OL].中国产业洞察网.

[49] 6个用好大数据的秘诀[EB/OL].中国大数据.http://www.thebigdata.cn/YeJieDongTai/29051.html,2016-1-29/2016-8-12.

[50] 周春华,禹银艳.智慧产业概念、发展路径与政策研究.《2012年全国科学学理论与学科建设暨科学技术学两委联合年会》,2012.

[51] 金江军.智慧产业发展对策研究[J].技术经济与管理研究,2012(11):40-44.

[52] 王元卓,靳小龙,程学旗.网络大数据:现状与展望[J].计算机学报,2013,36(6):1125-1138.

[53] 王晓明,岳峰.发达国家推行大数据战略的经验及启示[J].产业经济评论,2014(4):94-98.

[54] 王庆华.全球物联网发展及中国物联网建设若干思考[J].电子学报,2014,38(21):164-164.

[55] 江媛.物联网技术发展与应用[J].电子测试,2016(5):81.

[56] 朱则刚."安节通"车联网技术异军突起让运输车辆管理无限延伸[J].物联网技术,2012(6):18-22.

[57] 董文静.创意产业化运行机制研究[D].青岛:中国海洋大学,2014.

[58] 王德宇,杨建新,李双寿.国内创客空间运行模式浅析[J].现代教育技术,2015(5):33.

[59] 王敏,徐宽.美国图书馆创客空间实践对我国的借鉴研究[J].图书情报工作,2013(12):97-100.

[60] 陈世清.智慧经济与智慧产业[EB/OL].http://www.toutiao.com.

[61] 周暄.建立我国民间创新的孵化器研究[D].天津:天津财经大学,2010.

[62] 黄涛.我国科技企业孵化器产业化研究[D].武汉:武汉大学,2005.

[63] 破茧成蝶的故事——杭州市科技企业孵化器成功孵化范例展示[J].杭州科技,2010(4):55-57.

[64] 佟彩,吴秋兰,刘琛,等.基于3S技术的智慧农业研究进展[J].山东农业大学学报(自然科学版),2015,46(6):856-860.

[65] 刘长文.山东移动打造"智慧农业"探出高效富农之路[J].山东经济战略研究,2014(4):

29-32.

[66] 智慧农业案例（二）相思葡萄的智能化种植［EB/OL］. http://blog. sina. com. cn/s/blog_9bbe17a70102v0ya. html.

[67] 张利庠，张喜才. 我国现代农业产业链整合研究［J］. 教学与研究，2007(10)：14-19.

[68] 孟枫平. 日本农业信息化进程的主要特点［J］. 世界农业，2003(4)：38-39.

[69] 刘亚威. 德国"工业 4.0"之"智慧工厂"计划（下）［J］. 智慧工厂，2016(1)：30-33.

[70] 黎丽，谢伟，魏书传，等. 中国制造 2025［J］. 金融经济，2015(13)：4.

[71] 李炜，孙法明. 德国"工业 4.0"对中国"互联网＋"的启示［J］. 中国管理信息化，2016(1)：162-164.

[72] 张冬雪. 制药工业 4.0 智慧工厂探索［J］. 化工与医药工程，2015(5)：7-12.

[73] 叶秀敏. 智慧金融的特征及与传统金融的区别［J］. 信息化建设，2012(9)：28-31.

[74] 叶秀敏. 智慧金融的概念，流程和特点［J］. 中国信息界，2012(10)：13-16.

[75] 移动支付——消费新指向标［EB/OL］. http://blog. sina. com. cn/s/blog_d0c927630101jhe6. html.

[76] 2011 年中国金融行业信息化建设与 IT 应用趋势研究报告［EB/OL］. http://www. ccwresearch. com. cn/report_detail. htm? .id＝1795.

[77] 2013 年金融行业前景分析［EB/OL］. http://blog. sina. com. cn/s/blog_bf9928f00101buni. html.

[78] 全面打造"智慧电子银行"华夏银行接轨互联网金融［EB/OL］. http://www. gx. xinhuanet. com/2015-08/26/c_1116382545. htm.

[79] 章连标，杨小渊. 互联网金融对我国商业银行的影响及应对策略研究［J］. 浙江金融，2013(10)：31-33.

[80] 张冰馨. 2014 金融改革再发力［J］. 市场观察，2014(3)：14-21.

[81] 王广斌，张雷，刘洪磊. 国内外智慧城市理论研究与实践思考［J］. 科技进步与对策，2013，30(19)：153-160.

[82] 孟庆丽. 大数据背景下智慧城市建设研究［D］. 兰州：西北师范大学，2015.

[83] 2013 年智慧城市行业分析报告［EB/OL］. http://max. book118. comhtml2013/4682551. shtm.

[84] 谷毓敏. 智慧生活 未来已来［J］. 住区，2015(6)：68-71.

[85] 李娟梅. 基于"互联网＋"的无锡智慧旅游产业提升途径分析［J］. 无锡职业技术学院学报，2015(6)：19.

[86] 孙文静. 智慧城市：社会管理创新的有效途径［J］. 淮海工学院学报（人文社会科学版），2014，

12(6)：82-84.

[87]　孟庆丽.大数据背景下智慧城市建设研究[D].兰州：西北师范大学，2015.

[88]　2013 年智慧城市行业分析报告［EB/OL］. http：//max. book118. com/html/2013/0909/
4682551. shtm.

[89]　张向阳，袁泽沛.广州智慧城市与智慧产业融合发展路径研究[J].科技进步与对策，2013，
30(12)：47-50.

[90]　鲁洋.关于"智慧社区"的建设内容研究[J].天津科技，2014，41(10)：64-65.

[91]　王大成."智慧长阳"总体规划与建设实践[J].建设科技，2015(5)：77-80.

[92]　林嵩，姜彦福，张帏.创业机会识别：概念、过程、影响因素和分析架构[J].科学学与科学技术
管理，2005(6)：128-132.

[93]　郑志励.喜忧参半"大数据"[J].中国图书评论，2013(8)：37-41.

[94]　侯锡林，李天柱，马佳，刘小琴.大数据环境下企业创新机会研究[J].科技进步与对策，2014，
24：82-86.

[95]　刘华帆，周思奇，张若娴.大数据时代网络信息资源利用研究[J].决策与信息旬刊，2015
(21)：120.

[96]　王玉君.大数据时代信息资源利用研究[J].科技情报开发与经济，2013，22：124-126.

[97]　张渝江.大学·大数据·大机会[J].上海教育，2013，17：27-32.

[98]　郑琳琳.探究"大数据"对商业模式创新的影响[J].经济论坛，2016，03：87-89.

[99]　刘丹，曹建彤，王璐.大数据对商业模式创新影响的案例分析[J].科技与经济，2014，04：
21 25.

[100]　Dassault，张俊，胡其登.利用大数据进行产品研发决策[J].CAD/CAM 与制造业信息化，
2013，11：19-21.

[101]　赵钧，邱晨旭，贺仁龙.构建基于大数据的电信产品研发和运营体系[J].电信科学，2013，29
(10)：156-159.

[102]　王华倩.云计算助力研发信息化[J].机械工业信息与网络，2009，05：50-51.

[103]　王可鉴，石乐明，贺林，张永祥，杨仑.中国药物研发的新机遇：基于医药大数据的系统性药
物重定位[J].科学通报，2014，59(18)：1790-1796.

[104]　张周平."互联网+传统行业"助力经济转型腾飞[J].浙江经济，2015，11：25-27.

[105]　苏林森，马慧娟，张东岳.大数据对新闻生产的影响[J].科研信息化技术与应用，2014，5(3)：
11-18.

[106]　王洪锁，尚振阳，贾春香.云计算技术在炼化生产中的应用[J].中国管理信息化，2014，04：

73-75.

[107] 张晋军,梅胜文,黄涛.物联网、大数据及云计算技术在油田生产中的应用研究[J].石化技术,2015,03:122.

[108] 王劲.大数据时代的管理变革[J].中国商贸,2013,02:189-190.

[109] 王子光,马亚鹤."互联网＋"时代的采购管理分析[J].中国市场,2015,51:28＋56.

[110] 黄华.大数据环境下中小企业采购成本控制策略[J].企业改革与管理,2016,03:131-132.

[111] 张晶.云计算技术在煤炭企业中的应用[J].煤炭技术,2013,07:78-80.

[112] 杨志华.电子采购:传统模式的深刻变革[J].中国物流与采购,2005,20:36-38.

[113] 祝胜林,李岩,吴同山,张守全.云计算环境下养猪管理信息化研究及应用[J].广东农业科学,2011,19:138-140.

[114] 唐明."互联网＋"新模式对传统行业的影响研究[J].科技展望,2016,07:11.

[115] 胡江涛.大数据营销:从精准到实效[J].郧阳师范高等专科学校学报,2014,34(06):56-59.

[116] 黄升民,刘珊."大数据"背景下营销体系的解构与重构[J].现代传播—中国传媒大学学报,2012,34(11):13-20.

[117] 杨元利.大数据助推传统行业转型升级[J].黑龙江科学,2015,05:64-65.

[118] 牟青平."互联网＋"时代企业营销新模式研究[J].兰州教育学院学报,2016,07:52-53＋56.

[119] 吴漪,何佳讯.Nike＋如何应用大数据[J].清华管理评论,2014,12:10-17.

[120] 谢俊祥,张琳.智能可穿戴设备及其应用.中国医疗器械信息[J],2015(3):18-23.

[121] 智慧穿戴[J].中国信息界,2013(11):69.

[122] 2015中国智能穿戴设计与应用创新大赛[DB/OL].http://www.i-centric.org/,2016-8-12.

[123] 王德生.全球智能穿戴设备发展现状与趋势[J].竞争情报,2015,11(5):52-59.

[124] A Guide to the ＄32b Wearables Market[EB/OL].https://technology.ihs.com/515418,2016-8-10.

[125] 智慧布料:真正的"可穿戴"[EB/OL].中国新闻网,http://www.chinanews.com/it/2015/06-24/7363223.shtml,2015-6-24/2016-8-11.

[126] 刘思言.可穿戴智能设备引领未来终端市场诸多关键技术仍待突破[J].世界电信,2013(12):38-42.

[127] 姜梦静.关于智能穿戴设备发展前景的思考与建议[J].移动通信,2014(17):64-68.

[128] 黄攀,叶璐,黄亚辉,赵磊,张旖旎.智能穿戴设备现状概况研究[J].科技视界,2015(18):106-107.

[129] 李扬.新一代智能终端——可穿戴设备[J].高科技与产业化,2013,9(10):82-85.

[130] 李准.第四届全国可穿戴计算学术会议将召开[EB/OL].科学网.http://news.sciencenet.cn/htmlnews—6/296306.shtm? id=296306

[131] 王德生.全球智能穿戴设备发展现状与趋势[J].竞争情报,2015,11(5):52-59.

[132] 陈根.智能穿戴改变世界——下一轮商业浪潮[M].北京:电子工业出版社,2014.

[137] 肖征荣,张丽云.智能穿戴技术及其发展趋势[J].移动通信,2015,39(5):9-12.

[133] 赵佶摘编.2014年穿戴电子技术设计最新发展趋势[J].半导体信息,2014(2):39-42.

[134] 王建斌.可穿戴计算机及其应用[J].电脑开发与应用,2004(4):28.

[135] 刘喜球,王灿荣.可穿戴技术:构建智慧图书馆的助推器[J].图书馆论坛,2015(6):105-108.

[136] 智慧旅行,从"可穿戴"起步.新浪专栏创世纪[EB/OL].http://tech.sina.com.cn/zlpostdetail/it/2015-08-19/pid_8485760.htm2015-8-19/2016-8-12.

[137] 新一代Moto 360可能是全世界最漂亮的智能手表[EB/OL].腾讯科技.http://tech.qq.com/a/20150903/022964.htm,2015-9-3/2015-8-15.

[138] Fitbit Blaze是一款专注于健康的智能手表[EB/OL].http://cn.engadget.com‖01/05/fitbit-blaze/,2016-1-6/2016-8-11.

[139] 我国智能交通产业发展现状[EB/OL].赛迪网.http://miit.ccidnet.com/art/32559/20130731/5098341_1.html,2013-7-31/2016-7-27

[140] 李喆,王平莎,张春辉,黄宇.国内智慧交通总体构架建设模式分析[J].交通节能与环保,2014(2):85-88.

[141] 智慧交通:让城市"血脉"通畅[EB/OL].中国经济网.http://www.ce.cnxwzxgnszgdxw201505/19/t20150519_5395190.shtml2015-5-19/2016-7-28

[142] 蔡翠.我国智慧交通发展的现状分析与建议[J].公路交通科技.2013(6):224-227

[143] 智慧交通的意义与概念[EB/OL].千家网.http://si.qianjia.comhtml2014-07/17_234438.html,2014-7-17/2016-8-27.

[144] 百度Q2财报:百度地图正全面打造"互联网+智慧交通"新模式[EB/OL].TechWeb.http://www.techweb.com.cnnews2016-07/29/2367556.shtml,2016-7-29/2016-8-3.

[145] "十三五"中国智慧交通发展趋势判断[EB/OL].中国公路网.http://www.chinahighway.comnews2015/930125.php,2015-5-12/2016-8-1.

[146] 李海阳."智慧医疗"践行中国新医改[J].中国数字医学,2010,5(6):83—84.

[147] 春雨医生:国内Mhealth概念拓荒者[EB/OL].创业邦.http://news.cyzone.cnnews2012/04/22/226081.html,2012-4-22/2016-7-27.

[148] 刘晓馨.我国智慧医疗发展现状及措施建议[J].科技导报,2014,32(27):12-13

[149] 银江股份智慧医疗解决方案[EB/OL].银江股份官网.http://www.enjoyor.net/solution-detail.asp?cagid=LDMyOSwzMzI&id=NTE3,2016-7-29.

[150] 上海社会科学院信息研究所,电子政府研究中心.上海智慧城市建设发展报告(2015年):智慧社区的建设与发展[M].上海:上海社会科学院出版社,2015-5.

[151] 李德仁,姚远,邵振锋.智慧城市的概念、支撑技术及应用[J].工程研究——跨学科视野中的工程,2012(4):313-323.

[152] 辜胜阻,杨建武,刘江日.当前我国智慧城市建设中的问题与对策[J].中国软科学,2013(1):6-12.

[153] 关于印发促进智慧城市健康发展的指导意见的通知.发改高技〔2014〕1770号.中华人民共和国国家发展和改革委员会2014-8-27/2016-7-28.

[154] 李德仁,姚远,邵振锋.智慧城市的概念、支撑技术及应用[J].工程研究——跨学科视野中的工程,2012(4):313-323.

[155] 2015中国智慧城市发展水平评估报告[EB/OL].数据观.http://www.cbdio.com/BigData/2016-01/07/content_4449818_2.htm,2016-1-7/2016-7-29.

[156] 上海智慧城市建设挑战与蓝图[EB/OL].中国林业网.http://www.forestry.gov.cn/xxb/2525/content-848697.html,2016-3-4/2016-7-27.

[157] 银江股份探路"互联网+智慧城市"[EB/OL].网易财经.http://money.163.com/15/0528/03/AQM0JL0E00253B0H.html,2015-5-28/2016-7-27.

[158] 中华人民共和国住房和城乡建设部办公厅,科学技术部办公厅.住房城乡建设部办公厅科学技术部办公厅关于开展国家智慧城2014年试点申报工作的通知.中华人民共和国住房和城乡建设部,建办科函[2014]515号[EB/OL].http://www.mohurd.gov.cn/zcfg/jsbwj_0/jsbwjjskj/201408/t20140829_218853.html2014-8-22/2016-7-27.

[159] 刘同.大数据、云计算彰显智慧体育[J].互联网周刊,2013(23):22-23.

[160] 韩松.基于移动互联网构建我国智慧体育的思考[J].体育科学研究,2016,3:36-42.

[161] 叶强,魏宁.智慧体育——体育信息化必然趋势[J].南京体育学院学报(自然科学版),2011,10(5):117-119.

[162] 蔡维敏.我国智慧体育及其发展对策研究[J].运动,2013(9):149.

[163] 江苏省人民政府.省政府关于加快发展体育产业促进体育消费的实施意见[EB/OL].(2015-06-09)[2016-9-20].

[164] 唐人元.富阳:建设中国首个智慧体育特色小镇[J].杭州:周刊,2015(7):62-62.

[165] 王琳.解析体育信息化发展的必然趋势——智慧体育[J].电子测试,2013(19):147-148.

[166] 全国首个智慧体育健康平台"Me 动 APP"在宁发布[EB/OL].凤凰网资讯.(2015-09-21)
[2016-9-20].

[167] 智慧运动场为互联网科技、软硬件集成的体育场地升级方案[EB/OL].科极网(2015-0-19),
[2016-9-20]http://www.keji.wang/web/20150619/5269.html

[168] 让"智慧体育"引领未来健康[EB/OL].央视网.(2015-06-30)[2016-9-20]

[169] 孙东辉、尉婕.全国政协委员、山东泰山体育产业集团董事长卞志良建议推动智慧体育发展
[J].中国经济时报,2013(11):1

[170] 丰佳佳.无锡智慧体育产业园揭牌[J].中国体育报,2016(1):1

[171] 魏有庆,王凯戊.依托大数据技术开发文化艺术资源[J].图书馆工作与研究,2014,07:
51-54.

[172] 李倩.大数据背景下大别山地区民间传说的数字艺术化传承[J].皖西学院学报,2016,03:
24-26.

[173] 吴彤.大数据对影视创作的影响研究[D].哈尔滨:哈尔滨师范大学,2016.

[174] 张红军.从《纸牌屋》看大数据时代的文化工业[J].美与时代(上旬),2014,07:26-28.

[175] 唐玲玲,梁辰凌子,王冠."互联网+"下我国艺术电影发展的新出路[J].北京电影学院学报,
2015(3):105-110.

[176] 王宗亮."大数据"能否盘活"大艺术"——大数据时代下的艺术行业众生相[J].东方艺术,
2014,11:10-11.

[177] 刘旭升.运用大数据思维进行影视二人转节目创作的研究[D].长春:东北师范大学,2015.

[178] 郭涛.雅昌集团:大数据揭示艺术密码[N].中国计算机报,2013-04-15023.